五燈會元校注

（六）

（宋）释普济 编撰
曾琦云 校注

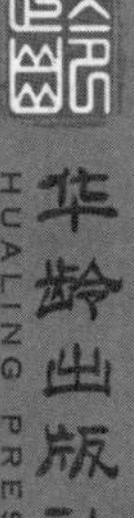

华龄出版社
HUALING PRESS

图书在版编目(CIP)数据

《五灯会元》校注/(宋)释普济编撰;曾琦云校注. -- 北京:华龄出版社,2023.12

ISBN 978-7-5169-2610-9

Ⅰ.①五… Ⅱ.①释…②曾… Ⅲ.①禅宗-中国-北宋 Ⅳ.①B946.5

中国国家版本馆 CIP 数据核字(2023)第185093号

策划编辑	于建平	责任印制	李未圻
责任编辑	郑 雍	装帧设计	基正传媒

书 名	《五灯会元》校注	编 撰	(宋)释普济
出 版 发 行	华龄出版社 HUALING PRESS	校 注	曾琦云
地 址	北京市东城区安定门外大街甲57号	邮 编	100011
发 行	(010)58122255	传 真	(010)84049572
承 印	三河市南阳印刷有限公司		
版 次	2023年12月第1版	印 次	2023年12月第1次印刷
规 格	787mm×1092mm	开 本	1/16
印 张	258	字 数	2414千字
书 号	ISBN 978-7-5169-2610-9		
定 价	480.00元(全6册)		

版权所有 翻印必究

本书如有破损、缺页、装订错误,请与本社联系调换

目 录

（六）

第十八章　南岳下十三世（下）——南岳下十七世（临济宗）

第十九章　南岳下十一世——南岳下十五世（上）（临济宗）

第二十章 南岳下十五世（下）——南岳下十六世（临济宗）

第十八章　南岳下十三世（下）——南岳下十七世（临济宗）

此事《楞严》尝露布，梅华雪月交光处，一笑寥寥空万古。风瓯语，迥然银汉横天宇。蝶梦南华方栩栩，斑斑谁跨丰干虎？而今忘却来时路，江山暮，天涯目送鸿飞去。（报恩法常禅师）

第一节 南岳下十三世（下）

云居祐禅师法嗣

罗汉系南禅师

庐山罗汉院系南禅师，汀州张氏子。

上堂：“禅不禅，道不道，三寸舌头胡乱扫。昨夜日轮飘桂花，今朝月窟生芝草。阿呵呵，万两黄金无处讨。一句绝思量，诸法不相到。”

师临示寂，升座告众曰：“罗汉今日，倒骑铁马，逆上须弥，踏破虚空，不留眹迹。”乃归方丈，跏趺而逝。

潭州慈云彦隆禅师

上堂，举：“玄沙示众曰：‘尽大地都来是一颗明珠[1]。’时有僧问：‘既是一颗明珠，学人为甚不识？’沙曰：‘全体是珠，更教谁识？’曰：‘虽然全体是，争奈学人不识。’沙曰：‘问取你眼。’”师曰：“诸禅德！这个公案，唤作嚼饭馁[2]小儿，把手更与杖。还会么？若未会，须是扣己[3]而参，直要真实。不得信口掠虚[4]，徒自虚生浪死[5]。”

【注释】

［1］尽大地都来是一颗明珠：旧校本标点有误。“都来”是整个、全部之意，旧校本作“尽大地都来，是一颗明珠”，中间点断有误。

［2］馁（wèi）：喂养。

［3］扣己：叩问、诘问自己。

［4］掠虚：说大话，窃取虚名。

［5］虚生浪死：虚度人生，糊涂而死。

郢州子陵山自瑜禅师

僧问：“如何是古佛心？”师曰：“赤脚踆[1]泥冷似冰。”曰：“未审意旨如何？”师曰：“休要拖泥带水。”

问：“泗洲大圣为甚么扬州出现？”师曰：“业在其中。”曰：“意旨如何？”师曰：“降尊就卑。”曰：“谢和尚答话。”师曰：“贼是小人，智过君子。”

【注释】

[1] 踆（chà）：踩，踏。

隆兴府东山景福省悦禅师

上堂：“十二时中，跛跛挈挈[1]，且与么[2]过。大众！利害在甚么处？”良久曰：“听诸方断看。”击禅床，下座。

【注释】

[1] 跛（bǒ）跛挈（qiè）挈：跛：腿或脚有毛病，走起路来身体不平衡。挈挈：急切貌，孤独的样子。指众生每天为名利劳碌奔波，不择手段，丑态百出。

[2] 与么：犹这么，如此。唐代慧能《坛经·自序品》：“不思善，不思恶，正与么时，那个是明上座本来面目。

白藻清俨禅师

亳州白藻清俨禅师，信州人。

僧问：“杨广失橐驼[1]，到处无人见。未审是甚么人得见？”师以拂子约曰：“退后退后，妨他别人所问。”曰：“毕竟落在甚么处？”师曰：“可煞不识好恶！”便打。

【注释】

[1] 杨广失橐（tuó）驼：唐宋时有歇后语：“杨广失骆驼——无觅处。”意思是不知道到什么地方去寻找。杨广，隋炀帝。橐驼，骆驼。本书第十九章“大沩法泰禅师”即作“杨广失骆驼”。张维张主编《佛源语词词典》（语文出版社，2007

年）收录有“杨广失骆驼——无觅处”词条，举例均来自本书。

台州宝相元禅师

僧问：“一切诸佛及诸佛阿耨多罗三藐三菩提皆从此经出，如何是此经?”师曰：“长时诵不停，非义亦非声。”曰：“如何受持?”师曰：“若欲受持者，应须用眼听。”

永丰慧日庵主

信州永丰慧日庵主，本郡丘氏子。丱岁出家，于明心寺得度。自机契云居，熟游湘汉。暨归永丰，或处岩谷，或居廛市，令乡民称“丘师伯”。凡有所问，以“莫晓”答之。忽语邑人曰：“吾明日行脚去，汝等可来相送。”于是赍[1]路者毕集，师笑不已。众问其故，即书偈曰：“丘师伯莫晓，寂寂明皎皎。日午打三更，谁人打得了?”投笔而逝。

【注释】

［1］赍（jìn）：同“赆”。送行时赠送的财物。《孟子·公孙丑下》：“予将有远行，行者必以赆。”

泉州南峰永程禅师

示众：“始自鸡峰续焰，少室流芳，大布慈云，宏开慧日。教分三藏，直指一心。或全提[1]而棒喝齐施，或纵夺而宾主互设，或金刚按剑，或师子翻身，或照用雷奔，或机锋电掣。无非剪除邪妄，开廓玄微，直下明宗，到真实地。诸仁者！到此方许一线道，与你商量。苟或未然，尽是依师作解，无有是处。”

【注释】

［1］全提：完全彻底的提示。是超越言句义理的、直指人心的禅机施设。

大沩秀禅师法嗣

大沩祖瑃禅师

潭州大沩祖瑃禅师，福州吴氏子。

僧问：“如何是沩山家风？”师曰：“竹有上下节，松无今古青。”曰：“未审其中饮啖何物？”师曰：“饥餐相公玉粒饭，渴点神运仓前茶。”

上堂：“道无定乱，法离见知。言句相投，都无定义。自古龙门无宿客，至今鸟道绝行踪。欲会个中端的意，火里蝍蟟吞大虫。咄！”

上堂：“雨下阶头湿，晴干水不流。鸟巢沧海底，鱼跃石山头。众中大有商量，前头两句是平实语，后头两句是格外谈。若如是会，只见石磊磊[1]，不见玉落落[2]。若见玉落落，方知道宽廓。咦！”

【注释】

［1］磊磊：众石堆积的样子。

［2］落落：形容多而连续不断的样子。

南岳福严文演禅师

僧问：“如何是佛？”师当面便唾。

南岳南台允恭禅师

开堂日，上堂：“稀逢难遇，正在此时。何谓释迦已灭，弥勒未生？”拈拂子曰：“正当今日，佛法尽在这个拂子头上。放行把住，一切临时。放行也：风行草偃，瓦砾生光；拾得、寒山，点头拊掌。把住也：水泄不通，精金失色；德山、临济，饮气吞声。当恁么时，放行即是，把住即是？”良久曰：“后五日看。”

黄檗胜禅师法嗣

成都府昭觉纯白昭觉禅师

上堂："寒便向火，热即摇扇。饥时吃饭，困来打眠。所以，赵州庭前柏，香严岭后松，栽来无别用，只要引清风。且道毕竟事作么生？甲子乙丑海中金，丙寅丁卯炉中火[1]。"

【注释】

[1] 甲子乙丑海中金，丙寅丁卯炉中火：出自《六十甲子纳音表》开头句。

开元琦禅师法嗣

饶州荐福道英禅师

僧问："佛未出世时如何？"师曰："琉璃瓶贮花。"曰："出世后如何？"师曰："玛瑙钵盛果。"曰："未审和尚今日是同是别？"师曰："趯倒瓶，拽倒钵。"

上堂："据道而论，语也不得，默也不得。直饶语默两忘，亦没交涉。何故？句中无路，意在句中。无意无不意，非计较之所及。若是劈头点一点顶门，豁然眼开者，于此却有疾速分。若低头向意根下寻思，卒摸索不著。是知万法无根，欲穷者错。一源绝迹，欲返者迷。看他古佛光明、先德风彩，一一从无欲无依中发现。或时孤峻峭拔，竟不可构。或时含融混会，了无所睹，终不桩定一处，亦不击系两头。无是无不是，无非无不非。得亦无所得，失亦无所失。不曾隔越纤毫，不曾移易丝发。明明古路，不属玄微。觌面擎来，瞥然便过。不居正位，岂落邪途？不蹈大方，那趋小径？腾腾兀兀，何住何为？回首不逢，触目无对。一念普观，廓然空寂。此之宗要，千圣不传。直下了知，当处超越。是知赤洒洒处，恁么即易。明历历处，恁么还难。不用沾黏点染，直须剥脱屏

除。若是本分，手脚放去，无收不来底。一一放光现瑞，一一削迹绝踪。机上了不停，语中无可露。彻底搅不浑，通身扑不碎。

“且道毕竟是个甚么？得恁么灵通，得恁么奇特，得恁么坚确？诸仁者！休要识渠面孔，不用安渠名字，亦莫觅渠所在。何故？渠无所在，渠无名字，渠无面孔。才起一念追求如微尘许[1]，便隔十生五生。更拟管带思惟，益见纷纷丛杂。不如长时放教[2]自由自在，要发便发，要住便住。即天然非天然，即如如非如如，即湛寂非湛寂，即败坏非败坏。无生恋，无死畏，无佛求，无魔怖。不与菩提会，不与烦恼俱。不受一法，不嫌一法。无在无不在，非离非不离。若能如是，见得释迦自释迦，达磨自达磨，干我甚么碗？恁么说话。衲僧门下，推勘将来，布裙芒�，不免撩他些些泥水。岂况汝等诸人，更道这个是平实语句，这个是差别门庭，这个是关捩巴鼻，这个是道眼根尘！递相教习。如七家村[3]里传口令相似，有甚交涉？无事，珍重！”

【注释】

［1］才起一念追求如微尘许：旧校本标点有误。“一念”是“追求”的定语，指极短暂的意思。旧校本作“才起一念，追求如微尘许”，中间点断有误。

［2］放教：教、使。放、教同义，二字复合，加重语气。此处旧校本等版本均标点错误，将“放教”一词用逗号隔开，造成误解。

［3］七家村：指偏僻小村。

尊胜有朋讲师

泉州尊胜有朋讲师[1]，本郡蒋氏子。丱岁试经，中选下发，多历教肆。尝疏《楞严》《维摩》等经，学者宗之。每疑祖师直指之道，故多与禅衲游。

一日，谒开元，迹未及阃，心忽领悟。元出遂问：“座主来作甚么?”师曰：“不敢贵耳贱目。”元曰：“老老大大，何必如是?”师曰：“自是者不长。”元曰：“朝看《华严》，夜读《般若》则不问，如何是当今一句?”师曰：“日轮正当午。”元曰：“闲言语，更道来。”师曰：“平生仗忠信，今日任风波。然虽如是，只如和尚恁么道，有甚交涉？须要新戒草鞋穿。”元曰：“这里且放你过，忽遇达磨问，你作么生道?”师便喝，元曰："这座主，今日见老僧气冲牛斗[2]。"师曰："再犯不容。"元拊掌大笑。

【注释】

[1] 讲师：讲解经义之师。丁福保《佛学大辞典》："法华会最胜会等讲经义之人也，每讲会选其人。"

[2] 气冲牛斗：气势直冲太空。形容怒气很盛，或气势盛大，不可遏止。"牛""斗"，指牵牛星和北斗星。此处形容有朋讲师开悟后自我担当的豪气。

仰山伟禅师法嗣

潭州龙王山善随禅师

僧问："如何是龙王境？"师曰："水晶宫殿。"曰："如何是龙王如意宝珠？"师曰："顶上髻中。"僧礼拜，师曰："莫道不如意好！"

瑞州黄檗山祇园永泰禅师

僧问："如何是祖师西来意？"师曰："铁铸就。"僧拟议，师曰："会么？"僧礼拜，师曰："何不早如此！"

庐山慧日明禅师

上堂："不用求心，唯须息见。三祖大师，虽然回避金钩，殊不知已吞红线。慧日又且不然，不用求真并息见，倒骑牛兮入佛殿，牧笛一声天地宽，稽首瞿昙，真个黄面。"

福严感禅师法嗣

育王法达禅师

庆元府育王法达宝鉴禅师，饶州余氏子。

僧问："不落阶级处请师道？"师曰："蜡人向火。"曰："毕竟如

何?”师曰：“薄处先穿。”

云盖智禅师法嗣

安吉州道场法如禅师

安吉州道场法如禅师，衢州徐氏子。参云盖，悟汾阳“十智同真[1]”话，寻常多说“十智同真”，故丛林号为“如十同”也。水庵圆极皆依之。圆极尝赞之曰：“生铁面皮难凑泊，等闲举步动乾坤。戏拈十智同真话，不负黄龙嫡骨孙。”

上堂：“知见立知，即无明本。知见无见，斯即涅槃。无漏真净，云何是中，更容他物？释迦老子和身放倒，后代儿孙如何接续？要会么？通玄不是人间世，满目青山何处寻?”

【注释】

[1] 十智同真：参见本书第十一章“汾阳善昭禅师”注释。

宝寿最乐禅师

福州宝寿最乐禅师，古田人也。

上堂：“诸佛不真实，说法度群生。菩萨有智慧，见性不分明。白云无心意，洒为世间雨。大地不含情，能长诸草木。若也会得，犹存知解。若也不会，堕在无记。去此二途，如何即是？海阔难藏月，山深分外寒。”

绍兴府石佛慧明解空禅师

僧问：“如何是宝相境?”师曰：“三生凿成。”曰：“如何是境中人?”师曰：“一佛二菩萨。”

玄沙文禅师法嗣

福州广慧达杲禅师

上堂："佛为无心悟，心因有佛迷。佛心清净处，云外野猿啼。"

建隆庆禅师法嗣

平江府泗洲用元禅师

一日问建隆曰："临济在黄檗，三回问佛法大意，三回被打。意旨如何？"语犹未了，被打一拂子，师顿领宗旨。

开堂日，僧问："四众云臻，请师说法。"师曰："有眼无耳朵，六月火边坐。"曰："一句截流，万机顿息。"师曰："听事不真，唤钟作瓮。"

问："朝参暮请，成得甚么边事？"师曰："只要你歇去。"曰："早知灯是火，饭熟已多时。"师曰："你鼻孔因甚么著拄杖子穿却？"曰："拗曲作直又争得？"师曰："且教出气。"

上堂："一二三四五，火里蝍蟟吞却虎。六七八九十，水底泥牛波上立。一日一夜雨霖霖，无孔铁锤洒不入。洒不入，著底急，百川汹涌须弥岌。八臂那吒撞出来，稽首赞叹道难及。咦！"

上堂，横按拄杖，顾视大众曰："今日平地上吃交。"便下座。

报本元禅师法嗣

永安元正禅师

平江府承天永安元正传灯禅师，郓州郑氏子。

上堂："天人群生类，皆承此恩力。大众！有一人道：'我不承佛恩力，不居三界，不属五行。祖师不敢定当，先佛不敢安名。'你且道是个

甚么人？”良久曰：“倚石岩前烧铁钵，就松枝上挂铜瓶。”

隆庆闲禅师法嗣

潭州安化启宁闻一禅师

上堂：“拈花微笑虚劳力，立雪齐腰枉用功。争似老卢无用处，却传衣钵振真风。大众！且道那个是老卢传底衣钵？莫是大庾岭头提不起底么？且莫错认定盘星。”以拂子击禅床，下座。

三祖宗禅师法嗣

宁国府光孝惟爽禅师

上堂：“今朝六月旦，一年已过半。奉报参玄人，识取娘生面。娘生面，荐不荐，鹭鸶飞入碧波中，抖擞一团银绣线。”

泐潭英禅师法嗣

南岳法轮齐添禅师

僧问：“学人上来，乞师指示。”师曰：“汝适来闻鼓声么？”曰：“闻。”师曰：“还我话头来。”僧礼拜，师曰：“令人疑著。”

上堂，喝一喝曰：“师子哮吼。”又喝一喝曰：“象王嚬呻。”又喝一喝曰：“狂狗趁块。”又喝一喝曰：“虾跳不出斗。”乃曰：“此四喝，有一喝堪与祖佛为师，明眼衲僧试请拣看。若拣不出，大似日中迷路。”

上堂，良久曰：“性静情逸。”乃喝一喝曰：“心动神疲。”遂顾左右曰：“守真志满。”拈拄杖曰：“逐物意移。”蓦召大众曰：“见怪不怪，其怪自坏。”靠拄杖，便下座。

泉州慧明云禅师

僧问："般若海中，如何为人？"师曰："云开银汉迥。"曰："毕竟如何？"师曰："棒头见血。"

问："毗婆尸佛早留心，直至如今不得妙。意旨如何？"师曰："丑拙不堪当。"

保宁玑禅师法嗣

育王净昙禅师

庆元府育王无竭净昙禅师，嘉禾人也。晚归钱塘之法慧。

一日，上堂："本自深山卧白云，偶然来此寄闲身。莫来问我禅兼道，我是吃饭屙屎人。"

绍兴丙寅夏，辞朝贵归，付院事。四众拥视，挥扇久之。书偈曰："这汉从来没缝罅[1]，五十六年成话霸。今朝死去见阎王，剑树刀山得人怕。"遂打一圆相，曰："嗄！一任诸方，钻龟打瓦[2]。"收足而化。火后设利如霰[3]，门人持骨，归阿育王山建塔。

【注释】

［1］缝罅（xià）：空隙。

［2］钻龟打瓦：古代占卜的方法。钻龟：钻刺龟里甲，并以火灼，视其裂纹以断吉凶。打瓦：即瓦卜，击瓦而视其裂纹以定吉凶。

［3］霰（xiàn）：雪珠。白色不透明的球形或圆锥形小冰粒。多在下雪前或下雪时降落。

真如戒香禅师

台州真如戒香禅师，兴化林氏子。

上堂："孟冬改旦晓天寒，叶落归根露远山。不是见闻生灭法，当头莫作见闻看。"

五祖常禅师法嗣

蕲州南乌崖寿圣楚清禅师

僧问："亡僧迁化向甚么处去?"师曰："灵峰水急。"曰："恁么则不生也。"师曰："苍天！苍天!"

黄龙肃禅师法嗣

瑞州百丈维古禅师

上堂，大众集定，拈拄杖示众曰："多虚不如少实。"卓一下，便起。

嘉定府月珠祖鉴禅师

僧请笔师语要，师曰："达磨西来，单传心印。曹溪六祖，不识一字。今日诸方出世，语句如山，重增绳索。"乃拍禅床曰："于斯荐得，犹是钝根。若也未然，白云深处从君卧，切忌寒猿中夜啼。"

石霜琳禅师法嗣

鼎州德山静照庵什庵主

僧问："如何是庵中主?"师曰："从来不相许。"僧拟议，师曰："会即便会本来底，不得安名著字。"僧拟开口，师便打出。

师室中常以拂子示众曰："唤作拂子，依前不是。不唤作拂子，特地不识。汝唤作甚么?"

因僧请益，师颂答之曰："我有一柄拂子，用处别无调度。有时挂在松枝，任他头垂角露。"

华光恭禅师法嗣

郴州万寿念禅师

僧问："龙华胜会，肇启兹晨。未审弥勒世尊现居何处？"师曰："猪肉案头。"曰："既是弥勒世尊，为甚么却在猪肉案头？"师曰："不是弄潮人，休入洪波里。"曰："毕竟事又且如何？"师曰："番人[1]不系腰。"

岁旦，上堂："往复无际，动静一源。含有德以还空，越无私而迥出。昔日日，今日日，照无两明。昔日风，今日风，鼓无两动。昔日雨，今日雨，泽无两润。于其中间觅去来相而不可得。何故？自他心起，起处无踪。自我心忘，忘无灭迹。大众！若向这里会去，与天地而同根，共万物为一体。若也未明，山僧为你重重颂出：元正[2]一，古佛家风从此出。不劳向上用工夫，历劫何曾异今日？元正二，寂寥冷淡无滋味。赵州相唤吃茶来，剔起眉毛须瞥地。元正三，上来稽首各和南。若问香山山里事，灵源一派碧如蓝。"遂喝一喝，下座。

【注释】

[1] 番人：指洋人、外国人或少数民族。宋代王谠《唐语林·德行》："番人重土殡，脱殁，君能终始之否？"元代周达观《真腊风土记·正朔时事》："番人既无姓名，亦不记生日。"

[2] 元正：即元旦，农历正月初一。此处"元正一"亦正月初一，"元正二""元正三"即"正月初二""正月初三"。

上蓝顺禅师法嗣

参政苏辙居士

参政苏辙居士，字子由。元丰三年以睢阳从事，左迁瑞州摧筦[1]之任。是时，洪州上蓝顺禅师与其父文安先生有契，因往访焉，相得欢甚。公咨以心法，顺示搐鼻因缘[2]，已而有省。作偈呈曰："中年闻道觉前

非，邂逅相逢老顺师。搐鼻径参真面目，掉头不受别钳锤。枯藤破衲公何事，白酒青盐我是谁？惭愧东轩残月上，一杯甘露滑如饴。”

【注释】

［1］搉（què）筦（guǎn）：主管专卖。搉，通“榷”，专：专卖。筦：同“管”。

［2］搐鼻因缘：公案，事见《古尊宿语录》卷一“大鉴下三世（百丈怀海）”条：“一日，随侍马祖路行次，闻野鸭声。马祖云：‘什么声？’师云：‘野鸭声。’良久，马祖云：‘适来声向什么处去？’师云：‘飞过去。’马祖回头将师鼻便搊，师作痛声。马祖云：‘又道飞过去？’师于言下有省。却归侍者寮，哀哀大哭。同事问曰：‘汝忆父母耶？’师曰：‘无。’曰：‘被人骂耶？’师曰：‘无。’曰：‘哭作甚么？’师曰：‘我鼻孔被大师搊得痛不彻。’同事曰：‘有甚因缘不契？’师曰：‘汝问取和尚去？’同事问大师曰：‘海侍者有何因缘不契，在寮中哭。告和尚为某甲说。’大师曰：‘是伊会也，汝自问取他。’同事归寮曰：‘和尚道汝会也，教我自问汝。’师乃呵呵大笑。同事曰：‘适来哭，如今为甚却笑？’师曰：“适来哭，如今笑。’同事罔然。”这是百丈怀海在马祖和尚的机用启示下领悟道法，并获得印证的故事。后世禅林常用作参习的话头。搐：牵动，与“搊”义近。因缘：公案，机语。

【概要】

苏辙，宋代居士，字子由，号颍滨遗老，眉山（今属四川）人。历官右司谏、中书舍人、户部侍郎、翰林学士知制诰、御史中丞。元祐六年（1091年），拜尚书右丞，次年进门下侍郎。哲宗亲政，落职知汝州。徽宗时，提举宫观。在筠州（今江西高安）监盐酒税时，与黄檗道全禅师交游，道全劝他参禅。后谒上蓝顺禅师省悟。从此喜与僧人交游，常居寺中数月不返。为蜀学派重要人物，主张三教合一。著有《栾城集》《老子解》。

【参考文献】

《宋史》卷三三九。

第二节　南岳下十四世

黄龙新禅师法嗣

吉州禾山超宗慧方禅师

上堂，举拂子曰："看！看！只这个，在临济则照用齐行，在云门则理事俱备，在曹洞则偏正叶通，在沩山则暗机圆合，在法眼则何止唯心？然五家宗派，门庭施设则不无，直饶辨得倜傥分明[1]去，犹是光影边事。若要抵敌生死，则霄壤[2]有隔。且超越生死一句作么生道?"良久曰："洎合错下注脚。"

【注释】

[1] 倜（tì）傥（tǎng）分明：形容明悟禅法，洞察禅机。

[2] 霄壤：天和地，天地之间。比喻相去极远，差别很大。

崇觉空禅师

临安府崇觉空禅师，姑孰人也。

上堂："十方无壁落，四面亦无门。净裸裸，赤洒洒，没可把。"遂举拂子曰："灌溪老汉向十字街头，逞风流，卖惺惺，道我解穿真珠，解玉版[1]，濄[2]乱丝，卷筒绢。淫坊酒肆，瓦合舆台[3]，虎穴魔宫，那吒忿怒，遇文王兴礼乐，逢桀纣逞干戈[4]。今日被崇觉觑见，一場懡㦬。"

师颂野狐话曰："含血噀[5]人，先污其口。百丈野狐[6]，失头狂走。蓦地唤回，打个筋斗。"

【注释】

[1] 玉版：亦作"玉板"。古代用以刻字的玉片。亦泛指珍贵的典籍。特指上

有图形或文字，象征祥瑞盛德或预示休咎的玉片。解玉版，指能解释这些特有文字、图形的含义。

［2］漚（wō）：水流回旋。清代张岱《陶庵梦忆·焦山》：“一日，放舟焦山，山更纡谲可喜。江曲漚山下，水望澄明，渊无潜甲。”以上是《汉语大词典》的解释。《广韵·戈韵》：“漚，水回。”包朗、杨富学在《敦煌研究》（2015 年第 4 期）发表《吐鲁番出土文书所见言“過”当为“漚”字考兼与王启涛先生商榷》，提出“漚”为“水溢”之义。综合以上含义，此处“漚乱丝”，可理解为理顺乱丝。

［3］瓦合舆台：乌合之众与下贱的奴隶。瓦合：把破了的瓦拼合起来，比喻勉强凑合，临时凑合。舆台：古代十等人中两个低微等级的名称。舆为第六等，台为第十等。后泛指地位低贱的人。

［4］遇文王兴礼乐，逢桀纣逞干戈：对好人讲礼仪，对坏人不客气。

［5］噀（xùn）：含在口中而喷出。

［6］百丈野狐：旧校本标点有误，“野狐”不是人名，下画专有名词线要删除。野狐公案参见本书第三章“百丈怀海禅师”注释。

上封祖秀禅师

潭州上封祖秀禅师，常德府何氏子。

上堂：“枯木岩前夜放华，铁牛依旧卧烟沙。侬家鞭影重拈出，”击拂子曰：“一念回心便到家。”遂喝一喝，下座。

嘉定府九顶寂惺惠泉禅师

僧问：“心迷《法华》转，心悟转《法华》。未审意旨如何？”师曰：“风暖鸟声碎，日高华影重。”

上堂：“昔日云门有三句，谓函盖乾坤句、截断众流句、随波逐浪句。九顶今日亦有三句，所谓饥来吃饭句、寒即向火句、困来打睡句。若以佛法而论，则九顶望云门，直立下风。若以世谛而论，则云门望九顶，直立下风。二语相违，且如何是九顶为人处？”

性空妙普庵主

嘉兴府华亭性空妙普庵主，汉州人。久依死心获证。乃抵秀水，追船子遗风。结茅青龙之野，吹铁笛以自娱。多赋咏，得之者必珍藏。

其山居曰：“心法双忘犹隔妄，色尘不二尚余尘。百鸟不来春又过，不知谁是住庵人？”

又警众曰：“学道犹如守禁城，昼防六贼夜惺惺。中军主将能行令，不动干戈致太平。”

又曰：“不耕而食不蚕衣，物外清闲适圣时。未透祖师关捩子，也须存意著便宜。”

又曰：“十二时中莫住工，穷来穷去到无穷。直须洞彻无穷底，踏倒须弥第一峰。”

建炎初，徐明叛，道经乌镇，肆杀戮，民多逃亡。师独荷策而往，贼见其伟异，疑必诡伏[1]者。问其来，师曰：“吾禅者，欲抵密印寺。”贼怒，欲斩之。师曰：“大丈夫要头便斫取，奚以怒为？吾死必矣，愿得一饭以为送终。”贼奉肉食，师如常斋出生[2]毕，乃曰：“孰当为我文之以祭？”贼笑而不答，师索笔大书曰：“呜呼惟灵！劳我以生[3]，则大块之过。役我以寿，则阴阳之失。乏我以贫，则五行不正。困我以命，则时日不吉[4]。吁哉！至哉！赖有出尘之道，悟我之性，与其妙心，则其妙心，孰与为邻？上同诸佛之真化，下合凡夫之无明。纤尘不动，本自圆成。妙矣哉！妙矣哉！日月未足以为明，乾坤未足以为大。磊磊落落[5]，无挂无碍。六十余年，和光混俗。四十二腊，逍遥自在。逢人则喜，见佛不拜。笑矣乎！笑矣乎！可惜少年郎，风流太光彩。坦然归去付春风，体似虚空终不坏。尚飨！”遂举箸饫餐[6]，贼徒大笑。食罢，复曰：“劫数既遭离乱[7]，我是快活烈汉。如今正好乘时，便请一刀两段。”乃大呼：“斩！斩！”贼方骇异，稽首谢过，令卫而出。乌镇之庐舍免焚，实师之惠也。道俗闻之愈敬。

有僧睹师《见佛不拜歌》，逆问曰：“既见佛，为甚么不拜？”师掌之，曰：“会么？”云：“不会。”师又掌曰：“家无二主。”

绍兴庚申冬，造大盆，穴而塞之。修书寄雪窦持禅师曰：“吾将水葬矣。”壬戌岁，持至，见其尚存，作偈嘲之曰：“咄哉老性空，刚要喂鱼鳖。去不索性去，只管向人说。”师阅偈，笑曰：“待兄来证明耳。”令遍告四众。众集，师为说法要，仍说偈曰：“坐脱立亡，不若水葬。一省柴烧，二省开圹。撒手便行，不妨快畅。谁是知音？船子和尚。高风难继

百千年，一曲渔歌少人唱。”遂盘坐盆中，顺潮而下。众皆随至海滨，望欲断目。师取塞，戽水而回。众拥观，水无所入。复乘流而往，唱曰：“船子当年返故乡，没踪迹处妙难量。真风遍寄知音者，铁笛横吹作散场。”其笛声呜咽。顷于苍茫间，见以笛掷空而没。众号慕，图像事之。后三日，于沙上趺坐如生，道俗争往迎归。留五日，阇维，设利大如菽[8]者莫计。二鹤徘徊空中，火尽始去。众奉设利灵骨，建塔于青龙。

【注释】

［1］诡伏：奸诈而隐藏不露。此处有奸细之意。

［2］出生：分出。唐代范摅《云溪友议》卷三：“卢梦觉，召庙祝，令别置神母位，常馔出生一分，公宴则阙。”

［3］呜呼惟灵！劳我以生：旧校本标点有误，不能作“呜呼！惟灵劳我以生”。

［4］困我以命，则时日不吉：旧校本作“因我以命，则时日不吉”，校对错误。

［5］磊磊落落：一一分明的样子。也形容胸怀坦荡。

［6］饫（yù）餐：饱食。宋代朱熹《又五绝卒章戏简及之主簿》之三：“向来试吏著南冠，马甲蚝山得饫餐。”

［7］离乱：变乱。常指战乱。《晋书·刑法志》：“是时承离乱之后，法网弛纵，罪名既轻，无以惩肃。”

［8］菽（shū）：豆类的总称。

钟山道隆首座

严州钟山道隆首座，桐庐董氏子。于钟山寺得度。自游方，所至耆衲皆推重。晚抵黄龙，死心延为座元。心顺世，遂归隐钟山，慕陈尊宿高世之风，掩关不事事。日鬻数籆[1]自适，人无识者。手常穿一袜，凡有禅者至，提以示之曰：“老僧这袜著三十年了也。”有寺僧戏问：“如何是无诤三昧？”师便掌。

【注释】

［1］籆（yuè）：亦作“篗”。络丝、纱、线等的工具。

扬州齐谧首座

扬州齐谧首座，本郡人也。死心称为饱参。诸儒屡以名山致之，不可。后示化于潭之谷山，异迹颇众。门人尝绘其像，请赞，为书曰：“个汉灰头土面，寻常不欲露现。而今写出人前，大似虚空著箭。怨怨！可惜人间三尺绢。”

空室智通道人

空室道人智通者，龙图[1]范珣女也。幼聪慧，长归丞相苏颂[2]之孙悌。未几厌世相，还家求祝发。父难之，遂清修[3]。因看《法界观》，顿有省，连作二偈见意。一曰：“浩浩尘中体一如，纵横交互印毗卢。全波是水波非水，全水成波水自殊。”次曰：“物我元无异，森罗镜像同。明明超主伴，了了彻真空。一体含多法，交参帝网中。重重无尽处，动静悉圆通。”

后父母俱亡，兄涓领分宁尉，通偕行。闻死心名重，往谒之。心见知其所得，便问：“常啼菩萨[4]卖却心肝，教谁学般若？”通曰：“你若无心我也休。”又问：“一雨所滋，根苗有异。无阴阳地上生个甚么？”通曰：“一华五叶。”复问：“十二时中向甚么处安身立命？”通曰：“和尚惜取眉毛好！”心打曰：“这妇女乱作次第。”通礼拜，心然之。于是，道声籍甚。

政和间居金陵，尝设浴于保宁，揭榜于门曰：“一物也无，洗个甚么？纤尘若有，起自何来？道取一句子玄，乃可大家入浴。古灵只解揩背，开士何曾明心？欲证离垢地时，须是通身汗出。尽道水能洗垢，焉知水亦是尘？直饶水垢顿除，到此亦须洗却。”

后为尼，名“惟久”，挂锡姑苏之西竺。缁白日夕师问，得其道者颇众。俄示疾书偈，趺坐而终。有《明心录》行于世。

【注释】

[1] 龙图：北宋官名，龙图阁学士的省称。

[2] 苏颂（1020~1101 年）：北宋丞相。字子容，原籍福建泉州府同安县（今属厦门市同安区），后徙居润州丹阳。于宋仁宗庆历二年（1042 年）登进士第，长

年在馆阁任职，遍历地方长官，并两次出使辽国。累官至刑部尚书、吏部尚书。宋哲宗时拜相。他执政时，务使百官守法遵职，量能授任。宋徽宗即位后进拜太子太保，封赵郡公。建中靖国元年（1101 年）逝世，获赠司空。后追封魏国公。宋理宗时追谥“正简”。

［3］清修：指在家修习佛法。带发修行。

［4］常啼菩萨：音译萨陀波伦菩萨。又作普慈菩萨、常悲菩萨。乃《大品般若经》卷二十七所说之菩萨。此菩萨得称为常啼者，有诸种说法：或谓菩萨因见恶世之人身受苦恼而悲哀哭泣；或以菩萨生于无佛之世，然为利益众生，追求佛道，于空闲林中忧愁啼哭七日七夜，天龙鬼神遂号之为常啼；或以幼时喜啼而得名。此菩萨常以勇猛心，修般若波罗蜜之行。据《道行般若经》卷九“萨陀波伦菩萨品”载，此菩萨于梦中闻东方有般若波罗蜜之大法，为求法乃向东行，途经魔所乐国，为供养其师乃卖身，遂过二万里到达揵陀越国，见昙无竭菩萨而得其法。又以此菩萨为利益众生，积难苦之行以求般若波罗蜜，而被列为般若守护十六善神之一。

黄龙清禅师法嗣

上封本才禅师

潭州上封佛心才禅师，福州姚氏子。幼得度受具。游方至大中，依海印隆禅师。见老宿达道者看经，至“一毛头师子，百亿毛头一时现”，师指问曰：“一毛头师子作么生得百亿毛头一时现？”达曰：“汝乍入丛林，岂可便理会许事？”师因疑之，遂发心领净头[1]职。一夕汛扫[2]次，印适夜参，至则遇结座，掷拄杖曰：“了即毛端吞巨海，始知大地一微尘。”师豁然有省。

及出闽，造豫章黄龙山，与死心机不契。乃参灵源。凡入室，出必挥泪，自讼曰：“此事我见得甚分明，只是临机吐不出，若为奈何？”灵源知师勤笃，告以须是大彻，方得自在也。

未几，窃观邻案僧读《曹洞广录》，至：“药山采薪归，有僧问：‘甚么处来？’山曰：‘讨柴来。’僧指腰下刀曰：‘鸣剥剥，是个甚么？’山拔刀作斫势。”师忽欣然，捆邻案僧一掌，揭帘趋出，冲口说偈曰：“彻，彻！大海干枯，虚空迸裂。四方八面绝遮拦，万象森罗齐漏泄。”

后分座于真乘，应上封之命，屡迁名刹。

住乾元日，开堂，示众曰："百千三昧门，无量福德藏。放行也，如开武库，错落交辉。把住也，似雪覆芦花，通身莫辨。使见之者撩起便行，闻之者单刀直入。个个具顶门正眼，人人悬肘后灵符。扫佛祖见知，作丛林殃害。忆得宝寿开堂日，三圣推出一僧，宝寿便打。三圣云：'与么为人，瞎却镇州一城人眼去在。'且如乾元今日开堂，或有僧出来，山僧亦打。不唯此话大行，且要开却福州一城人眼去。何也？剑为不平离宝匣，药因救病出金瓶。"

上堂："达磨未来东土已前，人人怀媚水之珠，个个抱荆山之璞，可谓壁立千仞。及乎二祖礼却三拜之后，一一南询诸友，北礼文殊，好不丈夫！或有一个半个，不求诸圣，不重己灵，匹马单衬，投虚置刃，不妨庆快平生。如今有么？自是不归归便得，五湖烟景有谁争！"

上堂："宗乘提唱，妙绝名言。一句该通，乾坤函盖。直似首罗正眼[3]，竖亚[4]面门。又如圆∴三点，横该法界。"乃卓拄杖曰："向这一点下明得，出身犹可易，脱体道应难。"又卓拄杖曰："向第二点下明得，纵横三界外，隐显十方身。"又卓拄杖曰："向第三点下明得，鱼龙锁户，佛祖潜踪。不然，放过一著，随分有春色，一枝三四花。"

上堂："一法有形该动植，百川湍激竞朝宗[5]。昭琴不鼓云天淡，想象毗耶[6]老病翁。维摩病则上封病，上封病则拄杖子病。拄杖子病，则森罗万象病。森罗万象病，则凡之与圣病。诸人还觉病本起处么？若也觉去，情与无情同一体，处处皆同真法界。其或未然，甜瓜彻蒂甜，苦瓠连根苦[7]。"

【注释】

[1] 净头：禅林中，职司清扫厕所之职称。又作圊头、持净。《敕修百丈清规》卷四两序章列职杂务条："净头，扫地装香，换筹洗厕，烧汤添水，须是及时。稍有狼籍，随即净治。手巾、净桶，点检添换。"凡任此职，皆是自发道心。《僧堂清规》卷五载，此职不强请，交代前，维那挂小榜于厕所曰："下次净头缺人，如有结缘，请留芳名。"无愿者时，堂众互限开浴日，依戒腊次第勤务。古代祖师等发心入道，每自好当之，例如雪窦重显居众时，在灵隐寺司此职，故至今厕所有"雪隐"之美称。此外，净头之居所，称净头寮。

［2］汛扫：洒扫。

［3］首罗正眼：即摩醯首罗天王顶门眼。摩醯首罗天王具有三眼。其中，顶门竖立一眼，超于常人两眼，具有以智慧彻照一切事理之特殊眼力，故称顶门眼。后用来比喻卓越之见解。

［4］竖亚：竖着嵌入。《五家正宗赞》卷二"浮山圆鉴"条："神仙一局棋密排盘里，机路上冲关；摩醯三只眼竖亚顶门，髑髅前失照。"（摘自《禅宗大词典》）

［5］朝宗：比喻小水流注大水。本书又指契合禅宗旨意。

［6］毗耶：为维摩诘居士所住之城市，此处借代维摩诘居士。据《维摩诘经》载，彼尝称病，但云其病是"以众生病，是故我病"，待佛陀令文殊菩萨等前往探病，彼即以种种问答，揭示空、无相等大乘深义。故此处称"毗耶老病翁"。

［7］甜瓜彻蒂甜，苦瓠（hù）连根苦：禅家习语，隐喻人之真如本性天然生成，一切接引施设只是帮助学人明见此本性而已。苦瓠：即苦匏。瓜类。味苦如胆，不可食，故名。亦作"苦瓠连根苦，甜瓜彻蒂甜"。

【概要】

本才禅师，宋代临济宗黄龙派僧。福州（福建）长溪人，俗姓姚。号佛心，世称"佛心本才"。生卒年不详。受具足戒后，游历诸方，先后参谒大中寺海印隆、东林常总、死心悟新、灵源惟清等诸师，并嗣灵源惟清之法。其后，住持潭州（湖南）上封寺，复住道林寺。后返福建宣扬大法，历住大乘、乾元、灵石、鼓山等诸刹。绍兴年间（1131～1162 年）示寂。遗有《佛心才和尚语要》一卷，收于《续古尊宿语要》卷四。

【参考文献】

《嘉泰普灯录》卷十；《续传灯录》卷二十三；《大明高僧传》卷七。

黄龙德逢禅师

隆兴府黄龙德逢通照禅师，郡之靖安胡氏子。生有庞眉[1]。年十七，从上蓝晋禅师落发。往依灵源，即明深旨。

上堂，举夹山境[2]话，师曰："法眼徒有此语，殊不知夹山老汉被这僧轻轻拶著，直得脚前脚后。设使不作境话会，未免犹在半途。"

【注释】

［1］庞眉：眉毛黑白杂色。形容老貌。

［2］夹山境：参见本书第五章“夹山善会禅师”注释。

法轮应端禅师

潭州法轮应端禅师，南昌徐氏子。少依化度善月，圆颅[1]登具。谒真净文禅师，机不谐。

至云居，会灵源分座，为众激昂。师扣其旨。然以妙入诸经自负，源尝痛劄之。师乃援马祖百丈机语，及华严宗旨为表。源笑曰：“马祖、百丈固错矣，而华严宗旨与个事[2]喜没交涉[3]。”师愤然欲他往。因请辞。及揭帘，忽大悟，汗流浃背。源见乃曰：“是子识好恶矣。马祖、百丈、文殊、普贤几被汝带累。”

由此，誉望四驰，名士夫争挽应世，皆不就。政和末，太师张公司成以百丈坚命开法，师不得已，始从。

上堂，举大隋劫火洞然话，遂曰：“六合倾翻劈面来，暂披麻缕混尘埃。因风吹火浑闲事，引得游人不肯回。坏不坏，随不随，徒将闻见强针锥。太湖三万六千顷，月在波心说向谁？”

僧问：“如何是宾中宾？”师曰：“芒鞋竹杖走红尘。”曰：“如何是宾中主？”师曰：“十字街头逢上祖。”曰：“如何是主中宾？”师曰：“御马金鞭混四民。”曰：“如何是主中主？”师曰：“金门谁敢抬眸觑？”曰：“宾主已蒙师指示，向上宗乘又若何？”师曰：“昨夜霜风刮地寒，老猿岭上啼残月。”

【注释】

［1］圆颅：又称圆顶。即完成剃发而呈现出家人之形相。此为象征出离烦恼之相。

［2］个事：这事。

［3］喜没交涉：意谓与禅法毫无关系，根本不符合禅法，是禅家习用批评语。常作“且喜没交涉”，亦作“且得没交涉”。

【概要】

应端禅师（1069～1129年），宋代临济宗黄龙派僧。世称“法轮应端”。洪州（今属江西南昌）人，俗姓徐。幼年即依化度寺善月出家，精通华严要旨。曾参谒真净克文，然机缘不契。后参黄龙山灵源惟清，得其印可，并嗣其法。建炎年间（1127～1130年）住于法轮寺，建炎三年入寂，世寿六十一。

【参考文献】

《嘉泰普灯录》卷十；《大明高僧传》卷七。

长灵守卓禅师

东京天宁长灵守卓禅师，泉州庄氏子。

上堂曰：“三千剑客，独许庄周[1]，为甚么跳不出？良医之门多病人[2]，因甚么不消一劄？已透关者，再请辨看。”

上堂：“譬如眼根，不自见眼，性自平等。无平等者，便恁么去。无孔铁锤，聊且安置。直得入林不动草，入水不动波，也是一期方便。若也篱内竹抽篱外笋，涧东华发涧西红，更待勘过了，打。”

僧问：“丹霞烧木佛，院主为甚么眉须堕落？”师曰：“猫儿会上树。”曰：“早知如是，终不如是。”师曰：“惜取眉毛。”

问：“如何是衲衣下事？”师曰：“天旱为民愁。”

问：“佛未出世时如何？”师曰：“绝毫绝厘。曰”出世后如何？“师曰：“填沟塞壑。”曰：“出与未出，相去几何？”师曰：“人平不语，水平不流[3]。”

上堂：“平高就下，勾贼破家。截铁斩钉，狐狸恋窟。总不恁么，合作么生？所以道，万仞崖头亲撒手，须是其人。只如香积国中持钵一句，作么生道？”良久曰：“切忌风吹别调中。”

上堂：“释迦掩室，过犯弥天。毗耶杜词，自救不了。如何如何，口门太小。”

宣和五年十二月二十七日，奄然示寂。阇维日，皇帝遣中使赐香，持金盘求设利。爇香罢，盘中铿然。视之五色者数颗，大如豆。使者持还，上见大悦。

【注释】

［1］三千剑客，独许庄周：参见本书“三千剑客今何在，独许庄周致太平”条注释。阐明了道家不崇尚武力、无为而治的主张。

［2］良医之门多病人：出色的医生家门前会有很多求医的病人。《荀子·法行》：“君子正身以俟，欲来者不距，欲去者不止。夫良医之门多病人。”

［3］人平不语，水平不流：人得其平就不言语，水得其平就不流动，意犹“物不得其平则鸣”。多用于表示公平合理，不平则鸣。

【概要】

守卓禅师，宋代禅僧。俗姓庄。泉州（今属福建）人。世称“长灵守卓”。少出家，试经得度。先从遵式治《华严》，后参灵源惟清禅师，受印可，嗣其法。以身为率，不立规矩，面目严冷，人称“铁面”。弟子有育王介谌、道场慧琳、道场慧居等。有《长灵守卓禅师语录》一卷，集录长灵守卓住舒州甘露禅院及庐州资福禅院的拈香祝、上堂语，以及垂语百则、偈颂等，附行状一篇。收入《续藏经》。

【参考文献】

《嘉泰普灯录》卷十。

信州博山无隐子经禅师

岁旦，上堂：“和气生枯枿[1]，寒云散远郊。木人占吉兆，夜半露龟爻。诸禅德！龟爻露处，文彩已彰。便见一年十二月，月月如然；一日十二时，时时相似。到这里直似黄金之黄，白玉之白。自从旷大劫来，未尝异色。还见么？其或未然，且徇张三通节序[2]，从教李四鬓苍浪[3]。”

【注释】

［1］枯枿（niè）：枯朽的枝干。形容没有生气。枿：树木砍伐后留下的根株。

［2］节序：节令，节气；节令的顺序。

［3］鬓苍浪：鬓发花白。苍浪：花白。唐代白居易《冬至夜》：“老去襟怀常濩落，病来须鬓转苍浪。”

百丈以栖禅师

隆兴府百丈以栖禅师，兴化人也。

上堂："摩腾入汉，达磨来梁，途辙[1]既成，后代儿孙开眼迷路。若是个惺惺底，终不向空里采华，波中捉月。谩劳心力，毕竟何为？山僧今日已是平地起骨堆[2]，诸人行时，各自著精彩看。"

【注释】

［1］途辙：路上之车迹。喻行事所遵循的途径或方向。

［2］平地起骨堆：意谓做没有埋死人的假坟。讥刺禅人做作多事，虚妄徒劳。骨堆：坟墓。

邵州光孝昙清禅师

上堂："杀父杀母，佛前忏悔。杀佛杀祖，不消忏悔。为甚么不消忏悔？且得冤家解脱。"

光孝德週[1]禅师

温州光孝德週禅师，信州璩氏子。于景德尊胜院染削，问道有年。后至黄龙，闻举"少林面壁"，顿悟。述二偈以呈，龙许之。自尔名流江浙。

上堂曰："举体露堂堂，十方无挂碍。千圣不能传，万灵咸顶戴。拟欲共商量，开口百杂碎。只如未开口已前，作么生？咄！"

上堂："回互不回互，觑见没可睹。透出祖师关，踏断人天路。阿呵呵！悟不悟，落花流水知何处。"

【注释】

［1］週（zhōu）：同"周"。

寺丞戴道纯居士

寺丞[1]戴道纯居士，字孚中。咨扣[2]灵源，一日有省，乃呈偈曰："杳冥源底全机处，一片心花露印纹。知是几生曾供养，时时微笑动香云。"

【注释】

[1] 寺丞：官署中的佐吏。

[2] 咨扣：咨询，叩问。

泐潭清禅师法嗣

黄龙道震禅师

隆兴府黄龙山堂道震禅师，金陵赵氏子。少依觉印英禅师为童子，英移居泗之普照，适淑妃[1]择度童行[2]，师得圆具。久之，辞谒丹霞淳禅师。

一日，与论洞上宗旨，师呈偈曰："白云深覆古寒岩，异草灵花彩凤衔。夜半天明日当午，骑牛背面著靴衫。"淳器之。

师自以为碍，弃依草堂，一见契合。日取藏经读之。一夕，闻晚参鼓，步出经堂，举头见月，遂大悟。亟趋方丈，堂望见，即为印可。

初住曹山，次迁广寿黄龙。

上堂曰："举个古人因缘问阇黎，阇黎不得作古会。若作古会，失却当面眼。举个即今因缘问阇黎，阇黎不得作今会。若作今会，障却阇黎本来眼。假饶不失不障，非古非今，犹是药病相治止啼之说。只如透脱一句，阇黎还道得也无？若道不得，直待罗汉峰深谈实相，即向汝道。"

上堂："少林冷坐，门人各说异端，大似众盲摸象。神光礼三拜，依位而立，达磨云：'汝得吾髓。'这黑面婆罗门，脚跟也未点地在。"

上堂："石人问枯桩，何时汝发华？枯桩怒石人，何得口吧吧？石人呵呵笑，枯桩吐异葩。红霞辉玉象，白玉碾金沙。借问通玄士，何人不到家？"

【注释】

[1] 淑妃：古代皇帝妃嫔名。三国魏明帝始设，位在夫人后，地位视同相国，爵位可比诸侯王。晋武帝定为九嫔之首，位视九卿。南朝宋省。齐复置，升品为位

比三司。隋炀帝时列为三夫人之一，正一品，位贵妃下。唐初同，玄宗以后不置。宋、金复置，正一品。

［2］童行：行，行者，乃于寺院服杂役者。禅宗寺院对于尚未得度之年少行者，称为童行。又称童侍、僧童、道者、行童。其所居之室，则称童行堂、行堂。又教训童行，谓之训童行。

万年法一禅师

台州万年雪巢法一禅师，太师襄阳郡王李公遵勉之玄孙也。世居开封祥符县。母梦一老僧至而产。年十七，试上庠，从祖仕淮南。欲官之，不就。将弃家事长芦慈觉赜禅师，祖弗许。母曰："此必宿世沙门，愿勿夺其志。"未几，慈觉没。大观改元，礼灵岩通照愿禅师，祝发登具。依愿十年，迷闷不能入。谒圆悟于蒋山，悟曰："此法器也。"悟奉诏徙京师天宁，师侍行。靖康末，谒草堂于疏山，一语之及，大法顿明。

绍兴七年，泉守宝文刘公彦修请君延福，后四迁巨刹。

上堂，拈拄杖曰："拄杖子有时作出水蛟龙，万里云烟不断。有时作踞地师子，百年妖怪潜踪。有时心法两忘，照体独立。有时照用同时，主宾互用。"以拄杖画曰："延福门下，总用不著。且道延福寻常用个甚么？"卓拄杖，喝一喝，下座。

上堂："仰面不见天，低头不见地。古剑髑髅前，大海波涛沸。"

退长芦，归天台万年观音院，忽示微疾，书偈曰："今年七十五，归作庵中主。珍重观世音，泥蛇吞石虎。"入龛趺坐而逝。

雪峰慧空禅师

福州雪峰东山慧空禅师，本郡陈氏子。十四圆顶，即游诸方，遍谒诸老，晚契悟于草堂。

绍兴癸酉，开法雪峰。受请日，上堂曰："俊快底点著便行，痴钝底推挽不动。便行则人人欢喜，不动则个个生嫌。山僧而今转此痴钝为俊快去也。"弹指一下，曰："从前推挽不出而今出，从前有院不住而今住，从前嫌佛不做而今做，从前嫌法不说而今说。出不出、住不住即且置，敢问诸人做底是甚么佛？空王佛邪？然灯佛邪？释迦佛邪？弥勒佛邪？说底又是甚么法？根本法邪？无生法邪？世间法邪？出世间法邪？众中莫有道得底么？若道得，山僧出世事毕。如或未然，逢人不得错举。”喝一喝，下座。

上堂，举：“云门示众云：‘只这个带累杀人。’”师曰：“云门寻常气宇如王，作恁么说话，大似贫恨一身多。山僧即不然，只这个快活杀人。何故？大雨方归屋里坐，业风吹又绕山行。然虽如是，也是乞儿见小利。且不伤物义一句作么生道？”

上堂：“一拳拳倒黄鹤楼，一趯趯翻鹦鹉洲。有意气时添意气，不风流处也风流。俊哉俊哉！快活快活！一似十七八岁状元相似，谁管你天，谁管你地。心王不妄动，六国一时通。罢拈三尺剑，休弄一张弓。自在自在！快活快活！恰似七八十老人作宰相相似，风以时，雨以时，五谷植，万民安。”竖起拄杖曰：“大众！这两个并山僧拄杖子，共作得一个。衲僧到雪峰门下，但知随例餐䭔子[1]，也得三文买草鞋。”喝一喝，卓拄杖，下座。

僧问：“和尚未见草堂时如何？”师曰：“江南有。”曰：“见后如何？”师曰：“江北无。”

【注释】

[1] 䭔（duī）子：饼子。为古代的一种面食。

育王普崇禅师

庆元府育王野堂普崇禅师，本郡人也。

示众，举：“巴陵和尚道：‘不是风动，不是幡动，不是风幡，又向甚么处著？有人为祖师出气，出来与巴陵相见。’雪窦和尚道：‘风动幡动，既是风幡，又向甚么处著？有人为巴陵出气，出来与雪窦相见。’”师曰：“非风非幡无处著，是幡是风无著处。辽天俊鹘悉迷踪，踞地金毛还失措。阿呵呵，悟不悟！令人转忆谢三郎[1]，一丝独钓寒江雨。”

【注释】

[1] 谢三郎：泛指某渔夫，亦作“谢郎”。

青原信禅师法嗣

潭州梁山欢禅师

僧问："大众云臻，请师开示。"师曰："天静不知云去处，地寒留得雪多时。"曰："学人未晓玄言，乞师再垂方便。"师曰："一重山后一重人。"

正法希明禅师

成都府正法希明禅师，汉州人也。

解制[1]，上堂："林叶纷纷落，乾坤报早秋。分明西祖意，何用更驰求？若恁么会得，始信佛祖之道，本自平夷。大解脱门，元无关钥。弥纶宇宙，逼塞虚空。量不可穷，智不能测。若也未明此旨，不达其源，任是百劫薰功，千生炼行，徒自疲苦，了无交涉。若深明此旨，洞达其源，乃知动静施为，经行坐卧，头头合道，念念朝宗。祖不云乎？迷生寂乱，悟无好恶。得失是非，一时放却。如是则谁迷谁悟，谁是谁非？自是诸人，独生异见，观大观小，执有执无。己灵独耀，不肯承当。心月孤圆，自生违背。何异家中舍父，衣内忘珠？致使菩提路上，荆棘成林；解脱空中，迷云蔽日。山僧今日幸值众僧自恣，化主还山，诸上善人得得[2]光访[3]，不可缄默，随分葛藤，曲为今时，少开方便。也须是诸人著眼，各自谛观。若更拟议寻思，白云万里。"遂拈拄杖曰："于斯明得，灵山一会，俨在目前。其或未然，更待来晨分付。"

【注释】

[1] 解制：即解夏，又作夏竟、夏满、夏解。自印度以来，僧团于每年雨季时举行夏安居；而于雨季停止后，安居亦结束，称为解夏，意指解除夏安居之制。解夏之日，根据旧律所载，谓七月十五日；新律则谓八月十五日。此日亦称自恣日，即于此日，众僧群集，自行发露于安居期间所犯之过。

[2] 得得：特地。《碧岩录》卷一第一则："达磨遥观此土有大乘根器，遂泛海得得而来，单传心印，开示迷途。"

［3］光访：称客人来访的敬词。

岳山祖庵主

岳山祖庵主见青原之后，缚屋衡岳间，三十余年，人无知者。偶遣兴作偈曰："小锅煮菜上蒸饭，菜熟饭香人正饥。一补饥疮了无事，明朝依样画猫儿。"由是衲子披榛[1]扣之。无尽张公[2]力挽其开法，不从，竟终于此山。

【注释】

［1］披榛：指砍去丛生之草木。披：劈开。榛：一种丛生的灌木。多喻创业或前进中的艰难。本书常指不畏艰难追求大道。

［2］无尽张公：指张商英，北宋蜀州（四川崇庆）新津人。字天觉，号无尽居士。参见本书第十八章"丞相张商英居士"注释。

夹山纯禅师法嗣

澧州钦山乾明普初禅师

上堂，良久曰："举扬宗旨，上祝皇基。伏愿祥云与景星俱现，醴泉与甘露双呈。君乃尧舜之君，俗乃成康之俗。使林下野夫，不觉成太平曲。且作么生是太平曲？无为而为，神而化之。洒德雨以滂霈，鼓仁风而雍熙。民如野鹿，上如标枝。十八子，知不知？哩哩啰，逻啰哩。"拍一拍，下座。

泐潭乾禅师法嗣

胜因咸静禅师

楚州胜因戏鱼咸静禅师，本郡高氏子。

上堂："游遍天下，当知寸步不曾移。历尽门庭，家家灶底少烟不得。所以肩筇峭履[1]，乘兴而行；掣钓沉丝，任性而住。不为故乡田地

好，因缘熟处便为家。今日信手拈来，从前几曾计较！不离旧时科段[2]，一回举着一回新。明眼底，瞥地便回；未悟者，识取面目。且道如何是本来面目？”良久曰：“前台花发后台见，上界钟声下界闻。”以拂子击禅床，下座。

上堂，举：“世尊在摩竭陀国为众说法，是时将欲白夏[3]，乃谓阿难曰：‘诸大弟子，人天四众，我常说法，不生敬仰。我今入因沙臼室中，坐夏九旬。忽有人来问法之时，汝代为我说：一切法不生，一切法不灭。’言讫，掩室而坐。”师召众曰：“释迦老子初成佛道之时，大都事不获已，才方成个保社，便生退倦之心。胜因当时若见，将钉钉却室门，教他一生无出身之路，免得后代儿孙递相仿斅[4]。不见道，若不传法度众生，是不名为报恩者。”击拂子，下座。

后晦处涟漪之天宁，示微疾，书偈曰：“弄罢影戏，七十一载。更问如何，回来别赛。”置笔而逝。

【注释】

[1] 肩筇（qióng）峭履：用拄杖挑着行李，系紧鞋带，指僧人游方行脚。筇：竹杖，行脚僧亦用作挑具。峭：即帩，系缚。

[2] 科段：手段。

[3] 白夏：谓于夏安居之中，日日向大众告白而劝精进之意。《四分律行事钞资持记》卷上四：“于小食上，维那打槌告云：‘白大众，安居已过一日，余有八十九日在，当勤精进，谨慎莫放逸！’（余日准此加减）”此外，白夏一词，亦为夏安居之异称。又作夏行、夏经、夏笼、夏书、夏断、坐腊、坐夏。

[4] 斅：①读“xiào”，教导或效法的意思。②读“xué”，古同“学”。此处为第一个用法。

龙牙宗密禅师

潭州龙牙宗密禅师，豫章人。

僧问：“如何是佛？”师曰：“莫寐语[1]。”

问：“如何是一切法？”师曰：“早落第二。”

上堂，大众集，师曰：“已是团圞[2]，不劳雕琢，归堂吃茶。”

上堂：“休把庭华类此身，庭华落后更逢春。此身一往知何处？三界茫茫愁杀人。”

【注释】

［1］寐语：梦话，说梦话，胡说。

［2］团圞（luán）：月圆。圆貌。

东禅从密禅师

福州东禅祖鉴从密禅师，汀州人也。

上堂：“开口不是禅，合口不是道。踏步拟进前，全身落荒草。”

天童普交禅师

庆元府天童普交禅师，郡之万龄毕氏子。幼颖悟，未冠得度。

往南屏听台教[1]，因为檀越修忏摩[2]，有问曰：“公之忏罪，为自忏邪？为他忏邪？若自忏罪，罪性何来？若忏他罪，他罪非汝，乌能忏之？”师不能对。

遂改服游方，造泐潭，足才踵门，潭即呵之。师拟问，潭即曳杖逐之。

一日，忽呼师至丈室曰：“我有古人公案，要与你商量。”师拟进语，潭遂喝。师豁然领悟，乃大笑。潭下绳床，执师手曰：“汝会佛法邪？”师便喝，复拓开，潭大笑。于是名闻四驰，学者宗仰。

后归桑梓，留天童，掩关却扫者八年。寺偶虚席，郡僚命师开法，恐其遁，预遣吏候于道，故不得辞。

受请日，上堂曰：“咄哉！黄面老[3]，佛法付王臣。林下无情客，官差逼杀人。莫有知心底为我免得么？若无，不免将错就错。”便下座。

师凡见僧来，必叱曰：“楖栗未担时，为汝说了也。且道说个甚么？招手洗钵，拈扇张弓，赵州柏树子，灵云见桃华，且掷放一边，山僧无恁么闲唇吻与汝打葛藤，何不休歇去！”拈拄杖，逐之。

宣和六年三月二十日，沐浴，升堂说偈，脱然示寂。偈曰：“宝杖敲空触处春，个中消息特弥纶。昨宵风动寒岩冷，惊起泥牛耕白云。”寿七十七，腊五十八。

【注释】

［1］台教：天台宗的教门。

［2］忏摩：梵语。意译悔、忍恕。谓乞请他人忍恕自己之罪过。佛教原指请人容忍宽恕，后也用来指伏罪自新，通称“忏悔”。《慧苑音义》下：“忏悔，谓忏摩，此云请忍。”《玄应音义》二十四：“忏悔，此言讹略也，正言叉摩，此言忍，谓容恕我罪也。”《观无量寿经》：“今向世尊，五体投地，求哀忏悔。”

［3］黄面老：同“黄面老子”。指释迦牟尼佛，因佛金色相，故谓黄面。老子：老汉。此类称呼不含敬意，带有禅家语言特色。亦作“黄面瞿昙”“黄面比丘”等。

圆通道旻禅师

江州圆通道旻圆机禅师，世称古佛，兴化蔡氏子。母梦吞摩尼[1]宝珠，有孕。生五岁，足不履，口不言。母抱游西明寺，见佛像遽履地，合爪称“南无佛”，仍作礼。人大异之。及宦学[2]大梁，依景德寺德祥出家。试经得度，遍往参激，皆染指[3]。亲沩山哲禅师最久。

晚慕泐潭，往谒，潭见默器之。师陈历参所得，不蒙印可。潭举“世尊拈花，迦叶微笑语”以问，复不契。后侍潭行次，潭以拄杖架肩长嘘，曰：“会么?”师拟对，潭便打。有顷，复拈草示之曰：“是甚么?”师亦拟对，潭遂喝。于是，顿明大法，作拈华势，乃曰：“这回瞒旻上座不得也。”潭挽曰：“更道！更道!”师曰：“南山起云，北山下雨。”即礼拜，潭首肯。

后开法灌溪，次居圆通，以符道济禅师之记，学者向臻。朝廷闻其道，会宰臣复为之请[4]。锡以命服，与“圆机”号。

上堂：“诸佛出世，无法与人。只是抽钉拔楔[5]，除疑断惑。学道之士，不可自谩。若有一疑如芥子许，是汝真善知识。”喝一喝，曰：“是甚么？切莫刺脑入胶盆[6]。”

【注释】

［1］摩尼：旧校本作“麾尼”有误。

［2］宦学：学习做官和六经。《礼记·曲礼上》：“宦学事师，非礼不亲。”郑

玄注："宦，仕也。"孔颖达疏引熊安生曰："宦谓学仕官之事，学谓习学六艺。"

［3］染指：比喻参与做某种事情或指分取非分利益。本书则指（对佛禅道法）稍有体会，略尝法味。

［4］朝廷闻其道，会宰臣复为之请：旧校本作"朝廷闻其道会，宰臣复为之请"有误。

［5］抽钉拔楔：抽去钉子，拔出木桩，比喻解除妄想疑惑，摆脱俗情迷障。

［6］刺脑入胶盆：把脑袋钻入胶水盆里，喻指糊涂愚痴。

【概要】

道旻禅师（1047～1114年），宋代临济宗黄龙派僧。兴化（今属福建）仙游人，俗姓蔡。世称"古佛"。从景德寺德祥出家得度，参学诸方，于沩山慕哲处依止最久。晚年，师事泐潭应乾，嗣其法。后于灌溪宏法，教导众生。赐号"圆机禅师"。政和四年示寂，世寿六十八。

【参考文献】

《大明高僧传》卷七。

二灵知和庵主

庆元府二灵知和庵主，苏台玉峰张氏子。儿时尝习坐垂堂[1]，堂倾，父母意其必死，师瞑目自若。因使出家，年满得度。

趋谒泐潭，潭见乃问："作甚么？"师拟对，潭便打，复喝曰："你唤甚么作禅？"师蓦领旨，即曰："禅，无后无先，波澄大海，月印青天。"又问："如何是道？"师曰："道，红尘浩浩，不用安排，本无欠少。"潭然之。

次谒衡岳辩禅师，辩尤器重。元符间抵雪窦之中峰、栖云两庵，逾二十年。尝有偈曰："竹笕二三升野水，松窗七五片闲云。道人活计只如此，留与人间作见闻。"有志于道者，多往见之。

僧至礼拜，师曰："近离甚处？"曰："天童。"师曰："太白峰高多少？"僧以手斫额，作望势。师曰："犹有这个在。"曰："却请庵主道。"师却作斫额势。僧拟议，师便打。

师初偕天童交禅师问道，盟曰："他日吾二人宜踞孤峰绝顶，目视霄

汉，为世外之人，不可作今时籍名官府，屈节下气于人者。”后交爽盟[2]，至则师竟不接。

正言[3]陈公以计诱师出山，住二灵。三十年间，居无长物，唯二虎侍其右。一日威于人，以偈遣之。宣和七年四月十二日，趺坐而逝。正言陈公状师行实，及示疾异迹甚详。仍塑其像，二虎侍之，至今存焉。

【注释】

[1] 垂堂：靠近堂屋檐下。因檐瓦坠落可能伤人，故以喻危险的境地。《汉书·爰盎传》：“千金之子不垂堂，百金之子不骑衡。”颜师古注：“垂堂，谓坐堂外边，恐坠堕也。”

[2] 爽盟：违背了当初的盟约。

[3] 正言：官名。唐有左右拾遗，宋初改为左右正言，掌规谏，分隶门下、中书二省。

开先瑛禅师法嗣

慈氏瑞仙禅师

绍兴府慈氏瑞仙禅师，本郡人。年二十去家，以试经披削。习毗尼，因睹“戒性如虚空，持者为迷倒”，师谓：“戒者，束身之法也，何自缚乎？”遂探台教，又阅：“诸法不自生，亦不从他生，不共不无因，是故说无生。”疑曰：“又不自他不共不无因生，毕竟从何而生？”即省曰：“因缘所生，空假三观。抑扬性海，心佛众生。名异体同，十境十乘。转识成智，不思议境。智照方明，非言诠所及。”弃谒诸方。

后至投子，广鉴问：“乡里甚处？”师曰：“两浙东越。”鉴曰：“东越事作么生？”师曰：“秦望峰高，鉴湖水阔。”鉴曰：“秦望峰与你自己是同是别？”师曰：“西天梵语，此土唐言。”鉴曰：“此犹是丛林祇对，毕竟是同是别？”师便喝，鉴便打。师曰：“恩大难酬。”便礼拜。

后归里，开法慈氏。

室中尝问僧：“三个橐驼两只脚，日行万里趁不著。而今收在玉泉山，不许时人乱斟酌。诸人向甚么处与仙上座相见？”

【概要】

瑞仙禅师，宋代禅僧。会稽（浙江绍兴）人，生卒年与俗姓均不详。弱冠出家，试经得度。初习律藏，其次探研天台，深领三观十乘之旨。后又转慕教外别传之旨，专究诸法从何生、父母未生前之面目等，遂登投子山谒广鉴禅师，言下有省，乃嗣其法。开法于绍兴慈氏院，后终于本山。

【参考文献】

《大明高僧传》卷七。

潭州大沩海评禅师

上堂曰："灯笼上作舞，露柱里藏身。深沙神[1]恶发，昆仑奴生嗔。"喝一喝曰："一句合头语，万劫堕迷津。"

【注释】

[1] 深沙神：参见本书该注释。

圆通禅师法嗣

温州净光了威佛日禅师

僧问："如何是祖师西来意？"师曰："一宿二宿程，千山万山月。"曰："意旨如何？"师曰："朝看东南，暮看西北。"曰："向上更有事也无？"师曰："人心难满，溪壑易填。"

问："时节因缘即不问，惠超佛话事如何？"师曰："波斯弯弓面转黑。"曰："意旨如何？"师曰："穿过髑髅笑未休。"曰："学人好好借问。"师曰："黄泉无邸店[1]，今夜宿谁家？"

【注释】

[1] 邸（dǐ）店：古代兼具货栈、商店、客舍性质的处所。此处单指客店。邸：指客舍、旅店。

象田卿禅师法嗣

雪窦持禅师

庆元府雪窦持禅师，郡之卢氏子。

僧问："中秋不见月时如何？"师曰："更待夜深看。"曰："忽若黑云未散，又且如何？"师曰："争怪得老僧！"

上堂："悟心容易息心难，息得心源到处闲。斗转星移天欲晓，白云依旧覆青山。"

绍兴府石佛益禅师

上堂："一叶落，天下秋。一尘起，大地收。一法透，万法周。且道透那一法？"遂喝曰："切忌错认驴鞍桥作阿爷下颔[1]。"便下座。

【注释】

[1] 驴鞍桥作阿爷下颔：参见本书第十一章"谷隐蕴聪禅师"注释。

褒亲瑞禅师法嗣

安州应城寿宁道完禅师

僧问："云从龙，风从虎，未审和尚从个甚么？"师曰："一字空中画。"曰："得恁么奇特！"师曰："千手大悲提不起。"

问："十方国土中，唯有一乘法，如何是一乘法？"师曰："斗量不尽。"曰："恁么则动容扬古路，不堕悄然机。"师曰："作么生是悄然机？"僧举头看，师举起拂子，僧喝一喝，师曰："大好悄然！"

上堂："古人见此月，今人见此月。此月镇常存，古今人还别。若人心似月，碧潭光皎洁。决定是心源，此说更无说。咄！"

上堂："诸禅德！三冬告尽，腊月将临，三十夜作么生祗准[1]？"良久，曰："衣穿瘦骨露，屋破看星眠。"

【注释】

[1] 祇准：应付，对付。

兜率悦禅师法嗣

抚州疏山了常禅师

僧问："如何是疏山为人底句？"师曰："怀中玉尺未轻掷，袖里金锤劈面来。"

上堂："等闲放下，佛手掩不住。持地收来，大地绝纤埃。向君道，莫疑猜，处处头头见善财。锤下分明如得旨，无限劳生[1]眼自开。"

【注释】

[1] 劳生：《庄子·大宗师》："夫大块载我以形，劳我以生，佚我以老，息我以死。"后以"劳生"指辛苦劳累的生活。此处指辛苦劳碌的众生。

兜率慧照禅师

隆兴府兜率慧照禅师，南安郭氏子。

上堂："龙安山下，道路纵横。兜率宫中，楼阁重叠。虽非天上，不是人间。到者安心，全忘诸念。善行者不移双足，善入者不动双扉。自能笑傲烟萝[1]，谁管坐消岁月？既然如是，且道向上还有事也无？"良久曰："莫教推落岩前石，打破下方遮日云。"

上堂，举拂子曰："端午龙安亦鼓桡[2]，青山云里得逍遥。饥餐渴饮无穷乐，谁爱争先夺锦标！却向干地上划船，高山头起浪。明椎[3]玉鼓，暗展铁旗。一盏菖蒲茶，数个沙糖粽。且移取北郁单越，来与南阎浮提斗额[4]看。"击禅床，下座。

上堂："兜率都无伎俩，也学诸方榜样。五日一度升堂，起动许多龙象。禅道佛法又无，到此将何供养？须知达磨西来，分付一条拄杖。"乃拈起曰："所以道：你有拄杖子，我与你拄杖子；你无拄杖子，我夺你拄

杖子。且道那个是宾句，那个是主句？若断得去，即途中受用。若断不得，且世谛流布。”乃抛下拄杖。

【注释】

［1］烟萝：草树茂密，烟聚萝缠，谓之“烟萝”。借指幽居或修真之处。

［2］鼓桡（ráo）：划桨。

［3］椎（chuí）：敲打。

［4］斗额：互相碰撞。

丞相张商英居士

丞相张商英居士，字天觉，号无尽。

年十九，应举入京，道由向氏家，向预梦神人报曰：“明日接相公。”凌晨公至，向异之，劳问勤腆，乃曰：“秀才未娶，当以女奉洒扫。”公谦辞再三，向曰：“此行若不了当，吾亦不爽前约。”后果及第，乃娶之。

初任主簿[1]，因入僧寺，见藏经梵夹，金字齐整，乃怫然[2]曰：“吾孔圣之书，不如胡人之教，人所仰重。”夜坐书院中，研墨吮笔，凭纸长吟，中夜不眠。向氏呼曰：“官人[3]！夜深何不睡去？”公以前意白之：“正此著《无佛论》。”向应声曰：“既是无佛，何论之有？当须著《有佛论》始得。”公疑其言，遂已之。后访一同列，见佛龛前经卷，乃问曰：“此何书也？”同列曰：“《维摩诘所说经》。”公信手开卷，阅到“此病非地大，亦不离地大”处，叹曰：“胡人之语，亦能尔耶？”问：“此经几卷？”曰：“三卷。”乃借归阅次，向氏问：“看何书？”公曰：“《维摩诘所说经》。”向曰：“可熟读此经，然后著《无佛论》。”公悚然异其言。由是深信佛乘，留心祖道。

元祐六年，为江西漕，首谒东林照觉总禅师，觉诘其所见处，与己符合，乃印可。觉曰：“吾有得法弟子住玉溪，乃慈古镜也，亦可与语。”

公复因按部[4]过分宁，诸禅迓之。公到，先致敬玉溪慈，次及诸山，最后问兜率悦禅师。

悦为人[5]短小，公曾见龚德庄说其聪明可人，乃曰：“闻公善文章。”悦大笑曰：“运使[6]失却一只眼了也。从悦，临济九世孙，对运使论文章，政[7]如运使对从悦论禅也。”公不然其语，乃强屈指曰：“是九世也。”问：“玉溪去此多少？”曰：“三十里。”曰：“兜率矒？”曰：“五里。”公是夜乃至兜率。

悦先一夜梦日轮升天，被悦以手抟取，乃说与首座曰：“日轮运转之义，闻张运使非久过此，吾当深锥痛劄。若肯回头，则吾门幸事。”座曰：“今之士大夫，受人取奉惯，恐其恶发，别生事也。”悦曰：“正使烦恼，只退得我院，也别无事。”

公与悦语次，称赏东林，悦未肯其说。公乃题《寺后拟瀑轩》诗，其略曰：“不向庐山寻落处，象王鼻孔谩辽天。”意讥其不肯东林也。

公与悦语至更深，论及宗门事，悦曰：“东林既印可运使，运使于佛祖言教有少疑否？”公曰：“有。”悦曰：“疑何等语？”公曰：“疑香严独脚颂、德山拓钵话。”悦曰：“既于此有疑，其余安得无邪？只如岩头言末后句，是有邪？是无邪？”公曰：“有。”悦大笑，便归方丈，闭却门。

公一夜睡不稳，至五更下床，触翻溺器，乃大彻，猛省前话，遂有颂曰：“鼓寂钟沉拓钵回，岩头一拶语如雷。果然只得三年活，莫是遭他授记来。”遂扣方丈门，曰：“某已捉得贼了。”悦曰：“赃在甚处？”公无语，悦曰：“都运且去，来日相见。”

翌日，公遂举前颂，悦乃谓曰：“参禅只为命根不断，依语生解。如是之说，公已深悟。然至极微细处，使人不觉不知，堕在区宇。”乃作颂证之曰：“等闲行处，步步皆如。虽居声色，宁滞有无。一心靡异，万法非殊。休分体用，莫择精粗。临机不碍，应物无拘。是非情尽，凡圣皆除。谁得谁失，何亲何疏！拈头作尾，指实为虚。翻身魔界，转脚邪涂。了无逆顺，不犯工夫。”公邀悦至建昌，途中一一伺察，有十颂叙其事，悦亦有十颂酬之。时元祐八年八月也。

公一日谓大慧曰：“余阅雪窦拈古，至百丈再参马祖因缘，曰：‘大冶精金，应无变色。’投卷叹曰：‘审如是，岂得有临济今日耶？’遂作一颂曰：‘马师一喝大雄峰，深入髑髅三日聋。黄檗闻之惊吐舌，江西从此立宗风。’后平禅师致书云：‘去夏读临济宗派，乃知居士得大机大用。’且求颂本[8]。余作颂寄之曰：‘吐舌耳聋师已晓，捶胸只得哭苍天。盘山会里翻筋斗，到此方知普化颠。’诸方往往以余聪明博记，少知余者。师自江西法窟来，必辨优劣，试为老夫言之。”大慧曰：“居士见处，与真

净死心合。”公曰：“何谓也？”大慧举：“真净颂曰：‘客情步步随人转，有大威光不能现。突然一喝双耳聋，那吒眼开黄檗面。’死心拈曰：‘云岩要问雪窦，既是大冶精金，应无变色，为甚么却三日耳聋？诸人要知么？从前汗马无人识，只要重论盖代功。”公拊几曰：“不因公语，争见真净、死心用处？若非二大老，难显雪窦、马师尔！”

公于宣和四年十一月黎明，口占遗表，命子弟书之。俄取枕掷门窗上，声如雷震。众视之，已薨矣。公有《颂古》行于世，兹不复录。

【注释】

［1］主簿：官名。唐、宋时皆以主簿为初事之官。

［2］怫（fú）然：愤怒貌。《庄子・天地》：“谓己道人，则勃然作色；谓己谀人，则怫然作色。”

［3］官人：妻子称呼丈夫（多见于早期白话）。

［4］按部：巡视部属。《新唐书・令狐峘传》：“齐映为江西观察使，按部及州。”

［5］为人：指身材。

［6］运使：古代官名。水陆运使、转运使、盐运使等的简称。

［7］政：通“正”。正好，恰好。

［8］且求颂本：旧校本标点有误，不能进入引号内。

【概要】

张商英（1043～1121年），北宋蜀州（四川崇庆）新津人。字天觉，号“无尽居士”。自幼即锐气倜傥，日诵万言。初任通州主簿，一日入寺见藏经之卷册齐整，怫然曰：“吾孔圣之书，乃不及此。”欲著《无佛论》，后读《维摩经》有感，乃归信佛法。神宗年间（1068～1085年），受王安石推举入朝，任监察御史，参与变法。大观四年（1110年），为尚书右仆射。后因政策失败，左迁衡州（湖南省）知事。

曾至五台山祈文殊像，有灵验，乃塑文殊像供奉于山寺，又撰《发愿文》，对佛“五体归依”。不久，值天大旱，入山祈雨，三度皆验，遂闻名于朝。又还僧寺田三百顷，致崇佛之诚。

及迁江西运使，元祐六年（1091年）礼谒东林寺常总禅师，得其印可。复投兜率寺之从悦禅师，就岩头末后之句有所参究，反复请教，互相赠颂。在峡州，他又访问了觉范洪禅师，深受教诲，信佛弥笃。

绍圣（1094～1098年）初年，受召为左司谏，因上书论司马光、吕公著而左迁。又常诋当时宰相蔡京，故屡受贬。大观四年（1110年）六月，天久旱，乃受命祈雨，晚忽雨，徽宗大喜，赐“商霖”二字。后受蔡京谗言，贬知河南府。

宣和四年殁，世寿七十九，赐谥“文忠”，

著有《护法论》一卷，这是张商英捍卫佛教的代表作。在这篇文章中，他着重与韩愈、欧阳修的排佛观点进行了论战，坚持了佛教的一系列基本理论，尤其是其中的因果报应说。他说：“三教之书，各以其道善世砺俗，犹鼎足之不可缺一也。”他认为，仅仅只有儒家的“世间法”，是远远不能维护封建统治的，必须有佛教的“出世间法”，才能使人与人之间“无侵凌争夺之风”，达到“刑措而为极治之世”。他还以药石治病为喻，说：“儒者使之求为君子者，治皮肤之疾也；道书使之日损，损之又损者，治血脉之疾也；释氏直指本根，不存枝叶者，治骨髓之疾也。”这就是说，佛教比儒道二教还要高出一筹。他把人生看成是如“浮泡之起灭”，鼓励人们应为后世打算，去追求佛教的“无尚妙道”。

【参考文献】

《释氏稽古略》卷四；《居士传》卷二十八；《宋史》卷三五一。

法云杲禅师法嗣

随州洞山辩禅师

上堂：“不是心，不是佛，不是物，钻天鹞子辽天鹘。不度火，不度水，不度炉，离弦箭发没回途。直饶会得十分去，笑倒西来碧眼胡。”

东京慧海仪禅师

上堂：“无相如来示现身，破魔兵众绝纤尘。七星斜映风生处，四海还归旧主人。诸仁者！大迦叶灵山会上，见佛拈华，投机微笑。须菩提闻佛说法，深解义趣，涕泪悲泣。且道笑者是？哭者是？不见道：万派横流总向东，超然八面自玲珑。万人胆破沙场上，一箭双雕落碧空。”

上堂，举：“沩山坐次，仰山问：‘和尚百年后，有人问先师法道，如何祗对？’沩曰：‘一粥一饭。’仰曰：‘前面有人不肯，又作么生？’

沩曰：‘作家师僧。’仰便礼拜，沩曰：‘逢人不得错举。’”“师曰：“自古及今，多少人下语道：严而不威，恭而无礼，横按拄杖，竖起拳头。若只恁么，却如何知得他父子相契处？山僧今日也要诸人共知，莫分彼我，彼我无殊。困鱼止泺，病鸟栖芦。逡巡不进泥中履，争得先生一卷书。”

西蜀銮禅师

西蜀銮法师，通大小乘。佛照谢事，居景德，师问照曰：“禅家言多不根[1]，何也？”照曰：“汝习何经论？”曰：“诸经粗知，颇通《百法》。”照曰：“只如昨日雨，今日晴，是甚么法中收？”师懵然，照举痒和子[2]击曰：“莫道禅家所言不根好！”师愤曰：“昨日雨，今日晴，毕竟是甚么法中收？”照曰：“第二十四时分，不相应法中收。”师恍悟，即礼谢。

后归蜀居讲会，以直道示徒，不泥名相，而众多引去，遂说偈罢讲曰：“众卖华兮独卖松，青青颜色不如红。算来终不与时合，归去来兮翠霭中。”由是隐居二十年，道俗追慕，复命演法，笑答偈曰：“遁迹隐高峰，高峰又不容。不如归锦里，依旧卖青松。”众列拜悔过，两川讲者争依之。

【注释】

[1] 不根：没有根据，荒谬。《汉书·严助传》：“朔、皋不根持论，上颇俳优畜之。”颜师古注：“议论委随，不能持正，如树木之无根柢也。”

[2] 痒和子：参见“如意”注释。

泐潭准禅师法嗣

云岩天游禅师

隆兴府云岩典牛天游禅师，成都郑氏子。初试郡庠，复往梓州试，二处皆与贡籍。师不敢承，窜名[1]出关。适会山谷道人西还，因见其风骨不凡，议论超卓，乃同舟而下。竟往庐山，投师剃发，不改旧名。首参死心不契，遂依湛堂于泐潭。

一日，潭普说曰："诸人苦苦就准上座觅佛法。"遂拊膝曰："会么？雪上加霜。"又拊膝曰："若也不会，岂不见乾峰示众曰：'举一不得举二，放过一著，落在第二。'"师闻，脱然颖悟。

出世云盖，次迁云岩。

尝和忠道者《牧牛颂》曰："两角指天，四足踏地。拽断鼻绳，牧甚屎屁！"张无尽见之，甚击节。后退云岩，过庐山栖贤，主翁意不欲纳，乃曰："老老大大，正是质库[2]中典[3]牛也。"师闻之，述一偈而去，曰："质库何曾解典牛？只缘价重实难酬。想君本领无多子，毕竟难禁这一头。"因庵于武宁，扁曰"典牛"，终身不出。涂毒[4]见之，已九十三矣。

上堂，卓拄杖曰："久雨不晴，劄，金乌飞在钟楼角。"又卓一下曰："犹在轂[5]。"复卓曰："一任衲僧名邈[6]。"

上堂："马祖一喝，百丈蹉过。临济小厮儿，向粪扫堆[7]头拾得一只破草鞋，胡喝乱喝。"师震声喝曰："唤作胡喝乱喝，得么？"

上堂："象骨辊球能已尽，玄沙斫牌伎亦穷。还知么？火星入裤口，事出急家门。"

上堂："三百五百，铜头铁额。木笛横吹，谁来接拍？"时有僧出，师曰："也是贼过后张弓。"

上堂："宝峰有一诀，对众分明说。昨夜三更前，乌龟吞却鳖。"

至节[8]，上堂："晷运[9]推移，日南长至。布裩[10]不洗，无来换替。大小玉泉，无风浪起。云岩路见不平，直下一锤粉碎。"遂高声曰："看脚下！"

上堂，举："梁山曰：'南来者与你三十棒，北来者与你三十棒。然虽与么，未当宗乘。'后来，琅琊和尚道：'梁山好一片真金，将作顽铁卖却。琅琊则不然，南来者与你三十棒，北来者与你三十棒。从教天下贬剥[11]。'"师拈曰："一人能舒不能卷，一人能卷不能舒。云岩门下，一任南来北来。且恁么过，蓦然洗面摸著鼻头，却来与你三十。"

上堂："日可冷，月可热，众魔不能坏真说。作么生是真说？初三十一，中九下七，若信不及，云岩与汝道破：万人齐指处，一雁落寒空。"

病起，上堂，举："马大师日面佛、月面佛，后来东山演和尚颂曰：

‘丫鬟女子画蛾眉，鸾镜台前语似痴。自说玉颜难比并，却来架上著罗衣。’”师曰：“东山老翁满口赞叹则故是，点检将来，未免有乡情在。云岩又且不然：‘打杀黄莺儿，莫教枝上啼[12]。几回惊妾梦，不得到辽西。’”

【注释】

［1］窜名：隐去真名，改用假名。

［2］质库：当铺。

［3］典：抵押，典当。唐代杜甫《曲江》诗之二：“朝回日日典春衣，每日江头尽醉归。”

［4］涂毒：禅师名，参见本章“径山智策禅师”注释。

［5］㲉（què）：指鸟卵、蛋壳。

［6］名邈：描摹，描述。真如本体、玄妙机锋无法描摹、描述，故禅家否定“名邈”之作略。

［7］粪扫堆：垃圾堆。

［8］至节：冬至或夏至。

［9］晷（guǐ）运：指太阳运行。

［10］裩（kūn）：同“裈”，古代称裤子。

［11］贬剥：贬斥批驳。剥：通“驳”。

［12］打杀黄莺儿，莫教枝上啼：出自唐代金昌绪《春怨》：“打起黄莺儿，莫教枝上啼。啼时惊妾梦，不得到辽西。”写一个女子思念她远征在外的丈夫：赶走黄莺儿，不让它在枝头啼叫。啼声惊醒了我的梦，让我不能到达辽西梦见我的夫君。

潭州三角智尧禅师

上堂：“捏土定千钧，秤头不立蝇。个中些子事，走杀岭南能。还有荐得底么？直饶荐得，也是第二月。”

慧日雅禅师法嗣

九仙法清禅师

隆兴府九仙法清祖鉴禅师，严陵人也。

尝于池之天宁，以伽梨[1]覆顶而坐。侍郎曾公开[2]问曰：“上座仙乡甚处？”曰：“严州。”曰：“与此间是同是别？”师拽伽梨下地，揖曰：“官人曾到严州否？”曾罔措，师曰：“待官人到严州时，却向官人道。”

住后，上堂曰：“万柳千华暖日开，一华端有一如来。妙谈不二虚空藏，动著微言遍九垓[3]。笑哈哈[4]，且道笑个甚么？笑觉苑脚跟不点地。”

上堂，举：“睦州示众曰：‘汝等诸人未得个入头处，须得个入头处。既得个入头处，不得忘却。老僧明明向汝道，尚自不会，何况盖覆将来？’”师曰：“睦州恁么道，意在甚么处？其或未然，听觉苑下个注脚。张僧见王伴，王伴叫张僧。昨夜放牛处，岭上及前村，溪西水不饮，溪东草不吞。教觉苑如何即得？会么，不免与么去。”遂以两手按空，下座。

僧问：“如何是夺人不夺境？”师曰：“惺惺寂寂。”曰：“如何是夺境不夺人？”师曰：“寂寂惺惺。”曰：“如何是人境两俱夺？”师曰：“惺惺惺惺。”曰：“如何是人境俱不夺？”师曰：“寂寂寂寂。”曰：“学人今日买铁得金去也。”师曰：“甚么处得这话头来？”

【注释】

[1] 伽梨：即僧伽梨，简称“伽黎”。僧人的衣服。为三衣中之最大者，故称为大衣。以其条数最多，称为杂碎衣。

[2] 侍郎曾公开：曾开，字天游，几兄。崇宁进士。历国子司业，太常少卿，中书舍人及知和、恩州等。高宗即位，以中书舍人召，为刑部侍郎，迁礼部侍郎兼直学士院。力斥和议，触怒秦桧，出知徽州。以病免官，闲居十余年。被劾，褫职后复秘阁修撰，卒。旧校本标点有误，“曾公开”的“开”下要画线。

[3] 九垓（gāi）：九天。指九重天或九州（全中国）。

[4] 哈（hāi）哈（hāi）：欢笑貌。

觉海法因庵主

平江府觉海法因庵主，郡之嵎山朱氏子。年二十四，披缁服进具。游方至东林，谒慧日。日举灵云悟道机语问之，师拟对，日曰：“不是！不是！”师忽有所契，占偈曰：“岩上桃华开，华从何处来？灵云才一见，

回首舞三台。”日曰：“子所见虽已入微，然更著鞭，当明大法。”师承教，居庐阜[1]三十年，不与世接，丛林尊之。

建炎中，盗起江左，顺流东归。邑人结庵命居，缁白继踵问道。尝谓众曰：“汝等饱持定力，无忧晨炊而事干求也。”

晚年放浪[2]自若，称“五松散人”。

【注释】

[1] 庐阜：庐山。唐代孟浩然《夜泊庐江闻故人在东林寺以诗寄之》：“江路经庐阜，松门入虎溪。”

[2] 放浪：浪游，浪迹。宋代陆游《斋中杂兴》：“孤舟小于叶，放浪烟水间。”

龙牙言禅师法嗣

瑞州洞山择言禅师

僧问：“如何是十身调御[1]？投子下禅床立。未审意旨如何？”师曰：“脚跟下七穿八穴[2]。”

【注释】

[1] 十身调御：参见本书第五章“投子大同禅师”注释。

[2] 七穿八穴：参见本书第十六章“密州耆山宁禅师”注释。

文殊能禅师法嗣

常德府德山琼禅师

受请日，上堂，曰：“作家捞笼不肯住，呼唤不回头，为甚么从东过西？”自代曰：“后五日看。”

智海清禅师法嗣

蕲州四祖仲宣禅师

上堂："诸佛出世，为一大事因缘。祖师西来，直指人心是佛。凡圣本来不二，迷悟岂有殊途？非涅槃之可欣，非死生之可厌。但能一言了悟，不起坐而即证无生；一念回光，不举步而遍周沙界。如斯要径，可曰宗门。山僧既到这里，不可徒然。"乃举拂子曰："看看！山河大地、日月星辰、若凡若圣、是人是物，尽在拂子头上、一毛端里出入游戏，诸人还见么？设或便向这里见得倜傥分明，更须知有向上一路。试问诸人，作么生是向上一路？"良久曰："六月长天降大雪，三冬岭上火云飞。"

泉州乾峰圆慧禅师

上堂："达磨正宗，衲僧巴鼻。堪嗟迷者成群[1]，开眼瞌睡。头上是天，脚下是地。耳朵闻声，鼻孔出气。敢问云堂之徒，时中甚处安置？还见么？可怜双林傅大士，却言只这语声是。咄！"

【注释】

［1］达磨正宗，衲僧巴鼻。堪嗟迷者成群：旧校本标点为"衲僧巴鼻堪嗟"有误。

大沩瑃禅师法嗣

中岩蕴能禅师

眉州中岩慧目蕴能禅师，本郡吕氏子。年二十二，于村落一富室为校书[1]。偶游山寺，见禅册，阅之似有得，即裂冠圆具，一钵游方。

首参宝胜澄甫禅师，所趣颇异。至荆湖，谒永安喜、真如喆、德山

绘，造诣益高。

迨抵大沩，沩问："上座桑梓何处？"师曰："西川。"曰："我闻西川有普贤菩萨示现，是否？"师曰："今日得瞻慈相。"曰："白象何在？"师曰："爪牙已具。"曰："还会转身么？"师提坐具，绕禅床一匝。沩曰："不是这个道理。"师趋出。

一日，沩为众入室，问僧："黄巢过后，还有人收得剑么？"僧竖起拳，沩曰："菜刀子。"僧曰："争奈受用不尽！"沩喝出。次问师："黄巢过后，还有人收得剑么？"师亦竖起拳，沩曰："也只是菜刀子。"师曰："杀得人即休。"遂近前，拦胸筑之。沩曰："三十年弄马骑，今日被驴子扑[2]。"

后还蜀，庵于旧址。应四众之请，出住报恩。

上堂："龙济道：'万法是心光，诸缘唯性晓。本无迷悟人，只要今日了。'"师曰："既无迷悟，了个甚么？咄！"

上堂，举："雪峰一日普请般柴，中路见一僧，遂掷下一段柴，曰：'一大藏教，只说这个。'后来真如喆道：'一大藏教，不说这个。'据此二尊宿说话，是同是别？山僧则不然。"竖起拂子曰："提起则如是我闻，放下则信受奉行。"

室中问崇真毡头："如何是你空劫已前父母？"真领悟曰："和尚且低声。"遂献《投机颂》曰："万年仓里曾饥馑，大海中住尽长渴。当初寻时寻不见，如今避时避不得。"师为印可。

一日与黄提刑[3]奕棋次，黄问："数局之中，无一局同。千著万著则故是，如何是那一著？"师提起棋子示之，黄伫思，师曰："不见道，从前十九路，迷杀几多人。"

师住持三十余载，凡说法不许录其语。临终书偈，趺坐而化。阇维时，暴风忽起，烟所至处，皆雨设利。道俗斸[4]其地，皆得之。心舌不坏。塔于本山。

【注释】

[1] 校书：校勘书籍。

[2] 三十年弄马骑，今日被驴子扑：扑：扑跌。比喻有经验的老手上当、被欺。义近"骑马一世，驴背上失脚"。禅宗中，和尚参禅，禅机被人识破或被人说

得无言可对时用此语。意为被水平低的人难倒，丢了面子。是一种自嘲又不服气的口吻。此处主要体现了禅师的幽默，并有赞扬对方的口气。

［3］提刑：提点刑狱官的简称。宋置官名。宋淳化二年（991 年）始置，真宗时起以朝臣充当，副以武臣，掌察所辖狱讼及举刺官吏。

［4］斸（zhú）：掘，挖。

【概要】

蕴能禅师，宋代禅僧。眉州（今属四川眉山）人，俗姓吕，号慧目。生卒年不详。少习儒学，博究经典。年二十二，校书于村落，偶阅禅册，似有所得，遂出家。初参谒宝胜澄甫禅师，不契，乃迳往荆湖遍参大德，后得法于大沩瑃禅师处。曾与瑃禅师对机，瑃问收剑因缘，师答如旨，瑃笑曰："三十年弄马骑，今日被驴扑。"由是闻名。返川后，最初主持报恩寺，次居中岩寺，住持三十余年，说法不许人录，临终书偈坐化。

【参考文献】

《新续高僧传》卷十四。

怀安军云顶宝觉宗印禅师

上堂："古者道：'识得凳子，周匝有余。'又道：'识得凳子，天地悬殊。'山僧总不恁么，识得凳子是甚么闲家具？"

一日普说罢，师曰："诸子未要散去，更听一颂。"乃曰："四十九年，一场热哄。八十七春，老汉独弄。谁少谁多，一般作梦。归去来兮，梅梢雪重。"言讫下座，倚杖而逝。

昭觉白禅师法嗣

信相宗显禅师

成都府信相宗显正觉禅师，潼川王氏子。少为进士，有声。尝昼掬溪水为戏，至夜思之，遂见水泠然盈室。欲汲之不可，而尘境自空。曰："吾世网裂矣。"往依昭觉得度，具满分戒，后随众咨参。

觉一日问师：“高高峰顶立，深深海底行。汝作么生会？”师于言下顿悟，曰：“钉杀脚跟也。”觉拈起拂子曰：“这个又作么生？”师一笑而出。服勤七祀。

南游至京师，历淮浙。

晚见五祖演和尚于海会，出问：“未知关捩子，难过赵州桥。赵州桥即不问，如何是关捩子？”祖曰：“汝且在门外立。”师进步，一踏而退。祖曰：“许多时茶饭，元来也有人知滋味。”

明日入室，祖云：“你便是昨日问话底僧否？我固知你见处，只是未过得白云关在。”师“珍重”便出。

时圆悟为侍者，师以白云关意扣之。悟曰：“你但直下会取。”师笑曰：“我不是不会，只是未谙，待见这老汉，共伊理会一上。”

明日，祖往舒城，师与悟继往，适会于兴化。祖问师：“记得曾在那里相见来？”师曰：“全火祗候。”祖顾悟曰：“这汉饶舌！”自是机缘相契。

游庐阜回，师以“高高峰顶立，深深海底行”所得之语告五祖，祖曰：“吾尝以此事诘先师，先师云，我曾问远和尚，远曰：猫有歃血之功，虎有起尸之德。非素达本源，不能到也。”师给侍之久，祖钟爱之。

后辞西归，为小参，复以颂送曰：“离乡四十余年，一时忘却蜀语。禅人回到成都，切须记取鲁语。”

时觉尚无恙，师再侍之，名声蔼著[1]。遂出住长松，迁保福信相。

僧问：“三世诸佛，六代祖师，总出这圈䙡[2]不得。如何是这卷䙡？”师曰：“井栏唇。”

上堂，举：“仰山问中邑：‘如何是佛性义？’邑曰：‘我与你说个譬喻，汝便会也。譬如一室有六窗，内有一猕猴。外有弥猴从东边唤狌狌[3]，猕猴即应。如是六窗，俱唤俱应。’仰乃礼拜：‘适蒙和尚指示，某有个疑处。’邑曰：‘你有甚么疑？’仰曰：‘只如内猕猴睡时，外猕猴欲与相见，又作么生？’邑下禅床，执仰山手曰：‘狌狌与你相见了。’”师曰：“诸人要见二老么？我也与你说个譬喻。中邑大似个金师，仰山将一块金来，使金师酬价。金师亦尽价相酬，临成交易，卖金底更与贴秤。金师虽然阇喜，心中未免偷疑。何故？若非细作，定是贼赃。”便下座。

【注释】

［1］藹著：声名显著。

［2］圈襀（huì）：同“圈缋”。圈定的范围，圈套。多指禅家接人施设或机语作略。

［3］狌（xīng）狌：即猩猩。

【概要】

宗显禅师，宋代禅僧，俗姓王，号正觉，潼州（今四川三台）人。初习儒业，少为进士，颇有声名，因掬溪水为戏而悟无常，乃绝弃世荣，依照觉寺纯白出家。受具足戒后随众咨参。一日，纯白问宗显：“高高峰顶立，深深海底行，作么生会?”宗显于此言下顿悟，嗣其法，为临济宗传人。后游学四方，遍历诸禅林。晚年从五祖法演学道，苦行勤省，得会本源，声誉远播。出主长松、保福诸寺。

【参考文献】

《大明高僧传》卷七；《续传灯录》卷二十六；《嘉泰普灯录》卷十。

道林一禅师法嗣

大沩智禅师

潭州大沩大圆智禅师，四明人也。

上堂，举：“南泉道：‘三世诸佛不知有，狸奴白牯却知有。’”师曰：“三世诸佛既不知有，狸奴白牯又何曾梦见？灼然，须知向上有知有底人始得。且作么生是知有底人？吃官酒，卧官街，当处死，当处埋。沙场无限英灵汉，堆山积岳露尸骸。”

第三节　南岳下十五世

上封秀禅师法嗣

文定胡安国居士

文定公胡安国草庵居士，字康侯。久依上封，得言外之旨。崇宁中过药山，有禅人举“南泉斩猫话”问公，公以偈答曰：“手握乾坤杀活机，纵横施设在临时。满堂兔马非龙象，大用堂堂总不知。”又寄上封，有曰：“祝融峰似杜城天，万古江山在目前。须信死心元不死，夜来秋月又同圆。”

上封才禅师法嗣

普贤元素禅师

福州普贤元素禅师，建宁人也。

上堂：“兵随印转，三千里外绝烟尘；将逐符行，二六时中净裸裸。不用铁旗铁鼓，自然草偃风行。何须七纵七擒？直得无思不服。所谓大丈夫秉慧剑，般若锋兮金刚焰，非但能摧外道心，早曾落却天魔胆。正恁么时，且道主将是甚么人？”喝一喝。

上堂：“南泉道：‘我十八上便解作活计，囊无系蚁之丝，厨乏聚蝇之糁[1]。’赵州道：‘我十八上便解破家散宅，南头买贱，北头卖贵。’点检将来[2]，好与三十棒，且放过一著。何故？曾为宕子[3]偏怜客，自爱贪杯惜醉人。”

上堂：“未开口时先分付，拟思量处隔千山。莫言佛法无多子，未透玄关也大难。只如玄关作么生透？”喝一喝。

【注释】

［1］糁（sǎn）：米粒，饭粒。

［2］将来：指带来、拿来。

［3］宕（dàng）子：荡子。指离乡外游，久而不归之人。三国·魏·曹植《七哀》：“借问叹者谁，言是宕子妻。”

鼓山僧洵禅师

福州鼓山山堂僧洵禅师，本郡阮氏子。

上堂：“黄檗手中六十棒，不会佛法的的大意，却较些子。大愚肋下筑三拳，便道黄檗佛法无多子，钝置杀人！须知有一人，大棒蓦头打，他不回头；老拳劈面槌，他亦不顾。且道是谁？”

上堂：“朔风扫地卷黄叶，门外千峰凛寒色。夜半乌龟带雪飞，石女溪边皱两眉。”卓拄杖云：“大家在这里，且道天寒人寒？”喝一喝云：“归堂去。”

鼓山祖珍禅师

福州鼓山别峰祖珍禅师，兴化林氏子。

僧问：“赵州绕禅床一匝，转藏已竟，此理如何？”师曰：“画龙看头，画蛇看尾。”曰：“婆子道：‘比来请转全藏，为甚么只转得半藏？’此意又且如何？”师曰：“人无远虑，必有近忧。”曰：“未审甚么处是转半藏处？”师曰：“不是知音者，徒劳话岁寒。”

上堂：“寻牛须访迹，学道贵无心。迹在牛还在，无心道易寻。”竖起拂子曰：“这个是迹，牛在甚么处？直饶见得头角分明，鼻孔也在法石手里。”

上堂：“向上一路，千圣不传。”卓拄杖曰：“恁么会得，十万八千，毕竟如何？桃红李白蔷薇紫，问著春风总不知。”

示众云：“大道只在目前，要且目前难睹。欲识大道真体，不离声色言语。”卓拄杖云：“这个是声。”竖起拄杖云：“这个是色。唤甚么作大道真体？直饶向这里见得，也是郑州出曹门。”

示众：“若论此事，如人吃饭，饱则便休。若也不饱，必有思食之心。若也过饱，又有伤心之患。到这里，作么生得恰好去。”良久云：“且归岩下宿，同看月明时。”

黄龙逢禅师法嗣

荐福择崇禅师

饶州荐福常庵择崇禅师，宁国府人也。

上堂，举：“僧问古德：‘生死到来，如何免得？’德曰：‘柴鸣竹爆惊人耳。’僧曰：‘不会。’德曰：‘家犬声狞夜不休。’”师曰：“诸人要会么？柴鸣竹爆惊人耳，大洋海底红尘起。家犬声狞夜不休，陆地行船三万里。坚牢地神[1]笑呵呵，须弥山王眼觑鼻。把手东行却向西，南山声应北山里。千手大悲开眼看，无量慈悲是谁底？”良久曰：“头长脚短，少喜多嗔。”

上堂，问侍者曰：“还记得昨日因缘么？”曰：“记不得。”复顾大众曰：“还记得么？”众无对。竖起拂子曰：“还记得么？”良久曰：“也忘却了也。三处不成，一亦非有。诸人不会方言，露柱且莫开口。”以拂子击禅床，下座。

【注释】

[1] 坚牢地神：佛教护法神。梵名比里底毗，意为如大地之坚。在汉化佛寺中为女神模样。左手持钵，盛满鲜花；右手持谷穗，象征主管大地和一切植物的生长，所以又叫大地神女。其神职是保护土地及地上一切植物免受灾害。（摘自李剑平主编《中国神话人物辞典》）“坚牢地神”是专有名词，旧校本未加线，有误。

天宁卓禅师法嗣

育王介谌禅师

庆元府育王无示介谌禅师，温州张氏子。

谢知事[1]，上堂："尺头有寸，鉴者犹稀。秤尾无星，且莫错认。若欲定古今轻重，较佛祖短长，但请于中著一只眼。果能一尺还他十寸，八两元是半斤，自然内外和平，家国无事。山僧今日，已是两手分付，汝等诸人还肯信受奉行也无？尺量刀剪遍世间，志公不是闲和尚。"

上堂："文殊智，普贤行，多年历日。德山棒，临济喝，乱世英雄。汝等诸人穿僧堂，入佛殿，还知险过铁围关么？忽然踏著释迦顶𩕳[2]，磕著圣僧额头，不免一场祸事。"

上堂："我若说有，你为有碍。我若说无，你为无碍。我若横说，你又跨不过。我若竖说，你又跳不出。若欲丛林平怗[3]，大家无事，不如推倒育王。且道育王如何推得倒去？"召大众曰："著力！著力！"复曰："苦哉！苦哉！育王被人推倒了也。还有路见不平，拔剑相为底么？若无，山僧不免自倒自起。"击拂子，下座。

师性刚毅，涖众有古法，时以"谌铁面"称之。

【注释】

［1］知事：又作维那、悦众、营事、授事、任事、知院事。乃掌管诸僧杂事与庶务之职称。知事负有司掌庶务，保护僧物之责，故须选顺应诸僧愿望、严持戒律、心存公正之贤者任之。

［2］𩕳（nǐng）：头顶。旧校本作"顶"亦校对失误，同时"𩕳"不能作"𩕳磕著圣僧额头"，亦标点失误。

［3］怗（tiē）：安宁，安静。

【概要】

介谌禅师，宋代禅僧。长灵守卓弟子。俗姓张，字无示。世称"育王介谌"。温州（今属浙江）人。参长灵守卓而得悟，嗣其法。性刚毅，莅众有古法，人称"谌铁面"。法嗣有万年昙贲、天童了朴、西岩宗回等。有《育王介谌禅师语要》一卷行世。

【参考文献】

《嘉泰普灯录》卷十三。

道场慧琳禅师

安吉州道场普明慧琳禅师，福州人。

上堂："有漏笊篱[1]，无漏木杓[2]。庭白牡丹，槛红芍药。因思九年面壁人，到头不识这一著[3]。且道作么生是这一著？"以拄杖击禅床，下座。

上堂："一即多，多即一，毗卢顶上明如日。也无一，也无多，现成公案没诮讹。拈起旧来毡拍板，明时共唱太平歌。"

【注释】

[1] 笊（zhào）篱（lí）：用竹篾或铁丝、柳条编成蛛网状供捞物沥水的器具。

[2] 木杓（sháo）：木制可以舀（yǎo）东西的器具。

[3] 一著：①一着，一招。某种手段、招数。此处即此意。本书第十六章"智海本逸禅师"条："我有这一著，人人口里嚼。嚼得破者，速须吐却；嚼不破者，翻成毒药。"亦作"一著子"。②弈棋时下一子。《虚堂语录》卷一："好一局棋，黑白已分，只是末后一著无人知得落处。"③一回，一次。本书第二十章"资寿尼妙总禅师"条："山僧今日人事忙冗，且放过一著。"

道场居慧禅师

安吉州道场无传居慧禅师，本郡吴氏子。

上堂："钟馗醉里唱凉州，小妹门前只点头。巡海夜叉相见后，大家拍手上高楼。大众若会得去，锁却天下人舌头。若会不得，将谓老僧别有奇特。"

上堂："百尺竿头弄影戏，不唯瞒你又瞒天。自笑平生岐路上，投老归来没一钱。"

上堂，举："临济示众曰：'一人在高高峰顶，无出身之路；一人在十字街头，亦无向背。且道那个在前，那个在后？'"师曰："更有一人不在高高峰顶，亦不在十字街头，临济老汉因甚不知？"便下座。

临安府显宁松堂圆智禅师

上堂："芦华白，蓼华红[1]，溪边修竹碧烟笼。闲云抱幽石，玉露滴岩丛。昨夜乌龟变作鳖，今朝水牯悟圆通。咄！”

【注释】

［1］蓼（liǎo）华红：红蓼开花红。红蓼是蓼的一种，多生水边，花呈淡红色。

安吉州乌回唯庵良范禅师

上堂：“尘劫已前事，堂堂无背面。动静莫能该，舒卷快如电。莫道凡不知，佛也觑不见。决定在何处？合取这两片。荐不荐，更为诸人通一线[1]。”良久曰：“天下太平，皇风永扇。”

上堂，举：“僧问赵州：‘至道无难，唯嫌拣择，是时人窠窟否？’州曰：‘曾有人问老僧，直得五年分疏不下。’”师召众曰：“赵州具顶门眼，向击石火里分缁素，闪电光中明纵夺，为甚么却五年分疏不下？还委悉么？易分雪里粉，难辨墨中煤。”

【注释】

［1］一线：即一线道。禅林用语常作“放一线道”或“开一线道”。谓禅法固密难入，禅师以方便法门，放开一线之道，让学人有路可循。系禅家接引学人时的方便法门。

本寂文观禅师

温州本寂灵光文观禅师，本郡叶氏子。

上堂：“过去诸如来，斯门已成就，好事不如无。现在诸菩萨，今各入圆明，好事不如无。未来修学人，当依如是住，好事不如无。还知么？除却华山陈处士[1]，何人不带是非行？参！”

【注释】

［1］华山陈处士：即陈抟（tuán）。五代宋初时道士。真源（今河南鹿邑县）人，字图南。五代后唐长兴（930～933年）中举进士不第，随隐居武当山，后移居华山，自号“扶摇子”。周世宗时召为谏议大夫，不受。宋时太宗甚器重，赐号“希夷先生”。抟好读《易经》，著《指玄篇》八十一章，言导养及还丹之事。

黄龙震禅师法嗣

德山慧初禅师

常德府德山无诤慧初禅师，静江府人也。

上堂，顾视大众曰：“见么？在天成象，在地成形，在日月为晦为朔，在四时为寒为暑。鼓之以雷霆，润之以风雨。且道在衲僧分上，又作么生？一趯趯翻四大海，一拳拳倒须弥山。佛祖位中留不住，又吹渔笛汨罗湾。”

上堂：“九月二十五，聚头相共举。瞎却正法眼，拈却云门普。德山不会说禅，赢得村歌社舞。阿呵呵，逻啰哩。”遂作舞，下座。

万年一禅师法嗣

报恩法常禅师

嘉兴府报恩法常首座，开封人也。丞相薛居正[1]之裔。宣和七年，依长沙益阳华严元轼下发，遍依丛林。于《首楞严经》，深入义海。

自湖湘至万年谒雪巢，机契，命掌笺翰[2]。后首众报恩。室中唯一矮榻，余无长物。

庚子九月中，语寺僧曰：“一月后不复留此。”十月二十一往方丈，谒饭。将晓，书《渔父词》于室门，就榻收足而逝。

词曰：“此事《楞严》尝露布，梅华雪月交光处，一笑寥寥空万古。风瓯语，迥然银汉横天宇。蝶梦南华[3]方栩栩[4]，斑斑谁跨丰干[5]虎？而今忘却来时路，江山暮，天涯目送鸿飞去。”

【注释】

[1] 薛居正（912～981 年）：北宋大臣。字子平。开封浚仪（今河南开封）人。少好学，有大志。五代后唐进士。历仕后晋、后汉、后周、北宋四朝，历官谏议大夫、刑部郎中、户部侍郎、兵部侍郎、参知政事、门下侍郎、平章事、左仆

射、昭文馆大学士、司空等职。建隆三年（962年）以兵部侍郎拜参知政事。五年，加吏部侍郎。开宝六年（973年）奉诏监修《五代史》（即《旧五代史》）。太平兴国六年（981年），薛居正因服丹砂而中毒死。追赠太尉、中书令，谥号文惠。咸平二年（999年），配飨太宗庙庭。为昭勋阁二十四功臣之一。

［2］笺翰：纸笔。

［3］南华：南华真人的省称，即庄子。

［4］栩栩：描述庄子化为蝴蝶，翩翩起舞、欢喜自得的样子。《庄子·齐物论》："昔者庄周梦为胡蝶，栩栩然胡蝶也。"成玄英疏："栩栩，忻畅貌也。"

［5］丰干：参见本书第二章"天台丰干禅师"注释。

【概要】

法常禅师，宋代禅僧。河南开封人，俗姓薛，乃丞相薛居正之后裔。宣和四年（1122年），依长沙之益阳华严轼公剃发（剃发时间依其他记载，本书记载为宣和七年）。深慕大乘，然亦不排斥小教。一日，阅《首楞严经》而能义通法海。自此游历淮泗，放浪湖湘。后至天台山万年寺，参谒雪巢，一见即机语契会，雪巢乃命禅师掌理笺翰。其室唯一📂榻，别无他物。一日，写一《渔父词》于室门示众，书毕，就榻收足而逝。生卒年不详。

【参考文献】

《大明高僧传》卷七。

岳山祖庵主法嗣

庐山延庆叔禅师

僧问："多子塔前，共谈何事？"师曰："一回相见一回老，能得几时为弟兄？"僧礼拜，师曰："唐兴今日失利。"

胜因静禅师法嗣

涟水军万寿梦庵普信禅师

上堂："残雪既消尽，春风日渐多。若将时节会，佛法又如何？且道

时节因缘与佛法道理，是同是别?”良久曰：“无影树栽人不见，开华结果自馨香。”

平江府慧日默庵兴道禅师

上堂：“同云欲雪未雪，爱日似晖不晖。寒雀啾啾闹篱落，朔风洌洌舞帘帷。要会韶阳亲切句，今朝觌面为提撕。”卓拄杖，下座。

光孝果慜禅师

广德军光孝果慜禅师，常德桃源人也。

上堂，举“南泉斩猫儿话”，乃曰：“南泉提起下刀诛，六臂修罗救得无？设使两堂俱道得，也应流血满街衢。”

雪峰需禅师法嗣

福州雪峰球堂慧忠禅师

上堂：“终日忙忙，那事无妨。作么生是那事?”良久曰：“心不负人，面无惭色。”

天童交禅师法嗣

蓬莱圆禅师

庆云府蓬莱圆禅师，住山三十年，足不越阃[1]，道俗尊仰之。

师有偈曰：“新缝纸被烘来暖，一觉安眠到五更。闻得上方钟鼓动，又添一日在浮生。”

【注释】

［1］阃（kǔn）：门槛。

圆通旻禅师法嗣

江州庐山圆通守慧冲真密印通慧禅师

上堂："但知今日复明日，不觉前秋与后秋。平步坦然归故里，却乘好月过沧洲。咦！不是苦心人不知。"

隆兴府黄龙道观禅师

上堂曰："古人道：'眼色耳声，万法成办。'你诸人为甚么从朝至暮，诸法不相到？"遂喝一喝，曰："牵牛入你鼻孔，祸不入慎家之门。"

左丞范冲居士

左丞范冲居士，字致虚。由翰宛守豫章，过圆通谒旻禅师，茶罢曰："某行将老矣，堕在金紫行中，去此事稍远。"通呼"内翰[1]"，公应喏，通曰："何远之有？"公跃然曰："乞师再垂指诲。"通曰："此去洪都[2]有四程。"公伫思，通曰："见即便见，拟思即差。"公乃豁然有省。

【注释】

[1] 内翰：唐、宋称翰林为内翰。

[2] 洪都：江西省南昌市的别称。隋、唐、宋时南昌为洪州治所，唐初曾在此设都督府，因以得名。

枢密吴居厚居士

枢密吴居厚居士，拥节[1]归钟陵，谒圆通旻禅师，曰："某顷赴省试，过此，过赵州关，因问前住讷老：'透关底事如何？'讷曰：'且去做官。'今不觉五十余年。"旻曰："曾明得透关底事么？"公曰："八次经过，常存此念，然未甚脱洒在。"旻度扇与之，曰："请使扇。"公即挥扇，旻曰："有甚不脱洒处？"公忽有省曰："便请末后句？"旻乃挥扇两下，公曰："亲切，亲切。"旻曰："吉獠舌头[2]三千里。"

【注释】

［1］拥节：执持符节。亦指出任一方。前者指执掌军政大权，后者指此处的意义。

［2］吉獠舌头：即吉了舌头。对不明心地、只知背诵机语者的讥斥语。吉了是一种能模仿人言的鸟，“吉了舌头”即取此为喻。

【概要】

吴居厚（1039～1114年），字敦老，又名居实。临川钟陵张公楼湖村（今属江西省进贤县）人。崇宁二年（1103年）四月，吴居厚晋封中大夫，官拜尚书右丞。三年（1104年）九月，为右光禄大夫、尚书右丞加中书侍郎。五年（1106年）正月，以右光禄大夫、中书侍郎加门下侍郎。大观元年（1107年），因年高告退，以资政殿学士改任鸿庆宫提举、东太一宫使，恩许仍服团金毬文带。后知亳州、洪州，改太原道都门、佑神观使。四年（1110年）八月，以资政殿学士、宣奉大夫、佑神观使加门下侍郎；十月，迁知枢密院事。政和三年（1113年）正月，以武康军节度使知洪州，四年（1114年）病逝。徽宗追赠他开府仪同三司，赐御葬于进贤麻山，魂归故里。著有《吴居厚集》一百卷（《宋史·艺文志》）、《吴居厚奏疏》一百二十卷，已佚。

【参考文献】

《丹阳集》卷十二《枢密吴公墓志铭》；《宋史》卷三四三。

谏议彭汝霖居士

谏议彭汝霖居士，手写《观音经》施圆通。通拈起曰：“这个是观音经，那个是谏议经？”公曰：“此是某亲写。”通曰：“写底是字，那个是经？”公笑曰：“却了不得也。”通曰：“即现宰官[1]身而为说法。”公曰：“人人有分。”通曰：“莫谤经好！”公曰：“如何即是？”通举经示之，公拊掌大笑曰：“嗄。”通曰：“又道了不得！”公礼拜。

【注释】

［1］宰官：本为周代冢宰的属官，后泛指官吏。

【概要】

彭汝霖，字岩老。彭汝砺弟，饶州鄱阳人。举进士，以曾布荐，为秘书丞，擢殿中侍御史，因此依附曾布。布失位，汝霖亦罢知泰州，又谪濮州团练副使。后以显谟阁待制卒。

中丞卢航居士

中丞卢航居士，与圆通拥炉次，公问："诸家因缘，不劳拈出。直截一句，请师指示。"通厉声指曰："看火！"公急拨衣，忽大悟，谢曰："灼然！佛法无多子[1]。"通喝曰："放下著。"公应喏喏。

【注释】

[1] 佛法无多子：公案，临济宗创始人义玄在黄檗与大愚帮助下悟道的故事。参见本书第十一章"临济义玄禅师"注释。

左司都贶居士

左司都贶居士，问圆通曰："是法非思量分别之所能解，当如何凑泊？"通曰："全身入火聚。"公曰："毕竟如何晓会？"通曰："蓦直去。"公沉吟，通曰："可更吃茶么？"公曰："不必。"通曰："何不恁么会？"公契旨，曰："元来太近。"通曰："十万八千。"公占偈曰："不可思议，是大火聚。便恁么去，不离当处。"通曰："咦！犹有这个在。"公曰："乞师再垂指示。"通曰："便恁么去，铛是铁铸。"公顿首谢之。

明招慧禅师法嗣

扬州石塔宣秘礼禅师

僧问："山河大地，与自己是同是别？"师曰："长亭凉夜月，多为客铺舒。"曰："谢师答话。"师曰："网大难为鸟，纶稠始得鱼。"僧作舞归众，师曰："长江为砚墨，频写断交书。"

上堂，举"百丈野狐话"，乃曰："不是翻涛手，徒夸跨海鲸。由

基[1]方捻镞[2]，枝上众猿惊。”

上堂，至座前，师搊一僧上法座，僧憧惶[3]欲走，师遂指座曰：“这棚子，若牵一头驴上去，他亦须就上屙在。汝诸人因甚么却不肯？”以拄杖一时赶散，顾侍者曰：“险。”

【注释】

［1］由基：即养由基，古代神箭手，亦作养游基。春秋时楚国大夫。善射，能百步穿杨。楚共王十六年（公元前575年），鄢陵（今河南鄢陵西北）之战，战前他和潘党试射，一发穿七层甲叶。战时晋将魏锜射中楚王的眼，楚王给他两支箭，叫他回射，一箭射死魏锜，后来他连射连中，才阻止晋军追击。

［2］捻镞：拿起箭头。

［3］憧惶：亦作“憧偟”。忙乱，慌张。

浮山真禅师法嗣

峨嵋灵岩徽禅师

僧问：“文殊是七佛之师，未审谁是文殊之师？”师曰：“金沙滩头马郎妇。[1]”

【注释】

［1］金沙滩头马郎妇：佛教传说中观世音菩萨化作美女，盖以好合诱少年诵佛经，使人永绝淫欲。宋叶廷《海录碎事》卷十三：“释氏书，昔有贤女马郎妇于金沙滩施一切人淫，凡与交者，永绝其淫。死葬后，一梵僧来云：‘求我侣。’掘开乃锁子骨，梵僧以杖挑起，升云而去。”宋代黄庭坚《观世音赞》之一：“设欲真见观世音，金沙滩头马郎妇。”

祥符立禅师法嗣

湖南报慈淳禅师

上堂曰：“青眸一瞬，金色知归。授手而来，如王宝剑。而今开张门户，各说异端。可谓古路坦而荆棘生，法眼正而还自翳，孤负先圣，埋没己灵。且道不埋没不孤负正法眼藏如何吐露？还有吐露得底么？出来吐露看。如无，担取诗书归旧隐，野花啼鸟一般春。”（《联灯》作乌回范语）

云岩游禅师法嗣

径山智策禅师

临安府径山涂毒智策禅师，天台陈氏子。幼依护国僧楚光落发。十九造国清，谒寂室光，洒然有省。

次谒大圆于明之万寿，圆问曰：“甚处来？”师曰：“天台来。”曰：“见智者大师么？”师曰：“即今亦不少。”曰：“因甚在汝脚跟下？”师曰：“当面蹉过。”圆曰：“上人不耘而秀，不扶而直。”

一日辞去，圆送之门，拊师背曰：“宝所在近，此城非实。”师领之。

往豫章谒典牛，道由云居，风雪塞路，坐阅四十二日。午初，版声铿然，豁尔大悟。及造门，典牛独指师曰：“甚处见神见鬼来？”师曰：“云居闻版声来。”牛曰：“是甚么？”师曰：“打破虚空，全无柄靶。”牛曰：“向上事未在。”师曰：“东家暗坐，西家厮骂[1]。”牛曰：“崭然[2]超出佛祖，他日起家，一麟足矣。”

住后，上堂，举：“教中道：‘若以色见我，以音声求我，是人行邪道，不能见如来。’虽然恁么，正是捕得老鼠，打破油瓮。怀禅师道：‘你眼在甚么处？’虽则识破释迦老子，争奈拈饋[3]舐指！若是涂毒即不然，色见声求也不妨，百华影里绣鸳鸯。自从识得金针后，一任风吹满袖香。”

师将示寂，升座别众，嘱门人以文祭之，师危坐倾听。至尚飨，为之一笑。越两日，沐浴更衣，集众说偈曰：“四大既分飞，烟云任意归。秋天霜夜月，万里转光辉。”俄顷，泊然而逝。塔全身于东岗之麓。

【注释】

[1] 东家暗坐，西家厮骂：比喻有的欢乐，有的愁苦。

［2］崭然：形容超出一般。

［3］𫗴（duī）：《玉篇》："蜀人呼蒸饼为𫗴。"《李蕃·馋语诗》："拈𫗴舐指不知休。"

信相显禅师法嗣

成都府金绳文禅师

僧问"如何是大道之源?"师曰"黄河九曲。"曰："如何是不犯之令?"师曰："铁蛇钻不入。"僧拟议，师便打。

第四节　南岳下十六世

育王谌禅师法嗣

万年昙贲禅师

台州万年心闻昙贲禅师，永嘉人，住江心。

病起，上堂："维摩病，说尽道理；龙翔病，咳嗽不已。咳嗽不已，说尽道理；说尽道理，咳嗽不已。汝等诸人还识得其中意旨也未？本是长江凑风冷，却教露柱患头风。"

上堂："一见便见，八角磨盘空里转。一得永得，辰锦朱砂如墨黑。秋风吹渭水，已落云门三句[1]里。落叶满长安，几个而今被眼瞒。"竖拂子曰："瞒得瞒不得，总在万年手里。还见么？华顶月笼招手石，断桥水落舍身岩。"

僧问："百丈卷席，意旨如何?"师曰："贼过后张弓。"

四明太守以雪窦命师主之，师辞以偈曰："闹篮[2]方喜得抽头[3]，退鼓而今打未休。莫把乳峰千丈雪，重来换我一双眸。"

【注释】

[1] 云门三句：本书第十八章“九顶惠泉”条：“昔日云门有三句，谓函盖乾坤句，截断众流句，随波逐浪句。”故函盖乾坤句、截断众流句、随波逐浪句构成云门三句。云门三句，依起信论，则第一句为一心门，第二句为真如门，第三句为生灭门。

[2] 闹篮：喧闹多事的寺院，引申为喧闹多事的场合。亦作“闹蓝”。

[3] 抽头：抽身，脱身。宋代苏轼《与辩才禅师书》之五：“某幸于闹中抽头，得此闲郡，虽未能超然远引，亦退老之渐也。”

天童了朴禅师

庆元府天童慈航了朴禅师，福州人。

上堂：“酷暑如焚不易禁，炎炎赫赫[1]欲流金。夜明帘外无人到，灵木迢然转绿阴。”

上堂：“久雨不晴，半睡半醒。可谓天地合其德，日月合其明，四时合其序，鬼神合其吉凶。”遂喝曰：“住！住！内卦已成，更求外象。”卓拄杖曰：“适来掷得雷天大壮[2]，如今变作地火明夷[3]。”

上堂：“牛皮鞔[4]露柱，露柱啾啾叫。灯笼佯不知，虚明还自照。殿脊老蚩吻[5]，闻得呵呵笑。三门[6]侧耳听，就上打之绕[7]。譬如十日菊，开彻阿谁要？阿呵呵！未必秋香一夜衰，熨斗煎茶不同铫。”

室中问僧：“贼来须打，客来须看。只如三更夜半，人面似贼，贼面似人，作么生辨？”

上堂：“观音岩玲玲珑珑，太白石丁丁东东。西园菜蟥[8]，似不堪食。东谷花发，却无赖红。且道是祖意教意？途中受用，世谛流布。若辨不出，雪峰覆却饭桶。若辨得出，甘贽礼[9]拜蒸笼。参！”

上堂：“德山入门便棒，临济入门便喝。临济喝处，德山棒头耳聋；德山棒时，临济喝下眼瞎。虽然一搦一抬[10]，就中全生全杀。”遂喝一喝，卓拄杖一下，云：“敢问诸人是生是杀？”良久云：“君子可八[11]。”

【注释】

[1] 炎炎赫赫：炎炎：灼热貌。赫赫：显著盛大的样子。此处形容天气非常炎

热。又形容权势煊赫。

[2] 雷天大壮：指《易经》第三十四卦、大壮、雷天大壮、震上乾下。

[3] 地火明夷：指《易经》第三十六卦、明夷、地火明夷、坤上离下。

[4] 鞔：把皮革蒙在鼓框上，钉成鼓面。此处指把牛皮蒙在露柱上。

[5] 蚩吻：传说中的怪兽名。旧时多以为屋脊的饰物。明代李东阳《记龙生九子》："龙生九子，不成龙，各有所好……蚩吻平生好吞，今殿脊兽头是其遗像。"

[6] 三门：旧校本标点有误，专有名词下划线应删除。三门，指寺门，参见本书"三门"注释。

[7] 打之绕：像"之"字笔形般绕来绕去，多用来指斥参禅者不能直截悟入。

[8] 菜蟥（huáng）：菜生了虫。蟥：《说文》："蟥也。"俗称金龟子、金乌虫，一种甲虫，甲呈黄绿褐等色。又有蚂蟥，水虫，本称蛭，以其体呈黄色或深黄色，故亦以蟥称之。

[9] 贽（zhì）礼：拜见时赠送的礼物。

[10] 一搦（nuò）一抬：一握一举，相当于一收一放。

[11] 君子可八：旧校本校勘失误，具体原因参见本书第十二章"文公杨亿居士"条"君子可八"有关分析。

西岩宗回禅师

南剑州西岩宗回禅师，婺州人也。久依无示，深得法忍。

因寺僧以茶禁闻有司，吏捕知事，师谓众曰："此事不直之，则罪坐于我。若自直，彼复得罪，不忍为也。"令击鼓升座，说偈曰："县吏追呼不暂停，争如长往事分明。从前有个无生曲，且喜今朝调已成。"言讫而逝。

高丽坦然国师

高丽国坦然国师，少嗣王位，钦乡[1]宗乘。因海商方景仁抵四明，录无示语归，师阅之启悟，即弃位圆颅[2]。作书以《语要》及《四威仪偈》，令景仁呈无示。示答曰："佛祖出兴于世，无一法与人，实使其自信、自悟、自证、自到，具大知见。如所见而说，如所说而行，山河大地、草木丛林相与证明。其来久矣。"后复通嗣法，其书略曰："生死海广，劫殚罔通[3]。得遇本分宗师，以三要印子[4]，验定其法，实谓盲龟值浮木孔[5]耳。”

【注释】

［1］钦乡（xiàng）：仰慕，向往。钦：钦羡，仰慕。乡：同“向”，向往。

［2］圆颅：本指头颅，借指人。此处指落发出家。

［3］劫殚罔通：即使到了劫尽也不能相通。劫，指时间长。殚，尽。有些版本作“劫殚同通”，与原意不符。本书依宝祐本作“劫殚罔通”。

［4］三要印子：即诸行无常、诸法无我、涅槃寂静等三项根本佛法。此三项义理可用以印证各种说法之是否正确，故称三法印。小乘经典若有此“无常、无我、涅槃”三法印印定其说，即是佛说，否则即是魔说。此语未见于巴利语系经典。汉译《杂阿含经》卷十则有类似之说法。

［5］盲龟值浮木孔：佛经中常用的比喻，据《杂阿含经》卷十五载，大海底有一只盲龟，百年（一说三千年）才能浮出水面一次，恰好撞入一段浮木的孔洞之中，多喻机会极为难遇。此譬喻颇为著名，经论中记载甚多。又所谓盲龟，系指一眼之龟，并非两眼均丧，故《法华经》卷七“妙庄严王品”、《大乘宝要义论》卷一所引之《杂阿含经》等，皆称之为一眼龟。又有说此龟之一眼位于腹部者。亦作“浮木值盲龟”等。

【概要】

坦然国师（？~1158年），高丽僧。俗姓孙。十五岁为明经生。十九岁于京北山安寂寺落发。后修广明寺慧照国师之心要，有所领悟。历住义林寺、禅岩寺、天和寺、菩提寺等，获得三重大师之封号。仁宗十七年（1139年），住广明寺，以所著之《四威仪颂》《上堂语句》等，呈送我国四明阿育王山之无示介谌禅师，介谌覆书予以印可。仁宗二十三年受任王师。毅宗元年（1147）年，住晋州（庆尚北道）之断俗寺。毅宗十二年示寂，世寿不详。

【参考文献】

《朝鲜金石总览》上；《嘉泰普灯录》卷十七；《五灯全书》卷四十。

龙华本禅师

临安府龙华无住本禅师，广德人也。

上堂，举：“云门大师拈起胡饼曰：‘我只供养两浙人，不供养向北

人。’众无语，门自代曰：‘天寒日短，两人共一碗。’”师曰：“韶阳老汉，言中有响，痛处著锥。检点将来，翻成毒药。诸人要会么？半在河南半河北，一片虚凝似墨黑。冷地思量愁杀人，叵耐云门这老贼！贼，贼！”下座，更不巡堂。

道场琳禅师法嗣

东山吉禅师

临江军东山吉禅师，因李朝请，与甥芗林居士、向公子諲，谒之，遂问：“家贼恼人时如何？”师曰：“谁是家贼？”李竖起拳，师曰：“贼身已露。”李曰：“莫茶糊[1]人好！”师曰：“赃证见在[2]。”李无语。师示以偈曰：“家贼恼人孰奈何？千圣回机只为他。遍界遍空无影迹，无依无住绝笼罗。贼，贼！猛将雄兵收不得。疑杀天下老禅和，笑倒闹市古弥勒。休，休！不用将心向外求。回头瞥尔贼身露，和赃捉获世无俦。世无俦，真可仰！从兹不复夸伎俩。怗怗[3]安家乐业时，万象森罗齐拊掌。”

【注释】

［1］茶糊：折腾，作弄。亦作“搽糊”“搽胡”等。

［2］见在：尚存，现今存在。又指“现在”，“见”同“现”。”

［3］怗（tiē）怗：恬静貌。闲静的样子。

道场慧禅师法嗣

灵隐道枢禅师

临安府灵隐懒庵道枢禅师，吴兴四安徐氏子。初住何山，次移华藏。隆兴初，诏居灵隐。

孝宗皇帝召至内殿，问禅道之要，师答以“此事在陛下堂堂日用应机处，本无知见起灭之萼[1]、圣凡迷悟之别。第护[2]正念，则与道相应。情却物，则业不能系。尽去沉掉[3]之病，自忘问答之意。矧[4]今补处，见在佛般若光明中，何事不成见邪?”上为之首肯数四。

师示众曰：“仙人张果老[5]，骑驴穿市过。但闻蹄拨剌[6]，谁知是纸做?”

后退居明教永安兰若，逍遥自适。有偈题于壁曰：“雪里梅花春信息，池中月色夜精神。年来可是无佳趣，莫把家风举似人。”

淳熙丙申八月，示微疾，书偈而逝。塔于永安。

【注释】

［1］棼（fén）：纷乱，紊乱。

［2］第护：只要守护。

［3］沉掉：指昏沉、掉举。昏沉者，昏钝沉坠也。谓神识昏钝，懵然无知，不加精进之功，遂致沉坠苦海也。掉举者，摇动也。谓心念动摇，不能摄伏，于诸禅观无由成就也。

［4］矧（shěn）：况且。

［5］张果老：传说中的八仙之一。久隐中条山，往来于汾、晋间，唐武则天时已数百岁。后人复见其寄居恒州山中。常倒骑白驴，日行数万里，休息时即折叠其驴，藏入巾箱。唐明皇曾召其至京，表演种种法术，授银青光禄大夫，赐号“通玄先生”。

［6］拨（bō）剌（lā）：亦作“拨喇”。象声词。此处形容驴子疾走声。

光孝慜禅师法嗣

光孝初首座

广德军光孝悟初首座，分座日示众，举“风幡话”，至“仁者心动”处，乃曰：“祖师恁么道，赚杀一船人。今时衲僧，也不可恁么会。既不恁么会，毕竟作么生?”良久曰：“六月好合酱，切忌著盐多。”

第五节　南岳下十七世

万年贲禅师法嗣

温州龙鸣在庵贤禅师

上堂，举："崇寿示众曰：'识得凳子，周匝有余。'云门道：'识得凳子，天地悬殊。'"师曰："崇寿老汉，坐杀天下人。云门大师，走杀天下人。龙鸣则不然，识得凳子，四脚著地，要坐便坐，要起便起。"

上堂，举"赵州勘婆话"，颂曰："冰雪佳人貌最奇，常将玉笛向人吹。曲中无限花心动，独许东君第一枝。"

大沩鉴禅师

潭州大沩咦庵鉴禅师，会稽人也。

上堂："木落霜空，天寒水冷。释迦老子，无处藏身。拆东篱，补西壁，撞著不空见菩萨[1]，请示念佛三昧，也甚奇怪，却向道：'金色光明云，参退吃茶去。'"

上堂："老胡开一条路，甚生径直，只云：歇即菩提，性净明心，不从人得。后人不得其门，一向奔驰南北，往复东西。极岁穷年，无个歇处。诸人还歇得么？休！休！"

上堂，举："晦堂和尚一日问僧：'甚处来？'曰：'南雄州。'堂曰：'出来作甚么？'曰：'寻访尊宿。'堂曰：'不如归乡好。'曰：'未审和尚令某归乡，意旨如何？'堂曰：'乡里三钱买一片鱼鲊[2]，如手掌大。'"师曰："宁可碎身如微尘，终不瞎个师僧眼。晦堂较些子，有般汉[3]便道：'熟处难忘[4]。'有甚共语处？"

上堂，举"罽宾国王问师子尊者蕴空公案"，师颂曰："尊者何曾得蕴空？罽宾徒自斩春风。桃花雨后已零落，染得一溪流水红。”

【注释】

［1］不空见菩萨：此菩萨在胎藏界曼荼罗地藏院上第二位。梵名阿目伽捺罗舍，译言不空见。密号曰普观金刚。普观众生，开五眼而不空见，故名。菩萨形为肉色，右手持莲，上安佛顶，左手为施无畏，坐于赤莲。（摘自丁福保《佛学大辞典》）

［2］鱼鲊（zhǎ）：指腌鱼、糟鱼。北魏·贾思勰《齐民要术·作鱼鲊》：“作鱼鲊法：剉鱼毕，便盐腌。”

［3］般汉：一般汉子。普通的凡夫俗子。

［4］熟处难忘：出自宋代张孝祥《临江仙》：“试问宜楼楼下竹，年来应长新篁。使君五岭又三湘，旧游知好在，熟处更难忘。”

第十九章　南岳下十一世——南岳下十五世（上）（临济宗）

久雨不曾晴，豁开天地清。祖师门下事，何用更施呈？（径山宗杲禅师）

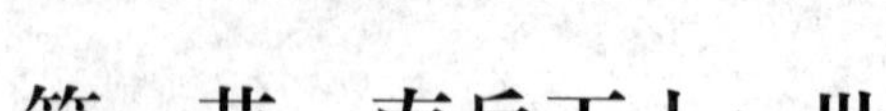

第一节　南岳下十一世

石霜圆禅师法嗣

杨岐方会禅师

袁州杨岐方会禅师，郡之宜春冷氏子。少警敏。及冠，不事笔砚，系名征商[1]，课最[2]坐不职。乃宵遁[3]入瑞州九峰，恍若旧游，眷不忍去，遂落发。每阅经，心融神会。能折节[4]扣参老宿。

慈明自南源徙道吾石霜，师皆佐之，总院事。依之虽久，然未有省发。每咨参，明曰："库司事繁，且去。"他日又问，明曰："监寺异时儿孙遍天下在，何用忙为?"

一日，明适出，雨忽作，师侦之小径，既见，遂搊住曰："这老汉今日须与我说，不说打你去。"明曰："监寺知是般事[5]便休。"语未卒，师大悟，即拜于泥途，问曰："狭路相逢时如何?"明曰："你且躲避，我要去那里去。"师归。

来日，具威仪，诣方丈礼谢。明呵曰："未在。"自是明每山行，师辄瞰其出，虽晚必击鼓集众。明遽还，怒曰："少丛林暮而升座，何从得此规绳?"师曰："汾阳晚参也，何谓非规绳乎?"

一日，明上堂，师出问："幽鸟语喃喃，辞云入乱峰时如何?"明曰："我行荒草里，汝又入深村。"师曰："官不容针，更借一问。"明便喝，师曰："好喝!"明又喝，师亦喝。明连喝两喝，师礼拜。明曰："此事是个人方能担荷。"师拂袖便行。

明移兴化，师辞归九峰。后道俗迎居杨岐，次迁云盖。

受请日，拈法衣示众曰："会么？若也不会，今日无端走入水牯牛队里去也。还知么？筠阳九岫，萍实杨岐。"遂升座。时有僧出，师曰：

“渔翁未掷钓，跃鳞冲浪来。”僧便喝，师曰：“不信道。”僧拊掌归众，师曰：“消得龙王多少风？”

问：“师唱谁家曲，宗风嗣阿谁？”师曰：“有马骑马，无马步行。”曰：“少年长老，足有机筹[6]。”师曰：“念汝年老，放汝三十棒。”

问：“如何是佛？”师曰：“三脚驴子弄蹄行。”曰：“莫只这便是么？”师曰：“湖南长老。”乃曰：“更有问话者么？试出来相见。杨岐今日性命，在汝诸人手里，一任横拖倒拽。为甚么如此？大丈夫儿，须是当众决择，莫背地里似水底按葫芦相似。当众引验，莫便面赤。有么？有么？出来决择看。如无，杨岐今日失利。”师便下座。九峰勤和尚把住云：“今日喜得个同参。”师曰：“作么生是同参底事？”勤曰：“九峰牵犁，杨岐拽杷。”师曰：“正恁么时，杨岐在前，九峰在前？”勤拟议，师拓开曰：“将谓同参，元来不是。”

僧问：“人法俱遣，未是衲僧极则。佛祖双亡，犹是学人疑处。未审和尚如何为人？”师曰：“你只要勘破新长老。”曰：“恁么则旋斫生柴带叶烧。”师曰：“七九六十三[7]。”

问：“古人面壁，意旨如何？”师曰：“西天人不会唐言。”

上堂：“雾锁长空，风生大野。百草树木，作大师子吼，演说摩诃大般若，三世诸佛在你诸人脚跟下转大法轮。若也会得，功不浪施。若也不会，莫道杨岐山势险，前头更有最高峰。”

上堂：“举古人一转公案，布施大众。”良久曰：“口只堪吃饭。”

上堂：“踏着秤锤硬似铁，哑子得梦向谁说？须弥顶上浪滔天，大洋海里遭火爇。参！”

上堂：“杨岐一要，千圣同妙。布施大众，”拍禅床一下云：“果然失照。参！”

上堂：“杨岐一句，急着眼觑。长连床上，拈匙把箸。”

上堂，拈拄杖云：“一即一切，一切即一。”画一画云：“山河大地、天下老和尚百杂碎，作么生是诸人鼻孔？”良久云：“剑为不平离宝匣，药因救病出金瓶。”喝一喝，卓一下。

上堂：“杨岐无旨的，种田博饭吃。说梦老瞿昙，何处觅踪迹？”喝一喝，拍禅床一下。

上堂："薄福住杨岐，年来气力衰。寒风凋败叶，犹喜故人归。啰啰哩，拈上死柴头，且向无烟火。"

上堂："杨岐乍住屋壁疏，满床尽布雪真珠。缩却项，暗嗟吁。"良久曰："翻忆古人树下居。"

上堂："云盖是事不如，说禅似吞栗蒲[8]。若向此处会得，佛法天地悬殊。"

上堂，掷下拄杖曰："释迦老子着跌，偷笑云盖乱说。虽然世界坦平，也是将勤补拙。"

上堂："释迦老子初生时，周行七步，目顾四方，一手指天，一手指地。今时衲僧，尽皆打模画样，便道：'天上天下，唯我独尊。'云盖不惜性命，亦为诸人打个样子。"遂曰："阳气发时无硬地。"

示众："一切智通无障碍。"拈起拄杖曰："拄杖子向汝诸人面前逞神通去也。"掷下曰："直得乾坤震裂，山岳摇动。会么？不见道：'一切智智清净。'"拍禅床曰："三十年后，明眼人前，莫道杨岐龙头蛇尾。"

僧问："拨云见日时如何？"师曰："东方来者东方坐。"

问："天得一以清，地得一以宁[9]。衲僧得一，堪作甚么？"师曰："钵盂口向天[10]。"

慈明忌辰设斋，众才集，师于真[11]前，以两手捏拳安头上，以坐具画一画，打一圆相，便烧香，退身三步，作女人拜。首座曰："休捏怪[12]。"师曰："首座作么生？"座曰："和尚休捏怪。"师曰："兔子吃牛奶。"第二座近前，打一圆相，便烧香，亦退身三步，作女人拜。师近前作听势，座拟议，师打一掌曰："这漆桶也乱做。"

龙兴孜和尚迁化，僧至下遗书。师问："世尊入灭，椁示双趺。和尚归真，有何相示？"僧无语，师胸曰："苍天！苍天！"

室中问僧："栗棘蓬[13]你作么生吞？金刚圈你作么生透？"

一日，三人新到，师问："三人同行，必有一智。"提起坐具曰："参头上座唤这个作甚么？"曰："坐具。"师曰："真个那！"曰："是。"师复曰："唤作甚么？"曰："坐具。"师顾视左右曰："参头却具眼。"问第二人："欲行千里，一步为初。如何是最初一句？"曰："到和尚这里，争敢出手？"师以手画一画，僧曰："了。"师展两手，僧拟议，师曰：

"了。"问第三人："近离甚处？"曰："南源。"师曰："杨岐今日被上座勘破，且坐吃茶。"

问僧："败叶堆云，朝离何处？"曰："观音。"师曰："观音脚跟下一句作么生道？"曰："适来相见了也。"师曰："相见底事作么生？"僧无对，师曰："第二上座代参头道看。"亦无对，师曰："彼此相钝置。"

示众云："春风如刀，春雨如膏。律令正行，万物情动。你道脚踏实地一句，作么生道出来？向东涌西没处道看。直饶道得，也是梁山[14]颂子。"

示众云："身心清净，诸境清净。诸境清净，身心清净。还知杨岐老人落处么？河里失钱河里摝。"

示众云："景色乍晴，物情舒泰。举步也千身弥勒，动用也随处释迦，文殊、普贤总在这里。众中有不受人谩底，便道杨岐和麸粜面[15]。然虽如是，布袋里盛锥子。"

示众云："雪！雪！处处光辉明皎洁。黄河冻锁绝纤流，赫日光中须迸裂。须迸裂，那吒顶上吃蒺藜，金刚脚下流出血。"

皇佑改元，示寂，塔于云盖。

【注释】

［1］征商：征收商业税。《孟子·公孙丑下》："古之为市也，以其所有易其所无者，有司者治之耳。有贱丈夫焉，必求龙断而登之，以左右望，而罔市利。人皆以为贱，故从而征之。征商自此贱丈夫始矣。"隋朝至唐朝玄宗开元年间（713～741年），工商无税，以后征商渐增；宋初，制定商则，不许擅征，以后课税范围扩大，负担日重。南宋时，"虚市有税，空舟有税"（《文献通考·征榷一》）十分苛重。

［2］课最：古时朝廷对官吏定期考核，检查政绩，政绩最好的称"课最"。旧校本标点有误，未弄清"课最"的含义，标点为"系名征商课最，坐不职"，令人费解。

［3］宵遁：亦作"宵遯"。乘夜逃跑。

［4］折节：屈己下人。此处称赞禅师谦虚的态度。

［5］般事：这个事，指不可言说的境界。

［6］机筹：计谋，策略。

［7］七九六十三：《九九歌》："七九六十三，行人脱衣衫。"指天热了，脱掉衣服担着。

［8］栗蒲：指栗棘蓬。下文有方会禅师问僧："栗棘蓬你作么生吞？金刚圈你作么生透？"栗树之果实外壳多刺，唤作栗棘蓬。禅家喻指机语因缘、古人公案。方会的再传弟子法演因参究"僧问南泉摩尼珠"机语而省悟，其师白云端赞之为"栗棘蓬禅"。《补禅林僧宝传·五祖法演》："一日，（法演）举'僧问南泉摩尼珠'语以问端（白云端），端叱之。演领悟，汗流被体。乃献《投机颂》曰：'山前一片闲田地，叉手叮咛问祖翁。几度卖来还自买，为怜松竹引清风。'端颔之曰：'栗棘蓬禅属子矣。'"亦作"栗蒲禅"。

［9］天得一以清，地得一以宁：出自《老子·第三十九章》："昔之得一者：天得一以清，地得一以宁，神得一以灵，谷得一以盈，万物得一以生，侯王得一以为天下贞。""一"指道的本体。憨山注："一者，道之体也。其体至虚而无为，精一无二。凡诸有为，莫不以之为本。"

［10］钵盂口向天：对"衲僧得一"的否定。佛不从外而得，万法本来如此。杨岐说法，标举"是法住法位，世间相常住"。"法位"，谓万有本体所在位置。真如（本体）湛然，绝对不妄，为诸法安住之位。是法住法位，就是万物以其本来面目存在于天地宇宙之间，一切现成，不假造作。

［11］真：肖像，摹画的人像。此指已故慈明禅师的像。

［12］捏怪：作怪，怪异。

［13］栗棘蓬：参见上面"栗蒲"条注释。

［14］梁山：湖南梁山。此指住在梁山的缘观禅师。宋代禅僧，嗣法于同安观志禅师，付法于大阳警玄禅师，为传曹洞宗第五代嗣祖沙门。住鼎州（今湖南省常德）梁山，世称"梁山缘观"。

［15］和麸粜面：将麸子混和在面粉里一起卖出，意谓夹带假货，以假乱真。麸：麦皮碎屑。

【概要】

方会禅师（996～1049年），北宋临济宗杨岐派之祖。世称"杨岐方会"。为石霜慈明之法嗣，南岳下第十一世。俗姓冷，袁州宜春（今属江西）人。少机敏善谈，及长，不喜从事著述。后为他人掌管税务，失职当罚，潜逃至筠州（今江西高安）九峰山。所游九峰山，恍如往昔经行之处，不忍离去，遂落发为僧。此后，历参老宿。赴潭州（今湖南长沙）参石霜楚圆，掌监院之事，得法后辞归九峰山，又至杨岐山住持普通禅院，大振禅风，故世称"杨岐方会"。

庆历六年（1046年），移住潭州云盖山海会寺。主张道出于常情，把世俗的一切活动均视为寻求解脱之妙道，阐发“三世诸佛在尔诸人脚跟下转大法轮”玄理，人称其宗风如龙。在此将临济正脉付嘱白云守端。入室门徒还有石霜守孙、保宁仁勇等十余人，后世称之为杨岐派，为禅宗五家七宗的一派。后有方会的再传弟子法演，法演的弟子佛果克勤，以及佛果克勤的弟子宗杲。杨岐派还远传于日本。

皇佑元年（1049年，一说庆历六年或皇佑二年）示寂，享年五十四。著有《杨岐方会和尚语录》二卷。

《中国佛教思想资料选编》第三卷一册：“方会的禅宗思想，是临济的正宗。他认为‘一尘才举，大地全收’。主张心即是佛，一切现成。方会兼具临济、云门二家的风格，并有百丈怀海、黄檗希运之长，兼得马祖道一的大机、大用。因他浑无圭角，佛教史家称之宗风如龙。”

【参考文献】

《建中靖国续灯录》卷七；《联灯会要》卷十三；《佛祖历代通载》卷十八，《释氏稽古略》卷四；《指月录》卷二十五；《杨岐方会和尚语录》序；阿部肇一《中国禅宗史》；忽滑谷快天《禅学思想史》。

第二节　南岳下十二世

杨岐会禅师法嗣

白云守端禅师

舒州白云守端禅师，衡阳葛氏子。幼事翰墨，冠依茶陵郁禅师披削。

往参杨岐，岐一日忽问：“受业师为谁？”师曰：“茶陵郁和尚。”岐曰：“吾闻伊过桥遭攧[1]有省，作偈甚奇，能记否？”师诵曰：“我有明珠一颗，久被尘劳关锁。今朝尘尽光生，照破山河万朵。”岐笑而趋起。师愕然，通夕不寐。黎明，咨询之。适岁暮，岐曰：“汝见昨日打驱[2]傩[3]

者么？”曰：“见。”岐曰：“汝一筹不及渠。”师复骇曰：“意旨如何？”岐曰：“渠爱人笑，汝怕人笑。”师大悟。巾侍久之，辞游庐阜。

圆通讷禅师举住承天，声名籍甚。又逊居圆通，次徙法华龙门、兴化海会，所至众如云集。

僧问：“如何是佛？”师曰：“镬汤[4]无冷处。”曰：“如何是佛法大意？”师曰：“水底按葫芦[5]。”曰：“如何是祖师西来意？”师曰：“乌飞兔走[6]。”

问：“不求诸圣，不重己灵，未是衲僧分上事。如何是衲僧分上事？”师曰：“死水不藏龙[7]。”曰：“便恁么去时如何？”师曰：“赚杀你。”

到栖贤，上堂：“承天自开堂后，便安排些葛藤来山南东葛西葛[8]，却为在归宗、开先、万杉打叠[9]了也。今日到三峡会里，大似临嫁医瘿，卒着手脚不办[10]。幸望大众不怪。伏惟珍重！”

上堂：“鸟有双翼，飞无远近。道出一隅，行无前后。你衲僧家，寻常拈匙放箸，尽道知有。及至上岭时，为甚么却气急？不见道，人无远虑，必有近忧。”

上堂：“乾坤之内，宇宙之间，中有一宝，秘在形山。大众！眼在鼻上，脚在肚下，且道宝在甚么处？”良久云：“人面不知何处去，桃花依旧笑春风[11]。”

上堂：“古者道：‘将此深心奉尘刹，是则名为报佛恩[12]。’圆通则不然，时挑野菜和根煮，旋斫生柴带叶烧[13]。”

上堂：“江月照，松风吹，到这里还有漏网者么？”良久曰：“皇天无亲[14]。”

上堂：“入林不动草，入水不动波，入鸟不乱行。大众！这个是把缆放船底手脚，且道衲僧家合作么生？”以手拍禅床曰：“掀翻海岳求知己，拨乱乾坤见太平。”

上堂：“忌口自然诸病减，多情未免有时劳。贫居动便成违顺，落得清闲一味高。虽然如是，莫谓无心云是道，无心犹隔一重关[15]。”

示众云：“泥佛不度水，木佛不度火，金佛不度炉，真佛内里坐。大众！赵州老子十二剂骨头，八万四千毛孔，一时抛向诸人怀里了也。圆通今日路见不平，为古人出气。”以手拍禅床云：“须知海岳归明主，未

信乾坤陷吉人。”

示众云：“佛身充满于法界，普现一切群生前[16]，随缘赴感靡不周，而常处此菩提座。大众！作么生说个随缘赴感底道理？只于一弹指间，尽大地含生根机，一时应得周足，而未尝动着一毫头，便且唤作随缘赴感，而常处此座。只如山僧，此者受法华请，相次与大众相别去。宿松县里开堂了，方归院去。且道还离此座也无？若道离，则世谛流布。若道不离，作么生见得个不离底事？莫是无边刹境，自他不隔于毫端；十世古今，始终不离于当念么？又莫是一切无心，一时自遍么？若恁么，正是掉棒打月[17]，到这里直须悟始得，悟后更须遇人始得。你道既悟了便休，又何必更须遇人？若悟了遇人底，当垂手方便之时，着着自有出身之路，不瞎却学者眼。若只悟得干萝卜头底，不唯瞎却学者眼，兼自己动便先自犯锋伤手。你看我杨岐先师问慈明师翁道：‘幽鸟语喃喃，辞云入乱峰时如何？’答云：‘我行荒草里，汝又入深村。’进云：‘官不容针，更借一问。’师翁便喝。进云：‘好喝。’师翁又喝，先师亦喝。师翁乃连喝两喝，先师遂礼拜。大众须知，悟了遇人者，向十字街头与人相逢，却在千峰顶上握手。向千峰顶上相逢，却在十字街头握手。所以，山僧尝有颂云：‘他人住处我不住，他人行处我不行。不是为人[18]难共聚，大都缁素要分明。’山僧此者临行，解开布袋头，一时撒在诸人面前了也。有眼者莫错怪好！珍重！”

开堂示众云：“昔日灵山会上，世尊拈花，迦叶微笑。世尊道：‘吾有正法眼藏，分付摩诃大迦叶，次第流传，无令断绝。’至于今日。大众！若是正法眼藏，释迦老子自无分，将个甚么分付？将个甚么流传？何谓如此？况诸人分上，各各自有正法眼藏。每日起来，是是非非，分南分北，种种施为，尽是正法眼藏之光影。此眼开时，乾坤大地、日月星辰、森罗万象，只在面前，不见有毫厘之相。此眼未开时，尽在诸人眼睛里。今日已开者，不在此限。有未开者，山僧不惜手，为诸人开此正法眼藏看！”乃举手，竖两指曰：“看！看！若见得去，事同一家。若也未然，山僧不免重说偈言：‘诸人法眼藏，千圣莫能当。为君通一线，光辉满大唐。须弥走入海，六月降严霜。法华虽恁道，无句得商量。’大众！既满口道了，为甚么却无句得商量？”喝一喝曰：“分身两处看。”

上堂："释迦老子有四弘誓愿云：'众生无边誓愿度，烦恼无尽誓愿断，法门无量誓愿学，佛道无上誓愿成。'法华亦有四弘誓愿：'饥来要吃饭，寒到即添衣，困时伸脚睡，热处爱风吹。'"

上堂："古人留下一言半句，未透时撞着铁壁相似，忽然一日觑得透后，方知自己便是铁壁。如今作么生透？"复曰："铁壁，铁壁！"

上堂："若端的得一回汗出，便向一茎草上现琼楼玉殿。若未端的得一回汗出，纵有琼楼玉殿，却被一茎草盖却。作么生得汗出去？自有一双穷相手，不曾容易舞三台。"

上堂："安居之首，禁足为名。禁足之意，意在进道而护生。衲僧家更有何生而可护？何道而可进？唾一唾，唾破释迦老子面门；踏一步，踏断释迦老子背脊骨。犹是随群逐队汉，未是本分衲僧。"良久曰："无限风流慵卖弄，免教人指好郎君。"

上堂："丝毫有趣皆能进，毕竟无归若可当。逐日退身行兴尽，忽然得见本爷娘。作么生是本爷娘？"乃云："万福！"便下座。

示众云："如我按指，海印发光。"拈起拄杖云："山河大地、水鸟树林、情与无情，今日尽向法华拄杖头上作大师子吼，演说摩诃大般若。且道天台、南岳说个甚么法门？南岳说：'洞上五位修行，君臣父子各得其宜。莫守寒岩异草青，坐却白云宗不妙。'天台说：'临济下，三玄、三要、四料拣，一喝分宾主，照用一时行。要会个中意，日午打三更。'庐山出来道：'你两个正在葛藤窠里。不见道：欲得不招无间业，莫谤如来正法轮。'大众！据此三个汉见解，若上衲僧秤子上称，一个重八两，一个重半斤，一个不直半分钱。且道那个不直半分钱？"良久云："但愿春风齐着力，一时吹入我门来。"卓拄杖，下座。

熙宁五年迁化，寿四十八。

【注释】

［1］攧（diān）：跌，摔。

［2］殴（qū）："驱"的古字。驱赶，驱使。

［3］傩（nuó）：古代的一种风俗，迎神以驱逐疫鬼。此处指傩礼中戴面具作驱傩表演的人。

［4］镬汤：煮于镬汤之地狱。即以锅镬煮沸汤，置罪人于其中，以惩其生前罪

行之地狱。据《观佛三昧海经》卷五载，此地狱共有十八镬，每一镬纵广皆四十由旬，有七重之铁网，其内充满沸铁。有五百罗刹，以大石炭烧其铜镬，其火焰焰相承，在地狱六十日（即此娑婆世界之十二万年）而不灭。系众生毁佛戒法、杀生祠祀、为食肉焚烧山野而伤害众生、烧煮生类等所招感之果报。

[5] 水底按葫芦：水里按葫芦——此起彼落。这里起来，那里落下。形容接连不断。

[6] 乌飞兔走：同“兔走乌飞”。形容时光迅速流逝。乌：古代传说太阳中有三足乌，故称太阳为金乌；兔：古代传说月亮中有兔，故称月亮为玉兔。唐代韩琮《春愁》：“金乌长飞玉兔走，青鬓长青古无有。”本书第八章“处州报恩守真禅师”条：“僧问：‘如何是佛法大意?’师曰：‘闪烁乌飞急，奔腾兔走频。’”

[7] 死水不藏龙：蛟龙不在死水瑞安身。此比喻真正的禅法不是一潭死水。死水，指静止而不流动之水。借以比喻如枯木般之安住不动，而毫无生机之人。《碧岩录》第二十则中，即有“死水何曾振古风”一语。参禅不能进入另外一个极端，一味追求清净污染，水太净则无鱼。佛法中，有无、动静都是辩证统一的，如果只有静就变成一潭死水了。而清净自性可以不变应万变。

[8] 东葛西葛：东说西说，啰唆。葛：“葛藤”之省，此为说葛藤之意。葛藤：指言句、话题。

[9] 打叠：扫除，收拾。

[10] 临嫁医瘿（yǐng），卒着手脚不办：歇后语。临嫁医瘿——手脚不办。瘿，脖子上的肉瘤。临出嫁时才想割肉瘤，无论怎么忙手忙脚也做不了了。意谓事到临头，慌乱得不知怎么办好。

[11] 人面不知何处去，桃花依旧笑春风：出自唐代崔护《题都城南庄》：“去年今日此门中，人面桃花相映红。人面不知何处去，桃花依旧笑春风。”该诗以“人面桃花，物是人非”这样一个看似简单的人生经历道出了千万人都似曾有过的共同生活体验。

[12] 将此深心奉尘刹，是则名为报佛恩：出自《楞严经》：“妙湛总持不动尊，首楞严王世希有，销我亿劫颠倒想，不历僧祇获法身；愿今得果成宝王，还度如是恒沙众，将此深心奉尘刹，是则名为报佛恩。”尘刹：刹为梵语国土之意，尘刹谓微尘数的无量世界。将此深心奉尘刹，指将自己的一切乃至宝贵的生命，全部奉献给微尘数世界的一切众生，如此才算真正报答佛恩。

[13] 时挑野菜和根煮，旋斫生柴带叶烧：出自唐代杜荀鹤《山中寡妇》：“夫因兵死守蓬茅，麻苎衣衫鬓发焦。桑柘废来犹纳税，田园荒后尚征苗。时挑野菜和根煮，旋斫生柴带叶烧。任是深山更深处，也应无计避征徭。”原意控诉统治者残

酷剥削劳动人民，禅师用在这里则是描述自己追求淡泊的山中隐居生活。

［14］皇天无亲：出自《尚书·蔡仲之命》："皇天无亲，惟德是辅。"亲：亲近；辅：帮助。指上天公正无私，总是帮助品德高尚的人。

［15］莫谓无心云是道，无心犹隔一重关：出自唐代同安察禅师《十玄谈·心印》："问君心印作何颜，心印谁人敢授传？历劫坦然无异色，呼为心印早虚言。须知本自灵空性，将喻红炉火里莲。莫谓无心便是道，无心犹隔一重关。"南怀瑾《我说参同契》："'动静知宗主，无事更寻谁'，这一段吕纯阳所讲是最高的禅啦！不动心并不是道。禅宗也说'莫谓无心便是道，无心犹隔一重关'。真正修道的人，不但能出世，更要能入世，动静之中都是道。在静中不乱，在动中也不乱；静中也无事，动中也无事；出世是无事，入世也无事。日应万机，此心无事，在这个时候更寻谁？不要像禅宗参念佛是谁，不要找谁了，因为'动静知宗主'，不迷，不失根本。'真常须应物，应物要不迷'，一个修道的人，不是跑到深山茅棚里头，躲开了一切叫清净，而是要在人世做人处事之间，保持那个真如不动、恒常不变的那个道心，能够应物处世，自己不迷失本来清净的本性。"

［16］佛身充满于法界，普现一切群生前：出自《大方广佛华严经》卷六："佛身充满于法界，普现一切众生前，随缘赴感靡不周，而恒处此菩提座。"

［17］掉棒打月：禅林用语。即持棒欲打月，如同隔靴搔痒，无论如何亦达不到目的。于禅林中，转指以言语文字来捕捉佛法之真义，其间之差距不可以道里计，往往是徒劳无功而已。《无门关·序》："何况滞言句觅解会，掉棒打月，隔靴爬痒，有甚交涉？"掉：持，握。

［18］为人：指人的性格、脾气、身材等。此处指人的性格、脾气等。

【概要】

守端禅师（1025～1072年）宋代临济宗杨岐派僧。湖南衡阳人，俗姓周（本书作葛）。少工翰墨，不乐尘劳。二十岁依茶陵仁郁出家，后至诸方参学。于杨岐方会禅师处得悟，随侍多年，承其法嗣。二十八岁后由圆通居讷禅师推举，住于江西（今江西九江）承天禅院。后历住圆通崇胜禅院、安徽法华山证道禅院、龙门山乾明禅院、兴化禅院、白云山海会禅院等处，所至禅众云集。胆识过人，学者敬而畏之。宋神宗熙宁五年示寂，世寿四十八。嗣法弟子有法演等十二人，法演编有《白云守端禅师语录》二卷、《白云端和尚广录》四卷。

【参考文献】

《建中靖国续灯录》卷十四；《禅林僧宝传》卷二十八；《联灯会要》卷十五；

《释氏稽古略》卷四；《续传灯录》卷十三。

保宁仁勇禅师

金陵保宁仁勇禅师，四明竺氏子。容止渊秀，齠[1]为大僧，通天台教。

更衣，谒雪窦明觉禅师，觉意其可任大法，诮[2]之曰："央庠[3]座主。"师愤悱[4]下山，望雪窦拜曰："我此生行脚参禅，道不过雪窦，誓不归乡！"

即往泐潭，逾纪疑情未泮[5]。闻杨岐移云盖，能钤键[6]学者，直造其室，一语未及，顿明心印。岐殁，从同参白云端禅师游，研极玄奥。后出世两住保宁而终。

僧问："如何是佛？"师曰："近火先焦[7]。"曰："如何是道？"师曰："泥里有刺[8]。"曰："如何是道中人？"师曰："切忌踏着。"

问："先德道：'寒风凋败叶，犹喜故人归[9]。'未审谁是故人？"师曰："杨岐和尚迁化久矣。"曰："正当恁么时，更有甚么人为知音？"师曰："无眼村翁暗点头。"

问："如何是佛？"师曰："自屎不觉臭。"

问："如何是保宁境？"师曰："主山头倒卓。"曰："如何是境中人？"师曰："鼻孔无半边[10]。"

问："如何是尘中自在底人？"师曰："因行[11]不妨掉臂[12]。"

问："如何是佛？"师曰："铁锤无孔[13]。"曰："如何是佛法大意？"师曰："镬汤无冷处。"

问："灵山指月，曹溪话月，未审保宁门下如何？"师曰："嗄[14]！"曰："有花当面贴[15]。"师便喝。

问："摘叶寻枝即不问，如何是直截根源？"师曰："蚊子上铁牛。"曰："直截根源人已晓，中下之流如何指示？"师曰："石人脊背汗通流。"

上堂："山僧二十余年，挑囊负钵，向寰海之内参善知识十数余人，自家并无个见处，有若顽石相似。参底尊宿亦无长处可相利益。自此一生作个百无所解底人。幸自可怜生！忽然被业风吹到江宁府，无端被人上当，推向十字路头，住个破院，作粥饭主人，接待南北。事不获已[16]。

随分有盐有醋，粥足饭足。且恁过时，若是佛法，不曾梦见。”

上堂，侍者烧香罢，师指侍者曰：“侍者已为诸人说法了也。”

上堂：“看看，山僧入拔舌地狱[17]去也！”以手拽舌云：“阿啷阿啷！”

上堂：“相骂无好言，相打无好拳[18]。大众！直须恁么，始得一句句切害，一拳拳着实。忽然打着个无面目汉，也不妨畅快杀人。”

上堂：“满口是舌，都不能说。碧眼胡僧，当门齿缺。”

上堂：“秋风凉，松韵长。未归客，思故乡。且道谁是未归客？何处是故乡？”良久曰：“长连床上，有粥有饭。”

上堂：“天上无弥勒，地下无弥勒。打破太虚空，如何寻不得？”垂下一足曰：“大众向甚么处去也？”

上堂：“若说佛法供养大众，未免眉须堕落。若说世法供养大众，入地狱如箭射。去此二途，且道保宁今日当说甚么？三寸舌头无用处，一双空手不成拳。”

上堂：“古人底今人用，今人底古人为。古今无背面，今古几人知？啷呜咿！一九与二九，相逢不出手。”

上堂：“有手脚，无背面。明眼人，看不见。天左旋，地右转。”拍膝曰：“西风一阵来，落叶两三片。”

上堂：“风鸣条，雨破块，晓来枕上莺声碎。虾蟆蚯蚓一时鸣，妙德、空生[19]都不会。都不会，三个成群，四个作队。窈窈窕窕[20]，飘飘飖飖[21]。向南北东西，折得梨花李花，一佩两佩。”

上堂：“智不到处，切忌道着，道着则头角生。大众！头角生了也，是牛是马？”

上堂：“无漏真净，云何是中更容他物？”喝一喝，曰：“好人不肯做，须要屎里卧。”

上堂：“夜静月明，水清鱼现。金钩一掷，何处寻踪？”提起拄杖曰：“历细！历细！”

示众云：“有个汉，怪复丑，眼直鼻蓝馋，面南看北斗[22]。解使[23]日午金乌啼，夜半铁牛吼。天地旋，山河走。羽族毛群，失其所守。直得文殊、普贤出此没彼，七纵八横，千生万受。蓦然逢着个黄面瞿昙，不惜眉毛，再三与伊摩顶授记，云：‘善哉善哉！大作佛事，希有希有。’

于是乎自家懡懡㦬㦬[24]，藏头缩手。”召云：“大众！此话大行，何必更待三十年后？”

示众云：“大方无外，大圆无内。无内无外，圣凡普会。瓦砾生光，须弥粉碎。无量法门，百千三昧。”拈起拄杖云：“总在这里。会么？苏噜苏噜，唏哩唏哩娑诃。”

示众云：“释迦老子四十九年说法，不曾道着一字。优波鞠多[25]丈室盈筹，不曾度得一人。达磨不居少室，六祖不住曹溪，谁是后昆，谁为先觉？既然如是，彼自无疮，勿伤之也。”拍膝，顾众云：“且喜得天下太平。”

示众云：“真相无形，示形现相。千怪万状，自此而彰。喜则满面光生，怒则双眉陡竖。非凡非圣，或是或非，人不可量，天莫能测。直下构得，未称丈夫。唤不回头，且莫错怪。”

【注释】

［1］龆（tiáo）：垂髫换齿之时。指童年。龆：通“髫”。

［2］诮（qiào）：责备，嘲笑，讥刺。此处责备指明觉禅师对仁勇禅师使用激将法，并非真责备。

［3］央庠：斥责之语，目前各种工具书均未收录此词。鞠彩萍在《天中学刊》（2015年4月）发表《禅录俗语词“央庠”“丁一卓二”考》：“央庠，形容疲软无力的样子，引申指禅僧应机接机迟钝。”

［4］愤悱（fěi）：愤慨，怨恨。

［5］泮（pàn）：消除。

［6］钤（qián）键：本义为锁钥，引申作启发、启悟之义。

［7］近火先焦：离火近的先被烧焦。比喻不逃避灾祸或接近祸源的人先遭殃。

［8］泥里有刺：宝祐本作“泥里有刺”，与其他版本核对，改为“泥里有刺”。意谓软中有硬，绵里藏针。

［9］寒风凋败叶，犹喜故人归：方会禅师语。参见本章“杨岐方会禅师”注释。

［10］鼻孔无半边：正常人都是两个鼻孔，没有一个鼻孔的。佛家用以喻诫参禅悟道人不要偏执，要注意禅法知识完善，功果圆满。

［11］因行：因位修行。朝着目标（结果）而去的因位修行。

［12］掉臂：甩动手臂，不顾而去。形容不受诱惑，毫不犹豫走向自己的目标。

［13］铁锤无孔：参见本书“无孔铁锤”注释。

［14］嗄（á）：叹词，表示反诘或惊讶。一般是在学人提问时，禅师一声“嗄”，以截断对方妄想，不向外求。如本书第十一章“临济义玄禅师”条：“师曰：‘大善知识，岂无方便？’光瞪目曰：‘嗄！’”

［15］有花当面贴：比喻有话当面讲，有事情摆到桌面上来，公开说。

［16］事不获已：无可奈何，迫不得已。本是禅师说法时的习惯语，谓禅法本不立语言文字，如今宣说，只是情势所迫，开方便法门而已。但此处指禅师被任命为寺院住持是迫不得已。

［17］拔舌地狱：造作口业的人所堕落的地狱。《法苑珠林》曰：“言无慈爱，谗谤毁辱，恶口离乱，死即当堕拔舌烊铜犁耕地狱。”《往生要集》上本曰：“瑜伽四云：‘从其口中拔出其舌，以百铁钉而张之，令无皱褶，如张牛皮。’”

［18］相骂无好言，相打无好拳：相骂时没有好言好语，打架时不会手下留情。在打骂之中，由于感情用事，双方都会不顾一切，而言行过激，言无好话，手不留情。也说：“相骂没好口，相打没好手。”

［19］妙德、空生：妙德，文殊师利菩萨的译名。空生，须菩提的译名。

［20］窈窈窕窕：姿态美好貌。

［21］飘飘飖（yáo）飖（yáo）：形容举止轻盈、洒脱。

［22］眼直鼻蓝镵（chán），面南看北斗：旧校本标点为“眼直鼻蓝镵面，南看北斗”，有误。镵：尖锐锋利。《说文·金部》：“镵，锐。”

［23］解使：能使。宋陈亮《谪仙歌》：“歌其什，鬼神泣，解使青冢枯骨立。”

［24］懡㦬懡㦬：参见本书“懡㦬”注释。

［25］优波鞠多：即优婆鞠多。《传法正宗记》二曰：“一摩诃迦叶、二阿难尊者、三商那和修、四优婆鞠多……”优婆鞠多是禅宗西天二十八祖第四位。据《阿育王传》卷三载，佛陀曾于摩突罗国对阿难言：“我百年后，摩突罗国有鞠多长者之子名优波鞠多，教授禅法。弟子之中最为第一，虽无相好，化度如我。”优婆鞠多大弘法化，度众无数，化缘事毕，付法于提多迦，遂取灭度。参见本书第一章“四祖优波毱多尊者”注释。

【概要】

仁勇禅师，宋代临济宗杨岐派僧。浙江四明人，俗姓竺。生卒年不详。幼年出家，仪容超绝，聪慧逸伦。初习天台教典，能通前人旨意。往谒雪窦重显，重显讥之为“央痒座主”，仁勇愤悱而去。其后，往湖南潭州（今湖南长沙）云盖山，入杨岐方会门下，一语未及，即会禅旨。方会示寂后，与同参白云守端云游四方，研

讨玄奥。后任江苏金陵（今江苏南京）保宁寺住持，积极弘扬禅学。嗣法弟子有寿圣智渊、寿圣楚文、宝积宗映、景福日余等。着有《保宁仁勇禅师语录》一卷传世。

【参考文献】

《续灯录》卷十四；《联灯会要》卷十五；《嘉泰普灯录》卷四；阿部肇一著、关世谦译《中国禅宗史》第十六章。

潭州石霜守孙禅师

僧问："生也不道，死也不道，为甚么不道？"师曰："一言已出。"曰："从东过西，又作么生？"师曰："驷马难追。"曰："学人总不与么？"师曰："易开终始口，难保岁寒心[1]。"

【注释】

[1] 易开终始口，难保岁寒心：张口闭口说话容易，保持在恶劣环境下保持不变的品格则很难。

比部孙居士

比部孙居士，因杨岐会禅师来谒，值视断次，公曰："某为王事所牵，何由免离？"岐指曰："委悉得么？"公曰："望师点破。"岐曰："此是比部[1]弘愿深广，利济群生。"公曰："未审如何？"岐示以偈曰："应现宰官[2]身，广弘悲愿深。为人重指处，棒下血淋淋。"公于此有省。

【注释】

[1] 比部：古代官署名。隋、唐、宋属刑部。

[2] 宰官：本为周代冢宰的属官，后泛指官吏。

第三节　南岳下十三世

白云端禅师法嗣

五祖法演禅师

蕲州五祖法演禅师，绵州邓氏子。三十五始弃家，祝发受具。

往成都，习《唯识》《百法论》，因闻："菩萨入见道时，智与理冥，境与神会，不分能证、所证。西天外道尝难比丘曰：'既不分能证、所证，却以何为证？'无能对者。外道贬之，令不鸣钟鼓，反披袈裟。三藏奘法师至彼，救此义曰：'如人饮水，冷暖自知。'乃通其难。"师曰："冷暖则可知矣，作么生是自知底事？"遂质本讲曰："不知自知之理如何？"讲莫疏其问，但诱曰："汝欲明此，当往南方，扣传佛心宗者。"师即负笈出关。所见尊宿，无不以此咨决所疑，终不破。

洎谒圆照本禅师，古今因缘会尽，唯不会"僧问兴化：'四方八面来时如何？'化云：'打中间底。'僧作礼，化云："我昨日赴个村斋，中途遇一阵卒风暴雨，却向古庙里避得过。'请益本，本云：'此是临济下因缘，须是问他家儿孙始得。'"[1]师遂谒浮山远禅师，请益前话，远云："我有个譬喻，说似你。你一似个三家村里卖柴汉子，把个匾担向十字街头，立地问人：'中书堂[2]今日商量甚么事？'"师默计云："若如此大故未在。"远一日语师曰[3]："吾老矣，恐虚度子光阴，可往依白云。此老虽后生，吾未识面，但见其颂临济三顿棒话，有过人处。必能了子大事。"师潸然礼辞。

至白云，遂举"僧问南泉摩尼珠话"请问，云叱之，师领悟，献《投机偈》曰："山前一片闲田地，叉手叮咛问祖翁。几度卖来还自买，为怜松竹引清风。"云特印可，令掌磨事。未几，云至，语师曰："有数

禅客自庐山来，皆有悟入处。教伊说，亦说得有来由。举因缘，问伊亦明得。教伊下语亦下得。只是未在。”师于是大疑，私自计曰：“既悟了，说亦说得，明亦明得。如何却未在？”遂参究累日，忽然省悟，从前宝惜，一时放下。走见白云，云为手舞足蹈，师亦一笑而已。师后曰：“吾因兹出一身白汗，便明得下载清风。”

云一日示众曰：“古人道：‘如镜铸像。’像成后镜在甚么处？”众下语不契，举以问师。师近前问讯曰：“也不较多。”云笑曰：“须是道者始得。”乃命分座，开示方来。

初住四面，迁白云，晚居东山。

僧问：“携筇领众，祖令当行。坐断要津，师意如何？”师曰：“秋风吹渭水，落叶满长安[4]。”曰：“四面无门山岳秀，今朝且得主人归。”师曰：“你道路头在甚么处？”曰：“为甚么对面不相识？”师曰：“且喜到来。”

问：“祖意教意，是同是别？”师曰：“人贫智短，马瘦毛长[5]。”

问：“如何是白云为人亲切处？”师曰：“捩转鼻孔。”曰：“便恁么去时如何？”师曰：“不知痛痒汉。”

问：“达磨面壁，意旨如何？”师曰：“计较未成。”曰：“二祖立雪时如何？”师曰：“将错就错。”曰：“只如断臂安心，又作么生？”师曰：“炀帝开汴河[6]。”

问：“百尺竿头，如何进步？”师曰：“快走始得。”

问：“如何是临济下事？”师曰：“五逆闻雷[7]。”曰：“如何是云门下事？”师曰：“红旗闪烁[8]。”曰：“如何是曹洞下事？”师曰：“驰书不到家[9]。”曰：“如何是沩仰下事？”师曰：“断碑横古路[10]。”僧礼拜，师曰：“何不问法眼下事？”曰：“留与和尚。”师曰：“巡人犯夜[11]。”

问：“如何是白云一滴水？”师曰：“打碓[12]打磨。”曰：“饮者如何？”师曰：“教你无着面处。”

问：“天下人舌头，尽被白云坐断。白云舌头，甚么人坐断？”师曰：“东村王大翁。”师乃曰：“适来思量得一则因缘，而今早忘了也，却是拄杖子记得。”乃拈拄杖曰：“拄杖子也忘了。”遂卓一下，曰：“同坑无异土，咄！”

上堂：“幸然无一事，行脚要参禅。却被禅相恼，不透祖师关。如何是祖师关？把火入牛栏。”

上堂：“恁么恁么，虾跳不出斗。不恁么不恁么，弄巧成拙。软似铁，硬如泥，金刚眼睛十二两。衲僧手里秤头低，有价数，没商量。无鼻孔底，将甚么闻香？”

上堂：“难难几何[13]般，易易没巴鼻，好好催人老，默默从此得。过这四重关了，泗州人见大圣。参！”

上堂：“若要七纵八横[14]，见老和尚打鼓升堂。七十三，八十四，将拄杖蓦口便筑。然虽如是，拈却门前下马台，剪却五色索，方始得安乐。”

僧问：“承师有言：‘山前一片闲田地。’只如威音王已前，未审甚么人为主？”师曰：“问取写契书人。”曰：“和尚为甚倩人[15]来答？”师曰：“只为你教别人问。”曰：“与和尚平出去也。”师曰：“大远在。”

问：“如何是佛？”师曰：“口是祸门。”又曰：“肥从口入。”

问：“一代时教是个切脚，未审切那个字？”师曰：“钵啰娘。”曰：“学人只问一字，为甚么却答许多？”师曰：“七字八字。”

问：“如何是和尚家风？”师曰：“铁旗铁鼓。”曰：“只有这个，为复别有？”师曰：“采石渡头看！”曰：“忽遇客来，将何祇待？”师曰：“龙肝凤髓，且待别时。”曰：“客是主人相师[16]。”师曰：“谢供养。”

问：“如何是先照后用？”师曰：“王言如丝[17]。”曰：“如何是先用后照？”师曰：“其出如纶。”曰：“如何是照用同时？”师曰：“举起轩辕鉴，蚩尤[18]顿失威。”曰：“如何是照用不同时？”师曰：“金将火试。”

问：“佛未出世时如何？”师曰：“大憨[19]不如小憨。”曰：“出世后如何？”师曰：“小憨不如大憨。”

问：“牛头未见四祖时如何？”师曰：“头上戴累垂[20]。”曰：“见后如何？”师曰：“青布遮前。”曰：“未见时为甚么百鸟衔华献？”师曰：“富与贵是人之所欲。”曰：“见后为甚么不衔花献？”师曰：“贫与贱是人之所恶。”

问：“如何是佛？”师曰：“露胸跣[21]足。”曰：“如何是法？”师曰：“大赦不放。”曰：“如何是僧？”师曰：“钓鱼船上谢三郎。”

问：“四面无门山岳秀，个中时节若为分？”曰：“东君知子细，遍地发萌芽。”曰：“春去秋来，事宛然也。”师曰：“才方搓弹子，便要捏金刚。”

上堂：“古人道：‘我若向你道，即秃却[22]我舌。若不向你道，即哑却我口。’且道还有为人处也无？四面有时拟为你吞却，只被当门齿碍。拟为你吐却[23]，又为咽喉小。且道还有为人处也无？”乃曰：“四面自来柳下惠[24]。”

上堂：“结夏无可供养，作一家燕[25]，管顾诸人。”遂抬手曰：“啰逻招，啰逻摇，啰逻送。莫怪空疏，伏惟珍重！”

上堂：“白云不会说禅，三门开向两边。有人动着关捩，两片东扇西扇。”

上堂：“一向恁么去，路绝人稀。一向恁么来，孤负先圣。去此二途，祖佛不能近。设使与白云同生同死，亦未称平生。何也？凤凰不是凡间物，不得梧桐誓不栖。”

上堂：“千峰列翠，岸柳垂金；樵父讴歌，渔人鼓舞；笙簧[26]聒地[27]，鸟语呢喃；红粉佳人，风流公子，一一为汝诸人发上上机，开正法眼。若向这里荐得，金色头陀无容身处。若也不会，吃粥吃饭，许你七穿八穴。”

上堂：“此个物，上拄天，下拄地。皖口[28]作眼，皖山[29]作鼻。太平退身三步，放你诸人出气。”

上堂：“狗子还有佛性也无？也胜猫儿十万倍。”

上堂：“太平漉湑[30]汉，事事尽经遍。如是三十年，也有人赞叹。且道赞叹个甚么？好个漉湑汉！”

上堂：“汝等诸人，见老和尚鼓动唇吻，竖起拂子，便作胜解。及乎山禽聚集，牛动尾巴，却将作等闲。殊不知‘檐声不断前旬雨，电影[31]还连后夜雷’。”

谢监收[32]，上堂：“人之性命事，第一须是□。欲得成此□，先须防于□。若是真□人，□□。”

上堂：“有佛处不得住，换却你心肝五脏。无佛处急走过，雁过留声。三千里外，逢人不得错举。出门便错，恁么则不去也。种粟却生豆。摘杨华，摘杨华，不觉日又夜，争教人少年！”

上堂：“悟了同未悟，归家寻旧路。一字是一字，一句是一句。自小不脱空，两岁学移走。湛水生莲花，一年生一度。”

僧问：“如何是夺人不夺境？”师曰：“秋风吹渭水，落叶满长安。”曰：“如何是夺境不夺人？”师曰：“路上逢人半是僧[33]。”曰：“如何是人境两俱夺？”师曰：“高空有月千门照，大道无人独自行。”曰：“如何是人境俱不夺？”师曰：“少妇棹孤舟，歌声逐水流。”

小参，举：“德山云：‘今夜不答话，问话者三十棒。’”“众中举者甚多，会者不少。且道向甚处见德山？有不顾性命者，试出来道看。若无，山僧为大众与德山老人相见去也。待德山道：‘今夜不答话，问话者三十棒。’但向伊道：‘某甲话也不问，棒也不吃。’你道还契他德山老人么？到这里，须是个汉始得。况某甲十有余年，海上参寻，见数人尊宿，自为了当。及到浮山会里，直是开口不得。后到白云门下，咬破一个铁酸㾊[34]，直得百味具足。且道㾊子一句作么生道？”乃曰：“花发鸡冠媚早秋，谁人能染紫丝头？有时风动频相倚，似向阶前斗不休。”

上堂：“山僧昨日入城，见一棚傀儡[35]，不免近前看。或见端严奇特，或见丑陋不堪。动转行坐，青黄赤白，一一见了。子细看时，元来青布幔里有人。山僧忍俊不禁，乃问：‘长史高姓？’他道：‘老和尚看便了，问甚么姓？’大众！山僧被他一问，直得无言可对，无理可伸。还有人为山僧道得么？昨日那里落节，今日这里拔本。”

上堂：“说佛说法，拈槌竖拂，白云万里。德山入门便棒，临济入门便喝，白云万里。然后恁么也不得，不恁么也不得，恁么不恁么总不得，也则白云万里。忽有个汉出来道：‘长老你恁么道，也则白云万里。’这个说话，唤作矮子看戏，随人上下[36]。三十年后，一场好笑。且道笑个甚么？笑白云万里。”

示众云：“祖师道：‘吾本来兹土[37]，传法救迷情。一花开五叶，结果自然成。’达磨大师信脚来，信口道。后代儿孙，多成计较。要会开花结果处么？郑州梨，青州枣，万物无过出处好。”

示众云：“真如凡圣，皆是梦言。佛及众生，并为增语。”或有人出来道：‘盘山老瞕？’但向伊道：‘不因紫陌花开早，争得黄莺下柳条！’若更

问道：‘五祖老覃？’”自云[38]：“‘诺，惺惺著。’“

示众云：“十方诸佛、六代祖师、天下善知识，皆同这个舌头。若识得这个舌头，始解大脱空，便道山河大地是佛，草木丛林是佛。若也未识得这个舌头，只成小脱空，自谩去。明朝后日，大有事在。五祖恁么说话，还有实头处也无？”自云：“有。如何是实头处？归堂吃茶去。”

示众云：“每日起来，拄却临济棒，吹云门曲，应赵州拍，担仰山锹，驱沩山牛，耕白云田。七八年来，渐成家活[39]。更告诸公，每人出一只手，相共扶助，唱村田乐，粗羹淡饭，且恁么过。何也？但愿今年蚕麦熟，罗睺罗[40]儿与一文。”

示众，举：“德山和尚因僧问：‘从上诸圣，以何法示人？’山云：‘我宗无语句，亦无一法与人。’雪峰从此有省。后有僧问雪峰云：‘和尚见德山，得个甚么便休去？’峰云：‘我当时空手去，空手归。’”“白云今日说向透未过者，有个人从东京来，问伊：‘甚处来？’他却道：‘苏州来。’问伊：‘苏州事如何？’伊道：‘一切寻常。’虽然如是，谩白云不过。何故？只为语音各别。毕竟如何？苏州菱，邵伯藕。”

示众：“佛祖生冤家，悟道染泥土。无为无事人，声色如聋瞽。且道如何即是？恁么也不得，不恁么也不得，恁么不恁么总不得。忽有个出来道：‘恁么也得，不恁么也得，恁么不恁么总得。’只向伊道：‘我也知你向鬼窟里作活计。’”

小参，举：“陆亘大夫问南泉：‘弟子家中有一片石，也曾坐，也曾卧，拟镌作佛，得么？’云：‘得。’陆曰：‘莫不得么？’云：‘不得。’”“大众！夫为善知识，须明决择。为甚么他人道得也道得，他人道不得也道不得？还知南泉落处么？白云不惜眉毛，与汝注破。‘得’又是谁道来，‘不得’又是谁道来？汝若更不会，老僧今夜为汝作个样子。”乃举手云：“将三界二十八天作个佛头，金轮水际作个佛脚，四大洲作个佛身。虽然作此佛儿子了，汝诸人又却在那里安身立命？大众还会也未？老僧作第二个样子去也。将东弗于逮作一个佛，南赡部洲作一个佛，西瞿耶尼作一个佛，北郁单越作一个佛。草木丛林是佛，蠢动含灵是佛。既恁么，又唤甚么作众生？还会也未？不如东弗于逮还他东弗于逮，南赡部洲还他南赡部洲，西瞿耶尼还他西瞿耶尼，北郁单越还他北郁单越，草木丛林还他草木丛林，蠢动含灵还他蠢动含灵。所以道：‘是法住法位，世间相常住。’既恁么，汝又唤甚么作佛？还会么？忽有个汉出来道：‘白云休寐语。’大众记取这一转。”

三佛[41]侍师于一亭上夜话，及归灯已灭，师于暗中曰：“各人下一转语。”佛鉴曰：“彩凤舞丹霄。”佛眼曰：“铁蛇横古路。”佛果曰：“看脚下。”师曰：“灭吾宗者，乃克勤[42]尔。”

崇宁三年六月二十五日，上堂，辞众曰：“赵州和尚有末后句，你作么生会？试出来道看。若会得去，不妨自在快活。如或未然，这好事作么说？”良久曰：“说即说了，也只是诸人不知。要会么？富嫌千口少，贫恨一身多[43]。珍重！”时山门有土木之役，躬往督之，且曰：“汝等勉力，吾不复来矣。”归丈室净发澡身，迄旦，吉祥而化。是夕，山摧石陨，四十里内岩谷震吼。阇维，设利如雨，塔于东山之南。

【注释】

［1］唯不会“僧问兴化：‘四方八面来时如何？’化云：‘打中间底。’僧作礼，化云：“我昨日赴个村斋，中途遇一阵卒风暴雨，却向古庙里避得过。’请益本，本云：‘此是临济下因缘，须是问他家儿孙始得。’”：引号内一大段文字全是“会”的宾语。旧校本标点有误，在“唯不会”后加句号，致使整段宾语没有落脚的地方。

［2］中书堂：（唐、宋、元）政事堂别称。唐为宰相议事厅。北宋为宰相治事之所，即中书门下，省称中书。

［3］师默计云：“若如此大故未在。”远一日语师曰：“远”是禅师名，指上文浮山远禅师，旧校本在引号内作“若如此大故未在远”，有误。

［4］秋风吹渭水，落叶满长安：出自唐代贾岛《忆江上吴处士》：“闽国扬帆去，蟾蜍亏复圆。秋风吹渭水，落叶满长安。此地聚会夕，当时雷雨寒。兰桡殊未返，消息海云端。”渭水，在长安郊外（长安即今陕西省西安市）。这两句说：萧瑟秋风阵阵掠过渭水，长安城里落叶遍地。诗句紧扣别情，写出了深秋季节典型的时令特点。

［5］人贫智短，马瘦毛长：人要是穷了，就显得缺乏智慧；马要是瘦了，毛就显得长。比喻事物不是绝对平等的，而是相对变化的，环境情况改变了，其短处也就显露出来了。

［6］汴河：隋炀帝大业元年（605 年）开凿古运河。分东、西两段：西段起自

东都洛阳，西引谷水、洛水，东循阳渠故道由洛水入黄河；东段起自板渚（今河南荥阳北）。隋朝之后称其为“汴河”，是隋唐大运河的首期工程，也是现今保存最完好的一段。

［7］五逆闻雷：临济宗义玄禅师应机多用喝法，凡有僧问，不会得到明确的解答，而是被喝，如同棒雨喝雷。所谓“五逆闻雷”之喝，是指一喝之下，似头脑破裂，如五逆罪人为雷所劈。歇后语“五逆闻雷——头脑裂破”，又作“五逆闻雷——愁上添愁，五逆闻雷——心胆丧尽”。犯了五逆之罪的人听见雷声响，认为报应来到，所以十分恐惧，害怕受到严厉的惩治。

［8］红旗闪烁：有如红旗闪烁，目不暇接，眼花缭乱，不知究竟，非上根人难以悟入。

［9］驰书不到家：急速送信却始终到不了家。比喻曹洞宗教育学人直到本家，但是非上根之人总是收不到这封家信。

［10］断碑横古路：在觉悟的道路上，顿悟也只是一时智慧的闪光，所见到的佛性也只是古路上的断碑，虽然可以识辨一些文字，但还有很多文字看不见。成佛的道路还很遥远，仍旧需要传统的方法去渐修。

［11］巡人犯夜：禅林用语。巡人，即夜巡。原意谓夜巡者本应警戒火灾盗难，然自己却成为盗贼；后引申为接引学人时，丝丝紧扣，咄咄逼近，而丝毫不放松。在禅林中，此语用以评法眼宗之宗风。法眼宗为我国禅宗五家七宗之一，系由法眼文益、天台德韶等次第相传之法系。法眼得法后，住于升州（江苏江宁）清凉院大扬禅风，门下禅者辈出，乃以浙江、福建为中心，展开法眼一宗之教法。其宗风，于接引学人时，以拈弄公案为特色之一；于教学上，则与净土思想相融合。《人天眼目》卷四详论其宗风：“法眼宗者，箭锋相拄，句意合机，始则行行如也，终则激发，渐服人心，削除情解，调机顺物，斥滞磨昏。（中略）法眼家风，对病施药，相身裁缝，随其器量，扫除情解。”（摘自《佛光大辞典》）

［12］打碓（duì）：碓米，舂米。

［13］几何：若干，多少。

［14］七纵八横：形容领悟禅法明白彻底，运用自在通畅无碍。

［15］倩（qìng）人：请人，请托别人。倩：请，借助。

［16］客是主人相师：旧校本标点有误。未弄清这句话的含义，其标点为“客是主，人相师”。“客是主人相师”又作“客是主人相”。相师，指古代以相术为业的人。此语或源于唐代的卢肇《嘲游使君》：“莫道世人无袁许，客子由来是相师。”诗中的袁许，乃指汉代的许负和唐代的袁天罡，二人皆精相人之术。此语字面的意思是，主人之富贵贫贱、好恶习惯等情况，可以从经常与他交往的客人身上

看得出来，从这个角度来看，客人就是主人的相师，或者说，客人就是主人的脸面。宗门中指，凡入明眼宗师之门庭者，必无庸闲之辈；凡超绝之士频频出入之处，必是龙窟。永嘉云：“旃檀林，无杂树，郁密森沉师子住。境静林闲独自游，走兽飞禽皆远去。”（摘自兀斋《禅宗语汇摸象》，发于河北省佛协《禅》刊）

［17］王言如丝：与后文“其出如纶”连成一句。指当权者的话语虽细微如丝，但一旦成为政令，威力就十分巨大。《礼记·缁衣》：“王言如丝，其出如纶。”孔颖达疏：“王言初出微细如丝，及其出行于外，言更渐大如纶也。”君王所言，只不过如丝之细，传到臣民耳里，却会成绶带那么粗大。所以说，君王的一言一行影响至巨，能不慎乎！

［18］蚩（chī）尤：传说中的古代九黎族首领。以金作兵器，与黄帝战于涿鹿，失败被杀。

［19］憨：傻气，痴呆。

［20］累垂：连贯成串下垂貌。累，通“缧”。

［21］跣（xiǎn）：赤脚，光着脚。

［22］秃却：截去。却，副词。

［23］只被当门齿碍。拟为你吐却：旧校本标点有误，“拟”在前句后作“只被当门齿碍拟”，令人费解。

［24］柳下惠：春秋鲁大夫展获，字季，又字禽，曾为士师官，食邑柳下，谥惠，故称其为展禽、柳下季、柳士师、柳下惠等。以柳下惠之名最为著称。相传他与一女子共坐一夜，不曾淫乱。后用以借指有操行的男子。

［25］家燕：家宴。燕：通“宴”。

［26］笙簧：泛指管乐吹奏。笙，管乐器名；簧，笙管底下的铜片，大者十九簧，小者十三簧，笙借簧以发音。据传为女娲所造。宋代晏殊《燕归梁·双燕归飞》：“云衫侍女，频传寿酒，加意动笙簧。”

［27］聒（guō）地：声音动地。

［28］皖口：地名。亦名南皖口，在今安徽怀宁县东六十里山口乡，当皖河入长江之口。

［29］皖山：山名。即潜山，今安徽潜山县西北天柱山。

［30］淈（gǔ）湷：生僻的词语，查阅各种书均未见解释。但从佛教典籍中发现这个“淈湷”出现频率并不低，可从下面两处典型的语境来分析它的含义。《古尊宿语录》卷二十七：“长老不要淈湷！好好分明说。山僧向道，汝自不分明，何处是淈湷？大众！会得此意么？山僧见伊不晓，也不奈何！”《禅宗颂古联珠通集》卷九：“即心是佛，颟顸淈湷。菽麦不分，光阴飘忽。三杯两盌背爷娘，百怪千妖

同一窟"。《古尊宿语录》所引说明"淈淯"是"不分明"，即不清楚，有糊涂之意。《禅宗颂古联珠通集》说"颟顸淈淯"，把"颟顸"与"淈淯"连在一起，更说明"淈淯"有糊涂之意。因为"颟顸"就是糊涂马虎的意思。从整体出现频率来看，"淈淯"一般都是斥责语，所以这里"淈淯汉"，可以理解为"糊涂汉"。

［31］电影：天空闪电之光。常喻迅疾之禅机。此外，还以电喻法之无常迅速，以影譬无实体。《无量寿经》下曰："知法如电影，究竟菩萨道。"

［32］谢监收：辞去监收职务。旧校本标点有误，"谢监收"当作了上文开示的结束语，进入了上面的引号之内。而实际上这是叙述语言，是另外一次上堂开示的说明。说明这次上堂开示，是禅师辞去监收这个职务之后的讲话。监收，即管理寺院所有地之收入及租税等杂务之职称。《敕修百丈清规》卷下"诸庄监收"条："古规初无庄主监收，近代方立此名，此名一立，其弊百出，为住持私任匪人者有之，因利曲徇者有之，为勤旧执事人连年占充者有之，托势求充者有之，树党分充者有之，角力争充者有之，蠹公害私不可枚举，虽欲匡救，末如之何!"

［33］路上逢人半是僧：出自宋代谢泌《长乐集总序》："潮田种滔重收谷，山路逢人半是僧。城里三山千簇寺，夜间七塔万枝灯。"

［34］铁酸豏（xiàn）：即铁酸馅。指面饼、馒头中又硬又酸的馅子（难以咬嚼、吞咽和消化），比喻超越言句义理、极难参究的公案、机语。《圆悟语录》卷一四"示隆知藏"条："五祖老师……把个没滋味铁酸馅，劈头拈似学者令咬嚼。须待渠桶底子脱，丧却如许恶知恶见，胸次不挂丝毫，透得净尽，始可下手锻炼，方禁得拳踢。""豏"字亦写作"馦""馅"。（摘自《禅宗大词典》）旧校本注释"豏"为"半生豆"，有误。

［35］傀（kuǐ）儡（lěi）：木偶。参见本书第十四章"临济义玄禅师"条"但看棚头弄傀儡，抽牵全藉里头人"之注释。

［36］矮子看戏，随人上下：矮子在人群里看戏，什么也看不见，只能跟着人随声附和。比喻缺乏见识，随声附和。

［37］祖师道：'吾本来兹土：旧校本标点有误，"道吾"当成人名下划线，致使本处无法理解。

［38］自云：旧校本标点有误，"自云"是叙述语言，不能进入引号内当成禅师语。

［39］家活：家业、家私。多喻禅法道业。

［40］罗睺罗：参见本书第一章"十六祖罗睺罗多尊者"注释。

［41］三佛：指佛鉴慧懃、佛眼清远、佛果克勤。

［42］克勤：参见本章"昭觉克勤禅师"。与佛鉴慧懃、佛眼清远被誉为丛林

三杰，世称“演门之二勤一远”，或称“演门三佛”。

［43］富嫌千口少，贫恨一身多：指富人家有千口人也嫌少，穷人家自身一人还恨多。指富可养众，贫难保身。意谓随着客观环境的改变，主观看法也随之改变；亦指情况不同，处理的方法也不同。此处禅师用于临终告别之语，则另有用意。

【概要】

法演禅师（？~1104 年），北宋临济宗杨岐派僧。绵州巴西（四川绵阳）人，俗姓邓。三十五岁出家受具足戒，游学成都，习《百法》《唯识》诸论，究其奥义。一日，于教门生疑惑，欲身证体解，乃负笈南渡淮浙，遍咨所见尊宿，所疑终不破。又谒圆照宗本，咨询古今公案。复参浮山法远，后投白云守端禅师，参究精勤，遂廓然彻悟，受印可，寻依命分座，开示来众。初住四面山，后还迁白云山，晚年曾住太平山，更迁蕲州（今湖北蕲春）五祖山东禅寺。随机答问，因事举扬，不假尖新，自然奇特，龙象盈门，极一时之盛。徽宗崇宁三年六月二十五日上堂辞众，净发澡身而示寂，世寿八十余。世称“五祖法演”。著有《法演禅师语录》三卷行世。法嗣颇多，以佛眼清远、佛果克勤、佛鉴慧懃最著，有“法演下三佛”之称。

【参考文献】

《法演禅师语录》序；《联灯会要》卷十六；《释氏稽古略》卷四；《佛祖通载》卷十九；《建中靖国续灯录》卷二十；忽滑谷快天《禅学思想史》卷下。

云盖智本禅师

潭州云盖山智本禅师，瑞州郭氏子。

开堂日，僧问：“诸佛出世，天雨四花。和尚出世，有何祥瑞？”师曰：“千闻不如一见。”曰：“见后如何？”师曰：“瞎。”

问：“如何是清净法身？”师曰：“家无小使，不成君子[1]。”

问：“将心觅心，如何觅得？”师曰：“波斯学汉语。”

问：“如何是学人出身处？”师曰：“雪峰元是岭南人。”

问：“素面相呈时如何？”师曰：“一场丑拙。”

问：“人人尽有一面古镜，如何是学人古镜？”师曰：“打破来，向你道。”曰：“打破了也。”师曰：“胡地冬抽笋。”

问：“古人道：‘说取行不得底，行取说不得底。’未审行不得底作么

生说？”师曰：“口在脚下。”曰：“说不得底作么生行？”师曰：“踏着舌头。”

问：“知师久蕴囊中宝，今日当场略借看。”师曰：“适来恰被人借去。”

上堂：“去者鼻孔辽天，来者脚踏实地。且道祖师意向甚么处着？”良久曰：“长恨春归无觅处，不知流入此中来。”

上堂：“高台巴鼻，开口便是。若也便是，有甚巴鼻？月冷风高，水清山翠。”

上堂：“以楔出楔，有甚休歇？欲得休歇，以楔出楔。”喝一喝。

上堂，高声唤侍者，侍者应诺。师曰：“大众集也未？”侍者曰：“大众已集。”师曰：“那一个为甚么不来赴参？”侍者无语。师曰：“到即不点。”

上堂：“满口道不出，句句甚分明。满目觑不见，山山叠乱青。鼓声犹不会，何况是钟鸣！”喝一喝。

上堂：“祖翁卓卓荦荦[2]，儿孙龌龌龊龊[3]。有处藏头，没处露角。借问衲僧，如何摸索？”

上堂，横按拄杖曰：“牙如刀剑面如铁，眼放电光光不歇。手把蒺藜一万斤，等闲敲落天边月。”卓一下。

僧问：“如何是咬人师子？”师曰：“五老峰前。”曰：“这个岂会咬人？”师曰：“今日拾得性命。”

上堂：“头戴须弥山，脚踏四大海。呼吸起风雷，动用生五彩。若能识得渠，一任岁月改。且道谁人识得渠？”喝一喝，云：“田厍奴[4]。”

【注释】

［1］家无小使，不成君子：小使，原指宫中的使役人员，泛指家中的佣人。家中没有佣人，说明地位不高，算不上上层人家。

［2］卓卓荦（luò）荦：即卓荦。超绝出众。《后汉书·班固传》：“卓荦乎方州，羡溢乎要荒。”李贤注：“卓荦，殊绝也。”

［3］龌（wò）龌龊（chuò）龊：即龌龊。器量局促，狭小。张衡《西京赋》：“独俭啬以龌龊，忘蟋蟀之谓何。”薛综注：“《汉书》注曰：龌龊，小节也。”

［4］田厍（shè）奴：参见本书“田厍奴”注释。

琅邪永起禅师

滁州琅邪永起禅师，襄阳人也。

僧问："庵内人为甚么不见庵外事？"师曰："东家点灯，西家暗坐。"曰："如何是庵内事？"师曰："眼在甚么处？"曰："三门头合掌。"师曰："有甚交涉？"乃曰："五更残月落，天晓白云飞。分明目前事，不是目前机。既是目前事，为甚么不是目前机？"良久曰："此去西天路，迢迢十万余。"

上堂，良久，拊掌一下，曰："阿呵呵！阿呵呵！还会么？法法本来法。"遂拈拄杖，曰："这个是山僧拄杖，那个是本来法？还定当得么？"卓一下。

英州保福殊禅师

僧问："诸佛未出世时如何？"师曰："山河大地。"曰："出世后如何？"师曰："大地山河。"曰："恁么则一般也。"师曰："敲砖打瓦[1]。"

问："如何是和尚家风？"师曰："碗大碗小。"曰："客来将何祇待？"师曰："一杓两杓。"曰："未饱者，作么生？"师曰："少吃少吃。"

问："如何是大道？"师曰："闹市里。"曰："如何是道中人？"师曰："一任人看。"

问："如何是禅？"师曰："秋风临古渡，落日不堪闻。"曰："不问这个蝉[2]。"师曰："你问那个禅？"曰："祖师禅。"师曰："南华塔外松阴里，饮露吟风又更多。"

问："如何是真正路？"师曰："出门看堠子[3]。"乃曰："释迦何处灭俱尸？弥勒几曾在兜率？西觅普贤好惭愧，北讨文殊生受屈。坐压毗卢额汗流，行筑观音鼻血出。回头摸着个匾担，却道好个木牙笏。"喝一喝，下座。

【注释】

[1] 敲砖打瓦：参见本书"敲砖打瓦"注释。

[2] 蝉：其他版本作"禅"，宝祐本作"蝉"。此处针对上文所答"秋风临古渡，落日不堪闻"，当为描写蝉鸣，故作"蝉"无错。禅师以眼前景告诉学人，真

正的禅的不离当前一切法。

［3］堠（hòu）子：古时筑在路旁用以分界或计里数的土坛。每五里筑单堠，十里筑双堠。宋代陈师道《后山诗话》：“吴僧《钱塘白塔院诗》曰：‘到江·吴地尽，隔岸越山多。’余谓分界堠子语也。”

袁州崇胜院珙禅师

上堂，举“石巩张弓架箭接机”公案，颂曰：“三十年来握箭弓，三平才到擘开胸。半个圣人终不得，大颠弦外几时逢！”

提刑郭祥正居士

提刑郭祥正，字功甫，号净空居士。志乐泉石，不羡纷华。

因谒白云，云上堂曰：“夜来枕上作得个山颂，谢功甫大儒！庐山二十年之旧，今日远访白云之勤，当须举与大众，请已后分明举似诸方。此颂岂唯谢功甫大儒？直要与天下有鼻孔衲僧脱却着肉汗衫。莫言不道！”乃曰：“上大人，丘乙己。化三千，七十士。尔小生，八九子。佳作仁，可知礼也！”公切疑。后闻小儿诵之，忽有省，以书报云，云以偈答曰：“藏身不用缩头，敛迹何须收脚？金乌半夜辽天，玉兔赶他不着。”

元祐中，往衢之南禅，谒泉万卷，请升座。公趋前拈香曰：“海边枯木，入手成香。爇向炉中，横穿香积如来鼻孔[1]。作此大事，须是对众白过始得。云居老人有个无缝布衫，分付南禅，禅师着得不长不短。进前则诸佛让位，退步则海水澄波。今日嚬呻，六种震动。”遂召曰：“大众！还委悉么？有意气时添意气，不风流处也风流。”泉曰：“递相钝置。”公曰：“因谁致得？”

崇宁初，到五祖，命祖升座。公趋前拈香曰：“此一瓣香，爇向炉中，供养我堂头法兄禅师！伏愿于方广座上，擘开面门，放出先师形相，与他诸人描邈。何以如此？白云岩畔旧相逢，往日今朝事不同。夜静水寒鱼不食，一炉香散白莲峰。”祖遂云：“曩谟萨怛哆钵啰野。恁么恁么，几度白云溪上望，黄梅花向雪中开[2]。不恁么不恁么[3]，嫩柳垂金线，且要应时来。不见庞居士问马大师云：‘不与万法为侣者，是甚么人？’大师云：‘待汝一口吸尽西江水，即向汝道。’大众！一口吸尽西江水，万丈深潭穷到底。掠彴[4]不是赵州桥，明月清风安可比？”

后又到保宁，亦请升座。公拈香曰：“法鼓既鸣，宝香初爇。杨岐顶𩕳[5]门，请师重著楔[6]。”保宁卓拄杖一下，曰：“著楔已竟，大众证明。”又卓一下，便下座。

又到云居，请佛印升座。公拈香曰：“觉地相逢一何早，鹘臭布衫今脱了。要识云居一句玄，珍重后园驴吃草。”召大众曰：“此一瓣香，熏天炙地去也。”印曰：“今日不着便，被这汉当面涂糊。”便打，乃曰：“谢公千里来相访，共话东山竹径深。借与一龙骑出洞，若逢天旱便为霖。”掷拄杖，下座。公拜起，印曰：“收得龙么？”公曰：“已在这里。”印曰：“作么生骑？”公摆手作舞便行，印拊掌曰：“只有这汉犹较些子。”

【注释】

［1］横穿香积如来鼻孔：旧校本标点有误。“香积如来”是佛名，旧校本中间加句号，标点为“横穿香积。如来鼻孔”，失误大。丁福保《佛学大辞典》：“香积：众香世界之佛名。《玄应音义》三曰：‘香积，梵言干陀罗耶。’《维摩诘所说经·香积佛品》曰：‘上方界分，过四十二恒河沙佛土，有国名众香，佛号香积，今现在。其国香气，比于十方诸佛世界人天之香，最为第一……其界一切皆以香作楼阁，经行香地，苑园皆香。’云云。”

［2］恁么恁么，几度白云溪上望，黄梅花向雪中开：旧校本标点有误。“几度”不属于上句，其标点为“恁么恁么几度”有误。

［3］不恁么不恁么：旧校本标点有误。“不恁么不恁么”不属于上句，而是下句的开始，故“不恁么不恁么”前面不是句号。

［4］掠彴（zhuó）：独木桥。《景德传灯录》卷十“赵州从谂”条：“僧问：‘久向赵州石桥，到来只见掠彴。’师云：‘汝只见掠彴，不见赵州桥。’僧云：‘如何是赵州桥？’师云：‘过来。’”亦作“略彴”。

［5］𩕳（nǐng）：头顶。

［6］著楔：根据孔隙大小插进楔子。此处比喻根据不同众生根性来设法度人。禅门有语“见孔着楔”，即观察木孔大小打入合适的木楔。比喻按来机之不同，采取相应之施设。楔：指楔子。一端平厚一端扁锐的竹，木片，多用以插入榫缝或空隙中，起固定或堵塞作用。

【概要】

郭祥正（1035～1113年），北宋诗人。字功父（功甫、公甫），号谢公山人、

醉吟先生、漳南浪士、净空居士，太平州当涂（今属安徽）人。少即有诗名，诗风豪迈，见称于欧阳修、梅尧臣。皇佑五年（1053 年），进士及第。熙宁中，知武冈县，签书保信军节度判官，后以殿中丞致仕，居于姑孰。所居有醉吟庵，东坡过而题诗，画竹石于壁。久之复出，通判汀州、知漳州。后复家于当涂青山，约卒于政和中。祥正结交多名士，诗风豪迈，颇有李白之风格。著有《青山集》三十卷，今有点校本《郭祥正集》（黄山书社）。

【参考文献】

《续传灯录》卷二十；《嘉泰普灯录》卷二十三；《居士分灯录》卷下。

保宁勇禅师法嗣

郢州月掌山寿圣智渊禅师

僧问："祖意西来即不问，如何是一色？"师曰："目前无阇黎，此间无老僧。"曰："既不如是，如何晓会？"师曰："领取钩头意，莫认定盘星。"乃曰："凡有问答，一似击石迸火，流出无尽法财。三草二木，普沾其润。放行也，云生谷口，雾罩长空。把定也，碧眼胡僧，亦须罔措。寿圣如斯举唱，犹是化门，要且未有衲僧巴鼻。敢问诸人，作么生是衲僧巴鼻？"良久曰："布针开两眼，君向那头看？"

安吉州乌镇寿圣院楚文禅师

上堂，拈拄杖曰："华藏木楖栗，等闲乱拈出。不是不惜手，山家无固必[1]。点山山动摇，搅水水波溢。忽然把定时，事事执法律[2]。要横不得横，要屈不得屈。"蓦召大众曰："莫谓棒头有眼明如日，上面光生尽是漆。"随声敲一下。

上堂："一叉一拔，着骨连皮。一搦一抬，粘手缀脚。电光石火，头垂尾垂。劈箭追风，半生半死。撞着磕着，讨甚眉毛？明头暗头，是何眼目？总不恁么，正在半途。设使全机，未至涯岸[3]。直饶净裸裸，赤洒洒，没可把，尚有廉纤[4]。山僧恁么道，且道口好作甚么？"良久曰："嘻！留取吃饭。"

【注释】

［1］无固必：此指无一定之规。语出《论语·子罕》："毋必，毋固。"本指固执坚持，不可变通。后引申为一定，必然。

［2］法律：指佛教教团内之规制、戒律及清规，或其他有关之规定。《僧羯磨》卷下："寻究修多罗毗尼法律，与共相应而不违背。"

［3］涯岸：水边高岸，泛指边际。

［4］廉纤：参见本书"廉纤"注释。

信州灵鹫山宝积宗映禅师

开堂日，乃横按拄杖曰："大众！到这里无亲无疏，自然不孤。无内无外，纵横自在。自在不孤，清净毗卢。释迦举令，弥勒分疏。观根逗教，更相回互。看取宝积拄杖子，黑漆光生，两头相副。阿呵呵，是何言欤？"良久曰："世事但将公道断，人心难与月轮齐。"卓一下，下座。

隆兴府景福日余禅师

僧问："如何是道？"师曰："天共白云晓，水和明月流。"曰："如何是道中人？"师曰："先行不到，末后太过。"又僧出众画一圆相，师以手画一画，僧作舞归众。师曰："家有白泽[1]之图，必无如是妖怪。"乃拈拄杖曰："无量诸佛向此转大法轮，今古祖师向此演大法义。若信得及，法法本自圆成，念念悉皆具足。若信不及，山僧今日，因行不妨掉臂，便为重说偈言。"卓一下，下座。

【注释】

［1］白泽：传说中神兽名。黄帝巡狩至海滨得之，能言，达于万物之情，帝令以图写之，传示天下。从很早开始，就被当作驱鬼的神兽和祥瑞来供奉，最早记载于葛洪的《抱朴子》中。后世因为白泽能够趋吉避凶，常将它的形貌使用在物品之上。在禅宗语录中，也常见有"家有白泽图，妖怪自消除""不悬肘后符，何贴白泽图""家无白泽图，有如此妖怪"一类的语录。人们将画有白泽的图画挂在墙上，或是贴在大门上用来辟邪驱鬼。当时还有做"白泽枕"的习俗，即做成白泽形象的枕头用于寝卧，其用意也是为了辟邪驱鬼。在军队的舆服装备中，"白泽旗"

也是常见的旗号。人们甚至以“白泽”来为自己命名，出现了许多叫“白泽”的人。

安吉州上方日益禅师

开堂日，上首白槌罢，师曰：“白槌前观，一又不成；白槌后观，二又不是。到这里，任是铁眼铜睛，也须百杂碎。莫有不避危亡底衲僧，试出来看。”时有两僧齐出，师曰：“一箭落双雕。”僧曰：“某甲话犹未问，何得着忙？”师曰：“莫是新罗僧么？”僧拟议，师曰：“撞露柱汉。”便打。

问：“如何是未出世边事？”师曰：“井底虾蟆吞却月。”曰：“如何是出世边事？”师曰：“鹭鸶踏折枯芦枝。”曰：“去此二途，如何是和尚为人处？”师曰：“十成好个金刚钻，摊向街头卖与谁？”

问：“如何是多年水牯牛？”师曰：“齿疏眼暗。”

问：“闹市相逢事若何？”师曰：“东行买贱，西行卖贵。”曰：“忽若不作贵不作贱，又作么生？”师曰：“镇州萝卜。”

问：“一切含灵具有佛性。既有佛性，为甚么却撞入驴胎马腹？”师曰：“知而故犯。”曰：“未审向甚么处忏悔？”师打曰：“且作死马医。”

问：“觌面相呈时如何？”师曰：“左眼半斤，右眼八两。”僧提起坐具，曰：“这个聻？”师曰：“不劳拈出。”乃左右顾视曰：“黄面老[1]周行七步，脚跟下正好一锥。碧眼胡[2]兀坐[3]九年，顶门上可惜一劄。当时若有个为众竭力底衲僧，下得这毒手，也免得拈花微笑，空破面颜；立雪齐腰，翻成辙迹。自此将错就错，相篓打篓。遂有五叶芬芳，千灯续焰。向曲录[4]木上唱二作三，于榔栗杖头指南为北。直得进前退后，有问法问心之徒；倚门傍墙，有觅佛觅祖底汉。庭前指柏，便唤作祖意西来；日里看山，更错认学人自己。殊不知此一大事，本自灵明。尽未来际，未尝间断。不假修证，岂在思惟？虽鹙子[5]有所不知，非满慈[6]之所能辩。不见马祖一喝，百丈三日耳聋；宝寿令行，镇州一城眼瞎。大机大用，如迅雷不可停；一唱一提，似断崖不可履[7]。正当恁么时，三世诸佛只可傍观，六代祖师证明有分。大众！且道今日还有证明底么？”良久曰：“劄。”

上堂：“拾得般柴，寒山烧火，唯有丰干，岩中冷坐。且道丰干有甚么长处?”良久曰：“家无小使，不成君子[8]。”

【注释】

［1］黄面老：同“黄面老子”。指释迦牟尼佛，因佛金色相，故谓黄面。老子：老汉。此类称呼不含敬意，带有禅家语言特色。亦作“黄面瞿昙”“黄面比丘”等。

［2］碧眼胡：同“碧眼胡僧”。原指绿眼之异国僧人。于禅林，则专称初祖达磨大师。略称碧眼、碧眼胡。

［3］兀坐：独自端坐。唐代戴叔伦《晖上人独坐亭》：“萧条心境外，兀坐独参禅。”

［4］曲录：参见本书“曲录禅床”的注释。

［5］鹙（qiū）子：即舍利弗，译为鹙鹭子、鸲鹆子、鸲鹆子。梵汉并译，则称舍利子、舍梨子。其母为摩揭陀国王舍城婆罗门论师摩陀罗之女，以眼似舍利鸟，乃名舍利。故“舍利弗”一词之语意即“舍利之子”之谓。佛陀十大弟子之一。有“智慧第一”之称。丁福保《佛学大辞典》：“鹙子：又作鹙鹭子。舍利弗之译名也。作鹫子者非。”

［6］满慈：又曰满愿子，满祝子。富楼那尊者之翻名。佛十大弟子之一，以说法第一著称。参见本书“富楼那”注释。

［7］大机大用，如迅雷不可停；一唱一提，似断崖不可履：旧校本标点有误。“大机大用”后有一“好”字，应是“如”的形讹，校对失误。但“如”字属下句。整段话是骈语，组成对偶句。

［8］家无小使，不成君子：参见本章本注释。

第四节　南岳下十四世

五祖演禅师法嗣

昭觉克勤禅师

成都府昭觉寺克勤佛果禅师，彭州骆氏子。世宗儒。师儿时日记

千言，

偶游妙寂寺，见佛书，三复怅然，如获旧物，曰：“予殆过去沙门也。”即去家，依自省祝发，从文照通讲说，又从敏行授《楞严》。

俄得病，濒死，叹曰：“诸佛涅槃正路不在文句中，吾欲以声求色见，宜其无以死也。”遂弃去。

至真觉胜禅师之席，胜方创臂出血，指示师曰：“此曹溪一滴也。”师矍然，良久曰：“道固如是乎？”即徒步出蜀。

首谒玉泉皓，次依金銮信、大沩喆、黄龙心、东林度，佥指为法器，而晦堂称：“他日临济一派属子矣！”最后见五祖，尽其机用，祖皆不诺。乃谓祖“强移换人”，出不逊语，忿然而去。祖曰：“待你著一顿热病打时，方思量我在。”

师到金山，染伤寒困极，以平日见处试之，无得力者。追绎[1]五祖之言，乃自誓曰：“我病稍间，即归五祖。”

病痊寻归，祖一见而喜，令即参堂，便入侍者寮。

方半月，会部使者解印还蜀，诣祖问道。祖曰：“提刑少年曾读小艳诗否[2]？有两句颇相近：‘频呼小玉元无事，只要檀郎[3]认得声。’”提刑应：“喏喏。”祖曰：“且子细。”

师适归侍立次，问曰：“闻和尚举小艳诗，提刑会否？”祖曰：“他只认得声。”师曰：“只要檀郎认得声。他既认得声，为甚么却不是？”祖曰：“如何是祖师西来意？庭前柏树子聻！”师忽有省。遽出，见鸡飞上栏干，鼓翅而鸣，复自谓曰：“此岂不是声？”遂袖香入室，通所得，呈偈曰：“金鸭香销锦绣帏，笙歌丛里醉扶归。少年一段风流事，只许佳人独自知。”祖曰：“佛祖大事，非小根劣器所能造诣，吾助汝喜！”祖遍谓山中耆旧曰：“我侍者参得禅也。”由此，所至推为上首。

崇宁中还里省亲，四众迓拜。成都帅翰林郭公知章请开法六祖，更昭觉。

政和间谢事[4]，复出峡南游。时张无尽寓荆南，以道学自居，少见推许。师舣舟[5]谒之，剧谈[6]《华严》旨要。曰：“华严现量境界，理事全真，初无假法。所以，即一而万，了万为一。一复一，万复万，浩然莫穷。心佛众生，三无差别。卷舒自在，无碍圆融。此虽极则，终是无风匝匝[7]之波。”公于是不觉促榻[8]。师遂问曰：“到此与祖师西来意，为同为别？”公曰：“同矣。”师曰：“且得没交涉。”公色为之愠。师曰：“不见云门道：‘山河大地，无丝毫过患，犹是转句。直得不见一色，始是半提。更须知有向上全提时节。’彼德山、临济岂非全提乎？”公乃首肯。翌日，复举“事法界、理法界，至理事无碍法界”，师又问：“此可说禅乎？”公曰：“正好说禅也。”师笑曰：“不然！正是法界量里在，盖法界量未灭。若到事事无碍法界，法界量灭，始好说禅。如何是佛？干屎橛。如何是佛？麻三斤。是故真净偈曰：‘事事无碍，如意自在。手把猪头，口诵净戒。趁出淫坊，未还酒债。十字街头，解开布袋。’”公曰：“美哉之论，岂易得闻乎！”于是，以师礼留居碧岩，复徙道林。

枢密邓公子常奏赐紫服师号，诏住金陵蒋山。学者无地以容。敕补天宁万寿。上召见，褒宠甚渥。

建炎初，又迁金山，适驾幸维扬，入对，赐“圆悟禅师”，改云居。久之，复领昭觉。

僧问：“云门道，须弥山，意旨如何？”师曰：“推不向前，约不退后。”曰：“未审还有过也无？”师曰：“坐却舌头。”

问：“法不孤起，仗境方生。”提坐具曰：“这个是境，那个是法？”师曰：“却被阇黎夺却铃[9]。”

问：“古人道：‘榔栗横担不顾人[10]，直入千峰万峰去。’未审那里是他住处？”师曰：“腾蛇缠足，露布绕身。”曰：“朝看云片片，暮听水潺潺。”师曰：“却须截断始得。”曰：“此回不是梦，真个到庐山。”师曰：“高着眼。”

问：“猿抱子归青嶂后，鸟衔华落碧岩前，此是和尚旧时安身立命处。如何是道林境？”师曰：“寺门高开洞庭野，殿脚插入赤沙湖[11]。”曰：“如何是境中人？”师曰：“僧宝人人沧海珠。”曰：“此是杜工部[12]底，作么生是和尚底？”师曰：“且莫乱道。”曰：“如何夺人不夺境？”师曰：“山僧有眼不曾见。”曰：“如何是夺境不夺人？”师曰：“阇黎问得自然亲。”曰：“如何是人境俱夺？”师曰：“收。”曰：“如何是人境俱不夺？”师曰：“放。”

问：“有句无句，如藤倚树。如何得透脱？”师曰：“倚天长剑逼人

寒。”曰：“只如树倒藤枯，沩山为甚么呵呵大笑？”师曰：“爱他底，着他底。”曰：“忽被学人掀倒禅床，拗折拄杖，又作个甚么伎俩？”师曰：“也是贼过后张弓。”

问：“明历历，露堂堂，因甚么乾坤收不得？”师曰：“金刚手里八棱棒。”曰：“忽然一唤便回，还当得活也无？”师曰：“鹙子、目连无奈何。”曰：“不落照，不落用，如何商量？”师曰：“放下云头。”曰：“忽遇其中人时如何？”师曰：“骑佛殿，出山门。”曰：“万象不来渠独语，教谁招手上高峰？”师曰：“错下名言。”

上堂：“通身是眼见不及，通身是耳闻不彻，通身是口说不着，通身是心鉴不出。直饶尽大地明得，无丝毫透漏，犹在半途。据令全提[13]，且道如何展演？域中日月纵横挂，一亘晴空万古春。”

上堂：“山头鼓浪，井底扬尘。眼听似震雷霆，耳观如张锦绣。三百六十骨节，一一现无边妙身；八万四千毛端，头头彰宝王刹海。不是神通妙用，亦非法尔如然。苟能千眼顿开，直是十方坐断。且超然独脱一句，作么生道？试玉须经火，求珠不离泥。”

上堂：“本来无形段，那复有唇嘴？特地广称扬，替他说道理。且道他是阿谁？”

上堂：“十五日已前，千牛拽不回。十五日已后，俊鹘[14]趁不及。正当十五日，天平地平，同明同暗，大千沙界不出当处，可以含吐十虚。进一步，超越不可说香水海；退一步，坐断千里万里白云。不进不退，莫道阇黎，老僧也无开口处。”举拂子曰：“正当恁么时如何？有时拈在千峰上，划断秋云不放高。”

上堂：“十方同聚会，本来身不昧。个个学无为，顶上用钳锤。此是选佛场，深广莫能量。心空及第归，利剑不如锥。庞居士舌拄梵天，口包四海，有时将一茎草作丈六金身，有时将丈六金身作一茎草，甚是奇特。虽然如此，要且不曾动着向上关。且如何是向上关？铸印筑高坛。”

上堂：“有句无句，超宗越格。如藤倚树，银山铁壁。及至树倒藤枯，多少人失却鼻孔！直饶收拾得来，已是千里万里。只如未有恁么消息时如何？还透得么？风暖鸟声碎，日高华影重。”

上堂：“第一句荐得，祖师乞命。第二句荐得，人天胆落。第三句荐得，虎口横身。不是循途守辙，亦非革辙移途。透得则六臂三头，未透亦人间天上。且三句外一句作么生道？生涯只在丝纶上[15]，明月扁舟泛五湖。"

示众云："一言截断，千圣消声。一剑当头，横尸万里。所以道，有时句到意不到，有时意到句不到。句能划[16]意，意能划句。意句交驰，衲僧巴鼻。若能恁么转去，青天也须吃棒。且道凭个甚么？可怜无限弄潮人，毕竟还落潮中死。"

示众云："万仞崖头撒手，要须其人。千钧之弩发机，岂为鼷鼠[17]？云门睦州，当面蹉过。德山临济，诳謼[18]闾阎[19]。自余立境立机，作窠作窟，故是灭胡种族。且独脱一句作么生道？万缘迁变浑闲事，五月山房冷似冰。"

绍兴五年八月己酉，示微恙，趺坐书偈遗众，投笔而逝。荼毗，舌齿不坏，设利五色无数。塔于昭觉寺之侧，谥"真觉禅师"。

【注释】

［1］绎（yì）：引出头绪，寻求事理。

［2］提刑少年曾读小艳诗否：旧校本标点有误，"提刑少年"后不能有逗号，引起误解。提刑：官名，参见本书"提刑"注释。

［3］檀郎：晋朝潘安小字檀奴，姿仪秀美。后来以檀郎为美男子的代称。多是妇女对丈夫、恋人或情人的美称。

［4］谢事：辞去担任的差事。即辞职，免除俗事。此处则指辞去寺庙里的管理职务。

［5］舣（yǐ）舟：使船靠岸。舣：使船靠岸。左思《蜀都赋》："舣轻舟。"刘逵注："应劭曰：'舣，正也。'一曰，南方俗谓正船回济处为舣。"

［6］剧谈：畅谈。

［7］匝匝：（水波）翻腾的样子。

［8］促榻：移近座位，是交谈投机时的动作。

［9］铨（qiāng）：古时一种尖头有柄的刺击兵器。有时用作仪仗的器械。

［10］榔栗横担不顾人：旧校本作"榔栗横担不潺人"校勘有误，与下文"暮听水潺潺"的"潺"字混在一起了。参见项楚《〈五灯会元〉点校献疑三百例》。

［11］寺门高开洞庭野，殿脚插入赤沙湖：出自唐代杜甫《岳麓山道林二寺行》："玉泉之南麓山殊，道林林壑争盘纡。寺门高开洞庭野，殿脚插入赤沙湖。五

月寒风冷佛骨，六时天乐朝香炉。地灵步步雪山草，僧宝人人沧海珠。”

［12］杜工部：即杜甫。字子美，自号少陵野老，世称杜工部、杜少陵等。

［13］据令全提：参见本书“正令全提”注释。

［14］俊鹘（hú）：矫健的鹘。鹘：隼类猛禽。翅膀窄而尖，嘴短而宽，上嘴弯曲并有齿状凸起。飞得很快，善于袭击其他鸟类。也叫隼。

［15］生涯只在丝纶上：指钓鱼，把时间系在一根钓线上。

［16］刬（chǎn）：消除，废除。

［17］千钧之弩发机，岂为鼷鼠：参见本书第十一章“汝州西院思明禅师”条：“千钧之弩，不为鼷鼠而发机。”

［18］诳諕（xià）：欺骗，恐吓。諕：古同“唬”，惊吓。

［19］闾阎：古代平民居住的地区，借指平民。

【概要】

克勤禅师（1063 ~ 1135 年），北宋临济宗杨岐派僧。崇宁（四川省崇宁县）人，俗姓骆。字无著。幼于妙寂院依自省出家。受具足戒后，于成都依圆明学习经论。复谒真觉胜、玉泉承皓、金銮信、真如慕哲、黄龙祖心、东林常总、白云守端等师。后至舒州太平寺，参五祖法演而嗣其法。与佛鉴慧懃、佛眼清远齐名，世有“演门二勤一远”之称，被誉为“丛林三杰”，或称“演门三佛”。崇宁（1102 ~ 1106 年）中，于成都昭觉寺（原名六祖寺）开法。政和元年（1111 年）至荆州（今湖北江陵），当世名士张无尽（宰相张商英）礼谒之，与之谈论华严要旨及禅门宗趣。复受澧州刺史之请，住夹山灵泉禅院。时因枢密邓子常之奏请，敕赐紫服及“佛果禅师”之号。政和末年，奉诏移住金陵蒋山，大振宗风。后居于金山，高宗幸扬州时，诏其人对，赐号“圆悟”，世称“圆悟克勤”。后归成都昭觉寺。绍兴五年示寂，世寿七十三，谥号“真觉禅师”。弟子有大慧宗杲、虎丘绍隆等禅门龙象。曾于夹山之碧岩，集雪窦重显之颂古百则，编成《碧岩录》十卷，世称禅门第一书。该书原为其弟子宗杲视为秘传不授之书，以火焚毁，后世重刊。此外有《圆悟佛果禅师语录》二十卷、《佛果击节录》二卷、《圆悟禅师心要》二卷。

【参考文献】

《大慧普觉禅师年谱》；《僧宝正续传》卷四；《嘉泰普灯录》卷十一；《佛祖统纪》卷四十六；《佛祖历代通载》卷三十；《释氏稽古略》卷四；《续传灯录》卷二十五。

【拓展阅读】

石峻（等）编《中国佛教思想资料选编》第三卷一册《克勤》（摘录）：

“克勤继承法演的禅风，认为‘人人脚根下本有此段大光明，虚彻灵通，谓之本地风光’（《示胡尚书悟性劝善文》），强调‘唯要人直下契证本来大事因缘’（《示枢禅人》）。克勤之出名，是由于他所作的《碧岩录》。此书为评唱雪窦重显（980～1052年）所作之《颂古百则》的，影响很大。禅宗不立文字，后来讲禅者常取古德的语句，以为典据。因此，一些以机缘为主的古德的语句，被整理成档案保存了下来，这就是所谓的公案。这些公案一方面用来作为判断当前是非的准则，一方面则作为去探讨古德的领会和所说道理的资料。但是，由于公案的文字比较简略、晦涩，意义很费揣摩，因此宋初以来，即有一些禅宗大师为之作注。相传最早有临济宗汾阳善昭（947～1024年）集古人语句一百条，每条各用偈颂来陈述，称为颂古。继之，云门宗的重显也作了《颂古百则》。从此，禅宗出现了一个新的流派，即从文字上追求禅意。克勤的《碧岩录》在推动这一禅风的发展上，起了重要的作用。这是因为，克勤《碧岩录》虽以《颂古百则》为基础，但他在颂前加了垂示（总纲），在颂文中加了著语（夹注），同时再加以评唱（发挥），因而使公案意思更明显，便于理解。然而，这股流风发展下去也就使禅宗走向舞文弄墨的途径，而失去了不立文字的本来面目。克勤的门人大慧宗杲，即有惧于此，而将《碧岩录》刻板毁掉。但这并没能制止它的流行，而且以后也继续有同类的著作问世。”

太平慧懃禅师

舒州太平慧懃佛鉴禅师，本郡汪氏子。丱岁，师广教圆深，试所习得度。每以“唯此一事实，余二则非真”，味[1]之，有省。乃遍参名宿。

往来五祖之门有年，恚祖不为印据，与圆悟相继而去。及悟归五祖，方大彻证。而师忽至，意欲他迈，悟勉令挂搭[2]，且曰：“某与兄相别始月余，比旧相见时如何？”师曰：“我所疑者，此也。”遂参堂。

一日，闻祖举：“僧问赵州：‘如何是和尚家风？’州曰：‘老僧耳聋，高声问将来。’僧再问，州曰：‘你问我家风，我却识你家风了也。’”师即大豁所疑，曰：“乞和尚指示极则。”祖曰：“森罗及万象，一法之所印。”师展拜，祖令主翰墨。

后同圆悟语话次，举东寺问仰山镇海明珠因缘，至“无理可伸”处，圆悟征曰：“既云收得，逮索此珠，又道无言可对，无理可伸？”师不能

加答。明日，谓悟曰："东寺只索一颗珠，仰山当下倾出一栲栳[3]。"悟深肯之，乃告之曰："老兄更宜亲近老和尚去。"

师一日造方丈，未及语，被祖诟骂，懡㦬而退。归寮闭门打睡，恨祖不已。悟已密知，即往扣门。师曰："谁？"悟曰："我。"师即开门。悟问："你见老和尚如何？"师曰："我本不去，被你赚累我，遭这老汉诟骂。"悟呵呵大笑曰："你记得前日下底语么？"师曰："是甚么语？"悟曰："你又道东寺只索一颗，仰山倾出一栲栳。"师当下释然。悟遂领师同上方丈，祖才见，遽曰："勲兄，且喜大事了毕。"

明年，命师为第一座。会太平灵源赴黄龙，其席既虚，源荐师于舒守孙鼎臣，遂命补处。

五祖付法衣，师受而捧以示众曰："昔释迦文佛，以丈六金襕袈裟[4]，披千尺弥勒佛身。佛身不长，袈裟不短。会么？即此样，无他样。"自是法道大播。

政和初，诏住东都智海，五年乞归，得旨居蒋山。枢密邓公子常奏赐徽号[5]椹服[6]。

僧问："如何是祖师西来意？"师曰："吃醋知酸，吃盐知咸。"曰："弓折箭尽时如何？"师曰："一场懡㦬。"

问："不与万法为侣者是甚么人？"师曰："拶破露柱。"曰："归乡无路时如何？"师曰："王程有限。"曰："前三三，后三三，又作么生？"师曰："六六三十六。"

问："承闻和尚亲见五祖，是否？"师曰："铁牛啮碎黄金草。"曰："恁么则亲见五祖也。"师曰："我与你有甚冤雠？"曰："只如达磨见武帝，意旨如何？"师曰："胡言易辨，汉语难明。"曰："为甚栖栖暗渡江。"师曰："因风借便。"

问："如何是主中宾？"师曰："进前退后愁杀人。"曰："如何是宾中主？"师曰："真实之言成妄语。"曰："如何是宾中宾？"师曰："夫子游行厄在陈[7]。"曰："如何是主中主？"师曰："终日同行非伴侣。"曰："宾主已蒙师指示，向上宗乘事若何？"师曰："大斧斫了手摩挲[8]。"

问："即心即佛即不问，非心非佛事如何？"师曰："昨日有僧问，老僧不对。"曰："未审与即心即佛相去多少？"师曰："近则千里万里，远则不隔丝毫。”曰：“忽被学人截断两头，归家稳坐，又作么生？”师曰：“你家在甚么处？”曰：“大千沙界内，一个自由身。”师曰：“未到家在，更道。”曰：“学人到这里，直得东西不辨，南北不分去也。”师曰：“未为分外。”

上堂：“至道无难，唯嫌拣择。桃华红，李华白，谁道融融只一色？燕子语，黄莺鸣，谁道关关只一声？不透祖师关捩子，空认山河作眼睛。”

上堂：“日日日西沉，日日日东上。若欲学菩提，”掷下柱杖曰：“但看此模样。”

五祖周祥[9]，上堂：“去年今日时，红炉片雪飞。今日去年时，曹娥读夜碑。末后一句子，佛眼莫能窥。白莲峰顶上，红日绕须弥。鸟啄珊瑚树，鲸吞离水犀。太平家业在，千古袭杨岐。”

上堂，横拄杖曰：“先照后用。”竖起曰：“先用后照。”倒转曰：“照用同时。”卓一下，曰：“照用不同时。汝等诸人，被拄杖一口吞尽了也，自是你不觉。若向这里道得转身句，免见一场气闷。其或未然，老僧今日失利！”

上堂：“金乌急，玉兔速，急急流光七月十。无穷游子不归家，纵归只在门前立。门前立，把手牵伊不肯入。万里看看寸草无，残花落地无人拾。无人拾，一回雨过一回湿。”

上堂：“世尊有密语，迦叶不覆藏。”乃曰：“你寻常说黄道黑，评品古今，岂不是密语？你寻常折旋俯仰[10]，拈匙把箸，祇揖[11]万福，是覆藏不覆藏？忽然瞥地去，也不可知。要会么？世尊有密语，冬到寒食一百五。迦叶不覆藏，水泄不通已露赃。灵利衲僧如会得，一重雪上一重霜。”

上堂：“十五日已前事，锦上铺花。十五日已后事，如海一沤发。正当十五日，大似一尺镜照千里之像。虽则真空绝迹，其奈海印发光。任他露柱开花，说甚佛面百丑。何故？到头霜夜月，任运落前溪。”

上堂，举：“僧问赵州：‘如何是不迁义？’州以手作流水势，其僧有省。又僧问法眼：‘不取于相，如如不动。如何是不取于相，见于如如不动？’眼曰：‘日出东方夜落西。’其僧亦有省。若也于此见得，方知道旋岚偃岳，本来常静；江河竞注，元自不流[12]。其或未然，不免更为饶舌。天左旋，地右转，古往今来经几遍。金乌飞，玉兔走，才方出海门，又落

青山后。江河波渺渺，淮济浪悠悠，直入沧溟昼夜流。”遂高声曰：“诸禅德！还见如如不动么？”

师室中以木骰子六只，面面皆书“么”字。僧才入，师掷曰：“会么？”僧拟不拟，师即打出。

七年九月八日，上堂：“祖师心印，状似铁牛之机。去即印住，住即印破。直饶不去不住，亦未是衲僧行履处。且作么生是衲僧行履处？待十月前后，为诸人注破。”至后月八日，沐浴更衣，端坐，手写数书别故旧，停笔而化。阇维，收灵骨设利，塔于本山。

【注释】

［1］味：体味，体会。

［2］挂搭：又作挂单、挂搭单、挂锡、挂褡、挂。钵。僧人游方行脚，入僧堂挂其所携之衣被等于堂内之钩，有依住丛林之意味。又住持允许行脚人依住，称为许挂搭。

［3］栲（kǎo）栳（lǎo）：用柳条编成的盛物器具。亦称笆斗。

［4］昔释迦文佛，以丈六金襕袈裟：旧校本标点校勘均有误，参见项楚《五灯会元点校献疑续补一百例》。

［5］徽号：褒扬赞美的称号。泛指美称。

［6］椹服：椹色服，即紫衣。依据宋代梅尧臣《送良玉上人还昆山》：“来衣茶色袍，归变椹色服。”说明“椹服”是一种椹色的衣服，此处奏请皇上赠送的“椹服”当是椹色的僧衣。而从唐代开始，皇帝赠高僧之袈裟均称紫衣，故椹色就是紫色。丁福保《佛学大辞典》：“紫衣：紫色之袈裟或上衣也。是非佛制之色，乃赐僧之紫衣，始于唐之法朗等。《僧史略》下曰：‘按唐书，则天朝有僧法朗等，重译《大云经》。陈符命言，则天是弥勒下生，为阎浮提主。唐氏合微，故由之革命称周，法朗、薛怀义九人并封县公，赐物有差，皆赐紫袈娑金龟袋。其《大云经》颁于天下寺，各藏一本，令高座讲说。赐紫自此始也。’”

［7］夫子游行厄在陈：指孔子周围列国被困在陈的遭遇。

［8］摩挲：摸索，琢磨。

［9］五祖周祥：五祖去世一周年的祭日。旧校本标点有误。“五祖周祥”是叙述本次上堂开示的时间，旧校本误作前次上堂开示的结束。祥，古丧祭名，有小祥、大祥之分。周年祭为小祥，两周年祭为大祥。此处说“周祥”，则是小祥。丧十三月，孝子除首服，换练冠，称“小祥”；丧二十五月之祭称“大祥”。

［10］折旋俯仰：每天转身、弯腰、抬头等动作。

［11］祇（zhī）揖：见面时向对方行肃拜之礼。

［12］旋岚偃岳，本来常静；江河竞注，元自不流：可以吹倒山岳的暴风，实际上是静止的；江流河水滔滔不绝，实际上是不动的。出自后秦·僧肇《肇论·物不迁论第一》："旋岚偃岳而常静，江河兢注而不流，野马飘鼓而不动，日月历天而不周。"

【概要】

慧懃禅师（1059～1117年），宋代临济宗僧。舒州（今安徽潜山）人，俗姓汪。字佛鉴。自幼师事广教圆深，试经得度。读《法华经》至"唯此一事实，余二则非真"处，味之有省。往参五祖法演，数年不契，欲辞去，克勤勉之，终得证悟，五祖法演付以法衣，遂为临济宗传人。曾应舒州太守孙鼎臣之请，住持太平山兴国禅院，法道大播。徽宗政和（1111～1118年）初年，禅师应诏住汴京（今河南开封）智海寺，经五年乞归，得旨居建康（今江苏南京）蒋山。枢密邓子常上奏，赐师紫衣，并赐"佛鉴禅师"之号。政和七年入寂，世寿五十九。与佛果克勤、佛眼清远同被誉为临济五祖法演门下之"三佛"。

【参考文献】

《宗门统要续集》卷二十一；《佛祖历代通载》卷十九；《释氏稽古略》卷四。

龙门清远禅师

舒州龙门清远佛眼禅师，临邛李氏子。严正寡言。十四圆具，依毗尼，究其说。

因读《法华经》，至"是法非思量分别之所能解"，持以问讲师，讲师莫能答。师叹曰："义学名相，非所以了生死大事。"遂卷衣南游。

造舒州太平演禅师法席。因丐于庐州，偶雨足跌仆地。烦懑间，闻二人交相恶骂，谏者曰："你犹自烦恼在。"师于言下有省。及归，凡有所问，演即曰："我不如你，你自会得好。"或曰："我不会，我不如你。"师愈疑，遂咨决于元礼首座。礼乃以手引师之耳，绕围炉数匝，且行且语曰："你自会得好。"师曰："有冀开发，乃尔相戏耶？"礼曰："你他后悟去，方知今日曲折耳。"

太平将迁海会，师慨然曰："吾持钵方归，复参随往一荒院，安能究

决己事耶？”遂作偈告辞。

之蒋山坐夏，邂逅灵源禅师，日益厚善。从容言话间，师曰：“比见都下一尊宿语句，似有缘。”灵源曰：“演公天下第一等宗师，何故舍而事远游？所谓有缘者，盖知解之师与公初心相应耳。”师从所勉，径趋海会，后命典谒[1]。

适寒夜孤坐，拨炉见火一豆许，恍然自喜曰：“深深拨，有些子。平生事，只如此。”遽起阅几上《传灯录》，至破灶堕因缘，忽大悟，作偈曰：“刀刀林鸟啼，披衣终夜坐。拨火悟平生，穷神归破堕。事皎人自迷，曲淡谁能和？念之永不忘，门开少人过。”

圆悟因诣其寮，举“青林般土[2]”话验之。且谓：“古今无人出得，你如何会？”师曰：“也有甚难。”悟曰：“只如他道：‘铁轮天子寰中旨。’意作么生？”师曰：“我道帝释宫中放赦书。”悟退语人曰：“且喜远兄便有活人句也。”

自是隐居四面大中庵。属天下一新崇宁万寿寺，舒守王公涣之命师开法，次补龙门，道望尤振。后迁和之褒禅。枢密邓公洵武奏赐师号紫衣。

上堂：“台山路上，过客全稀。破灶堂前，感恩无地。雪埋庭柏，冰锁偃溪。虽在南方火炉头，不入他家齑瓮里。看看腊月三十日，便是孟春犹寒[3]。你等诸人各须努力向前，切忌自生退屈。”

上堂，卓拄杖曰：“圆明了知，不由心念。抵死要道，堕坑落堑。毕竟如何？”乃倚拄杖，下座。

上堂：“泡幻同无碍，如何不了悟？眼里瞳人吹叫子，达法在其中，非今亦非古，六只骰子满盆红。大众！时人为甚么坐地看扬州？钵盂著柄新翻样，牛上骑牛笑杀人。”

上堂：“赵州不见南泉，山僧不识五祖。甜瓜彻蒂甜，苦瓠连根苦。”

上堂：“一叶落，天下春，无路寻思笑杀人。下是天，上是地，此言不入时流意。南作北，东作西。动而止，喜而悲。蛇头蝎尾一试之，猛虎口里活雀儿。是何言？归堂去。”

上堂：“千说万说，不如亲面一见，纵不说亦自分明。王子宝刀喻，众盲摸象喻，禅学中隔江招手事，望州亭相见事，迥绝无人处事，深山岩崖处事，此皆亲面而见之，不在说也。”

上堂：“苏武牧羊，辱而不屈；李陵望汉，乐以忘归。是在外国。在本国佛诸弟子中，有者双足越坑，有者聆筝起舞，有者身埋粪壤，有者呵骂河神。是习气，是妙用？至于擎叉打地，竖拂敲床，睦州一向闭门，鲁祖终年面壁。是为人，是不为人？信知一切凡夫，埋没宝藏，殊不丈夫。诸人何不摆柁张帆，抛江过岸？休更钉桩摇橹，何日到家？既作曹溪人，又是家里汉，还见家里事么？”

僧问：“劫火洞然，大千俱坏，未审这个坏不坏？”师曰：“黑漆桶里黄金色。”

问：“道远乎哉？触事而真。如何是道？”师曰：“顶上八尺五。”曰：“此理如何？”师曰：“方圆七八寸。”

问：“劫火威音前，别是一壶天。御楼前射猎，不是刈茅田。”提起坐具曰：“这个唤作甚么？”师曰：“正是刈茅田。”僧便喝，师曰：“犹作主在。”

问僧：“孤灯独照时如何？”僧无对，师代曰：“露柱证明。”师闻开静板声，乃曰：“据款结案。”

师尝题语于龙门延寿壁间曰：“佛许有病者当疗治，容有将息所也。禅林凡有数名。或曰涅槃，见法身常住，了法不生也。或曰省行[4]，知此违缘，皆从行苦也。或曰延寿[5]，欲得慧命，扶持色身也。其实，使人了生死处也。多见少觉，微恙便入此堂，不强支吾[6]，便有补益。及乎久病，思念乡间，不善退思，灭除苦本。先圣云：‘病者众生之良药。’若善服食，无不瘥者也。”

宣和初，以病辞归蒋山之东堂。二年[7]，书云[8]前一日，饭食讫，趺坐，谓其徒曰：“诸方老宿，临终必留偈辞世，世可辞耶？且将安往？”乃合掌，怡然趋寂。门人函骨归龙门，塔于灵光台侧。

【注释】

[1] 典谒：掌管宾客请见的传达和接待事务。

[2] 青林般土：应是“青林般柴”，“般”同“搬”。参见本书第十三章“青林师虔禅师”条：“凡有新到，先令般柴三转，然后参堂。有一僧不肯，问师曰：‘三转内即不问，三转外如何？’师曰：‘铁轮天子寰中旨。’”

［3］看看腊月三十日，便是孟春犹寒：旧校本标点有误，两个“看”后加感叹号，令人误会，并且影响了整体意思的表达，应删除。“看看腊月三十日”这句话的意思是“眼看着就要到腊月三十日了”。

［4］省行：指省行堂，延寿堂之异名。令省察病比丘身之行苦之意。

［5］延寿：指延寿堂，丁福保《佛学大辞典》：“延寿堂：又作省行堂、涅槃堂等。置必死之病人处。《释氏要览》下曰：‘《西域传》云：祇桓西北角，日光没处，为无常院。若有病者，当安其中。意为凡人内心贪着房舍衣钵道具，生恋著心无厌背故。制此堂，令闻名见题，悟一切法无有常故。今称延寿堂、涅槃堂者，皆后人随情爱名之也。’《象器笺》二曰：‘《禅林宝训音义》云：延寿堂抚安老病之所也。古者丛林老僧，送安乐堂，病者送延寿堂也，又今涅槃堂是也。’”

［6］支吾：犹支撑。抵挡，支持住不倒下。

［7］二年：指宣和二年。

［8］书云：冬至。宋人诗文多以“书云”指冬至，如宋代李曾伯《雪夜不寐偶成》：“底事阳和尚未回，书云已久未逢梅。”

【概要】

清远禅师（1067～1120年），宋代临济宗杨岐派僧。号佛眼。蜀（四川省）临邛人。俗姓李。十四岁受具足戒，于习律、学《法华》之外，复行参禅。尝遍历江淮禅席。后参舒州（安徽省）太平寺五祖法演，嗣其法。出世后，初于舒州天宁万寿寺弘法。其后历住龙门寺、和州褒山寺。因邓洵武上奏，受赐紫衣及“佛眼禅师”号。与佛鉴慧懃、佛果克勤同称“演门三佛”。宣和二年冬至前一日示寂，享年五十四，法腊四十。

著有《佛眼禅师语录》八卷行世，收录住舒州天宁寺的开堂语，以及住龙门山、褒禅寺等地的上堂语要、偈颂、真赞、小参、普说、颂古、室中垂示、垂代、示禅人心要、三自省察、诫问话等。卷末附录李弥逊所撰《宋故和州褒山佛眼禅师塔铭》一篇。收入《古尊宿语录》卷二十七至卷三十四。

【参考文献】

《联灯会要》卷十六；《嘉泰普灯录》卷十一；《续传灯录》卷二十五；《五灯严统》卷十九；《五灯全书》卷四十二。

【拓展阅读】

石峻（等）编《中国佛教思想资料选编》第三卷一册《清远》（摘录）

“克勤以评唱重显的颂古和拈古而闻名于世，使原来‘直指人心，不立文字’的禅家作风，变成了咀嚼古人公案，并发展为繁琐文字注释的途径。清远的作风与克勤有所不同，他十分强调‘体用一如’‘能所两忘’，认为‘尘尘刹刹，情与无情，皆是自己真实本体之所建立。’（冯楫《佛眼禅师语录序》）所以，他大力提倡‘就己知归’（《示禅人心要》）。他的好友李弥逊在评论他的作风时说：‘其为教，则简易深密，绝蹊径，离文字，不滞于空，无汗漫之说，不以见闻言语辩博为事，使人洞真源，履实际。’（《佛眼禅师塔铭》）

“清远是一位‘静默自晦’，‘澹泊寡言’，‘但端居方丈传道’的僧人，因此其名声不及佛果克勤，一般佛教史上也都着墨甚少。其实，清远思想在宋代还是有相当影响的。李弥逊说他‘三领名刹，所至莫不兴起’，学者云集。南宋赜藏主编《古尊宿语录》中收清远语录达八卷之多（卷二十七至卷三十四），是该集子中所选《古尊宿语录》中分量最重的一人，这是很值得注意的问题。”

开福道宁禅师

潭州开福道宁禅师，歙溪汪氏子。壮为道人，于崇果寺执浴。一日将濯足，偶诵《金刚经》，至“于此章句能生信心，以此为实”，遂忘所知，忽垂足沸汤中，发明己见。

后祝发蒋山，依雪窦老良禅师。逾二年，遍历丛林，参诸名宿。晚至白莲，闻五祖小参，举“忠国师古佛净瓶”“赵州狗子无佛性”话，顿彻法源。

大观中，潭帅席公震请住开福，衲子景从。

浴佛，上堂：“未离兜率，已降王宫。未出母始，度人已毕。诸禅德！日日日从东畔出，朝朝鸡向五更啼。虽然不是桃华洞，春至桃华亦满溪。”又道：“毗蓝园内，右胁降生。七步周行，四方目顾。天上天下，唯我独尊。大似贪观天上月，失却手中珠。还知落处么？若知落处，方为孝子顺孙。苟或未然，不免重下注脚。”良久曰：“天生伎俩能奇怪，末上输他弄一场。”

示众云：“秋日耀长空，秋江浸虚碧。伤嗟门外人，处处寻弥勒。蓦路忽抬头，相逢不相识。诸禅德！既是相逢，为甚么却不相识？剪尽霜前竹，临溪不化龙。”

上堂：“遍界不曾藏，通身无影像。相逢莫讶太愚痴，旷劫至今无伎

俩。无伎俩，少人知。大抵还他肌骨好，何须临镜画蛾眉？”

上堂：“摩竭[1]正令，未免崎岖。少室[2]垂慈，早伤风骨。腰囊挈锡，孤负平生。炼行[3]灰心，递相钝置。争似春雨晴、春山青？白云三片四片，黄鸟一声两声。千眼大悲看不足，王维[4]虽巧画难成。直饶便恁么，犹自涉途程。且不涉途程一句作么生道？人从汴州来，不得东京信。”

僧问：“莲华未出水时如何？”师曰：“人天合掌。”曰：“出水后如何？”师曰：“不碍往来看。”

问：“如何是句到意不到？”师曰：“瑞草本无根，信手拈来用。”曰：“如何是意到句不到？”师曰：“领取钩头意，莫认定盘星。”曰：“如何是意句俱到？”师曰：“大悲不展手，通身是眼睛。”曰：“如何是意句俱不到？”师曰：“君向潇湘我向秦。”

政和三年十一月四日，净发沐浴，次日斋罢小参，勉众行道，辞语诚切。期初七示寂，至日酉时，跏趺而逝。阇维，获设利五色，归藏于塔。

【注释】

[1] 摩竭：代指释迦牟尼佛。因释迦曾在此国传播佛法，又有“释迦掩室”的著名故事，故有此义。

[2] 少室：山峰名，因山中有石室而得名，在河南登封县北，属嵩山。北魏孝文帝在此建少林寺，又禅宗初祖菩提达磨曾在此面壁坐禅多年，因而著称于世。此处用“少室”代指禅宗初祖菩提达磨。

[3] 炼行：指学道修行。

[4] 王维：字摩诘，号摩诘居士。河东蒲州（今山西运城）人，祖籍山西祁县。唐朝诗人、画家。唐玄宗开元九年（721 年）中进士第，为太乐丞。历官右拾遗、监察御史、河西节度使判官。天宝年间，拜吏部郎中、给事中。安禄山攻陷长安时，被迫受伪职。长安收复后，被责授太子中允。唐肃宗乾元年间任尚书右丞，故世称“王右丞”。王维书画特臻其妙，后人推其为南宗山水画之祖。苏轼评云：“味摩诘之诗，诗中有画；观摩诘之画，画中有诗。”

【概要】

道宁禅师（？～1113 年），宋代临济宗杨岐派僧。婺源（今属江西）人，俗姓汪。于蒋山出家，嗣五祖法演之法，任天宁寺第一座。大观三年（1109 年），驻锡潭州（今湖南长沙）开福禅寺，为第十九世。政和三年示寂，世寿不详。

著有《开福宁禅师语录》二卷，全称《潭州开福禅寺第十九代宁和尚语录》，又称《潭州开福报慈禅寺道宁师语录》《开福宁和尚语录》。月庵善果编。辑录开堂晋院拈香法语、上堂、小参、垂示、偈颂、遗诫等，卷首、卷末附录序、疏等文。宋淳熙六年（1179 年）重刊，后收入《续藏经》。

【参考文献】

《联灯会要》卷十六。

大随元静禅师

彭州大随南堂元静禅师（后名道兴），阆[1]之玉山大儒赵公约仲之子也。十岁病甚，母祷之，感异梦，舍令出家，师成都大慈宝生院宗裔。元佑三年，通经得度。留讲聚有年，而南下首参永安恩禅师，于“临济三顿棒”话发明。次依诸名宿，无有当意者。

闻五祖机峻，欲抑之，遂谒祖，祖乃曰：“我此间不比诸方，凡于室中，不要汝进前退后，竖指擎拳，绕禅床作女人拜，提起坐具，千般伎俩。只要你一言下谛当，便是汝见处。”师茫然，退参三载。

一日，入室罢，祖谓曰：“子所不语，已得十分，试更与我说看。”师即剖而陈之。祖曰：“说亦说得十分，更与我断看。”师随所问而判之。祖曰：“好即好，只是未曾得老僧说话在。斋后可来祖师塔所，与汝一一按过始得。”及至彼，祖便以“即心即佛”“非心非佛”“睦州担板汉”“南泉斩猫儿”“赵州狗子无佛性、有佛性”之语编辟之，其所对了无凝滞。至“子胡狗[2]”话，祖遽转面曰：“不是。”师曰：“不是却如何?”祖曰：“此不是，则和前面皆不是。”师曰：“望和尚慈悲指示。”祖曰：“看他道：‘子胡有一狗，上取人头，中取人腰，下取人脚。入门者好看！’才见僧入门，便道：‘看狗。’向子胡道‘看狗’处下一转语[3]，教子胡结舌，老僧钤口[4]，便是你了当处。”

次日入室，师默启其说，祖笑曰：“不道你不是千了百当底人，此语只似先师下底语。”师曰：“某何人，得似端和尚！”祖曰：“不然。老僧虽承嗣他，谓他语拙，盖只用远录公手段接人故也。如老僧共远录公，

便与百丈、黄檗、南泉、赵州辈把手共行，才见语拙即不堪。”师以为不然，乃曳杖渡江，适大水泛涨，因留。四祖侪辈挽其归。

又二年，祖方许可。尝商略古今次，执师手曰：“得汝说须是吾举，得汝举须是吾说。而今而后，佛祖秘要、诸方关键，无逃子掌握矣。”遂创南堂以居之，于是名冠寰海。

成都帅席公旦请开法嘉佑。未几徙昭觉，迁能仁及大随。

上堂：“君王了了，将帅惺惺。一回得胜，六国平宁。”

上堂，举：“临济参黄檗之语，白云端和尚颂云：‘一拳拳倒黄鹤楼，一趯趯翻鹦鹉洲。有意气时添意气，不风流处也风流。”师曰：“大随即不然。行年七十老躘踵[5]，眼目精明耳不聋。忽地有人欺负我，一拳打倒过关东。”

上堂，问答已，乃曰：“有祖已来，时人错会，只将言句以为禅道。殊不知道本无体，因体而得名；道本无名，因名而立号。只如适来上座才恁么出来，便恁么归众。且道具眼不具眼？若道具眼，才恁么出来，眼在甚么处？若道不具眼，争合便恁么去？诸仁者！于此见得倜傥分明，则知二祖礼拜，依位而立，真得其髓。只这些子是三世诸佛命根、六代祖师命脉、天下老和尚安身立命处。虽然如是，须是亲到始得。”

上堂：“自己田园任运耕，祖宗基业力须争。悟须千圣头边坐，用向三涂底下行。”

僧问：“祖师心印，请师直指。”师曰：“你闻热么？”曰：“闻。”师曰：“且不闻寒？”曰：“和尚还闻热否？”师曰：“不闻。”曰：“为甚么不闻？”师摇扇曰：“为我有这个。”

问：“如何是夺人不夺境？”师曰：“活捉魔王鼻孔穿。”曰：“如何是夺境不夺人？”师曰：“中心树子属吾曹[6]。”曰：“如何是人境两俱夺？”师曰：“一钓三山连六鳌。”曰：“如何是人境俱不夺？”师曰：“白日骑牛穿市过。”

问：“莲花未出水时如何？”师曰：“好。”曰：“出水后如何？”师曰：“好。”曰：“如何是莲华？”师曰：“好。”僧礼拜，师曰：“与他三个好，万事一时休。”

问：“藏天下于天下即不问。”乃举拳曰：“只如这个作么生藏？”师曰："有甚么难？"曰："且作么生藏？"师曰："衫袖里。"曰："未审如何是纪纲[7]佛法底人？"师曰："不可是鬼。"曰："忽遇杀佛杀祖底来，又作么生支遣[8]？"师曰："老僧有眼不曾见。"

问："学人乍入丛林，乞师指示。"师曰："吃粥吃饭，莫教放在脑后。"曰："终日吃时未尝吃。"师曰："负心衲子，不识好恶。"

问："劫火洞然，大千俱坏，未审这个坏也无？"师曰："阿谁教你恁么问？"僧进前，鞠躬曰："不审。"师曰："是坏不坏？"僧无语。

问："如何是山里禅？"师曰："庭前嫩竹先生笋，涧下枯松长老枝。"曰："如何是市里禅？"师曰："六街钟鼓韵冬冬，即处铺金世界中。"曰："如何是村里禅？"师曰："贼盗消亡蚕麦熟，讴歌鼓舞乐升平。"

问："如何是诸佛出身处？"师曰："问得甚当。"曰："便恁么去时如何？"师曰："答得更奇。"

问："因山见水，见水忘山。山水俱忘，理归何所？"师曰："山僧坐却舌头，天地黯黑。"

有一老宿垂语云："十字街头起一间茅厕，只是不许人屙。"僧举以扣师，师曰："是你先屙了，更教甚么人屙？"宿闻，焚香遥望大随，再拜谢之。

绍兴乙卯秋七月，大雨雪，山中有异象。师曰："吾期至矣！"十七日别郡守以次，越三日，示少恙于天彭，二十四夜谓侍僧曰："天晓无月时如何？"僧无对，师曰："倒教我与汝下火始得。"翌日还堋口廨院[9]，留遗诫，蜕然示寂。门弟子奉全身归，烟雾四合，猿鸟悲鸣。荼毗，异香遍野，舌本如故。设利五色者不可计。瘗于定光塔之西。

后住天童、天目、文礼作师画像赞，可补行实之缺。因并录此赞曰："东山一会人，唯他不唧噌[10]。别处著闲房，丛林难讲究。邡[11]水潭蛇出惊人，钝铁锅鸡啼白昼。杂剧打来，全火祗候。晚岁放疏慵[12]，却与俗和同。勤巴子[13]使人勘验，掷香贴便显家风。定光无佛，枉费罗笼。临行摇铎向虚空，那知丧尽白云宗。"

【注释】

[1] 阆（làng）：地名，阆中（在四川）。

[2] 子胡狗：应为"子湖狗"。参见本书第四章"衢州子湖岩利踪禅师"条：

“子湖有一只狗，上取人头，中取人心，下取人足，拟议即丧身失命。”

［3］向子胡道看狗处下一转语：旧校本标点有误，不能在“道”后加逗号。

［4］钤（qián）口：闭口。钤：钳持，缄禁。金代王哲《苏幕遮·咏友人叹身》：“省其身，钤其口。”

［5］蹱（lóng）踵（zhòng）：行动不便貌。又作“龙钟”。

［6］吾曹：犹我辈、我们。

［7］纪纲：网罟的纲绳，引申为纲领。此处指总领佛法的领袖。

［8］支遣：应付，对付。

［9］廨（xiè）院：禅林食物管理之所。

［10］不唧（jī）嗵（liū）：指不伶俐、暗昧不慧之钝汉。（摘自《佛光大辞典》）

［11］邡（fāng）：古地名用字。什邡，故治在今四川省什邡县南。

［12］疏慵：疏懒；懒散。唐代元稹《台中鞫狱忆开元观旧事》：“疏慵日高卧，自谓轻人寰。”

［13］勤巴子：即指宋代临济宗高僧圆悟克勤。又称巴头子、川勤。此因圆悟头上有一瘢痕，状如“巴”字，故禅林间乃称之为勤巴子。或谓由于圆悟为彭城嵩宁（位于四川成都之西北）人，而成都又有“巴西”之称，故称之为勤巴子、川勤等，乃指其出身成都之意。（摘自《佛光大辞典》）

【概要】

元静禅师（1065～1135年），宋代临济宗杨岐派僧。四川阆州（今四川阆中）玉山人，俗姓赵。后名道兴。少从父学，博通经传，能文。十岁时因病而立志出家，未几入成都大慈宝生院宗裔之门下，哲宗元祐三年（1088年）得度。其后，从五祖法演参学，并承其法嗣。后于四川彭州（今四川彭县）大随山开创南堂，故世称“南堂元静”。历任成都昭觉寺及能仁、大随诸寺住持。高宗绍兴五年示寂，世寿七十一。撰有《南堂兴和尚语要》一卷传世。

【参考文献】

《嘉泰普灯录》卷十一；《续传灯录》卷二十五；《五灯全书》卷四十二。

无为宗泰禅师

汉州无为宗泰禅师，涪城人。自出关，遍游丛社。

至五祖。告香[1]日，祖举“赵州洗钵盂”话俾参。洎入室，举此话问师：“你道赵州向伊道甚么，这僧便悟去？”师曰：“洗钵盂去瞫？”祖曰：“你只知路上事，不知路上滋味。”师曰：“既知路上事，路上有甚滋味？”祖曰：“你不知邪？”又问：“你曾游浙否？”师曰：“未也。”祖曰：“你未悟在。”师自此凡五年，不能对。

祖一日升堂，顾众曰：“八十翁翁辊绣球。”便下座。师欣然出众曰：“和尚试辊一辊看。”祖以手作打仗鼓势，操蜀音唱绵州巴歌曰：“豆子山，打瓦鼓。杨平山，撒白雨。白雨下，取龙女。织得绢，二丈五。一半属罗江，一半属玄武。”师闻大悟，掩祖口曰：“只消唱到这里。”祖大笑而归。

师后还蜀，四众请开法无为，迁正法。

上堂：“此一大事因缘，自从世尊拈华，迦叶微笑，世尊曰：‘吾有正法眼藏，分付摩诃大迦叶。’以后灯灯相续，祖祖相传，迄至于今，绵绵不坠，直得遍地生华。故号涅槃妙心，亦曰本心，亦曰本性，亦曰本来面目，亦曰第一义谛，亦曰烁迦罗眼，亦曰摩诃大般若。在男曰男，在女曰女。汝等诸人，但自悟去。这般尽是闲言语。”遂拈起拂子曰：“会了唤作禅，未悟果然难难难，目前隔个须弥山。悟了易易易，信口道来无不是。”

僧问：“如何是佛？”师曰：“阿谁教你恁么问？”僧拟议，师曰：“了。”

【注释】

[1] 告香：学者插香以请师家普说或开示之仪式。对大众预报告香仪式所悬挂之牌，即称告香牌；然悬挂告香牌前，应得住持之允许。又依此仪式之普说，即称告香普说。此外，告香时，人员配置之图，称为告香图。（摘自《佛光大辞典》）

五祖表自禅师

蕲州五祖表自禅师，怀安人也。

初依祖最久，未有省。时圆悟为座元，师往请益。悟曰：“兄有疑处试语我。”师遂举：“德山小参：‘不答话，问话者三十棒。’”悟曰：“礼拜著，我作得你师。举话尚不会？”师作礼竟，悟令再举前话。师曰：

“德山小参：‘不答话。’”悟掩其口曰：“但恁么看。”师出，扬声曰：“屈！屈！岂有公案只教人看一句底道理？”有僧谓师曰：“兄不可如此说，首座须有方便。”因静坐体究，及旬，顿释所疑，诣悟礼谢。悟曰：“兄始知吾不汝欺。”又诣方丈，祖迎笑。自尔日深玄奥。

祖将归寂，遗言郡守，守命嗣其席，衲子四至不可遏。

师榜侍者门曰：“东山有三句，若人道得，即挂搭。”衲子皆披靡。一日，有僧携坐具，径造丈室，谓师曰：“某甲道不得，只要挂搭。”师大喜，呼维那于明窗下安排。

上堂：“世尊拈华，迦叶微笑时，人只知拈华微笑，要且不识世尊。”

僧问：“如何是祖师西来意？”师曰：“荆棘林中舞柘枝[1]。”曰：“如何是佛？”师曰：“新生孩子掷金盆。”

【注释】

[1] 舞柘（zhè）枝：唐代流行的西域乐舞。来自西域的石国，石国又名柘枝。原为独舞，主要以鼓伴奏。舞者身着民族服装，足穿锦靴，在鼓声中出场。舞步时而轻盈柔美，时而刚健迅捷，繁复的变化使舞者佩戴的金铃发出清脆悦耳的响声。宋继承唐，宋的柘枝舞经常在贵族的酒宴中由伎人表演，供宾主欣赏。舞蹈婀娜多姿又矫健明丽。唐代白居易《柘枝妓》：“平铺一合锦筵开，连击三声画鼓催。红蜡烛移桃叶起，紫罗衫动柘枝来。带垂钿胯花腰重，帽转金铃雪面回。看即曲终留不住，云飘雨送向阳台。柘家美人尤多娇，公子王孙忽忘还。”

龙华道初禅师

蕲州龙华道初禅师，梓之马氏子。为祖侍者有年。

住龙华日，上堂曰：“鸡见便斗，犬见便咬。殿上鸱吻[1]，终日相对。为甚么却不嗔？”便下座。

师机辩峻捷，门人罔知造诣。一日谓众曰：“昨日离城市，白云空往还。松风清耳目，端的胜人间。”召众曰：“此是先师末后句。”有顷，脱然而逝。

【注释】

[1] 鸱（chī）吻：古建筑物屋脊两端的装饰，作镇物之用。始于汉代，有凤

凰、巨兽等，形状是张开大口，咬吞大脊两端。传说鸱属水，用它放在屋脊上，可以免除火灾。

九顶清素禅师

嘉州九顶清素禅师，本郡郭氏子。于乾明寺剃染，遍扣禅扃[1]。

晚谒五祖，闻举“首山答西来意”语，倏然契悟，述偈曰：“颠倒颠，颠倒颠，新妇骑驴阿家牵。便恁么，太无端，回头不觉布衫穿。”祖见，乃问：“百丈野狐话，又作么生?”师曰：“来说是非者，便是是非人。”祖大悦。

久之辞归，住清溪，次迁九顶。

太守吕公来瞻大象，问曰：“既是大象，因甚么肩负两楹?”师曰：“船上无散工。”至阁下，睹观音像又问：“弥勒化境，观音何来?”师曰：“家富小儿娇[2]。”守乃礼敬。

勤老宿至，师问：“舞剑当咽时如何?”曰：“伏惟尚飨。”师诟曰：“老贼死去，你问我。”勤理前语问之，师叉手揖曰：“拽破。”

绍兴乙卯四月二十四日，得微疾，书偈遗众曰：“木人备舟，铁人备马，丙丁童子[3]稳稳登，喝散白云归去也。”竟尔趋寂。

【注释】

[1] 禅扃（jiōng）：佛寺之门。唐代独孤及《题思禅寺上方》：“攀云到金界，合掌开禅扃。”

[2] 家富小儿娇：有钱人家的孩子受宠，从小就有优势。禅宗比喻有的门派名望大或有地位有财势的人，参禅对话，认识问题也与他人不同，说话口气大，有优越感。

[3] 丙丁童子：专管火的童子。

元礼首座

元礼首座，闽人也。受业焦山。

初参演和尚于白云，凡入室，必谓曰：“衲僧家，明取缁素好。”师疑之不已。

一日，演升堂，举“首山新妇骑驴阿家牵”语，乃曰：“诸人要会

么？莫问新妇阿家，免烦路上波吒[1]。遇饭即饭，遇茶即茶。同门出入，宿世冤家。”师于言下豁如[2]，且曰：“今日缁素明矣。”

二年，演迁席祖山，命分座，不就。演归寂，即他往。崇宁间，再到五祖。

僧问：“五祖迁化向甚么处去？”师曰：“有眼无耳朵，六月火边坐。”曰：“意旨如何？”师曰：“家贫犹自可，路贫愁杀人。”

或问：“《金刚经》云‘一切善法’，如何是法？”师曰：“上是天，下是地，中间坐底坐，立底立，唤甚么作善法？”僧无对，师便打。

后终于四明之瑞岩。

【注释】

［1］波吒：折磨，苦难。梵语音译词。

［2］豁如：晓悟。

普融知藏

普融知藏[1]，福州人也。至五祖，入室次，祖举“倩女离魂”话问之，有契，呈偈曰：“二女合为一媳妇，机轮截断难回互。从来往返绝踪由，行人莫问来时路。”

凡有乡僧来谒，则发闽音诵俚语曰：“书头教娘勤作息，书尾教娘莫瞌睡。且道中间说个甚么？”僧拟对，师即推出。

【注释】

［1］知藏：又作主经藏、藏主、藏司，于禅林中，主掌经藏之职称。为六头首之一。主事者须通义学。藏主为藏殿之主管，掌管禅院大众之阅藏看经。藏殿分为看经堂与经藏（指经堂），分别由看经首座与藏殿主掌理，此二者皆隶属于藏主。

法閦上座

法閦[1]上座，久依五祖，未有所入。

一日造室，祖问：“不与万法为侣[2]者是甚么人？”曰：“法閦即不然。”祖以手指曰：“住！住！法閦即不然，作么生？”师于是启悟。

后至东林宣密度禅师席下，见其得平实之旨。一日，拈华绕度禅床一匝，背手插香炉中，曰："和尚且道意作么生?"度屡下语，皆不契。逾两月，遂问师，令试说之，师曰："某只将华插香炉中，和尚自疑有甚么事来?"

【注释】

［1］阒（chù）：众多。北魏杨衒之《洛阳伽蓝记·宋云惠生使西域》："有佛顶骨，方圆四寸，黄白色，下有孔，受人手指，阒然似仰蜂窠。"

［2］不与万法为侣者："万法"泛指宇宙间一切事物。不与宇宙间一切事物共存的人，正是与"万法"打成一片的人。任继愈、杜继文主编《佛教大辞典》："不与万法为侣：禅宗公案。据《景德传灯录》卷八，庞蕴居士曾以此问石头希迁禅师，石头未作回答，却用手封住了对方的嘴。庞居士又以此问马祖道一禅师，马祖的回答是：'待汝一口吸尽西江水，即向汝道。'庞居士随即于言下顿悟。石头、马祖等人的意思是，真正独立自由的人（不与万法为侣者），正是处在与一切事物的相互联系之中。"

云盖本禅师法嗣

潭州南岳承天院自贤禅师

僧问："大众已集，仰听雷音。猊座[1]既登，请师剖露。"师曰："刹竿头上翻筋斗。"曰："恁么则岳麓山前祥雾起，祝融峰下瑞云生。"师曰："紫罗帐[2]里瓈真珠。"

上堂，拈拄杖曰："不是心，不是佛，不是物。"击禅床一下曰："与君打破精灵窟，簸土扬尘无处寻，千山万山空突兀。"复击一下曰："归堂去，参!"

上堂："一身高隐惟南岳，自笑孤云未是闲。松下水边端坐者，也应随例说居山。咄!"

上堂："五更残月落，天晓白云飞。分明目前事，不是目前机。既是目前事，为甚么不是目前机?"良久曰："欲言言不及，林下却商量。"

【注释】

［1］猊（ní）座：亦作"猊坐"。即狮子座。谓佛、菩萨所坐之处。亦谓高僧

之座。猊，狮子。据《大智度论》卷七谓：“佛为人中狮子，凡所坐若床若地，皆名狮子座。”唐代戴叔伦《寄禅师寺华上人次韵》之二：“猊坐翻萧瑟，皋比喜接连。”

［2］紫罗帐：禅林用语。原指用紫色薄绢所作之罗帐，垂挂于高官贵人之居处。于禅林中，转指向上之一关，用以表示主人公、君主之所在。《碧岩录》第十则：“兴化未曾向紫罗帐里撒真珠，与尔诸人在，只管胡喝乱喝作什么？”（摘自《佛光大辞典》）

琅邪起禅师法嗣

金陵俞道婆

俞道婆，金陵人也。市油餈[1]为业。常随众参问琅邪，邪以“临济无位真人”话示之。

一日，闻丐者唱莲华乐云：“不因柳毅传书[2]信，何缘得到洞庭湖？”忽大悟，以餈盘投地，夫傍睨曰：“你颠邪？”婆掌曰：“非汝境界。”往见琅邪，邪望之，知其造诣，问：“那个是无位真人？”婆应声曰：“有一无位人，六臂三头努力嗔，一擘华山分两路，万年流水不知春。”由是声名蔼著[3]。

凡有僧至，则曰：“儿！儿！”僧拟议，即掩门。

佛灯珣禅师往勘之，婆见如前所问，珣曰：“爷在甚么处？”婆转身拜露柱，珣即踏倒曰：“将谓有多少奇特？”便出，婆蹶起曰：“儿儿，来，惜你则个。”珣竟不顾。

安首座至，婆问：“甚处来？”安曰：“德山。”婆曰：“德山泰乃老婆儿子。”安曰：“婆是甚人儿子？”婆曰：“被上座一问，直得立地放尿。”

婆尝颂马祖不安因缘曰：“日面月面，虚空闪电。虽然截断天下衲僧舌头，分明只道得一半。”

【注释】

［1］餈（cí）：用糯米煮饭或用糯米粉、黍米粉制成的糕饼。《周礼·天官·笾

人》：“羞笾之实，糗饵、粉餈。”郑玄注：“此二物皆粉稻米、黍米所为也。合蒸曰饵，饼之曰餈。”贾公彦疏：“今之餈糕皆解之名出于此。”

［2］柳毅传书：出自唐代李朝威《柳毅传》。唐仪凤中有儒生柳毅应举下第，路遇牧羊女，乃洞庭龙君小女。嫁泾川次子，受虐待。龙女托柳毅传书于洞庭，柳毅慨然应允。后洞庭君救出龙女，许嫁柳毅。

［3］蔼著：（声名）显著。

第五节　南岳下十五世（上）

昭觉勤禅师法嗣

径山宗杲禅师

临安府径山宗杲大慧普觉禅师，宣城奚氏子。夙有英气。年十二入乡校，一日因与同窗戏，以砚投之，误中先生帽，偿金而归。曰：“大丈夫读世间书，曷若究出世法？”即诣东山慧云院事慧齐。

年十七，剃发具毗尼。偶阅《古云门录》，恍若旧习。往依广教理禅师，弃游四方。

从曹洞诸老宿，既得其说，去登宝峰，谒湛堂准禅师。堂一见异之，俾侍巾裓[1]。指以入道捷径，师横机无所让。堂诃曰：“汝曾未悟，病在意识领解，则为所知障[2]。”堂疾革[3]，嘱师曰：“吾去后，当见川勤（勤即圆悟），必能尽子机用。”

堂卒，师趋谒无尽居士，求堂塔铭。无尽门庭高，少许可，与师一言相契，下榻延之。名师庵曰“妙喜”。洎后再谒，且嘱令见圆悟。

师至天宁，一日闻悟升堂，举：“僧问云门：‘如何是诸佛出身处？’门曰：‘东山水上行。’”“若是天宁即不然，忽有人问：‘如何是诸佛出身处？’只向他道：‘熏风自南来，殿阁生微凉。’”师于言下，忽然前后际断，虽然动相不生，却坐在净裸裸处。悟谓曰：“也不易！你得到这田

地，可惜死了不能得活。不疑言句，是为大病。不见道：‘悬崖撒手[4]，自肯承当。绝后再苏，欺君不得。’须信有这个道理。”遂令居择木堂[5]（择木乃朝士止息处），为不厘务侍者[6]，日同士大夫入室。

悟每举“有句无句，如藤倚树”问之，师才开口，悟便曰：“不是，不是。”经半载，遂问悟曰：“闻和尚当时在五祖曾问这话，不知五祖道甚么？”悟笑而不答。师曰：“和尚当时须对众问，如今说亦何妨？”悟不得已，谓曰：“我问：‘有句无句，如藤倚树，意旨如何？’祖曰：‘描也描不成，画也画不就。’又问：‘树倒藤枯时如何？’祖曰：‘相随来也。’”师当下释然，曰：“我会也。”悟遂举数因缘诘之，师酬对无滞。悟曰：“始知吾不汝欺。”遂著《临济正宗记》付之，俾掌记室。

未几，令分坐。室中握竹篦[7]以验学者，丛林浩然归重，名振京师。右丞相吕公舜徒奏赐紫衣、佛日之号。

会女真之变，其酋欲取禅僧十数人，师在选得免。趋吴虎丘度夏，因阅《华严》至“菩萨登第七地，证无生法忍”，洞晓向所请问湛堂“殃崛摩罗持钵至产妇家[8]”因缘。

时圆悟诏住云居，师往省觐。至山次日，即请为第一座。时会中多龙象，以圆悟久虚座元，俟师之来，颇有不平之心。及冬至秉拂[9]，昭觉元禅师出众问云：“眉间挂剑时如何？”师曰：“血溅梵天。”圆悟于座下以手约云：“住！住！问得极好，答得更奇。”元乃归众，丛林由是改观。

圆悟归蜀，师于云居山后古云门旧址，创庵以居，学者云集。久之入闽，结茅于长乐洋屿，从之得法者十有三人。又徙小溪云门庵。后应张丞相魏公浚径山之命。

开堂日，僧问：“人天普集，选佛场开。祖令当行，如何举唱？”师云：“钝鸟逆风飞。”曰：“遍界且无寻觅处，分明一点座中圆。”师曰：“人间无水不朝东。”复有僧竞出，师约住云：“假使大地尽末为尘，一一尘有一一口，一一口具无碍广长舌相，一一舌相出无量差别音声，一一音声发无量差别言词，一一言词有无量差别妙义。如上尘数，衲僧各各具如是口，如是舌，如是音声，如是言词，如是妙义，同时致百千问难，问问各别，不消长老咳嗽一声，一时答了。乘时于其中间，作无量无边广大佛事，一一佛事周遍法界。所谓一毛现神变，一切佛同说，经于无量劫，不得其边际。便恁么去，闹热门庭即得。正眼观来，正是业识茫茫无本可据，祖师门下一点也用不着。况复勾章棘句[10]，展弄词锋[11]，非唯埋没从上宗乘，亦乃笑破衲僧鼻孔。所以道：'毫厘系念，三涂业因。瞥尔情生，万劫羁锁。圣名凡号，尽是虚声。殊相劣形，皆为幻色。'汝欲求之，得无累乎？及其厌之，又成大患。看他先圣恁么告报，如国家兵器，岂得已而用之？本分事上，亦无这个消息。山僧今日，如斯举唱，大似无梦说梦，好肉剜疮。检点将来，合吃拄杖。只今莫有下得毒手者么？若有，堪报不报之恩，共助无为之化。如无，倒行此令去也。"蓦拈拄杖云："横按镆铘全正令，太平寰宇斩痴顽。"卓拄杖，喝一喝，便下座。

道法之盛，冠于一时。众二千余，皆诸方俊乂[12]。

侍郎张公九成[13]，亦从之游，洒然契悟。一日，因议及朝政，与师连祸。绍兴辛酉五月，毁衣牒，屏居衡阳，乃裒[14]先德机语，间与拈提，离[15]为三帙，目曰《正法眼藏》。凡十年，移居梅阳。又五年，高宗皇帝特恩放还。

明年春，复僧伽梨，四方虚席以邀，率不就。后奉朝命，居育王。逾年有旨，改径山，道俗歆慕[16]如初。孝宗皇帝为普安郡王时，遣内都监入山谒师，师作偈为献。及在建邸，复遣内知客诣山，供五百应真[17]，请师说法，祝延圣寿。亲书"妙喜庵"三字，并制赞宠寄之。

上堂："欲识佛性义，当观时节因缘。时节若至，其理自彰。"举起拂子曰："还见么？"击禅床曰："还闻么？闻见分明，是个甚么？若向这里提得去，皇恩佛恩一时报足。其或未然，径山打葛藤去也。"复举起拂子曰："看！看！无量寿世尊在径山拂子头上放大光明，照不可说，不可说，又不可说，佛刹微尘数世界中，转大法轮，作无量无边广大佛事[18]。其中若凡若圣，若正若邪，若草若木，有情无情，遇斯光者，皆获无上正等菩提。所以，诸佛于此得之，具一切种智。诸大菩萨，于此得之，成就诸波罗密。辟支独觉，于此得之，出无佛世，现神通光明。诸声闻众，洎夜来迎请五百阿罗汉，于此得之，得八解脱，具六神通。天人于此得之，增长十善。修罗于此得之，除其憍慢。地狱于此得之，顿超十地。饿鬼傍生及

四生九类，一切有情，于此得之，随其根性，各得受用。无量寿世尊放大光明，作诸佛事已竟，然后以四大海水灌弥勒世尊顶，与授阿耨多罗三藐三菩提记，当于补处[19]作大佛事。无量寿世尊有如是神通，有如是自在，有如是威神，到这里还有知恩报恩者么？若有，出来与径山相见，为汝证明。如无，听取一颂：'十方法界至人口，法界所有即其舌。只凭此口与舌头，祝吾君寿无间歇。亿万斯年注福源，如海滉瀁[20]永不竭。师子窟内产狻猊，鸑鷟[21]定出丹山穴。为瑞为祥遍九垓[22]，草木昆虫尽欢悦。稽首不可思议事，喻若众星拱明月。故今宣畅妙伽陀[23]，第一义中真实说。'"

上堂："祖师道：'一心不生，万法无咎。无咎无法，不生不心。能随境灭，境逐能沉。境由能境，能由境能。'大小祖师，却作座主见解。径山即不然，眼不自见，刀不自割。吃饭济饥，饮水定渴。临济德山特地迷，枉费精神施棒喝。除却棒，拈却喝，孟八郎[24]汉，如何止遏？"

上堂，拈拄杖，卓一下，喝一喝，曰："德山棒，临济喝，今日为君重拈掇。天何高，地何阔，休向粪扫堆上更添搕[25]。换却骨，洗却肠，径山退身三步，许你诸人商量。且道作么生商量？"掷下拄杖，喝一喝曰："红粉易成端正女，无钱难作好儿郎。"

上堂："正月十四十五，双径椎锣打鼓。要识祖意西来，看取村歌社舞。"

上堂："久雨不曾晴，豁开天地清。祖师门下事，何用更施呈？"

上堂，举："圆通秀禅师示众曰：'少林九年冷坐，刚被神光觑破。如今玉石难分，只得麻缠纸裹。这一个，那一个，更一个。若是明眼人，何须重说破？'径山今日不免狗尾续貂，也有些子。老胡九年话堕，可惜当时放过。致令默照[26]之徒，鬼窟长年打坐。这一个，那一个，更一个。虽然苦口叮咛，却似树头风过。"

结夏，上堂："文殊三处安居，志公不是闲和尚。迦叶欲行正令，未免眼前见鬼。且道径山门下，今日事作么生？"下座后，大家触礼[27]三拜。

上堂："僧问：'有么有么？'庵主竖起拳头，'还端的也无？'"[28]师便下座，归方丈。

上堂："水底泥牛嚼生铁，憍梵钵提[29]咬着舌。海神怒把珊瑚鞭，须弥灯王[30]痛不彻。”

上堂：“才方八月中秋，又是九月十五。”卓拄杖曰：“唯有这个不迁。”掷拄杖曰：“一众耳闻目睹。”

圆悟禅师忌，师拈香曰：“这个尊慈，平昔强项，气压诸方。逞过头底颟顸，用格外底儱侗[31]。自言我以木槵子换天下人眼睛，殊不知被不孝之子将断贯索穿却鼻孔。索头既在径山手里，要教伊生也由径山，要教伊死也由径山。且道以何为验？”遂烧香曰：“以此为验。”

僧问：“达磨西来，将何传授？”师曰：“不可总作野狐精见解。”曰：“如何是粗入细？”师曰：“香水海里一毛孔。”曰：“如何是细入粗？”师曰：“一毛孔里香水海。”

问：“古镜未磨时如何？”师曰：“火不待日而热。”曰：“磨后如何？”师曰：“风不待月而凉。”曰：“磨与未磨时如何？”师曰：“交。”

问：“不与万法为侣者是甚么人？待汝一口吸尽西江水，即向汝道。意作么生？”师曰：“钉钉胶粘。”

问：“一法若有，毗卢堕在凡夫。万法若无，普贤失其境界。去此二途，请师速道。”师曰：“脱壳乌龟飞上天。”

问：“‘高揖释迦，不拜弥勒’时如何？”师曰：“梦里惺惺。”

问：“大修行底人，还落因果也无？前百丈曰‘不落因果’，为甚么堕野狐身？”师曰：“逢人但恁么举。”曰：“只如后百丈道‘不昧因果’，为甚么脱野狐身？”师曰：“逢人但恁么举。”曰：“或有人问径山，大修行底人，还落因果也无？未审和尚向他道甚么？”师曰：“向你道，逢人但恁么举。”

问：“明头来时如何？”师曰：“头大尾颠纤。”曰：“暗头来时如何？”师曰：“野马嘶风蹄拨刺[32]。”曰：“明日大悲院里有斋，又作么生？”师曰：“雪峰道底。”

问：“‘过去心不可得，现在心不可得，未来心不可得’时如何？”师曰：“亲言出亲口。”曰：“未审如何受持？”师曰：“但恁么受持，决不相赚。”

问：“‘我宗无语句，实无一法与人’时如何？”师曰：“五味馔[33]秤锤。”

问："心佛俱忘时如何？"师曰："卖扇老婆手遮日。"

问："教中道：'尘尘说，刹刹说，无间歇。'未审以何为舌？"师拍禅床右角一下。僧曰："世尊不说说，迦叶不闻闻也。"师拍禅床左角一下。僧曰："也知今日令不虚行。"师曰："识甚好恶？"

师室中问僧："不是心，不是佛，不是物。你作么生会？"僧曰："领。"师曰："领你屋里七代先灵。"僧便喝，师曰："适来领，而今喝，干他'不是心，不是佛，不是物'甚么事？"僧无语，师打出。

僧请益夹山境，话声未绝，师便喝。僧茫然。师曰："你问甚么？"僧拟举，师连打，喝出。

师才见僧入，便曰："不是，出去！"僧便出，师曰："没量大人，被语脉里转却。"次一僧入，师亦曰："不是，出去！"僧却近前，师曰："向你道不是，更近前觅个甚么？"便打出。复一僧入曰："适来两僧不会和尚意。"师低头嘘一声，僧罔措。师打曰："却是你会老僧意？"

问僧："我前日有一问在你处，你先前日答我了也，即今因甚么瞌睡？"僧曰："如是，如是。"师曰："道甚么？"僧曰："不是，不是。"师连打两棒，曰："一棒打你如是，一棒打你不是。"

举竹篦问僧曰："唤作竹篦则触，不唤作竹篦则背。不得下语，不得无语。速道！速道！"僧曰："请和尚放下竹篦，即与和尚道。"师放下竹篦，僧拂袖便出，师曰："侍者！认取这僧着。"又举问僧，僧曰："瓮里怕走却鳖那？"师下禅床擒住，曰："此是谁语？速道！"僧曰："实不敢谩昧老师，此是竹庵和尚教某恁么道。"师连打数棒，曰："分明举似诸方。"

师年迈求解[34]，辛巳春，得旨退居明月堂。隆兴改元[35]，一夕星殒于寺西，流光赫然。寻示微恙。八月九日，学徒问安，师勉以弘道，徐曰："吾翌日始行。"至五鼓，亲书遗奏，又贻书辞紫岩居士。侍僧了贤请偈，复大书曰："生也只恁么，死也只恁么。有偈与无偈，是甚么热大？"掷笔委然而逝。平明有蛇尺许，腰首白色，伏于龙王井栏，如义服[36]者，乃龙王示现也。四众哀号，皇帝闻而叹惜。上制师真赞曰："生灭不灭，常住不住。圆觉空明，随物现处。"丞相以次，致祭者沓来。门弟子塔全身于明月堂之侧。寿七十有五，夏五十有八。诏以"明月堂"为"妙喜庵"，谥曰"普觉"，塔名"宝光"。淳熙初，赐其全录八十卷，随大藏流行。

【注释】

［1］裓（gé）：僧道所著的法衣。

［2］所知障：又作智障、智碍。为二障之一，“烦恼障”之对称。指执着于所证之法而障蔽其真如根本智。即众生有无明邪见，无明邪见能覆盖慧解，令不聪利，因而障碍菩提之业，故名所知障。

［3］疾革：病情危急。革：通“亟”，危急。

［4］悬崖撒手：参见本书第十三章“苏州永光院真禅师”注释。

［5］择木堂：宝祐本原刻附注“择木乃朝士止息处”，意思是接待朝廷官员休息的地方。择木：谓鸟兽选择树木栖息，常用以比喻择主而事。择木堂，在禅林为侍者所居之处，非专有名词，旧校本下划线有误。

［6］不厘务侍者：厘：理之义。指虽在侍者之职而不执作其实务者。即是名誉侍者。据《枯崖漫录》卷上载，铁鞭韶禅师在密庵处，任不厘务侍者达六年。又，宋制，凡添差之官不理政事，称为“不厘务”。“厘”有“治”义。“不厘务”即不治理政事。若允许添差之官干预政事，则称为“仍厘务”。

［7］竹篦：竹制刑具。一端是完整的竹棍，另一端是劈开的（或者将一束竹片的一头绑扎起来）片，用劈开的一头打人。又作“批头棍”。

［8］殃崛摩罗持钵至产妇家：参见本书第一章“释迦牟尼佛”注释。

［9］秉拂：拂：指拂子，为禅家之庄严具。住持或代理住持者手持拂子上堂为大众说法，谓之秉拂。凡前堂首座、后堂首座、东藏主、西藏主、书记等，皆具秉拂之资格，并称为秉拂五头首。此处指宗杲首座代住持圆悟秉拂子上法座开示大众。

［10］勾章棘句：即钩章棘句。谓文辞之艰涩。《宋史·选举志一》：“时进士益相习为奇僻，钩章棘句，寖失浑淳。”

［11］词锋：犀利的文笔或口才。南朝陈徐陵《与杨仆射书》：“足下素挺词锋，兼长理窟，匡丞相解颐之说，乐令君清耳之谈，向所咨疑，谁能晓喻。”

［12］俊乂（yì）：亦作“俊艾”。才德出众的人。《书·皋陶谟》：“翕受敷施，九德咸事，俊乂在官。”孔传：“谓天子如此，则俊德治能之士并在官。”孔颖达疏：“乂，训为‘治’，故云‘治能’。马、王、郑皆云，才德过千人为俊，百人为乂。”

［13］张公九成（1092～1159年）：字子韶，号横浦、横浦居士、无垢居士，其先祖系开封人，后徙居钱塘（今浙江杭州）。南宋绍兴二年（1132年）殿试为状

元。授镇东军签判，因与上司意见不合，弃官归乡讲学。后应召为太常博士，历任宗正少卿、侍讲、权礼部侍郎兼刑部侍郎。他为官不附权贵，主张抗金，反对议和，为秦桧所忌，谪守邵州，不久又革职，复以“谤讪朝政”罪名，谪居南安军十四年。秦桧死，重新起用，出知温州。因直言上疏，不纳，辞官归故里，不久病卒。后追赠太师，封崇国公，谥文忠。

［14］裒（póu）：聚集。引申为聚敛、搜集。

［15］离：整体分成若干部分。

［16］歆（xīn）慕：羡慕。《新唐书·文艺传中·李适》：“帝有所感即赋诗，学士皆属和。当时人所歆慕。”

［17］应真：阿罗汉之旧译。应受人天供养之真人。

［18］无量寿世尊在径山拂子头上放大光明，照不可说，不可说，又不可说，佛刹微尘数世界中，转大法轮，作无量无边广大佛事：整个这段话，一直到下文，各种版本标点均有误。这段话的意思是，佛放大光明，照见不可说佛刹微尘数世界，转法轮，作佛事。其着眼点在光明照遍无量世界众生，以至于下文继续说凡是众生遇到这个光明都证得无上菩提。

［19］补处：下一位佛的候选人，有如世间太子即将继承王位。前佛既灭后，成佛而补其处是名补处。如释尊涅槃后，弥勒菩萨候补佛位，往生兜率天内院说法，即将下生人间成佛。

［20］滉（huàng）漾：形容广阔无涯。

［21］鷟（yuè）鷟（zhuó）：凤凰。

［22］九垓（gāi）：九天。指九重天或九州（全中国）。

［23］伽陀：梵语。又作伽他、偈佗、偈。意译讽诵、讽颂、造颂、偈颂、颂、孤起颂、不重颂偈。广义指歌谣、圣歌，狭义则指于教说之段落或经文之末，以句联结而成之韵文，内容不一定与前后文有关。

［24］孟八郎：参见本书“孟八郎”注释。

［25］搕（kē）㩉（zá）：参见本书“搕㩉”注释。

［26］默照：指默照禅。为宋代曹洞宗之宏智正觉禅师所倡导之禅风。默：指沉默专心坐禅；照：即以慧来鉴照原本清净之灵知心性。正觉认为实相即是无相之相，真心即是无心之心，真得即是无得之得，真用即是无用之用，故主张以“坐空尘虑”来默然静照，兀兀坐定，不必期求大悟，唯以无所得、无所悟之态度来坐禅。此一禅风，被同时代之临济宗名德大慧宗杲强烈抨击，贬称其禅法为默照邪禅、无事禅、枯木死灰禅。盖宗杲之禅风，原即迥异于正觉，而强调藉古则公案来契入心性彻悟之机，故极力批评正觉派下人人默默面壁坐禅、放弃参悟修证之作

法。对此，正觉作《默照铭》一文加以反驳，提出默坐禅能使慧的作用活泼，能自然照彻心性之源底，乃佛祖正传之真禅；文中并讥讽宗杲之禅法仅是拘泥于公案之“看话禅”而已。（摘自《佛光大辞典》）

［27］触礼：又作略拜、即礼、速礼。指折叠坐具置于地而行叩拜之礼。

［28］上堂：“僧问：‘有么有么？’庵主竖起拳头，‘还端的也无？’”：这是禅师上堂例举，并没有直接开示。他所举例的大体意思是：有一个僧人提问“有么有么？”庵主就竖起拳头不答话，这个僧人就说：“还端的也无？”禅师说这个公案，就是要大家去参，然后就下座了。旧校本标点有误，主要是没有弄清这是在举例，把僧人当成与“师”对话的对象，使整个标点很乱。

［29］憍梵钵提：又作憍梵波提、迦梵波提，笈房钵底。比丘名，佛弟子之一。译曰牛呞，牛王，牛相等。解律第一。旧校本标点有误，“憍梵钵提”是专有名词，旧校本却没有下划线。

［30］须弥灯王：参见本书“须弥灯王如来”注释。

［31］儱（lǒng）侗（tǒng）：糊涂。

［32］拨（bō）剌（lā）：参见本书“拨剌”注释。

［33］馔（zàn）：以羹浇之饭。

［34］求解：《汉语大词典》解释有两个义项：“请求解救或解除”与“求得解悟。”此处从前后语境联系起来，应为解除住持职务之意。禅师年老，请求解除寺庙的管理职务。所以后文有“得旨退居明月堂”。

［35］改元：参见本书“改元”注释。

［36］义服：谓为非亲属的死者服孝。

【概要】

宗杲禅师（1089～1163年），宋代临济宗杨岐派僧。看话禅之倡导者。字昙晦，号妙喜。宣州（安徽）宁国人。俗姓奚。十二岁时随侍惠云院慧齐。十七岁剃发，受具。初依曹洞诸老，后谒湛堂文准。准示寂后，参天宁圆悟克勤，得到印可。克勤付以《临济正宗记》，俾掌记室，未久令分座。丛林归重，名振京师。靖康元年（1126年），丞相吕舜徒奏赐紫衣，赐号“佛日大师”。后隐居云居山，提撕弟子，既入闽，结茅于福州长乐洋屿，从学而得法者达十三人。绍兴七年（1137年），应丞相张浚之请，住持径山能仁寺，诸方缁素云集，宗风大振。十一年四月，因与张九成议及朝政，五月被褫夺衣牒，流放衡州（湖南衡阳）。乃辑先德机语，间与拈提，名为《正法眼藏》。二十年更被贬至梅州，五年后获赦，复僧衣。不久驻锡育王山。二十八年奉敕再度住持径山寺，三十二年受赐号“大慧禅师”，养老

于明月堂。隆兴元年八月九日书遗偈云：‘生也只么，死也只么，有偈无偈，是甚么热？’投笔而寂，年七十五，腊五十八，谥号“普觉”。宗杲辩才纵横，平日致力鼓吹公案禅法，其禅法被称为“看话禅”。后人集其著述讲说，汇编为《大慧普觉禅师语录》三十卷、《大慧普觉禅师普说》五卷、《大慧普觉禅师宗门武库》一卷、《大慧普觉禅师书》二卷，以及《法语》三卷等。嗣法弟子九十余人，较为著名者有思岳、德光、悟本、道颜等。

【参考文献】

《大慧普觉禅师年谱》；《嘉泰普灯录》卷十五；《佛祖统纪》卷四十七；《明高僧传》卷五。

虎丘绍隆禅师

平江府虎丘绍隆禅师，和之含山人也。九岁谢亲，居佛慧院。逾六年，得度受具。又五年，荷包谒长芦信禅师，得其大略。有传圆悟语至者，师读之，叹曰：“想酢生液，虽未浇肠沃胃，要且使人庆快，第恨未聆謦欬[1]耳！”遂由宝峰依湛堂，客黄龙叩死心禅师，次谒圆悟。

一日入室，悟问曰：“见见之时，见非是见。见犹离见，见不能及。”举拳曰：“还见么？”师曰：“见。”悟曰：“头上安头。”师闻脱然契证，悟叱曰：“见个甚么？”师曰：“竹密不妨流水过。”悟肯之。寻俾掌藏教。有问悟曰：“隆藏主柔易若此，何能为哉！”悟曰：“瞌睡虎耳。”

后归邑，住城西开圣。建炎之扰，乃结庐铜峰之下。郡守李公光延居彰教，次徙虎丘，道大显着。因追绎白云端和尚立祖堂故事，乃曰：“为人之后，不能躬行遗训，于义安乎？”遂图其像，以奉安之。

上堂曰：“凡有展托，尽落今时。不展不托，堕坑落堑。直饶风吹不入，水洒不着，捡点将来，自救不了。岂不见道：‘直似寒潭月影，静夜钟声，随扣击以无亏，触波澜而不散，犹是生死岸头事。’”拈拄杖，划一划云：“划断古人多年葛藤，点头石不觉拊掌大笑。且道笑个甚么？脑后见腮，莫与往来。”

上堂：“目前无法，万象森然。意在目前，突出难辨。不是目前法，触处逢渠。非耳目之所到，不离见闻觉知。虽然如是，也须踏着他向上关捩子始得。所以道：‘罗笼不肯住，呼唤不回头。佛祖不安排，至今无处所。’如是则不劳敛念，楼阁门开；寸步不移，百城俱到。”蓦拈拄杖，划一划云：“路逢死蛇莫打杀，无底篮子盛将归。”

上堂曰：“百鸟不来春又喧，凭栏溢目水连天。无心还似今宵月，照见三千与大千。”

上堂：“摩竭陀国，亲行此令。”拈拄杖，卓一下曰：“大尽三十日，小尽二十九。”

僧问：“为国开堂一句作么生道？”师曰：“一愿皇帝万寿，二愿重臣千秋。”曰：“只如生佛未兴时，一着落在甚么处？”师曰：“吾常于此切。”曰：“官不容针，更借一问时如何？”师曰：“踞虎头，收虎尾。”曰：“中间事作么生？”师曰：“草绳自缚汉。”曰：“毗婆尸佛早留心，直至如今不得妙。”师曰：“几行岩下路，少见白头人。”

问：“九旬禁足，意旨如何？”师曰：“理长即就。”曰：“只如六根不具底人，还禁得也无？”师曰：“穿过鼻孔。”曰：“学人今日小出大遇。”师曰：“降将不斩。”曰：“恁么则和尚放某甲逐便也。”师曰：“停囚长智[2]。”

问：“雪峰道：‘尽大地撮来如粟米粒大，抛向面前。漆桶不会，打鼓普请看[3]。’未审此意如何？”师曰：“一亩之地，三蛇九鼠。”曰：“乞师再垂指示。”师曰：“海口难宣。”

问：“如何是大道真源？”师曰：“和泥合水[4]。”曰：“便恁么去时如何？”师曰：“截断草鞋跟。”

问：“如何是佛法大意？”师曰：“蛇头生角。”问：“古人到这里，因甚么不肯住？”师曰：“老僧也恁么。”曰：“忽然一刀两段时如何？”师曰：“平地神仙。”

问：“‘万机休罢，千圣不携’时如何？”师曰：“未足观光。”曰：“还有奇特事也无？”师曰：“独坐大雄峰。”

绍兴丙辰，示微疾而逝。塔全躯于寺之西南隅。

【注释】

[1] 謦（qǐng）欬（kài）：亦作“謦咳”。咳嗽。亦借指谈笑，谈吐。

[2] 停囚长智：在停顿中思出对策。禅家讲究顿悟，故忌讳此。

[3] 尽大地撮来如粟米粒大，抛向面前。漆桶不会，打鼓普请看：参见本书第

七章“雪峰义存禅师”注释。旧校本等均标点有误，出错的原因是没有弄清这句话的含义。

［4］和泥合水：参见本书“和泥合水”注释。

【概要】

绍隆禅师（1077？～1136年），宋代临济宗僧。和州（今属安徽）含山人。九岁入佛慧院，精研律藏。其后，参谒长芦之净照崇信、宝峰之湛堂文准、黄龙山之死心悟新。后赴夹山（今属湖南），随侍临济宗杨岐派高僧圆悟克勤，凡二十年，并嗣其法。建炎四年（1130年），居平江（今江苏苏州）之虎丘山云岩禅寺，大振圆悟之禅风，世称“虎丘绍隆”，久之遂成一派，即虎丘派。圆悟示寂后，与若平共编圆悟之语录。绍兴六年示寂，世寿六十（一说六十五）。门人嗣端编纂《虎丘隆和尚语录》一卷，徐林撰塔铭。于日本，其法系亦颇隆盛。

【参考文献】

《释氏稽古略》卷四；《大明高僧传》卷五；《续传灯录》卷二十七；《嘉泰普灯录》卷十四。

育王端裕禅师

庆元府育王山佛智端裕禅师，吴越王之裔也。六世祖守会稽，因家焉。师生而岐嶷[1]，眉目渊秀。十四驱乌[2]于大善寺，十八得度受具。往依净慈一禅师。未几，偶闻僧击露柱，曰：“你何不说禅？”师忽微省。去谒龙门远、甘露卓、泐潭祥，皆以颖迈见推。晚见圆悟于钟阜。

一日，悟问：“谁知正法眼藏向这瞎驴边灭却，即今是灭不灭？”曰：“请和尚合取口好。”悟曰：“此犹未出常情。”师拟对，悟击之，师顿去所滞。侍悟居天宁，命掌记室。寻分座，道声蔼著。

京西宪请开法丹霞，次迁虎丘。径山谢事，徇平江道俗之请，庵于西华。阅数稔，敕居建康保宁。后移苏城万寿及闽中玄沙、寿山西禅。复被旨补灵隐。慈宁皇太后幸韦王第，召师演法，赐金襕袈裟。乞归西华旧隐。绍兴戊辰秋，赴育王之命。

上堂曰：“德山入门便棒，多向皮袋里埋踪。临济入门便喝，总在声尘中出没。若是英灵衲子，直须足下风生，超越古今途辙。”拈拄杖，卓一下，喝一喝曰："只这个何似生？若唤作棒喝，瞌睡未惺。不唤作棒喝，未识德山临济。毕竟如何？"复卓一下曰："总不得动着。"

上堂："尽大地是沙门眼，遍十方是自己光，为甚么东弗于逮[3]打鼓，西瞿耶尼[4]不闻？南赡部洲[5]点灯，北郁单越[6]暗坐？直饶向个里道得十全，犹是光影里活计。"撼拂子曰："百杂碎了也，作么生是出身一路？"掷下拂子曰："参！"

上堂："动则影现，觉则冰生。直饶不动不觉，犹是秦时轒轹钻[7]。到这里，便须千差密照，万户俱开。毫端拨转机轮，命脉不沉毒海。有时觉如湛水，有时动若星飞，有时动觉俱忘，有时照用自在。且道正恁么时，是动是觉，是照是用？还有区分得出底么？铁牛横古路，触着骨毛寒。"

上堂曰："行时绝行迹，说时无说踪。行说若到，则垛[8]生招箭。行说未明，则神锋划断。就使说无渗漏，行不迷方，犹滞壳漏在。若是大鹏金翅，奋迅百千由旬；十影[9]神驹，驰骤[10]四方八极。不取次[11]啖啄[12]，不随处埋身，且总不依倚。还有履践[13]分也无？刹刹尘尘是要津[14]。"

上堂曰："易填巨壑，难满漏卮[15]。若有操持，了无难易。拈却大地，宽绰有余。放出纤毫，碍塞无路。忽若不拈不放，向甚么处履践？同诚共休戚，饮水亦须肥。"

僧问："如何是宾中宾？"师曰："你是田厍奴[16]。"曰："如何是宾中主？"师曰："相逢犹莽卤。"曰："如何是主中宾？"师曰："剑气烁愁云。"曰："如何是主中主？"师曰："敲骨打髓[17]。"

师莅众[18]，色必凛然，寝食不背众，唱道[19]无倦。绍兴庚午十月初，示微疾，至十八日，首座法全请遗训，师曰："尽此心意，以道相资。"语绝而逝。火后目睛齿舌不坏，其地发光终夕。得设利者无计，逾月不绝。黄冠[20]罗肇常，平日问道于师，适外归，独无所获。道念勤切，方与客食，咀嚼[21]间若有物，吐哺则设利也，大如菽，色若琥珀。好事者持去，遂再拜于阇维所，闻香奁[22]有声，亟开，所获如前而差红润。门人奉遗骨，分塔于鄮峰西华。谥"大悟禅师"。

【注释】

［1］岐（qí）嶷：《诗·大雅·生民》：“诞实匍匐，克岐克嶷。”朱熹集传：“岐嶷，峻茂之状。”后多以“岐嶷”形容幼年聪慧。

［2］驱乌：三沙弥之一。又称逐蝇沙弥。指七岁至十三岁，能驱逐乌鸟、蝇等，不使掠夺比丘饮食之小沙弥。

［3］东弗于逮：参见本书“东弗于逮”注释。

［4］西瞿耶尼：参见本书“西瞿耶尼”注释。

［5］南赡部洲：参见本书“南赡部洲”注释。

［6］北郁单越：参见本书“北郁单越”注释。

［7］秦时𫐐（duó）轹（lì）钻：参见本书“秦时𫐐轹钻”注释。

［8］垜（duǒ）：箭靶。唐代张鷟《游仙窟》：“张郎太贪生，一箭射两垜。”

［9］十影：古代传说的骏马。见《拾遗记·周穆王》所载，“十影”是周穆王八骏之一。

［10］驰骤（zhòu）：驰骋，疾奔。《韩非子·外储说右下》：“造父御四马，驰骤周旋，而恣欲于马。”

［11］取次：任意，随便。

［12］啖（dàn）啄（zhuó）：吃，咬。

［13］履践：参见本书“履践”注释。

［14］要津：重要渡口。

［15］漏卮（zhī）：本指底上有孔的酒器，比喻人的欲望永远不能满足，欲壑难填。《淮南子·泛论训》：“今夫溜水足以溢壶榼，而江河不能实漏卮，故人心犹是也。”唐代邵谒《秋夕》：“恶命如漏卮，滴滴添不满。”明代张居正《寿襄王殿下序》：“江海虽大也，以奉漏卮，则没世不能取盈焉。”

［16］田厍（shè）奴：参见本书“田厍奴”注释。

［17］敲骨打髓：参见本书“敲骨打髓”注释。

［18］莅（lì）众：管理僧众，多指住持和尚对寺院僧众的言教身教。

［19］唱道：谓讲经说法，宣唱开导。

［20］黄冠：道士的别称。一说道士所戴束发之冠，用金属或木类制成，其色黄，称黄冠，因以为道士的别称。一说起于隋代李播，《新唐书·方技传》载：“李淳风父播，仕隋高唐尉，弃官为道士，号黄冠子。”后世以“黄冠”称道士。唐求《题青城山范贤观》：“数里缘山不厌难，为寻真诀问黄冠。”（摘自任继愈等主编《宗教大辞典》）

［21］咀嚼（jiào）：犹咀嚼。

［22］香奁（lián）：杂置香料的匣子。《周书·艺术传·姚僧垣》："灵上唯置香奁，每日设清水而已。"

大沩法泰禅师

潭州大沩佛性法泰禅师，汉州李氏子。

僧问："理随事变，该万有而一片虚凝；事逐理融，等千差而咸归实际[1]。如何是理法界？"师曰："山河大地。"曰："如何是事法界？"师曰："万象森罗。"曰："如何是理事无碍法界？"师曰："东西南北。"曰："如何是事事无碍法界？"师曰："上下四维。"

上堂："推真真无有相，穷妄妄无有形。真妄两无所有，廓然露出眼睛。眼睛既露，见个甚么？晓日烁开岩畔雪，朔风吹绽腊梅华。"

上堂："宝剑拈来便用，岂有迟疑？眉毛剔起便行，更无回互。一切处腾今焕古[2]，一切处截断罗笼[3]。不犯锋铓，亦非顾鉴[4]。独超物外则且置，万机丧尽时如何？八月秋，何处热？"

上堂："涅槃无异路，方便有多门。"拈起拄杖曰："看！看！山僧拄杖子，一口吸尽西江水。东海鲤鱼跨跳上三十三天[5]，帝释忿怒，把须弥山一掴粉碎。坚牢地神[6]合掌赞叹曰：'谛观法王法，法王法如是。'"以拄杖击禅床，下座。

上堂："达得人空法空，未称祖佛家风。体得全用全照，亦非衲僧要妙。直须打破牢关，识取向上一窍。如何是向上一窍？春寒料峭[7]，冻杀年少？"

上堂："今朝正月已半，是处灯火缭乱。满城罗绮骈阗，交互往来游玩。文殊走入闹篮中，普贤端坐高楼看。且道观音在甚么处？震天椎画鼓，聒地[8]奏笙歌。"

上堂："渺渺邈邈[9]，十方该括[10]。坦坦荡荡，绝形绝相。目欲视而睛枯，口欲谈而词丧。文殊普贤全无伎俩，临济德山不妨提唱。龟吞陕府铁牛，蛇咬嘉州大象。吓得东海鲤鱼，直至如今肚胀。嘻！"

上堂："火云烧田苗，泉源绝流注。娑竭大龙王[11]，不知在何处？"以拄杖击禅床曰："在这里，看！看！南山起云，北山下雨。老僧更为震雷声，助发威光令远布。"乃高声曰："哄弄哄弄[12]。"

上堂：“开口有时非，开口有时是。粗言及细语，皆归第一义。释迦老子碗鸣[13]声，达磨西来屎臭气。唯有山前水牯牛[14]，身放毫光照天地。”

上堂：“得念失念，无非解脱，是甚么语话？成法破法，皆名涅槃，料掉没交涉[15]。智慧愚痴，通为般若。颟顸佛性，菩萨外道。所成就法，皆是菩提。犹较些子。然虽如是，也是杨广失槖驼[16]。”

上堂：“欲识佛去处，只这语声是。咄！傅大士不识好恶，以昭昭灵灵[17]教坏人家男女，被志公和尚一喝曰：‘大士莫作是说，别更道看！’大士复说偈曰：‘空手把锄头，步行骑水牛。人从桥上过，桥流水不流。’志公呵呵大笑曰：‘前头犹似可，末后更愁人。’”

上堂：“忆昔游方日，获得二种物。一是金刚锤，一是千圣骨。持行宇宙中，气岸高突兀。如是三十年，用之为准则。而今年老矣，一物知何物。掷下金刚锤，击碎千圣骨。抛向四衢道，不能更惜得。任意过浮生，指南将作北。呼龟以为鳖，唤豆以为粟。从他明眼人，笑我无绳墨[18]。”

【注释】

［1］理随事变，该万有而一片虚凝；事逐理融，等千差而咸归实际：这是一段骈语，组成对偶句，旧校本不知道是骈语，标点有误。

［2］腾今焕古：震惊今世，显耀古代。与“震古烁今”意义类似，形容事业或功绩非常伟大。

［3］罗笼：控制，笼罩。《密庵语录》：“不被世间、出世间法罗笼得住。”又：“灵利汉闻与么告报，如惯战良马闻锣鼓声，浑身痒簇簇地，千人万人，罗笼不住。”《僧宝正续传》卷六“径山果”条：“正当恁么时，四楞塌地，撥在诸人面前。眼辨手亲底一趯趯得去，便能罗笼一界，提拔四生。”亦作“笼罗”。（摘自《禅宗大词典》）

［4］顾鉴：参见本书“云门顾鉴”注释。

［5］三十三天：参见本书“忉利天”注释。

［6］坚牢地神：佛教护法神。梵名比里底毗，意为如大地之坚。在汉化佛寺中为女神模样。左手持钵，盛满鲜花；右手持谷穗，象征主管大地和一切植物的生长，所以又叫大地神女。其神职是保护土地及地上一切植物免受灾害。（摘自李剑

平主编《中国神话人物辞典》）

［7］料峭：形容微寒。亦形容风力寒冷、尖利。此处形容春天的寒气。宋代苏轼《陈州与文郎逸民饮别》："春风料峭羊角转，河水渺绵瓜蔓流。"

［8］聒（guō）地：声音动地。

［9］渺（miǎo）渺邈（miǎo）邈：遥远看不到边际。

［10］该括：包罗，概括。

［11］娑竭大龙王：参见本书"娑竭罗龙王"注释。

［12］哄弄哄弄：雷声。

［13］碗鸣：参见本书"碗鸣"注释。

［14］水牯牛：参见本书"水牯牛"注释。

［15］料掉没交涉：没有关系，毫不相干。料掉，没关系。没交涉，也是没有关系的意思。柳波发表《释"料掉""了鸟"》（《励耘学刊（语言卷）》2007 年第 01 期）提出："宋代僧人语录与往来文书中常见的'料掉'一词，意为'没有关联，差距很大'。"该文可以参考。

［16］杨广失橐（tuó）驼：唐宋时有歇后语："杨广失骆驼——无觅处。"意思是不知道到什么地方去寻找。杨广，隋炀帝。橐驼，骆驼。张维张主编《佛源语词词典》（语文出版社，2007 年）收录有"杨广失骆驼——无觅处"词条，举例均来自本书。

［17］昭昭灵灵：参见本书第七章"玄沙师备禅师"注释。

［18］绳墨：俗称墨斗，木匠用来正曲直的工具。比喻准则或法度。

【概要】

法泰禅师，宋代临济宗杨岐派僧。生卒年不详。俗姓李，汉州（四川省）人。出家受具后，学南山之教。未久，游学各地，与五祖法演相契，后于圆悟克勤座下了悟大法，出住鼎州（湖南省）德山、邵州（湖南省）西湖及谷山、道吾山。曾奉敕住于大沩山，受赐"佛性禅师"之号。著有《佛性泰禅师语要》一卷行世。

【参考文献】

《联灯会要》卷十六；《嘉泰普灯录》卷十四；《续传灯录》卷二十七。

护国景元禅师

台州护国此庵景元禅师，永嘉楠溪张氏子。年十八，依灵山希拱圆

具后习台教三禩[1]，弃谒圆悟于钟阜。

因僧读“死心小参”语云：“既迷须得个悟，既悟须识悟中迷、迷中悟。迷悟双忘，却从无迷悟处建立一切法。”师闻而疑，即趋佛殿，以手托开门扉，豁然大彻。继而执侍，机辩逸发。圆悟目为“謷头[2]元侍者”。遂自题肖像，付之曰：“生平只说謷头禅，撞着謷头如铁壁。脱却罗笼截脚跟，大地撮来墨漆黑。晚年转复没刀刀，奋金刚椎碎窠窟。他时要识圆悟面，一为渠侬并拈出。”

圆悟归蜀，师还浙东。铲彩埋光[3]，不求闻达[4]。括苍[5]守耿公延禧[6]，尝问道于圆悟，因阅其语录，至题肖像，得师为人。乃致开法南明山，遣使物色，至台之报恩[7]，获于众寮，迫其受命。方丈古公及灵源高弟，闻其提唱，亦深骇异。

僧问：“三圣道：‘我逢人即出，出则不为人。’意旨如何？”师曰：“八十翁翁嚼生铁。”曰：“兴化道：‘我逢人则不出，出即便为人。’又作么生？”师曰：“须弥顶上浪翻空。”

问：“天不能盖，地不能载，是甚么物？”师曰：“无孔铁锤[8]。”曰：“天人群生类，皆承此恩力也[9]。”师曰：“莫妄想。”

问：“三世诸佛说不尽底句，请师速道。”师曰：“眨上眉毛。”

问：“昔年三平道场重兴，是日圆悟高提祖印，始自师传。如何是临济宗？”师曰：“杀人活人不眨眼。”曰：“目前抽顾鉴，领略者还稀。如何是云门宗？”师曰：“顶门三眼耀乾坤。”曰：“未举先知，未言先见。如何是沩仰宗？”师曰：“推不向前，约不退后。”曰：“三界唯心，万法唯识。如何是法眼宗？”师曰：“箭锋相直不相饶。”曰：“建化何妨行鸟道，回途复妙显家风。如何是曹洞宗？”师曰：“手执夜明符，几个知天晓？”曰：“向上还有路也无？”师曰：“有。”曰：“如何是向上路？”师曰：“黑漫漫地。”僧便喝，师曰：“贪他一粒粟，失却半年粮。”

上堂：“威音王已前，这一队汉错七错八。威音王已后，这一队汉落二落三。而今这一队汉，坐立俨然。且道是错七错八，落二落三？还定当得出么？”举拂子曰：“吽吽！”

浴佛，上堂：“这释迦老子初生下来，便作个笑具。一手指天，一手指地，云：‘天上天下，唯我独尊。’后来云门大师道：‘我当时若见，一棒打杀与狗子吃却，贵图天下太平。’尚有人不肯放过，却道赞祖须是云门始得。且道那里是赞他处？莫是一棒打杀处？是么？且喜没交涉。今日南明乍此住持，只得放过。若不放过，尽大地人并皆乞命始得。如今事不获已[10]，且同大众向佛殿上，每人与他一杓。何故？岂不见道，乍可[11]违条，不可越例。”以拂子击禅床，下座。

上堂：“野干鸣，师子吼。张得眼，开得口。动南星，蹉北斗。大众还知落处么？金刚阶下蹲，神龟火里走。”

师退居西山，耿龙学[12]请就净光升座。灵峰古禅师举“白云见杨岐，岐令举茶陵悟道颂”公案，请师批判[13]。师乃曰：“诸禅德！杨岐大笑，眼观东南，意在西北。白云悟去，听事不真，唤钟作瓮。检点将来，和杨岐老汉，都在架子上将错就错。若是南明即不然。我有明珠一颗，切忌当头蹉过。虽然觌面相呈，也须一锤打破。”举拂子曰：“还会么？棋逢敌手难藏行，诗到重吟始见功。”

师示疾，请西堂应庵华禅师为座元，付嘱院事，示训如常，俄握拳而逝。荼毗，得五色舍利，齿舌右拳无少损。塔于寺东刘阮洞前。寿五十三。

【注释】

［1］禩（sì）：同“祀”。年。

［2］鳌（áo）头：歪头。客话。许宝华等主编《汉语方言大词典》（中华书局，2020 年）收录该词条，本书解释依此。

［3］铲彩埋光：洗尽铅华，收敛光芒。比喻隐藏才能。此指禅师韬光养晦，淡泊名利。

［4］闻达：有名望，显达。语本《论语·颜渊》：“在邦必闻，在家必闻。”又：“在邦必达，在家必达。”三国·蜀·诸葛亮《前出师表》：“苟全性命于乱世，不求闻达于诸侯。”

［5］括苍：古县名，治所在今浙江丽水东南。隋开皇九年（589 年）分松阳县置，以境内有括苍山得名。唐大历十四年（779 年）改名丽水。隋唐时曾为处州、括州及永嘉郡治所。

［6］耿公延禧：曾经守括苍。耿延禧（？～1136 年），字伯顺，开封（今河南开封）人，耿南仲子。宣和年间（1119～1125 年）太学官。建炎元年（1127 年）

以中书舍人拜龙图阁直学士、元帅府参议官，寻为枢密直学士，擢龙图阁学士，提举南京鸿庆宫兼侍读，出知宣州。

［7］报恩：指台州报恩寺。

［8］无孔铁锤：参见本书“无孔铁锤”注释。

［9］天人群生类，皆承此恩力也：旧校本标点有误，“类”字不属下句。

［10］事不获已：参见本书“事不获已”注释。

［11］乍可：宁可。

［12］耿龙学：即上文所说“耿公延禧”，曾任龙图阁直学士，简称“龙学”。

［13］批判：评论，评断。

福州玄沙僧昭禅师

上堂：“天上无弥勒，地下无弥勒。且道弥勒在甚么处？”良久曰：“夜行莫踏白，不是水便是石。”

南峰云辩禅师

平江府南峰云辩禅师，本郡人。依闽之瑞峰章得度。旋里谒穹窿圆，忽有得，遂通所见。圆曰：“子虽得入，未至当也，切宜着鞭。”乃辞扣诸席。

后参圆悟，值入室，才踵门，悟曰：“看脚下。”师打露柱一下，悟曰：“何不着实道取一句？”师曰：“师若摇头，弟子摆尾。”悟曰：“你试摆尾看。”师翻筋斗而出，悟大笑，由是知名。

住后，僧问：“如何是夺人不夺境？”师曰：“霸王到乌江[1]。”曰：“如何是夺境不夺人？”师曰：“筑坛拜将。”曰：“如何是人境两俱夺？”师曰：“万里山河获太平。”曰：“如何是人境俱不夺？”师曰：“龙吟雾起，虎啸风生。”曰：“向上还有事也无？”师曰：“当面蹉过。”曰：“真个作家。”师曰：“白日鬼迷人。”

一日入城，与道俗行至十郎巷，有问：“巷在这里，十郎在甚处？”师奋臂曰：“随我来。”

【注释】

［1］霸王到乌江：宝祐本作“霸主到乌江”，依历史典故以及其他版本（如

《大正新修大藏经》第五十册《大明高僧传·平江府南峰沙门释云辩传》）更正。霸王到乌江，指楚霸王项羽到乌江时已经穷途末路，无脸见江东父老。

【概要】

云辩禅师，宋代临济宗僧。生卒年不详。平江府（江苏）人。从福建之瑞峰章出家，复参学于穹窿圆，后嗣圆悟克勤之法。尝住平江府，大举弘化。

【参考文献】

《嘉泰普灯录》卷十五；《五灯全书》卷四十三；《大明高僧传》卷五。

灵隐慧远禅师

临安府灵隐慧远佛海禅师，眉山彭氏子。年十三，从药师院宗辩为僧。诣大慈听习，弃依灵岩徽禅师，微有省。

会圆悟复领昭觉，师即之。闻悟普说，举“庞居士问马祖不与万法为侣”因缘，师忽顿悟，仆于众，众掖之。师乃曰：“吾梦觉矣。”

至夜小参，师出问曰：“净裸裸空无一物，赤骨力贫无一钱。户破家亡，乞师赈济。”悟曰：“七珍八宝一时拏。”师曰：“祸不入谨家之门。”悟曰：“机不离位，堕在毒海。”师随声便喝，悟以拄杖击禅床云：“吃得棒也未？”师又喝，悟连喝两喝，师便礼拜。自此机锋峻发，无所抵捂[1]。

圆悟顺寂，师即东下，屡迁名刹[2]。由虎丘奉诏住皋亭崇先，复被旨补灵隐。孝庙召对，赐“佛海禅师”。

上堂：“新岁有来由，烹茶上酒楼。一双无两脚[3]，半个有三头。突出神难辨，相逢鬼见愁。倒吹无孔笛，促拍舞凉州。咄！”

上堂：“好是仲春渐暖，那堪寒食清明？万叠云山耸翠，一天风月良邻。在处华红柳绿，湖天浪稳风平。山禽枝上语谆谆，再三琐琐碎碎，嘱付叮叮咛咛。你且道，他叮咛嘱付个甚么？”卓拄杖曰：“记取明年今日，依旧寒食清明。”

上堂，举：“僧问睦州：‘以一重去一重即不问，不以一重去一重时如何？’州曰：‘昨日栽茄子，今朝种冬瓜。’”师曰：“问者善问不解答，答者善答不解问。山僧今日向饥鹰爪下夺肉，猛虎口里横身，为你诸人

说个样子。登坛道士羽衣轻，咒力虽穷法转新。拇指破开天地阔，蛇头擷落[4]鬼神惊。”

僧问：“十二时中，教学人如何用心？”师曰：“蘸雪吃冬瓜。[5]”

问：“浩浩尘中如何辨主？”师曰：“木杓头边镰切菜[6]。”曰：“莫便是和尚为人处也无？”师曰：“研槌[7]撩[8]餑飥[9]。”

问：“即心即佛时如何？”师曰：“顶分丫角。”曰：“非心非佛时如何？”师曰：“耳坠金镮[10]。”曰：“不是心，不是佛，不是物，又作么生？”师曰：“秃顶修罗舞柘枝[11]。”

问：“东山水上行[12]，意旨如何？”师曰：“初三十一，不用择日。”问：“文殊是七佛之师，为甚么出女子定不得？”师曰：“担头不挂针。”

问：“昔有一秀才，作《无鬼论》。论成，有一鬼叱曰：‘争奈我何？’意作么生？”师以手斫额曰：“何似生？”曰：“只如五祖以手作鹁鸠[13]嘴，曰：‘谷呱呱。’又且如何？”师曰：“自领出去。”

问：“庵内人为甚么不知庵外事？”师曰：“拄杖横挑铁蒺藜。”

问：“不与万法为侣者，是甚么人？”师曰：“脚踏辘轳[14]。”

一日鸣鼓升堂，师潜坐帐中，侍僧寻之，师忽拨开帐曰：“只在这里，因甚么不见？”僧无对。师曰：“大斧斫三门。”

问僧：“一大藏教是恶口，如何是本身卢舍那？”僧曰：“天台普请，南岳游山。”师别曰：“阿耨达池[15]深四十丈，阔四十丈。”

乙未秋，示众曰：“淳熙二年闰季秋九月旦，闹处莫出头，冷地着眼看。明暗不相干，彼此分一半。一种作贵人，教谁卖柴炭？向你道，不可毁，不可赞，体若虚空没涯岸，相唤相呼归去来，上元定是正月半。”都下[16]喧传[17]而疑之。明年，忽感微疾，果以上元挥偈，安坐而化。偈曰：“拗折秤锤，掀翻露布。突出机先，鸦飞不度。”留七日，颜色不异。塔全身于寺之乌峰。

【注释】

［1］抵（dǐ）捂（wú）：同“抵梧”。《汉语大词典》解释为抵触、矛盾，引申谓用言语顶撞、冒犯。例证有《汉书·司马迁传》：“至于采经摭传，分散数家之事，甚多疏略，或有抵梧。”此处“无所抵捂”，依《禅宗大辞典》：“意谓无人能对付他”。《禅宗大辞典》“抵捂”条：对付，抵敌。《五灯会元》卷一七，黄龙

悟新："游方至黄龙，谒晦堂。堂竖拳问曰：'唤作拳头则触，不唤作拳头则背。汝唤作甚么？'师罔措。经二年，方领解。然尚谈辩，无所牴捂。"（意谓无人能对付他）《续传灯录》卷二八，瞎堂远："一日圆悟普说，举庞居士问马祖：'不与万法为侣者是什么人？'马祖云：'待汝一口吸尽西江水，即向汝道。'师闻举，豁然大悟，仆于众中。众以为中风，共掖起之。师乃曰：'吾梦觉矣。'……自此机锋峻发，无所牴捂矣。"

［2］屡迁名刹：旧校本作"娄迁名刹"，校勘有误。续藏本、龙藏本皆作"屡迁名刹"。

［3］一双无两脚：宝祐本作"一双为两脚"，依其他版本（如《卍新纂大日本续藏经》第七十九册《嘉泰普灯录》卷十五）更正。

［4］攧（diān）落：谓歌声最后由高而低落。

［5］蘸雪吃冬瓜：歇后语"蘸雪吃冬瓜——淡而无味"。

［6］木杓头边镰切菜：木杓是弧形的，镰刀也是弧形的，用弯形镰刀在弯形木杓里切菜正好。比喻有什么样的问题，就用什么样的办法去解决。（摘自张鲁原编著《中华古谚语大辞典》）

［7］研槌：擀面杖，闽语。（摘自许宝华等主编《汉语方言大词典》）

［8］撩（lào）：捞取。也作"捞"。《集韵·号韵》："捞，《方言》：'取物也。'或作'撩'。"《太平御览》九三六引《广五行纪》："意欲垂钓往撩取，恐是蛟龙还复休。"（摘自《汉语大字典》）

［9］馎（bó）饦（tuō）：亦作"不托""饦"。面食品，即汤饼。北朝时称馎饦，唐称不托，宋俗复称馎饦，字或作"饦"。然宋时虽承旧名，形状则有面片、宽面条、细面条之殊。北魏·贾思勰《齐民要术·饼法》："馎饦，挼如大指许，二寸一断，著水盆中浸，宜以手向盆旁挼使极薄，皆急火逐沸熟煮。"（摘自华夫等主编《中国古代名物大典》）以上"研槌撩馎饦"连贯起来的意义就是"用擀面杖捞汤饼"，这就好比姜太公钓鱼无饵无钩。姜太公钓鱼钓的不是鱼而是王侯，禅师的擀面杖捞的也不是汤饼而是自心有主的人。"研槌撩馎饦"其寓意是：佛不从外得，而应当转向自心，这就是禅师接引学人的方法。

［10］金镮（huán）：耳上的装饰物。金制的耳坠子。环，泛指圆圈形物。

［11］舞柘（zhè）枝：唐代流行的西域乐舞。来自西域的石国，石国又名柘枝。原为独舞，主要以鼓伴奏。舞者身着民族服装，足穿锦靴，在鼓声中出场。舞步时而轻盈柔美，时而刚健迅捷，繁复的变化使舞者佩戴的金铃发出清脆悦耳的响声。宋继承唐，宋的柘枝舞经常在贵族的酒宴中由伎人表演，供宾主欣赏。舞蹈婀娜多姿又矫健明丽。唐代白居易《柘枝妓》："平铺一合锦筵开，连击三声画鼓催。

红蜡烛移桃叶起，紫罗衫动柘枝来。带垂钿胯花腰重，帽转金铃雪面回。看即曲终留不住，云飘雨送向阳台。柘家美人尤多娇，公子王孙忽忘还。”

［12］东山水上行：参见本书第十五章“云门文偃禅师”条“圣严说禅：东山水上行”。

［13］鹁（bó）鸠（jiū）：鸟名。天将雨时其鸣甚急，俗称水鹁鸪。

［14］辘（lù）轳（lú）：车轮。

［15］阿耨达池：相传为阎浮提四大河之发源地。意译清凉池、无热恼池。据《华严经·十地品》，从阿耨达池流出四条大河（恒伽河、私陀河、信度河、缚刍河），流通阎浮提而不涸竭，最后流入大海之中。《西域记》一：“喜马拉雅山之佛母岭，高出海岸一万五千五百尺处，有一湖名玛那萨罗华，即阿耨达池也。”

［16］都下：原指京城，宋指天子巡幸所在之地。

［17］喧传：犹哄传、盛传。

台州鸿福子文禅师

上堂：“不昧不落作么会？会得依前堕野狐。一夜凉风生画角，满船明月泛江湖。”

成都府正法建禅师

上堂：“兔马有角，牛羊无角。绝毫绝厘，如山如岳。针锋上师子翻身，藕窍中大鹏展翼。等闲突过北俱卢，日月星辰一时黑。”

华藏安民禅师

建康府华藏密印安民禅师，嘉定府朱氏子。

初讲《楞严》于成都，为义学所归。时圆悟居昭觉，师与胜禅师为友，因造焉。闻悟小参，举“国师三唤侍者”因缘，赵州拈云：“如人暗中书字，字虽不成，文彩已彰。那里是文彩已彰处？”师心疑之，告香[1]入室，悟问：“座主讲何经？”师曰：“《楞严》。”悟曰：“《楞严》有七处征心，八还辨见，毕竟心在甚么处？”师多呈艺解[2]，悟皆不肯。师复请益，悟令一切处作文彩已彰会。

偶僧请益《十玄谈》，方举：“问君心印作何颜？”悟厉声曰：“文彩已彰！”师闻而有省，遂求印证。悟示以本色钳锤，师则罔措。

一日白悟曰："和尚休举话，待某说看。"悟诺，师曰："寻常拈槌竖拂，岂不是经中道'一切世界诸所有相，皆即菩提妙明真心'？"悟笑曰："你元来在这里作活计？"师又曰："下喝敲床时，岂不是'返闻闻自性，性成无上道'？"悟曰："你岂不见经中道'妙性圆明，离诸名相'？"师于言下释然。

悟出蜀，居夹山。师罢讲侍行。悟为众夜参，举"古帆未挂"因缘，师闻未领，遂求决。悟曰："你问我。"师举前话，悟曰："庭前柏树子。"师即洞明，谓悟曰："古人道，如一滴投于巨壑，殊不知大海投于一滴？"悟笑曰："奈这汉何！"未几，令分座。悟说偈曰："休夸四分罢《楞严》，按下云头彻底参。莫学亮公亲马祖，还如德峤[3]访龙潭。七年往返游昭觉，三载翱翔上碧岩。今日烦充第一座，百华丛里现优昙[4]。"

后谒佛鉴于蒋山，鉴问："佛果有不曾乱为人说底句，曾与你说么？"师曰："合取狗口。"鉴震声曰："不是这个道理。"师曰："无人夺你盐茶袋，叫作甚么！"鉴曰："佛果若不为你说，我为你说。"师曰："和尚疑时，退院别参去。"鉴呵呵大笑。

师未几开法保宁，迁华藏，旋里领中峰。

上堂："'众卖华兮独卖松，青青颜色不如红。算来终不与时合，归去来兮翠蔼中。'可笑古人恁么道，大似逃峰赴壑，避溺投火。争如随分到尺八五分镬头边，讨一个半个？虽然如是，保宁半个也不要。何故？富嫌千口少，贫恨一身多。"

冬至，上堂，举："玉泉皓和尚云：'雪、雪，片片不别，下到腊月[5]，再从来年正月二月三月四月五月六月七月八月九月十月，依前不歇，冻杀饿杀，免教胡说乱说。'"师曰："不是骂人，亦非赞叹。高出临济德山，不似云居罗汉。且道玉泉意作么生？"良久曰："但得雪消去，自然春到来。"

师后示寂于本山，阇维，设利颇剩，细民穴地尺许，皆得之，尤光明莹洁，心舌亦不坏。

【注释】

［1］告香：参见本书"告香"注释。

［2］艺解：指对佛法的理解。《敦煌变文集·维摩诘经讲经文七》："我今艺解

实非堪，狂（枉）受如来垂荫覆。”又：“三千界内总闻名，皆道文殊艺解精。”（摘自罗竹风主编《汉语大词典》）

［3］德峤（qiáo）：德山。峤，本指高而锐的山。泛指高山或山岭。《尔雅·释山》：“（山）锐而高，峤。”邢昺疏：“言山形钀峻而高者名峤。”

［4］优昙：指优昙华，又名优昙钵华，译为灵瑞，或瑞应，是多年生草，茎高四五尺，花作红黄色，产于喜马拉雅山麓及锡兰等处，两千年开花一次，开时仅一现，故人们对于难见而易灭的事，称为昙花一现。此处比喻安民禅师人才难得。

［5］雪、雪，片片不别，下到腊月：旧校本标点有误，应以“雪”为韵脚标点。

昭觉道元禅师

成都府昭觉彻庵道元禅师，绵州邓氏子。幼于降寂寺圆具，东游谒大别道禅师，因看“廓然无圣[1]”之语，忽尔失笑曰：“达磨元来在这里。”道誉之。往参佛鉴、佛眼，蒙赏识。

依圆悟于金山，以所见告，悟弗之许。悟被诏住云居，师从之。虽有信入，终以鲠胸之物未去为疑。会悟问参徒：“生死到来时如何？”僧曰：“香台子笑和尚。”次问师：“汝作么生？”师曰：“草贼大败。”悟曰：“有人问你时如何？”师拟答，悟凭陵曰：“草贼大败。”师即彻证。圆悟以拳击之，师指掌大笑。悟曰：“汝见甚么便如此？”师曰：“毒拳未报，永劫不忘。”悟归昭觉，命首众。悟将顺世，以师继席焉。

【注释】

［1］廓然无圣：禅宗公案。出自本书第一章“初祖菩提达磨大师”条：“帝又问：‘如何是圣谛第一义？’祖曰：‘廓然无圣。’帝曰：‘对朕者谁？’祖曰：‘不识。’”“廓然”，大彻大悟的境地；“无圣”，无圣谛第一义谛。谓彻悟境界中无自无他、无圣无凡、平等一如。此公案亦列于《碧岩录》第一则、《从容录》第二则。“廓然无圣”一语被视为理解禅宗旨趣的枢机。梁武帝与菩提达磨问答的公案在唐以后形成，流传极广，表达禅宗否定外在权威，主张凡圣无别，倡导自证自悟的教义。（摘自任继愈主编《佛教大辞典》）

【概要】

道元禅师，宋代临济宗杨岐派僧。号彻庵，原名五斗。绵州（今四川绵阳）

人，俗姓邓。幼岁入于降寂寺出家，先后参谒大别心道、佛鉴佛眼。后随圆悟克勤，并嗣其法，继师席，主持昭觉寺。生卒年不详。

【参考文献】

《嘉泰普灯录》卷十四。

中竺中仁禅师

临安府中天竺㣺堂中仁禅师，洛阳人也。少依东京奉先院出家。宣和初，赐牒[1]于庆基殿。落发进具后，往来三藏译经所，谛穷经论，特于宗门[2]未之信。

时圆悟居天宁，凌晨谒之。悟方为众入室，师见敬服，奋然造前。悟曰："依经解义，三世佛冤。离经一字，即同魔说。速道！速道！"师拟对，悟劈口击之，因坠一齿，即大悟。留天宁。由是师资契合，请问无间。

后开法大觉，迁中天竺，次徙灵峰。

上堂："九十春光已过半，养花天气正融和。海棠枝上莺声好，道与时流见得么？然虽如是，且透声透色一句作么生道？金勒马嘶芳草地，玉楼人醉杏花天。"

上堂，举"狗子无佛性"话，乃曰："二八佳人刺绣迟，紫荆花下啭黄鹂。可怜无限伤春意，尽在停针不语时。"

淳熙甲午四月八日，孝宗皇帝诏入，赐座说法。帝举"不与万法为侣"因缘，俾拈提。师拈罢，颂曰："秤锤搦出油，闲言长语休。腰缠十万贯，骑鹤上扬州。"

癸亥中升堂，告众而逝。

【注释】

[1] 牒：僧尼出家受戒后所发之受戒证件。唐、宋时代僧尼出家时即须领取度牒（出家僧籍证明书），受戒后再领取戒牒，皆由官方颁发。且受戒时须呈验度牒，方准受戒。

[2] 宗门：指禅宗。宗，为所崇尚之教旨；门，为通入之义。据《宗门十规论》自叙载，于无言中勉强显其言，于无法中勉强存其法。宗门一词，宋以后成为

禅宗之自赞，余宗则称教门。

【概要】

中仁禅师（？～1179 年），宋代禅僧。洛阳人。字蒙堂。少投东京奉先院出家。宣和（1119～1125 年）初年赐牒，于庆基殿落发，受具足戒后，恒往来三藏译经所，谛穷经论，然于宗门则未之能信。其时圆悟克勤居天宁寺，有大名声，禅师前往参谒，叩问之间，克勤劈口击之，因坠一齿，遂大悟，遂留侍不去，请问无间。后开法于大觉寺，又迁中竺，复徙灵峰。淳熙元年（1174 年），召入内殿问法，奏对称旨。寂于淳熙六年（1179 年），一说寂于嘉泰三年（1203 年）。

【参考文献】

《续灯正统》卷二；《释氏疑年录》卷八。

象耳袁觉禅师

眉州象耳山袁觉禅师，郡之袁氏子。出家传灯，试经得度。本名圆觉，郡守填祠牒[1]，误作袁字，疑师慊然[2]，戏谓之曰："一字名可乎？"师笑曰："一字已多。"郡守异之。既受具出蜀，遍谒有道尊宿。

后往大沩，依佛性。顷之，入室陈所见。性曰："汝忒煞远在。"然知其为法器，俾充侍者，掌宾客。师每侍性，性必举《法华》"开示悟入"四字，令下语。又曰："直待我竖点头时，汝方是也。"偶不职，被斥，制中[3]无依，寓俗士家。一日诵《法华》至"亦复不知，何者是火？何者为舍？"乃豁然，制罢归省，性见首肯之。

圆悟再得旨住云居，师至彼，以所得白悟。悟呵云："本是净地，屙屎作么？"师所疑顿释。

绍兴丁巳，眉之象耳虚席，郡守谓此道场久为蠡膡囊橐[4]，非名流胜士，莫能起废。诸禅举师应聘。

尝语客曰："东坡云：'我持此石归，袖中有东海。'山谷云：'惠崇烟雨芦雁[5]，坐我潇湘洞庭。欲唤扁舟归去，傍人谓是丹青。'此禅髓也。"又曰："我敲床竖拂时，释迦老子、孔夫子都齐立在下风。"有举此语似佛海远禅师，远曰："此觉老语也，我此间即不恁么。"

【注释】

［1］祠牒：即度牒。祠部所颁发的度牒。唐、宋以来，祠部发给或售给出家人以凭证，可免地税及徭役。《释氏要览》卷上：“祠部牒：此牒自尚书省祠部司出，故称祠部。”

［2］慊然：不满足的样子。

［3］制中：指结制修行之期间，即夏安居与冬安居之安居期中。夏安居之制中，自四月十六日起，至七月十五日止。冬安居之制中，自十月十六日起，至次年一月十五日止。亦有以五月十六日至八月十五日为夏安居，十一月十六日至次年二月十五日为冬安居者。又于佛世时，制中有禁足之规定。此外，相对于制中者，称解间，即夏、冬安居以外之时日。

［4］蟊（máo）螣（téng）囊（náng）橐（tuó）：害虫的庇护所。蟊螣：吃苗根与苗叶的害虫。囊橐：本指口袋，此处喻庇护所。

［5］惠崇烟雨芦雁：苏轼《惠崇芦雁》：“惠崇烟雨芦雁，坐我潇湘洞庭。欲买扁舟归去，故人云是丹青。”“惠崇”为宋初僧人，九僧之一，曾作《烟雨芦雁图》。旧校本未加专有名词线，有误。

华严祖觉禅师

眉州中岩华严祖觉禅师，嘉州杨氏子。幼聪慧，书史过目成诵。著书排释氏，恶境忽现，悔过出家。依慧目能禅师。未几，疽发膝上，五年医莫愈。因书《华严合论》毕，夜感异梦，且即舍杖步趋。

一日，诵至《现相品》曰：“佛身无有生，而能示出生。法性如虚空，诸佛于中住。无住亦无去，处处皆见佛。”遂悟《华严》宗旨。洎登僧籍，府帅请讲于千部堂，词辩宏放，众所叹服。适南堂静禅师过门，谓师曰：“观公讲说，独步西南，惜未解离文字相耳。傥问道方外，即今之‘周金刚[1]’也。”师欣然罢讲。

南游依圆悟于钟阜。一日，入室，悟举：“罗山道：‘有言时，踞虎头，收虎尾，第一句下明宗旨。无言时，觌露机锋，如同电拂。’作么生会？”师莫能对。夙夜参究，忽然有省，作偈呈悟曰：“家住孤峰顶，长年半掩门。自嗟身已老，活计付儿孙。”悟见许可。次日入室，悟又问：“昨日公案作么生？”师拟对，悟便喝曰：“佛法不是这个道理。”师复留

五年，愈更迷闷。后于庐山栖贤阅浮山远禅师《削执论》云：“若道悟有亲疏，岂有旃檀林中却生臭草？”豁然契悟，作偈寄圆悟曰：“出林依旧入蓬蒿，天网恢恢不可逃。谁信业缘无避处？归来不怕语声高。”悟大喜，持以示众曰：“觉华严彻[2]矣！”

住后，僧问：“最初威音王，末后娄至佛，未审参见甚么人？”师曰：“家住大梁城，更问长安路。”曰：“只如德山担疏钞行脚，意在甚么处？”师曰：“拶破你眼睛。”曰：“与和尚悟《华严》宗旨相去几何？”师曰：“同途不同辙。”曰：“昔日德山，今朝和尚。”师曰：“夕阳西去水东流。”

上堂，举“石霜和尚迁化，众请首座继踵住持，虔侍者所问”公案。师曰：“宗师行处，如火消冰。透过是非关，全机亡得丧。尽道首座滞在一色，侍者知见超师，可谓体妙失宗，全迷向背。殊不知首座如鹭鸶立雪[3]，品类不齐。侍者似凤翥丹霄[4]，不萦金网。一人高高山顶立，一人深深海底行。各自随方而来，同会九重城里。而今要识此二人么？”竖起拂子曰：“龙卧碧潭风凛凛。”垂下拂子曰：“鹤归霄汉背摩天。”

僧问：“如何是一喝如金刚王宝剑？”师曰：“血溅梵天。”曰：“如何是一喝如踞地师子？”师曰：“惊杀野狐狸。”曰：“如何是一喝如探竿影草[5]？”师曰：“验得你骨出。”曰：“如何是一喝不作一喝用？”师曰：“直须识取把针人，莫道鸳鸯好毛羽。”

【注释】

［1］周金刚：唐德山鉴禅师姓周氏，出家常讲金刚般若经。时名之曰“周金刚”。参见本书第七章“德山宣鉴禅师”注释。

［2］彻：大彻大悟。彻：即彻底，于禅林中，特指大悟，又作彻底大悟。彻悟，谓通彻觉悟生命之真谛。又作悟彻。

［3］鹭鸶立雪：即鹭鸶立雪非同色。指即使是雪白的鹭鸶鸟站在雪中，也不能和雪保持完全一致的颜色。比喻许多事物表面相同而实质不同。本书第十七章“隆庆庆闲禅师”条：“问：‘我手何似佛手？’师曰：‘月下弄琵琶。’问：‘我脚何似驴脚？’师曰：‘鹭鸶立雪非同色。’”

［4］凤翥（zhù）丹霄：凤凰飞翔在绚丽的天空。比喻高尚的举止。也作“凤举”，如三国·魏·曹植《王仲宣诔》：“翕然凤举，远窜荆蛮。”翥：飞举。丹霄：

谓绚丽的天空。

[5] 探竿影草：参见本书“探竿影草”注释。

【概要】

祖觉禅师（1087～1150年），宋代禅僧。嘉州（今四川乐山）龙游人，俗姓杨。号痴庵。幼聪慧，读书过目成诵，出家后参究华严宗旨，书写《华严合论》。后游历“禅社”，依圆悟克勤学习五年，被称为“觉华严”。后奉旨住持眉州（今四川眉山）中岩寺，大弘清凉（华严）之教，有“清凉一宗，至师可为鼎盛”之评。尝修《北宋僧史》，著有《华严集解》《金刚经注》《水陆斋仪》等。后示寂于绍兴二十年，世寿六十四。

【参考文献】

《嘉泰普灯录》卷十四；《大明高僧传》卷一、卷六。

福严文演禅师

潭州福严文演禅师，成都府杨氏子。

僧问：“如何是定林正主？”师曰：“坐断天下人舌头。”曰：“未审如何亲近？”师曰：“觑著则瞎。”

上堂：“当阳坐断，凡圣迹绝。随手放开，天回地转。直得日月交互，虎啸龙吟。头头物物，耳闻目视。安立谛上是甚么？还委悉么？阿斯吒！咄。”

明因昙玩禅师

平江府西山明因昙玩禅师，温州黄氏子。遍参丛席。宣和庚子，回抵钟阜，适朝廷改僧为德士，师与同志数人，入头陀岩食松自处。久之，圆悟被旨居是山，亲至岩所，令去须发。及悟诏补京师天宁，与师俱往，命掌香水海。未几，因举桕[1]击鼓，顿明大法。凡有所问，皆对曰：“莫理会。”故流辈咸以“莫理会”称之。

住后，上堂：“汝有一对眼，我也有一对眼。汝若瞒还自瞒，汝若成佛作祖，老僧无汝底分。汝若做驴做马，老僧救汝不得。”

众檀越入山，请上堂，说偈曰：“我无长处名虚出，谢汝殷勤特地

来。明因无法堪分付，谩把山门为汝开。”

【注释】

［1］枹（fú）：鼓槌。

虎丘元净禅师

平江府虎丘雪庭元净禅师，双溪人也。

上堂：“知有底人，过万年如同一日。不知有者，过一日如同万年。不见死心和尚道：‘山僧行脚三十余年，以九十日为一夏，增一日也不得，减一日也不得。取不得，舍不得，不可得中只么得。’翠云见处又且不然，山僧行脚三十来年，谁管他一日九十日！也无得，也无不得，处处当来见弥勒。且道弥勒在甚么处？金风吹渭水，落叶满长安[1]。”

上堂：“说得须是见得，见得又须说得。见得说不得，落在阴界，见解偏枯。说得见不得，落在时机，堕在毒海。若是翠云门下，直饶说得见得，好与三十棒。说不得见不得，也好与三十棒。翠云恁么道，也好与三十棒。”遂高声召大众曰：“险。”

上堂：“日日日东出，日日日西没。是时人知有，自古自今，如麻似粟。忽然捩转话头，亦不从东出，亦不从西没，且道从甚处出没？若是透关底人，闻恁么道，定知五里牌在郭门[2]外。若是透不过者，往往道半山热瞒人。”

僧问：“如何是到家一句？”师曰：“坐观成败。”

问：“不与万法为侣者是甚么人？”师曰：“远亲不如近邻。”曰：“待汝一口吸尽西江水，即向汝道，又作么生？”师曰：“近邻不如远亲。”

问：“亡僧迁化向甚么处去？”师曰：“粪堆头。”曰：“意旨如何？”师曰：“筑著磕著。”

【注释】

［1］金风吹渭水，落叶满长安：出自唐代贾岛《忆江上吴处士》：“闽国扬帆去，蟾蜍亏复圆。秋风吹渭水，落叶满长安。此地聚会夕，当时雷雨寒。兰桡殊未返，消息海云端。”渭水，在长安郊外（长安即今陕西省西安市）。这两句说：萧瑟秋风阵阵掠过渭水，长安城里落叶遍地。诗句紧扣别情，写出了深秋季节典型的

时令特点。

[2] 郭门：城的外门。

天宁梵思禅师

衢州天宁讷堂梵思禅师，苏台朱氏子。

上堂："趯翻生死海，踏倒涅槃岸。世上无活人，黄泉无死汉。"遂拈拄杖曰："讷堂今日拄杖子有分付处，也还有承当得者么？试出来担荷看。有么有么？"良久，掷拄杖，下座。

上堂："知有底，也吃粥吃饭。不知有底，也吃粥吃饭。如何直下验得他有之与无，是之与非，邪之与正？若验不出，参学事大远在。"喝一喝，下座。

上堂："山僧是杨岐四世孙，这老汉有个'三脚驴子弄蹄行[1]'公案。虽人人举得，只是不知落处。山僧不惜眉毛，为诸人下个注脚。"乃曰："八角磨盘空里走。"

【注释】

[1] 三脚驴子弄蹄行：参见本章"杨岐方会禅师"注释。

岳州君山佛照觉禅师

上堂，举："古者道：'仰之弥高，钻之弥坚。瞻之在前，忽焉在后。'诸人还识得么？若也不识，为你注破。'仰之弥高'，不隔丝毫；要津把断，佛祖难逃。'钻之弥坚'，真体自然；鸟啼华笑，在碧岩前。'瞻之在前'，非正非偏；十方坐断，威镇大千。'忽焉在后'，一场漏逗；堪笑云门，藏身北斗。咄！"

宝华显禅师

平江府宝华显禅师，本郡人也。

上堂曰："吃粥了也，头上安头。洗钵盂去，为蛇画足。更问如何？自纳败阙。"良久，高声召大众，众举首，师曰："归堂吃茶。"

上堂："禅莫参，道休学，歇意忘机常廓落[1]。现成公案早周遮[2]，只个无心已穿凿。直饶坐断未生前，难透山僧错错错。"

【注释】

［1］廓落：空寂。《如净续语录》："净妙妙时解活计，露堂堂处有家风。须知脱体卓然道，廓落圆通是个宗。"

［2］周遮：噜苏，唠叨。唐代白居易《戒老》："矍铄夸身健，周遮说话长。"

东山觉禅师

绍兴府东山觉禅师，后住因圣

上堂："三通鼓罢，诸人各各上来，拟待理会祖师西来意，还知剑去久矣么？设使直下悟去，也是斩头觅活。东山事不获已，且向第二头鞠拶[1]看。"以手拍禅床，下座。

上堂："花烂漫，景暄妍[2]，休说壶中别有天。百草头[3]边如荐得，东高三丈，西阔八寸。"

上堂，举："昔广额屠儿，一日至佛所，飏[4]下屠刀，曰：'我是千佛一数。'世尊曰：'如是如是。'今时丛林，将谓广额过去是一佛，权现屠儿。如此见广额，且喜没交涉。"又曰："广额正是个杀人不眨眼底汉，飏下屠刀，立地成佛，且喜没交涉。"又道："广额飏下屠刀，曰：'我是千佛一数。'涉一佛多少分明？且喜没交涉。要识广额么？来路桃华风雨后，马蹄何处避残红！"

【注释】

［1］鞠（jū）拶（zǎn）：查究。鞠：通"鞫"。审问，究问。拶：施加拶指之刑。

［2］暄妍：天气暖和，景色明媚。

［3］百草头：参见本书"百草头"注释。

［4］飏（yáng）：抛，丢，放下。

台州天封觉禅师

上堂："无生国里，未是安居。万仞崖头，岂容驻足？且望空撒手，直下翻身一句作么生道？人逢好事精神爽，入火真金色转鲜。"

道祖首座

成都府昭觉道祖首座，初见圆悟，于“即心是佛”语下发明。久之，悟命分座。

一日，为众入室余二十许人，师忽问曰：“生死到来，如何回避?”僧无对，师掷下拂子，奄然而逝。众皆愕眙[1]，亟以闻悟。悟至，召曰：“祖首座。”师张目视之，悟曰：“抖擞精神透关去!”师点头，竟尔趋寂。

【注释】

[1] 愕眙（chì）：亦作“愕怡”。惊视。

宗振首座

南康军云居宗振首座，丹丘人也。依圆悟于云居。

一日，仰瞻钟阁，倏然契证。有诘之者，座酬以三偈，其后曰：“我有一机，直下示伊。青天霹雳，电卷星驰。德山临济，棒喝徒施。不传之妙，于汝何亏?”悟见大悦。竟以节操自高，道望愈重。

尝书壁曰：“住在千峰最上层，年将耳顺[1]任腾腾[2]。免教名字挂人齿，甘作今朝百拙[3]僧。”

【注释】

[1] 耳顺：《论语·为政》：“六十而耳顺。”何晏集解引郑玄曰：“耳顺，闻其言而知其微旨也。”后遂以“耳顺”为六十岁的代称。

[2] 任腾腾：即任运腾腾。随性自在，不加拘束，自在无为。《黄檗宛陵录》：“如今但一切时中，行住坐卧，但学无心。亦无分别，亦无依倚，亦无住著。终日任运腾腾，如痴人相似。”《景德传灯录》卷三〇“腾腾《了元歌》”：“人来问我若为，不能共伊谈论。寅朝用粥充饥，斋时更餐一顿。今日任运腾腾，明日腾腾任运。心中了了总知，且作佯痴缚钝。”《密庵语录》：“饥餐渴饮，任运腾腾，佛界不收，魔界不摄。”（摘自《禅宗大词典》）

[3] 百拙：事事笨拙。宋代黄庭坚《和答魏道辅寄怀》之十：“机巧生五兵，百拙可用过。”

枢密徐俯居士

枢密徐俯，字师川，号东湖居士。

每侍先龙图谒法昌及灵源，语论终日。公闻之，藐如也。及法昌归寂在笑谈间，公异之，始笃信此道。后丁父忧，念无以报罔极[1]，命灵源归孝址说法。源登座，问答已，乃曰："诸仁者！只如龙图平日读万卷书，如水传器，涓滴不遗。且道寻常著在甚么处？而今舍识之后，这著万卷书底，又却向甚么处著？"公闻，洒然有得，遂曰："吾无憾矣。"源下座，问曰："学士适来见个甚么，便恁么道？"公曰："若有所见，则钝置和尚去也。"源曰："恁么则老僧不如。"公曰："和尚是何心行[2]？"源大笑。

靖康初，为尚书外郎，与朝士同志者挂钵于天宁寺之择木堂，力参圆悟。悟亦喜其见地超迈。

一日，至书记寮，指悟顶相曰："这老汉脚跟犹未点地在。"悟顰[3]面曰："瓮里何曾走却鳖？"公曰："且喜老汉脚跟点地。"悟曰："莫谤他好！"公休去。

【注释】

［1］罔极：出自《诗·小雅·蓼莪》："父兮生我，母兮鞠我……欲报之德，昊天罔极。"朱熹集传："言父母之恩，如天无穷，不知所以为报也。"后因以"罔极"指父母恩德无穷。

［2］心行：此处指禅师的境界，言下之意，您禅师的境界哪是我等凡夫能知道的。"心行"的佛教说法有五：一是心内之作用、活动、状态、变化。所谓"言语道断心行处灭"，即指既无法用语言表达，亦不能以心思加以计度。有关心之活动，如自心之喜爱、喜好。《大乘起信论》说众生之心行不等，专为喜好文简义丰之文语者著《起信论》。二是心之对象。心作用所及之范围（《中论卷》三观法品）。三是心之志向、心愿、性向、决心等（《无量寿经》卷上）。四是于心所起之分别意识、妄想、计较分别（《景德传灯录》卷十九、《碧岩录》第四十六则）。五是心、行之合称。净土教中，安心与起行，称为他力之心行；菩提心与众多之善行（发心修行），称为自力之心行。（摘自《佛光大辞典》）

［3］顰（pǐ）：顷首。头倾斜貌。

【概要】

徐俯（1075～1141年），南宋初年官员，江西派诗人之一。字师川，自号东湖居士，原籍洪州分宁（江西修水县）人，他是给事中徐禧之子，诗人黄庭坚的外甥。后迁居德兴天门村。因父死于国事，授通直郎，累官右谏议大夫。绍兴二年（1132年），赐进士出身。三年，迁翰林学士，擢端明殿学士，签书枢密院事，官至参知政事。后因与宰相赵鼎政见不和，出朝提举洞霄宫。工诗词，著有《东湖集》，不传。

【参考文献】

《续传灯录》卷二十八；《嘉泰普灯录》卷二十三；《居士分灯录》卷下。

郡王赵令衿居士

郡王赵令衿，字表之，号超然居士。任南康，政成事简，多与禅衲游。公堂间为摩诘丈室，适圆悟居瓯阜，公欣然就其炉锤[1]，悟不少假[2]。公固请，悟曰："此事要得相应，直须是死一回始得。"公默契。尝自疏之，其略曰："家贫遭劫，谁知尽底不存？空屋无人，几度贼来亦打。"悟见，嘱令加护。

绍兴庚申冬，公与汪内翰藻、李参政邴、曾侍郎开诣径山，谒大慧。慧闻至，乃令击鼓入室。公欣然袖香趋之，慧曰："赵州洗钵盂话，居士作么生会？"公曰："讨甚么碗？"拂袖便出，慧起搊住曰："古人向这里悟去，你因甚么却不悟？"公拟对，慧捺[3]之曰："讨甚么碗？"公曰："还这老汉始得。"

【注释】

［1］炉锤：指法会。《了庵和尚语录》卷六《送宁藏主之上蓝》："上蓝法席天下奇，锻凡镕圣真炉锤。入门相见定相问，向道近离鸳鸯湖。"（摘自《禅宗大词典》）

［2］不少假：即不少假借。一点都不宽容。表示对人非常严厉。少：稍。假借：宽容。

［3］捺（yǔ）：击。

【概要】

赵令衿（？~1158 年），字表之，号超然居士。汴梁（今河南开封）人。宋太祖赵匡胤五世孙。赵德昭玄孙。博学，以能文著称。宋徽宗大观二年（1108 年）中舍选。靖康初，为军器少监，以言事忤旨，夺官。宋高宗绍兴间，以都官员外郎召，因请留张浚复罢。后知泉州，坐谤讪秦桧入狱，桧欲置之死，诬与张浚、李光等谋逆，会桧死，得免。复爵，授明州观察使，加庆远军承宣使。

【参考文献】

《续传灯录》卷二十八；《嘉泰普灯录》卷二十三；《居士分灯录》卷下。

侍郎李弥逊居士

侍郎李弥逊，号普现居士。少时读书，五行俱下。年十八，中乡举[1]，登第[2]京师。旋历华要[3]。至二十八岁，为中书舍人。

常入圆悟室，一日早朝回，至天津桥，马跃，忽有省，通身汗流。直造天宁，适悟出门，遥见便唤曰："居士且喜大事了毕。"公厉声曰："和尚眼花作甚么？"悟便喝，公亦喝。于是机锋迅捷，凡与悟问答，当机不让。

公后迁吏部，乞祠禄[4]归闽连江[5]，筑庵自娱。忽一日示微恙，遽索汤，沐浴毕，遂趺坐，作偈曰："谩说从来牧护，今日分明呈露。虚空拶倒须弥，说甚向上一路。"掷笔而逝。

【注释】

［1］乡举：指乡贡、乡试中式。

［2］登第：犹登科。第：指科举考试录取列榜的甲乙次第。

［3］华要：犹显要。指显贵清要的职位。《宋书·孔顗传》："记室之局，实惟华要，自非文行秀敏，莫或居之。"

［4］祠禄：官名。祠禄官，也称"祠禄"。宋神宗时实行新政，怕官员年老不能胜任，便罢其原职，令其管理道教宫观，无职无事，借名食俸，称为祠禄官。原来是宰相的任官观使，宰相以下的任提举，再次的任提点。

［5］连江：地名。连江县，今隶属于福建省福州市。

【概要】

李弥逊（1085～1153年），宋代词人。字似之，号筠西翁、筠溪居士、普现居士等，祖籍福建连江，生于吴县（今江苏苏州）。大观三年（1109）进士。高宗朝，试中书舍人，再试户部侍郎，以反对议和忤秦桧，乞归田。晚年隐连江（今属福建）西山。所作词多抒写乱世时的感慨，风格豪放，有《筠溪乐府》，存词八十余首。

【参考文献】

《续传灯录》卷二十八；《居士分灯录》卷下。

祖氏觉庵道人

觉庵道人祖氏，建宁游察院之侄女也。幼志不出适[1]，留心祖道。于圆悟示众语下，了然明白。悟曰："更须飏却[2]所见，始得自由。"祖答偈曰："露柱抽横骨，虚空弄爪牙。直饶玄会得，犹是眼中沙。"

【注释】

［1］出适：出嫁。旧校本标点有误，未弄清"出适"是一个词，将它拆开标点。

［2］飏却：放下，抛弃。

令人明室道人

令人本明，号明室，自机契圜悟，遍参名宿，皆蒙印可。绍兴庚申二月望[1]，亲书三偈寄呈草堂清，微露谢世之意。至旬末，别亲里而终。草堂跋其偈，后为刊行。大慧亦尝垂语发扬。

偈曰："不识烦恼是菩提，若随烦恼是愚痴。起灭之时须要会，鹞过新罗[2]人不知。不识烦恼是菩提，净华生淤泥。人来问我若何为？吃粥吃饭了洗钵盂。莫管他，莫管他，终日痴憨弄海沙。要识本来真面目，便是祖师一木叉。道不得底叉下死，道得底也叉下死。毕竟如何？不许夜行，投明须到。"

【注释】

［1］望：旧历每月十五日（有时为十六日或十七日），地球运行到太阳与月亮之间，当月亮和太阳的黄经相差一百八十度，太阳从西方落下，月亮正好从东方升起之时，地球上看见的月亮最圆满，这种月相叫望。

［2］鹞过新罗：鹞子过新罗。形容禅机稍纵即逝，如鹞子疾飞，转瞬之间已飞过新罗（古朝鲜）。有时用于言句问答，指出对方迟钝失机，含讥刺之义。参见本书第十五章“金陵奉先深禅师”条“鹞子过新罗”注释。

成都范县君

成都府范县君者，嫠居[1]岁久，常坐而不卧。闻圆悟住昭觉，往礼拜，请示入道因缘。悟令看“不是心，不是佛，不是物，是个甚么”，久无所契。范泣告悟曰：“和尚有何方便，令某易会?”悟曰：“却有个方便。”遂令只看“是个甚么”，后有省曰：“元来恁么地近那!”

【注释】

［1］嫠（lí）居：丧夫寡居。嫠，寡妇。

太平懃禅师法嗣

文殊心道禅师

常德府文殊心道禅师，眉州徐氏子。年三十得度，诣成都习《唯识》，自以为至。同舍诘之曰：“三界唯心，万法唯识。今目前万象摐[1]然，心识安在?”师茫然不知对。遂出关，周流江淮。

既抵舒之太平，闻佛鉴禅师夜参，举“赵州柏树子”话，至“觉铁嘴云，先师无此语，莫谤先师好”，因大疑。提撕[2]既久，一夕豁然。即趋丈室，拟叙所悟。鉴见来便闭门。师曰：“和尚莫谩某甲。”鉴云：“十方无壁落，何不入门来?”师以拳搁[3]破窗纸，鉴即开门搊住云：“道!道!”师以两手捧鉴头，作口啐[4]而出。遂呈偈曰：“赵州有个柏树话，禅客相传遍天下。多是摘叶与寻枝，不能直向根源会。觉公说道无此语，正是恶言当面骂。禅人若具通方眼，好向此中辨真假。”鉴深然之，每对客称赏，后命分座。襄守请开法天宁，未几，擢大别文殊。

上堂曰：“师子嚬呻，象王哮吼。云门北斗里藏身，白云因何唤作手？三世诸佛不能知，狸奴白牯却知有。且道，作么生是他知有底事？雨打梨花蛱蝶[5]飞，风吹柳絮毛球走。”

上堂，拈拄杖直上指曰：“恁么时，刺破憍尸迦[6]脚跟。”卓一下曰：“恁么时，卓碎阎罗王顶骨。”乃指东畔曰：“恁么时，穿过东海鲤鱼眼睛。”指西畔曰：“恁么时，塞却西王母鼻孔。且道总不恁么时如何？今年雨水多，各宜频晒晾[7]。”

宣和改元，下诏改僧为德士[8]。上堂：“祖意西来事，今朝特地新。昔为比丘相，今作老君形。鹤氅披银褐，头包蕉叶巾。林泉无事客，两度受君恩。所以道，欲识佛性义，当观时节因缘。且道即今是甚么时节？毗卢遮那，顶戴宝冠，为显真中有俗。文殊老叟，身披鹤氅，且要俯顺时宜。一人既尔，众人亦然。大家成立丛林，喜得群仙聚会。共酌[9]迷仙酎[10]，同唱《步虚词》。或看《灵宝度人经》，或说长生不死药。琴弹月下，指端发太古之音；棋布轩前，妙著出神机之外。进一步便到大罗天上，退一步却入九幽城中。只如不进不退一句，又作么生道？直饶羽化三清路，终是轮回一幻身。”

二年九月，复僧。上堂：“不挂田衣著羽衣，老君形相颇相宜。一年半内闲思想，大底兴衰各有时。我佛如来预谶法之有难，教中明载，无不委知。较量年代，正在于兹。魔得其便，惑乱正宗。僧改俗形，佛更名字。妄生邪解，删削经文。铙钹[11]停音，钵盂添足。多般矫诈，欺罔圣君。赖我皇帝陛下，圣德圣明，不忘付嘱，不废其教，特赐宸章[12]，颁行天下。仍许僧尼，重新披削。实谓寒灰再焰，枯木重荣。不离俗形而作僧形，不出魔界而入佛界。重鸣法鼓，再整颓纲。迷仙酎变为甘露琼浆，《步虚词》翻作还乡曲子。放下银木简，拈起尼师坛。昨朝稽首擎拳，今日和南不审。只改旧时相，不改旧时人。敢问大众，旧时人是一个，是两个？”良久曰：“秋风也解嫌狼藉，吹尽当年道教灰。”

建炎三年春，示众，举“临济入灭嘱三圣”因缘。师曰：“正法眼藏瞎驴灭，临济何曾有是说？今古时人皆妄传，不信但看后三月。”至闰三

月，贼钟相叛，其徒欲举师南奔者，师曰："学道所以了生死，何避之有!"贼至，师曰："速见杀，以快汝心。"贼即举槊[13]残之，血皆白乳。贼骇，引席覆之而去。

【注释】

［1］摐（chuāng）：纷乱错综。

［2］提撕（xī）：指参究、探究，此处还有时时提醒自己不要忘记所参话头之意。

［3］擉（chuò）：亦作"捒"。戳，刺。

［4］啐（cuì）：谓发出唾声。表示鄙弃或愤怒。

［5］蛱（jiá）蝶：蝴蝶，中大型的蝴蝶。

［6］憍尸迦：又称憍支迦，为帝释之异名。忉利天（三十三天）之主。据《大智度论》卷五十六载，帝释天昔为摩伽陀国之婆罗门，姓憍尸迦，名摩伽，以此因缘故称憍尸迦。时其与知友三十二人共修福德智慧，命终皆生于须弥山顶第二天上，而摩伽为天主，其余三十二人为辅臣，因有三十三人，故称三十三天。

［7］晾（làng）：晒。

［8］德士：参见本书"德士"注释。

［9］酌（zhuó）：斟酒。

［10］酎（zhòu）：反复多次酿成的醇酒。

［11］铙（náo）钹（bó）：为寺院法会时所用金属法器之一。铙与钹原为两种不同之乐器，后来混而并称为铙钹。

［12］宸（chén）章：皇帝所作的诗文或书翰。

［13］槊（shuò）：古代兵器，即长矛。

【概要】

心道禅师（1058～1129年），宋代临济宗杨岐派僧。眉州（四川）丹棱人，俗姓徐。年三十得度，至成都学唯识，研覃十年，有人问之，茫然不知所对，遂弃之。往襄阳（今湖北襄樊）依谷隐显参禅。十年后，偶于舒州（今安徽潜山）听佛鉴慧懃说法，大疑，依住不去。一夕豁然如梦醒，得慧懃印可，遂嗣其法。政和二年（1112年）开法于襄阳天宁万寿，宣和初主常德府（湖南）文殊院。建炎三年，贼至，众请南奔。禅师以学道即为了脱生死，故不远避，因而被杀。世寿七十二。

【参考文献】

《大明高僧传》卷五；《嘉泰普灯录》卷十六。

南华知昺禅师

韶州南华知昺[1]禅师，蜀之永康人也。

上堂："此事最希奇，不碍当头说。东邻田舍翁[2]，随例得一橛。非唯贯声色，亦乃应时节。若问是何宗，八字不著丿[3]。"击禅床，下座。

上堂："日日说，时时举，似地擎山争几许？陇西[4]鹦鹉得人怜，大都只为能言语。休思惟，带伴侣，智者聊闻[5]猛提取。更有一般也大奇，猫儿偏解捉老鼠。"

上堂，以拄杖向空中搅曰："搅长河为酥酪，虾蟹犹自眼搭眵[6]。"卓一下曰："变大地作黄金，穷汉依前赤骨力。为复自家无分？为复不肯承当？可中有个汉荷负得行，多少人失钱遭罪。"再卓一下曰："还会么？宝山到也须开眼，勿使忙忙空手回。"

上堂："春光烂漫华争发，子规啼落西山月。憍梵钵提[7]长吐舌，底事分明向谁说。嗄！"

上堂："迷不自迷，对悟立迷。悟不自悟，因迷说悟。所以，悟为迷之体，迷为悟之用。迷悟两无从，个中无别共。无别共，拨不动。祖师不将来，鼻孔[8]千斤重。"

【注释】

［1］昺（bǐng）：同"炳"。明亮，光明。

［2］田舍翁：年老的庄稼汉。唐代白居易《买花》："有一田舍翁，偶来买花处。"

［3］八字不著丿：八字还没一撇。"丿"，清藏本、续藏本均作"人"，所以现在出版的旧校本也作"人"。作"人"不符合原意，也就不能解释这句话的意义了。本书依宝祐本作"丿"。"八字不著丿"，比喻事情毫无眉目，未见端绪。此处意为不露端倪。

［4］陇西：甘肃陇西。秦始设陇西郡，隋改陇西县，县名沿用至今。

［5］聊闻：一听到。《祖堂集》卷十"镜清"："上士聊闻便了却，中下意思莫

能知。”《碧岩录》卷二第十七则：“雪窦直下如击石火，似闪电光，拶出放教尔见，聊闻举著，便会始得。”（摘自《禅宗大词典》）

［6］眵（chī）：眼中分泌出的黄色液体。俗称眼屎。

［7］憍梵钵提：参见本书“憍梵钵提”注释。

［8］鼻孔：喻指人人自有的、平常自然的本来面目，即本性、佛性。如《黄龙语录》：“上堂，喝一喝，云：‘尽大地被同安一喝，瓦解冰消。汝等诸人，向什么处著衣吃饭？若未得个著衣吃饭处，须得个著衣吃饭处。若识得个著衣吃饭处，识取鼻孔好。’下座。”本书第三章“池州南泉普愿禅师”条：“问：‘父母未生时，鼻孔在甚么处？’师曰：‘父母已生了，鼻孔在甚么处？’”

龙牙智才禅师

潭州龙牙智才禅师，舒州施氏子。早服勤于佛鉴法席，而局务[1]不辞难，名已闻于丛林。及游方迫暮，至黄龙，适死心在三门，问其所从来。既称名，则知为舒州太平才庄主矣。

翌日入室，死心问曰：“会得最初句，便会末后句。会得末后句，便会最初句。最初末后，拈放一边，百丈野狐话作么生会？”师曰：“入户已知来见解，何须更举轹[2]中泥？”心曰：“新长老死在上座手里也。”师曰：“语言虽有异，至理且无差。”心曰：“如何是无差底事？”师曰：“不扣黄龙角，焉知颔下珠？”心便打。

初住岳麓，开堂日，僧问：“德山棒，临济喝，今日请师为拈掇。”师曰：“苏噜[3]苏噜。”曰：“苏噜苏噜，还有西来意也无？”师曰：“苏噜苏噜。”由是丛林呼为“才苏噜”。

后迁龙牙，因钦宗皇帝登位，众官请上堂。祝圣已，就座，拈拄杖卓一下曰：“朝奉[4]疏中道：‘本来奥境，诸佛妙场。’适来拄杖子已为诸人说了也。于斯悟去，理无不显，事无不周。如或未然，不免别通个消息。舜日[5]重明四海清，满天和气乐升平。延祥拄杖生欢喜，掷地山呼万岁声。”掷拄杖，下座。

上堂，弹指一下曰：“弹指圆成八万门，刹那灭却三祇劫[6]。若也见得行得，健即经行[7]困即歇。若也不会，两个鸬鹚扛个鳖。”

上堂，举：“死心和尚小参曰：‘若论此事，如人家有三子。第一子聪明智慧，孝养父母，接待往来，主掌家业。第二子凶顽狡猾，贪淫嗜酒，倒街卧巷，破坏家业。第三子盲聋瘖痖[8]，菽麦不分[9]，是事不能，只会吃饭。三人中黄龙要选一人用。更有四句：死中有活，活中有死，死中常死，活中常活。将此四句，验天下衲僧。'”师曰：“唤甚么作四句？三人姓甚名谁？若也识得，与黄龙把手并行，更无纤毫间隔。如或未然，不免借水献华去也。三人共体用非用，四句同音空不空。欲识三人并四句，金乌初出一团红。”

师居龙牙十三载，以清苦莅众[10]，衲子敬畏。大帅席公震迁住云溪。经四稔，绍兴戊午八月望，俄集众付寺事，仍书偈曰：“戊午中秋之日，出家住持事毕。临行自己尚无，有甚虚空可觅？”其垂训如常。二十三日，再集众，示问曰：“涅槃生死，尽是空华。佛及众生，并为增语。汝等诸人，合作么生？”众皆下语不契，师喝曰：“苦！苦！”复曰：“白云涌地，明月当天。”言讫，辴[11]然而逝。火浴，获设利五色，并灵骨塔于寺之西北隅。

【注释】

[1] 局务：官署的事务。《宋史·食货志下一》：“然后闲慢局务，工伎末作，亦宜减省。”

[2] 轹（lì）：参见本书第十五章“云门朗上座”条有关注释。

[3] 苏噜：方言，犹啰唆。

[4] 朝奉：宋有朝奉郎、朝奉大夫等官名。宋人因以“朝奉”尊称士人。

[5] 舜日：舜日尧天（亦作“舜日尧年”），比喻升平盛世。尧、舜均为古代贤君。本书第十四章“天宁禧誧禅师”条：“赤心归舜日，尽节报尧天。”

[6] 三祇劫：或作三阿僧祇、三劫等。阿僧祇译作无数，或指数之极；劫乃时间名称，译作长远等，其中有大、中、小之别。三个阿僧祇之大劫称为三大阿僧祇劫。据称一阿僧祇有一千万万万万万万万万兆（万万为亿，万亿为兆）。

[7] 经行：参见本书“经行”注释。

[8] 瘖（yīn）痖：不能言。瘖，哑巴。痖，同“哑”。

[9] 菽麦不分：即不辨菽麦，原意指愚昧无知，分不清豆子和麦子。现常用来形容脱离劳动，缺乏实际生产知识。《左传·成公十八年》：“周子有兄而无慧，不能辨菽麦，故不可立。”

[10] 莅（lì）众：管理僧众，多指住持和尚对寺院僧众的言教身教。

[11] 辴（chǎn）：笑貌。

明州蓬莱卿禅师

上堂：“有句无句，如藤倚树，且任诸方点头。及乎树倒藤枯，上无冲天之计，下无入地之谋。灵利汉[1]这里著得一只眼，便见七纵八横。”举拂子曰：“看！看！一曲两曲无人会，雨过夜塘秋水深。”

上堂：“杜鹃声里春光暮，满地落花留不住。琉璃殿上绝行踪，谁人解插无根树？”举拄杖曰：“这个是无根底，且道解开华也无？”良久曰：“只因连夜雨，又过一年春。”

上堂，举：“法眼道：‘识得凳子，周匝有余。’云门道：‘识得凳子，天地悬殊。’”师曰：“此二老人，一人向高高山顶立，一人向深深海底行。然虽如是，一不是，二不成，落华流水里啼莺，闲亭雨歇夜将半，片月还从海底生。”

【注释】

［1］灵利汉：指机灵、有悟性的人。禅家称根器好、悟性高者为灵利人、灵利衲僧等。参见本书“灵利”注释。

何山守珣禅师

安吉州何山佛灯守珣禅师，郡之施氏子。参广鉴瑛禅师，不契。遂造太平，随众咨请，邈无所入。乃封其衾曰：“此生若不彻去，誓不展此。”于是，昼坐宵立，如丧考妣。

逾七七日，忽佛鉴上堂曰：“森罗及万象，一法之所印。”师闻顿悟，往见鉴，鉴曰：“可惜一颗明珠，被这风颠汉拾得。”乃诘之曰：“灵云道：‘自从一见桃华后，直至如今更不疑。’如何是他不疑处？”师曰：“莫道灵云不疑，只今觅个疑处了不可得。”鉴曰：“贤沙道：‘谛当甚谛当，敢保老兄未彻在。’那里是他未彻处？”师曰：“深知和尚老婆心切。”鉴然之，师拜起，呈偈曰：“终日看天不举头，桃花烂熳始抬眸。饶君更有遮天网，透得牢关即便休。”鉴属令护持。是夕，厉声谓众曰：“这回珣上座稳睡去也。”

圆悟闻得，疑其未然，乃曰：“我须勘过始得。”遂令人召至。因与游山，偶到一水潭，悟推师入水，遽问曰：“牛头未见四祖时如何？”师曰："潭深鱼聚。"悟曰："见后如何？"师曰："树高招风。"悟曰："见与未见时如何？"师曰："伸脚在缩脚里。"悟大称之。

鉴移蒋山，命分座说法。出住庐陵之禾山，退藏故里，道俗迎居天圣。后徙何山及天宁。

上堂："轆轹钻[1]住山斧，佛祖出头未轻与。纵使醍醐[2]满世间，你无宝器如何取？阿呵呵！神山打罗，道吾作舞。甜瓜彻蒂甜，苦瓠连根苦。"

上堂，举"婆子烧庵[3]"话，师曰："大凡扶宗立教，须是其人。你看他婆子，虽是个女人，宛有丈夫作略。二十年簁[4]油费酱，固是可知。一日向百尺竿头做个失落，直得用尽平生腕头气力。自非个俗汉知机，洎乎巧尽拙出。然虽如是，诸人要会么？雪后始知松柏操，事难方见丈夫心。"

上堂："如来禅，祖师道，切忌将心外边讨。从门所得即非珍，特地埋藏衣里宝。禅家流，须及早，拨动祖师关捩，抖擞多年布袄。是非毁誉付之空，竖阔横长浑恰好。君不见寒山老，终日嬉嬉，长年把扫。人问其中事若何？入荒田不拣，信手拈来草。参！"

僧问："如何是宾中宾？"师曰："客路如天远，侯门似海深。"曰："如何是宾中主？"师曰："长因送客处，忆得别家时。"曰："如何是主中宾？"师曰："相逢不必问前程。"曰："如何是主中主？"师曰："一朝权祖令，谁是出头人？"曰："宾主已蒙师指示，向上宗乘事若何？"师曰："向上问将来。"曰："如何是向上事？"师曰："大海若知足，百川应倒流。"僧礼拜，师曰："珣上座三十年学得底。"

师尝谓众曰："兄弟如有省悟处，不拘时节，请来露个消息。"

雪夜，有僧扣方丈门，师起秉烛，震威喝曰："雪深夜半，求决疑情，因甚么威仪不具？"僧顾视衣裓[5]，师逐出院。

每曰："先师只年五十九，吾年五十六矣，来日无多。"绍兴甲寅，解制[6]退天宁之席，谓双槐居士郑绩曰："十月八日是佛鉴忌，则吾时至矣。"乞还鄣南。十月四日，郑公遣弟僧道如讯之，师曰："汝来正其时也，先一日不著便，后一日蹉过了。吾虽与佛鉴同条[7]生，终不同条死。明早可为我寻一只小船子来。"如曰："要长者，要高者？"师曰："高五

尺许。”越三日，鸡鸣，端坐如平时。侍者请遗偈，师曰：“不曾作得。”言讫而逝。阇维，舌根不坏，郡人陈师颜以宝函藏其家。门弟子奉灵骨，塔于普应院之侧。

【注释】

［1］辗轹钻：参见本书“秦时辗轹钻”注释。

［2］醍（tí）醐（hú）：参见本书“醍醐”注释。

［3］婆子烧庵：参见本书第六章“亡名道婆”注释。

［4］簁（shāi）：古同“筛”。此处是过滤的意思。

［5］衣裓（gé）：此处指僧衣。参见本书“衣裓”注释。

［6］解制：参见本书“解夏”注释。

［7］同条：即同条共贯。谓行事相仿，可以相提并论。

隆兴府泐潭择明禅师

上堂，举“赵州访茱萸探水[1]”因缘，师曰：“赵老云收山岳露，茱萸雨过竹风清。谁家别馆池塘里，一对鸳鸯画不成。”

又举“德山托钵”话，师曰：“从来家富小儿娇，偏向江头弄画桡。引得老爷把不住，又来船上助歌谣。”

上堂：“永嘉道：‘一月普现一切水，一切水月一月摄。”竖起拂子云：“看！看！千江竞注，万派争流。若也素善行舟，便谙水脉，可以优游性海，笑傲烟波。其或未然，且归林下坐，更待月明时。”

【注释】

［1］赵州访茱萸探水：参见本书第四章“赵州观音院从谂禅师”条：“又到茱萸，执拄杖于法堂上，从东过西。萸曰：‘作甚么？’师曰：‘探水。’萸曰：‘我这里一滴也无，探个甚么？’师以杖倚壁，便下。”

台州宝藏本禅师

上堂：“清明已过十余日，华雨阑珊方寸深。春色恼人眠不得，黄鹂飞过绿杨阴。”遂大笑，下座。

吉州大中祥符清海禅师

初见佛鉴，鉴问："三世诸佛，一口吞尽，何处更有众生可教化？此理如何？"师拟进语，鉴喝之。师忽领旨，述偈曰："实际从来不受尘，个中无旧亦无新。青山况是吾家物，不用寻家别问津。"鉴曰："放下着。"师礼拜而出。

净众了璨禅师

漳州净众佛真了灿禅师，泉南罗氏子。

上堂："重阳九日菊华新，一句明明亘古今。杨广橐驼[1]无觅处，夜来足迹在松阴。"

【注释】

[1] 杨广橐（tuó）驼：参见本章"杨广失橐驼"注释。

隆兴府谷山海禅师

上堂："一举不再说，已落二三。相见不扬眉，翻成造作。设使动弦别曲，告往知来，见鞭影便行，望刹竿回去，脚跟下好与三十棒。那堪更向这里，撮摩石火，收捉电光！工夫枉用浑闲事，笑倒西来碧眼胡。"卓拄杖，下座。

第二十章　南岳下十五世（下）——南岳下十六世（临济宗）

航海来探教外传，要离知见脱蹄筌。诸方参遍草鞋破，水在澄潭月在天。（觉阿上人）

第一节　南岳下十五世（下）

龙门远禅师法嗣

龙翔士邦禅师

温州龙翔竹庵士邦禅师，成都史氏子。初依大慈宗雅，心醉《楞严》，逾五秋。南游，谒诸尊宿。

始登龙门，即以平时所得白佛眼，眼曰：“汝解心已极，但欠著力开眼耳。”遂俾职堂司。

一日侍立次，问云：“绝对待时如何?”眼曰：“如汝僧堂中白椎相似。”师罔措。眼至晚抵堂司，师理前话，眼曰：“闲言语。”师于言下大悟。

政和末，出世和之天宁，屡迁名刹。绍兴间，奉诏开山雁荡能仁。时真歇居江心，闻师至，恐缘法未熟，特过江迎归方丈。大展九拜，以诱温人，由是翕然[1]归敬。未视篆[2]，其徒惧行规法，深夜放火，鞠为瓦砾之墟。师竟就树缚屋。升座，示众云：“爱闲不打鼓山鼓，投老来看雁荡山。傑阁[3]危楼浑不见，溪边茅屋两三间。还有共相出手者么?”喝一喝，下座。听法檀施，并力营建，未几复成宝坊[4]。次补江心。

上堂曰：“万年一念，一念万年。和衣泥里辊，洗脚上床眠。历劫来事，只在如今。大海波涛涌，小人方寸深。”拈起拄杖曰：“汝等诸人，未得个入头，须得个入头。既得个入头，须有出身一路始得。大众！且作么生是出身一路?”良久曰：“雪压难摧涧底松，风吹不动天边月。”卓拄杖，下座。

上堂：“万机不到，眼见色，耳闻声。一句当堂，头戴天，脚踏地。你诸人只知今日是五月初一，殊不知金乌半夜忙忙去，玉兔天明上海

东。”以拂子击禅床，下座。

上堂：“明明无悟，有法即迷。诸人向这里立不得，诸人向这里住不得。若立则危，若住则瞎。直须意不停玄，句不停意，用不停机。此三者既明，一切处不须管带，自然现前。不须照顾，自然明白。虽然如是，更须知有向上事。久雨不晴。咄！”

上堂：“一叶落，天下秋。欲穷千里目，更上一层楼。一尘起，大地收。嘉州打大象[5]，陕府灌铁牛。明眼汉合作么生？”良久曰：“久旱檐头句，桥流水不流。”卓拄杖，下座。

上堂：“‘见见之时，见非是见；见犹离见，见不能及[6]。’落华有意随流水，流水无情恋落华。诸可还者，自然非汝；不汝还者，非汝而谁？长恨春归无觅处，不知转入此中来[7]。”喝一喝曰：“三十年后，莫道能仁教坏人家男女！”

上堂，僧问：“如何是祖师西来意？”师曰：“东家点灯，西家暗坐。”曰：“未审意旨如何？”师曰：“马便搭鞍，驴便推磨。”僧礼拜，师曰：“灵利衲僧，只消一个。”遂曰：“马搭鞍，驴推磨。灵利衲僧，只消一个。纵使东家明点灯，未必西家暗中坐。西来意旨问如何，多口阿师自招祸。”

僧问：“如何是第一义？”师曰：“你问底是第二义。”

问：“狗子还有佛性也无？赵州道无，意旨如何？”师曰：“一度著蛇咬，怕见断井索[8]。”

问：“燕子深谈实相，善说法要，此理如何？”师曰：“不及雁衔芦。”

问：“如何是佛？”师曰：“华阳洞口石乌龟。”

问：“鲁祖面壁，意旨如何？”师曰：“金木水火土，罗睺计都星[9]。”

问：“‘有句无句，如藤倚树’时如何？”师曰：“作贼人心虚。”曰：“国师三唤侍者，又作么生？”师曰：“打鼓弄猢狲，鼓破猢狲走。”

丙寅七月十八日，召法属、长老、宗范付后事。次日沐浴，声钟集众，就座，泊然而逝。荼毗日，送者均获设利。奉灵骨塔于鼓山。

【注释】

［1］翕（xī）然：一致貌。

［2］视篆：掌印视事。官印例用篆文，故称。此处指禅师行使住持职务。

［3］傑（jié）阁：高阁。傑：同“杰”。

［4］宝坊：寺院之美称。舍卫国给孤独长者曾以黄金（七宝之一）布地，购得祇陀太子之园为释尊建精舍，依此，寺院亦美称宝坊、金地。

［5］嘉州打大象：乐山造大佛像。嘉州，指乐山，今四川省辖地级市，古称嘉州。大象，指乐山大佛像。本书第九章“彭州承天院辞确禅师”条：“问：‘心随万境转，阿那个是转万境底心？’师曰：‘嘉州大象古人镌。’”“嘉州大象古人镌”，说明乐山很早就雕凿了大型佛像，疑为现在的“乐山大佛”。

［6］见见之时，见非是见；见犹离见，见不能及：出自《楞严经》卷二。

［7］长恨春归无觅处，不知转入此中来：出自唐代白居易《大林寺桃花》：“人间四月芳菲尽，山寺桃花始盛开。长恨春归无觅处，不知转入此中来。”

［8］一度著蛇咬，怕见断井索：今作“一朝被蛇咬，十年怕井绳”。佛家原有“绳蛇”的比喻。如宋代子璿《起信论疏笔削记》卷十九：“知法如幻，故无所怯。绳蛇非毒、杌鬼无心，何所怯耶！”佛家认为，凡夫误认假相为实有之物，这叫“遍计所执”，喻如认绳为蛇。“一度著蛇咬，怕见断井索”后成为一条运用广泛的俗语：“一朝被蛇咬，十年怕井绳。”谓吃过一次亏以后，便长时间地疑神疑鬼。亦作“一年被蛇咬，三年怕草索”。

［9］罗睺（hóu）计都星：两大灾星。罗睺：又作罗护，以能障蔽日月而使蚀，故印度传说谓之阿修罗王。计都星：九曜之一，译为旗星，即彗星。与罗睺星相对，十八日行天上一度，十八年行一周天。常隐不现，遇其他星即蚀。这也是佛教所说的天魔。

云居善悟禅师

南康军云居高庵善悟禅师，洋州李氏子。年十一去家，业经[1]得度。有夙慧。闻冲禅师举“武帝问达磨”因缘，如获旧物，遽曰：“我既廓然，何圣之有？”冲异其语，勉之南询。蒙授记于龙门。

一日，有僧被蛇伤足，佛眼问曰：“既是龙门，为甚么却被蛇咬？”师即应曰：“果然现大人相。”眼益器之。后传此语到昭觉，圆悟云：“龙门有此僧耶？东山法道[2]未寂寥尔。”

住后，上堂：“少林面壁，怀藏东土西天。欧阜升堂，充塞四维上下。致使山巍巍而砥掌平，水昏昏而常自清。华非艳而结空果，风不摇而片叶零。人无法而得咨问，佛无心而更可成。野蔬淡饭延时日，任运随缘道自灵。毕竟如何？日午打三更。”

【注释】

［1］业经：从事于经典学习。

［2］东山法道：即禅宗“东山法门”。禅宗四祖道信，五祖弘忍，俱住黄梅东山，引接学人。故云“东山法门”。《宋高僧传》八曰：“昔魏末有天竺沙门达磨者，得禅宗妙法。自释迦佛相传，授以衣钵为记。隐于嵩山少林寺。寻卒，以法付慧可，可付璨，璨付道信，信付忍。忍与信俱住东山，故谓其法为‘东山法门’。”

西禅文琏禅师

遂宁府西禅文琏禅师，郡之张氏子。

上堂：“一向恁么去，直得凡圣路绝，水泄不通，铁蛇钻不入，铁锤打不破。至于千里万里，鸟飞不度。一向恁么来，未免灰头土面，带水拖泥，唱九作十，指鹿为马。非唯孤负先圣，亦乃埋没己灵。敢问大众，且道恁么去底是？恁么来底是？芍药华开菩萨面，棕榈叶散夜叉头。”

上堂：“诸方浩浩谈玄，每日撞钟打鼓。西禅无法可说，勘破灯笼露柱。门前不置下马台，免被傍人来借路。若借路，须照顾。脚下若参差，邯郸学唐步[1]。”

上堂：“心生种种法生，森罗万象纵横。信手拈来便用，日轮午后三更。心灭种种法灭，四句百非路绝。直饶达磨出头，也是眼中著屑。心生心灭是谁？木人携手同归。归到故乡田地，犹遭顶上一锤。”

上堂：“正月孟春犹寒，直下言端语端。拈起衲僧鼻孔，穿开祖佛心肝。知有者，达磨不来东土，二祖不往西天。不知有者，谁知当面蹉过，迢迢十万八千。山僧为你重说偈言，大众莫教[2]孤负，孟春犹寒！”

僧问：“师子未出窟时如何？”师曰：“爪牙已露。”曰：“出窟后如何？”师曰：“龙头蛇尾。”曰：“出与未出时如何？”师曰：“正好吃棒。”

问：“以一重去一重即不问，不以一重去一重时如何？”师曰：“阇黎有许多工夫！”

【注释】

［1］邯郸学唐步：即邯郸学步。出自《庄子·秋水》：“子往呼！且子独不闻夫寿陵余子之学行于邯郸与？未得国能，又失其故行矣，直匍匐而归耳。”战国时

期，燕国寿陵有个少年，听说赵国邯郸人走路的姿势特别优美，于是不顾路途遥远，来到邯郸学习当地人走路的姿势。结果，他不仅没有学到邯郸人走路的姿势，还把自己原来走路的姿势也忘记了，最后只好爬着回去。

［2］莫教：明代口语中是“不要、别”的意思。如《水浒传》第四十五回：“莫教撞在石秀手里，敢替杨雄做个出场，也不见的。”又，罗竹风主编《汉语大词典》：“莫教：犹莫非。《京本通俗小说·西山一窟鬼》：‘吴教授听得外面声音，不是别人，是我浑家和锦儿，怎知道我和王七三官人在这里？莫教也是鬼？’”此词在本书出现频率亦多，分析其出现的语境，大都是前面的含义，宋明口语亦有继承关系。此外“莫教”还要分开解释，“莫”即“不”，“教”即“使”“让”，合起来是“不使”“不让”的意思，如“打起黄莺儿，莫教枝上啼”中的“莫教”是“不让”的意思，再如“但使龙城飞将在，不教胡马度阴山”也是这个意思。

黄龙法忠禅师

隆兴府黄龙牧庵法忠禅师，四明姚氏子。十九试经得度。习台教，悟一心三观之旨，未能泯迹[1]。遍参名宿，至龙门观水磨旋转，发明心要，乃述偈曰：“转大法轮，目前包裹。更问如何，水推石磨。”呈佛眼，眼曰：“其中事作么生？”师曰：“涧下水长流。”眼曰：“我有末后一句，待分付汝。”师即掩耳而去。

后至庐山，于同安枯树中绝食清坐。宣和间，湘潭大旱，祷而不应。师跃入龙渊，呼曰：“业畜！当雨一尺。”雨随至。居南岳，每跨虎出游，儒释望尘而拜。

住后，上堂：“张公吃酒李公醉，子细思量不思议。李公醉醒问张公，恰使张公无好气。无好气，不如归家且打睡。”

上堂：“今朝正月半，有事为君断。切忌两眼睛，被他灯火换。”

上堂：“我有一句子，不借诸圣口，不动自己舌。非声气呼吸，非情识分别。假使净名杜口于毗耶，释迦掩室于摩竭[2]，大似掩耳偷铃，未免天机漏泄。直饶德山入门便棒，临济入门便喝，若向牧庵门下检点将来，只得一橛。千种言，万般说，只要教君自家歇。一任大地虚空，七凹八凸。”

僧问：“如何是佛？”师曰：“莫向外边觅。”曰：“如何是心？”师曰：“莫向外边寻。”曰：“如何是道？”师曰：“莫向外边讨。”曰：“如

何是禅？”师曰：“莫向外边传。”曰：“毕竟如何？”师曰：“静处萨婆诃[3]。”

问：“大众临筵，请师举唱。”师竖起拂子，僧曰：“乞师再垂方便。”师击禅床一下。

后示寂，塔于香原洞。

【注释】

［1］泯迹：消除一切现象，达到佛教所说的无一切执着的境界，即没有我执，也没有法执。

［2］净名杜口于毗耶，释迦掩室于摩竭：参见本书“释迦掩室于摩竭，净名杜口于毗耶”注释。

［3］静处萨婆诃：参见本书“静处萨婆诃”注释。

【概要】

法忠禅师（1084～1149年）宋代临济宗僧。浙江四明人，俗姓姚。号牧庵。十九岁出家，精勤参修天台教旨，得悟一心三观之理。唯自觉未能泯迹，乃遍参名德，叩求禅法。后至龙门，观水磨旋转，顿然开悟，以偈呈佛眼清远禅师，蒙其印可，为临济宗传人。后至庐山，于同安枯树中绝食静坐，人皆奇之。宣和年间（1119～1125年），湘潭大旱，师跃入龙渊呼雨，雨随至。未久迁居南岳，每跨虎出游，儒释皆望尘而拜，四众亦以“伏虎”称之。晚年住隆兴（今江西南昌）黄龙山。于绍兴十九年示寂，世寿六十六。

【参考文献】

《大明高僧传》卷五；《新续高僧传》卷十三、卷二十。

乌巨道行禅师

衢州乌巨雪堂道行禅师，处州叶氏子。依泗州普照英禅师得度。去参佛眼，一日，闻举“玄沙筑著脚指[1]”话，遂大悟。

住后，上堂：“会即便会，玉本无瑕。若言不会，碓嘴[2]生花。试问九年面壁，何如大会拈华？南明恁么商確[3]，也是顺风撒沙。参！”

上堂：“云笼岳顶，百鸟无声。月隐寒潭，龙珠自耀。正当恁么时，直得石梁忽然大悟，石洞顿尔心休，虚空开口作证，溪北石僧点头。诸人总在这里瞌睡，笑杀陕府铁牛。”

上堂：“佛说三乘十二分，顿渐偏圆。痴人面前，不得说梦。祖师西来，直指人心，见性成佛。痴人面前，不得说梦。临济三玄，云门三句，洞山五位。痴人面前，不得说梦。南明恁么道，还免得遭人检责也无？所以，古人道：‘石人机似汝，也解唱巴歌。汝若似石人，雪曲也应和。’还有和雪曲底么？若有，唤来与老僧洗脚。”

上堂：“通身是口，说得一半。通身是眼，用得一橛。用不到处说有余，说不到处用无尽。所以道，当用无说，当说无用。用说同时，用说不同时。诸人若也拟议，西峰在你脚底。”

到国清，众请上堂：“句亦刬，意亦刬，绝毫绝厘处，如山如岳。句亦到，意亦到，如山如岳处，绝毫绝厘。忽若拶通一线，意句俱到俱不到，俱刬俱不刬。直得三句外绝牢笼，六句外无标的。正当恁么时，一句作么生道？倾盖同途不同辙，相将携手上高台。”

上堂，举：“赵州示众云：‘老僧除却二时斋粥，是杂用心处。’”师曰：“今朝六月旦，行者击鼓，长老升堂。你诸人总来这里杂用心。”

上堂，举：“僧问云门：‘如何是惊人句？’门曰：‘响。’”师曰：“云门答这僧话不得便休[4]，却鼓粥饭气，以当平生。”

上堂：“黄梅雨，麦秋寒。恁么会，太无端。时节因缘佛性义，大都须是髑髅干。”

示众，举：“玑和尚问僧：‘禅以何为义？’众下语皆不契理，僧请益[5]玑，玑代云：‘以谤为义。’”师曰：“三世诸佛是谤，西天二十八祖是谤，唐土六祖是谤，天下老和尚是谤，诸人是谤，山僧是谤。于中还有不谤者也无？谈玄说妙河沙数，争似双峰谤得亲？”

师示疾，门弟子教授汪公乔年至，省候[6]。师以后事委之，示以偈曰：“识则识自本心，见则见自本性。识得本心本性，正是宗门大病。”注曰：“烂泥中有刺，莫道不疑好。”黎明沐浴更服，跏趺而逝。阇维，五色设利，烟所至处累然[7]，齿舌不坏。塔于寺之西。

【注释】

[1] 玄沙筑著脚指：参见《福州玄沙宗一禅师语录》卷之上：“一日，欲遍历

诸方，参寻知识，携囊出岭，筑著脚指，流血痛楚，叹曰：‘是身非有，痛从何来？’便回雪峰。”（收入《卍新纂大日本续藏经》第七十三册》）

［2］碓嘴：指鸟雀。元代马致远《黄粱梦》第二折：“湛湛青天不可欺，两个碓嘴拨天飞。”

［3］商確：商讨，斟酌。

［4］云门答这僧话不得便休：旧校本中间点断有误。

［5］请益：参见本书“请益”注释。

［6］省候：探望问候。

［7］累然：众多貌，重迭貌。

【概要】

道行禅师（1089～1151 年），宋代临济宗杨岐派僧。世称雪堂。虔州（今江西赣州）人，俗姓叶。幼萌出家之志，后从天宁微禅师，决心益加坚固。十九岁从觉印子英出家，参谒指源润，机缘不契。又参礼龙门寺佛眼清远，得其玄旨，并嗣其法。初住南明寺，禅侣四集。建炎二年（1128 年），受徐康国之请，开法于寿宁寺。历住法海、天宁、乌巨等诸刹。绍兴二十一年示寂，世寿六十三。著有《雪堂行和尚语要》一卷、《雪堂行和尚拾遗录》一卷。

【参考文献】

《联灯会要》卷十七；《大明高僧传》卷六。

白杨法顺禅师

抚州白杨法顺禅师，绵州文氏子。

依止佛眼，闻普说，举：“傅大士《心王铭》云：‘水中盐味，色里胶青。决定是有，不见其形。’”师于言下有省。后观宝藏迅转，顿明大法，趋丈室作礼，呈偈曰：“顶有异峰云冉冉，源无别派水泠泠。游山未到山穷处，终被青山碍眼睛。”眼笑而可之。

住后，上堂：“好事堆堆叠叠来，不须造作与安排。落林黄叶水推去，横谷白云风卷回。寒雁一声情念断，霜钟才动我山摧。白杨更有过人处，尽夜寒炉拨死灰。忽有个衲僧出来道：‘长老少卖弄，得恁么穷乞相。’山僧只向他道：‘却被你道着。’”

上堂：“我手何似佛手？天上南星北斗。我脚何似驴脚？往事都来忘却。人人尽有生缘，个个足方顶圆。大愚滩头立处，孤月影射深湾。会不得，见还难，一曲渔歌过远滩。”

示众：“染缘易就，道业难成。不了自前，万缘差别。只见境风浩浩，凋残功德之林；心火炎炎，烧尽菩提之树。道念若同情念，成佛多时；为众一似为己，彼此事办。不见他非我是，自然上敬下恭，佛法时时现前，烦恼尘尘解脱。”

上堂：“鸡啼晓月，狗吠枯桩。只可默会，难入思量。看不见处，动地放光。说不到处，天地玄黄。抚城尺六状纸，元来出在清江。大众！分明话出人难见，昨夜三更月到窗。”

上堂：“风吹茅茨[1]屋脊漏，雨打阇黎眼睛湿。恁么分明却不知，却来这里低头立。”

（时绍灯上座闻之，有省，后住婺之广教。）

因病示众：“久病未尝推木枕，人来多是问如何。山僧据问随缘对，窗外黄鹂口更多。只如七尺之躯，甚处受病？众中具眼者，试为山僧指出病源。”众下语，皆不契。师自拊掌一下，作呕吐声。又云：“好个木枕子。”师律身清苦，出入唯杖笠独行。后示寂，阇维，收舍利，目睛齿舌数珠，同灵骨塔于寺西。

【注释】

［1］茅茨：茅草盖的屋顶，亦指茅屋。此处指茅屋。

云居法如禅师

南康军云居法如禅师，丹丘胡氏子。依护国瑞禅师，祝发登具。遍参浙右诸宗匠。

晚至龙门，以平日所证白佛眼，眼曰：“此皆学解，非究竟事。欲了生死，当求妙悟。”师骇然谛信。

一日，命主香积，以道业未办，固辞。眼勉曰：“姑就职其中，大有人为汝说法。”未几，晨兴开厨门，望见圣僧，契所未证，即白佛眼。眼曰：“这里还见圣僧么？”师诣前问讯，叉手而立。眼曰：“向汝道大有人为汝说法。”

住后，上堂："一法若有，毗卢堕在凡夫；万法若无，普贤失其境界。向这里有无俱遣，得失两亡，直得十方诸佛不见。诸人且道，十二时中向甚么处安身立命？披蓑侧立千峰外，引水浇蔬五老前。"

上堂："'乾坤之内，宇宙之间，中有一宝，秘在形山[1]。'云居又且不然：乾坤之内，宇宙之间，中有一宝，"挪下拄杖云："大众也须识取。"

【注释】

[1] 乾坤之内，宇宙之间，中有一宝，秘在形山：参见本书第十四章"丹霞子淳禅师"注释。

归宗正贤禅师

南康军归宗真牧正贤禅师，潼川陈氏子。世为名儒。幼从三圣海澄为苾蒭[1]，具满分戒[2]。游成都，依大慈秀公习经论。凡典籍过目成诵，义亦顿晓，秀称为"经藏子"。出蜀谒诸尊宿，后扣佛眼。

一日，入室，眼举"殷勤抱得旃檀树"，语声未绝，师顿悟。眼曰："经藏子漏逗了也。"自是与师商確渊奥，亹亹[3]无尽。眼称善，因手书"真牧"二字授之。

绍兴己巳，归宗虚席，郡侯以礼请，坚卧不应。宝文李公懋[4]尝问道于师，同属官强之，乃就。

上堂："且第一句如何道？汝等若向世界未成时、父母未生时、佛未出世时、祖师未西来时道得，已是第二句。且第一句如何道？直饶你十成道得，未免左之右之。"卓拄杖，下座。

上堂，良久，召大众曰："作么生？若也拟议，贤上座谩你诸人去也。打地和尚[5]嗔他秘魔岩主擎个叉儿，胡说乱道，遂将一掴成齑粉，散在十方世界。还知么？"举拂子曰："而今却在拂子头上，说一切智智清净无二，无二分无别无断故。还闻么？阎老子知得。"乃曰："贤上座！你若相当去，不妨奇特；或不相当，总在我手里。只向他道：'阎老子！你也退步，摸索鼻孔看。'"击禅床，下座。

僧问："久默斯要[6]，已泄真机。学人上来，请师开示。"师曰："耳朵在甚么处？"曰："一句分明该万象。"师曰："分明底事作么生？"曰：

“台星临照，枯木回春。”师曰：“换却你眼睛。”

【注释】

［1］苾（bì）蒭（chú）：“比丘”的别译。参见本书“苾蒭”注释。

［2］满分戒：参见本书“满分戒”注释。

［3］亹（wěi）亹（wěi）：勤勉不倦貌。

［4］李公懋：南康军建昌磨刀李人，建炎二年（1128 年）进士，累官至江西提举，皇帝召对咨询，公懋以五事答对称旨，升为监察御史。

［5］打地和尚：禅师名。参见本书第三章“忻州打地和尚”。

［6］久默斯要：对于其中妙义思考了很长时间。出自《法华经·药草喻品》：“如来尊重，智慧深远。久默斯要，不务速说。”

道场明辩禅师

安吉州道场正堂明辩禅师，本郡俞氏子。幼事报本蕴禅师，圆颅[1]受具后，谒诸名宿。至西京少林，闻僧举“佛眼以古诗发明罽宾王斩师子尊者”话，曰：“杨子江头杨柳春，杨花愁杀渡江人。一声羌笛离亭晚，君向潇湘我向秦。”师默有所契。

即趋龙门，求入室，佛眼问：“从上祖师方册因缘[2]，许你会得。”忽举拳曰：“这个因何唤作拳?”师拟对，眼筑其口曰：“不得作道理。”于是顿去知见。

住后，上堂：“猛虎口边拾得，毒蛇头上安排。更不钉桩摇橹，回头别有生涯。婆子被我勘破了，大悲院里有村斋。”

上堂：“净五眼，涌金春色晚；得五力，吹落碧桃华。唯证乃知难可测。”卓拄杖曰：“一片何人得？流经十万家。”

上堂：“三祖道：‘但莫憎爱，洞然明白。’当时老僧若见，便与一掴。且道是憎邪？是爱邪？近来经界稍严，不许诡名挟佃[3]。”

解夏，上堂：“十五日已前不得去，少林只履无藏处。十五日已后不得住，桂子天香和雨露。正当十五日，又且如何？阿呵呵！风流不在著衣多。”

上堂，举：“僧问投子[4]：‘大死底人却活时如何?’子曰：‘不许夜行，投明须到。’”师曰：“我疑千年苍玉精，化为一片秋水骨。海神欲护

护不得，一旦鳌头忽擎出。”

上堂：“华开陇上，柳绽堤边。黄莺调叔夜[5]之琴，芳草入谢公[6]之句。何必闻声悟道，见色明心？非唯水上觅沤，已是眼中著屑。”擘开胸曰：“汝等当观吾紫磨金色之身，今日则有，明日则无。大似无风起浪，全不知羞。且道今日事作么生？好个迷逢达磨，不知谁解承当？”

僧问：“如何是佛？”师乃鸣指三下。

问：“语默涉离微，如何通不犯？”师曰：“横身三界外，独脱万机前。”曰：“只如风穴道：‘长忆江南三月里，鹧鸪啼处百华香。’又作么生？”师曰：“说这个不唧嗰[7]汉作么？”曰：“嫩竹摇金风细细，百华铺地日迟迟。”师曰：“你向甚么处见风穴？”曰：“眼里耳里绝潇洒。”师曰：“料掉无交涉[8]。”

问：“莲华未出水时如何？”师曰：“未过冬至莫道寒。”曰：“出水后如何？”师曰：“未过夏至莫道热。”曰：“出与未出时如何？”师曰：“三十年后，不要错举。”

问：“如何是佛？”师曰：“无柴猛烧火。”曰：“如何是法？”师曰：“贫做富装裹。”曰：“如何是僧？”师曰：“卖扇老婆手遮日。”曰：“如何是和尚栗棘蓬[9]？”师曰：“不答此话。”曰：“为甚么不答？”师大笑曰：“吞不进，吐不出。”

问：“如何是一喝如金刚王宝剑？”师曰：“古墓毒蛇头戴角。”曰：“如何是一喝如踞地师子？”师曰：“虚空笑点头。”曰：“如何是一喝如探竿影草[10]？”师曰：“石人拍手笑呵呵。”曰：“如何是一喝不作一喝用？”师曰：“布袋里猪头。”曰：“四喝已蒙师指示，向上还有事也无？”师曰：“有。”曰：“如何是向上事？”师曰：“锯解秤锤[11]。”随声便喝。

佛眼忌，拈香[12]：“龙门和尚阐提潦倒，不信佛法，灭除禅道，拶破毗卢向上关，猫儿洗面自道好。一炷沉香炉上然，换手槌胸空懊恼。”遂摇手曰：“休懊恼。”以坐具搭肩上，作女人拜，曰：“莫怪下房媳妇触忤大人好！”

室中垂问曰：“猫儿为甚么爱捉老鼠？”又曰：“板鸣因甚么狗吠？”

师家风严冷，初机多惮之。因赞达磨曰：“升元阁前懡㦬，洛阳峰畔乖张。皮髓传成话霸[13]，只履无处埋藏。不是一番寒彻骨，争得梅花扑鼻香?”雪堂行一见，大称赏曰：“先师犹有此人在！只消此赞，可以坐断天下人舌头。”由是衲子奔凑。

临终登座，拈拄杖于左边，卓一下曰：“三十二相无此相。”于右边卓一下曰：“八十种好无此好。僧繇一笔画成，志公露出草藁[14]。”又卓一下，顾大众曰：“莫懊恼，直下承当休更讨。”下座归方丈，俨然趺坐而逝。火后收灵骨设利，藏所建之塔曰“仙人山”。

【注释】

［1］圆颅：参见本书“圆顶”注释。

［2］方册因缘：书本上的机缘语句。方册：指简牍、典籍。

［3］诡名挟佃：宋代地主和官僚为规避赋役，虚立名户假报户籍，通称为诡名挟户。可分诡名子户和诡名挟佃两类。诡名子户是一户虚立几户以至几十户户名。如父、母、妻、子各立户名，官户则将阶官、职官和人名各立户名。以便降低户等，冒充下户，规避应由上户承担的部分赋役。诡名挟佃是将田产隐寄于官户、形势户，冒充客户，规避应由主户承担的某些赋役。（摘自王美涵主编《税收大辞典》）

［4］僧问投子：参见本书第十七章“法云杲禅师”注释。

［5］叔夜：嵇（jī）康（224～262年），字叔夜，谯国铚县（今安徽省濉溪县临涣镇）人。三国时期“竹林七贤”之一。早年迎娶魏武帝曹操曾孙女长乐亭主为妻，拜官郎中，授中散大夫，世称“嵇中散”。司马氏掌权后，隐居不仕，拒绝出仕。嵇康通晓音律，尤爱弹琴，著有音乐理论著作《琴赋》《声无哀乐论》。

［6］谢公：谢灵运（385～433年），原名谢公义，字灵运，小名客儿，陈郡阳夏县（今河南省太康县）人，东晋到刘宋时期大臣、佛学家、旅行家，山水诗派鼻祖，母为王羲之外孙女刘氏。其诗与颜延之齐名，并称“颜谢”，是第一位全力创作山水诗的诗人。

［7］不唧溜：①不中用，没出息。《云门广录》卷下：“因普请般（搬）米了，坐次云：‘近日不唧溜，只担得一斗米，不如快脱去。’”本书第二十章“荐福悟本”条：“这一队不唧溜汉，无端将祖父田园私地结契，各至四至界分，方圆长短，一时花擘了也。致令后代儿孙，千载之下，上无片瓦盖头，下无卓锥之地。”②不机灵，不敏捷。《明觉语录》卷一：“相逢不拈出，举意便知有，早是不唧溜汉。更乱蹋步向前，实谓苦屈。”《中峰广录》卷四之上“示日本空禅人”：“棒头领旨，喝下明宗，已是第一等不唧溜底钝汉。”

［8］料掉无交涉：参见本书“料掉没交涉”注释。

［9］栗棘蓬：参见本书“栗蒲”注释。

［10］探竿影草：参见本书“探竿影草”注释。

［11］锯解秤锤：参见本书第十二章“大愚守芝禅师”注释。

［12］佛眼忌，拈香：佛眼禅师的忌日（去世的日子），拈香祭拜。旧校本标点均有误。如果“佛眼忌”后面不加逗号，就误会为“佛眼禅师忌讳拈香”了，完全不符合原意。

［13］话霸：话柄，多指禅家公案。《密庵语录》：“二尊宿前不至村，后不迭店，直至于今，翻成话霸。何故？字经三写，乌焉成马。”《续传灯录》卷二十一“无竭净昙”：“书偈曰：这汉从来没缝罅，五十六年成话霸。今朝死去见阎王，剑树刀山得人怕。”又卷三十四“混源昙密”：“德山小参不答话，千古丛林成话霸。”亦作“话靶”“话把”。（摘自《禅宗大词典》）

［14］草藁（gǎo）：初拟的文稿或画稿等。

潭州方广深禅师

僧问：“一法若有，毗卢堕在凡夫；万法若无，普贤失其境界。未审意旨如何？”师曰：“富嫌千口少，贫恨一身多。”

世奇首座

世奇首座者，成都人也。遍依师席，晚造龙门。

一日燕坐，瞌睡间群蛙忽鸣，误听为净发[1]版响。亟趋往，有晓之者曰：“蛙鸣非版也。”师怅然。诣方丈剖露，佛眼曰：“岂不见罗睺罗？”师遽止曰：“和尚不必举，待去自看。”未几有省，乃占偈曰：“梦中闻版响，觉后虾蟆啼。虾蟆与版响，山岳一时齐。”由是益加参究，洞臻玄奥。

眼命分座，师固辞，曰：“此非细事也。如金针刺眼，毫发若差，睛则破矣。愿生生居学地，而自锻炼。”眼因以偈美之曰：“有道只因频退步，谦和元自惯回光。不知已在青云上，犹更将身入众藏。”

暮年，学者力请，不容辞。后因说偈曰：“诸法空故我心空，我心空故诸法同。诸法我心无别体，只在而今一念中。且道是那一念？”众罔措，师喝一喝而终。

【注释】

［1］净发：又作剃发。即出家归依佛门，须剃除须发，其后亦须按时剃净。

温州净居尼慧温禅师

上堂，举："法眼示众曰：'三通鼓罢，簇簇上来。佛法人事，一时周毕。'"师曰："山僧道：'三通鼓罢，簇簇上来。拄杖不在，苕帚柄聊与三十。'"

给事冯楫居士

给事冯楫，济川居士。自壮扣诸名宿，最后居龙门，从佛眼远禅师。再岁，一日同远经行法堂，偶童子趋庭，吟曰："万象之中独露身。"远拊公背曰："好聻！"公于是契入。

绍兴丁巳，除给事。会大慧禅师就明庆开堂，慧下座，公挽之曰："和尚每言于士大夫前曰：'此生决不作这虫豸[1]。'今日因甚却纳败缺[2]？"慧曰："尽大地是个杲上座，你向甚处见他？"公拟对，慧便掌。公曰："是我招得。"

越月，特丐祠[3]坐夏径山，榜其室曰"不动轩"。

一日，慧升座，举："药山问石头曰：'三乘十二分教，某甲粗知。承闻南方直指人心，见性成佛，实未明了，伏望慈悲示诲。'头曰：'恁么也不得，不恁么也不得，恁么不恁么总不得。你作么生？'山罔措，头曰：'子缘不在此，可往江西见马大师去。'山至马祖处，亦如前问。祖曰：'有时教伊扬眉瞬目，有时不教伊扬眉瞬目。有时教伊扬眉瞬日者是，有时教伊扬眉瞬目者不是。'山大悟。"慧拈罢，公随至方丈曰："适来和尚所举底因缘，某理会得了。"慧曰："你如何会？"公曰："恁么也不得，苏嚧，娑婆诃！不恁么也不得，唏唎，娑婆诃！恁么不恁么总不得，苏嚧，唏唎，娑婆诃！"慧印之以偈曰："梵语唐言打成一块，咄哉！俗人，得此三昧。"

公后知邛州，所至宴晦[4]无倦。尝自咏曰："公事之余喜坐禅，少曾将胁到床眠。虽然现出宰官相，长老之名四海传。"

至二十三年秋，乞休致[5]，预报亲知，期以十月三日报终。至日，令后厅置高座，见客如平时。至辰巳间，降阶望阙肃拜，请漕使摄邛事。著僧衣履，踞高座，嘱诸官吏及道俗，各宜向道，扶持教门，建立法幢。遂拈拄杖按膝，蜕然而化。

漕使请曰："安抚去住如此自由，何不留一颂以表罕闻？"公张目，索笔书曰："初三十一，中九下七。老人言尽，龟哥眼赤。"竟尔长往。

建炎后，名山巨刹教藏多不存，公累以己俸印施，凡一百二十八藏，用祝君寿，以康兆民。

门人蒲大聘尝志其事。有语录、颂古行于世。

【注释】

［1］虫豸（zhì）：詈词。喻指下贱者。

［2］败缺：参见本书"败缺"注释。

［3］丐祠：请求以"奉祠"之名退休。宋代设宫观使、判官、都监、提举、提点、主管等职，以安置五品以上不能任事或年老退休的官员等。他们只领官俸而无职事。因宫观使等职原主祭祀，故亦称奉祠。

［4］宴晦：《楞严经指掌疏》卷五："退修须避喧韬光，故曰晏晦。晏者，晏静，即避喧义。晦者，晦迹，即韬光义。"

［5］休致：辞职退休。

【概要】

冯楫（？～1153），宋代四川遂宁人。字济川。由太学登进士第。曾任给事、知事等官。壮年时，参学于佛眼清远座下，并嗣其法。复参谒大慧宗杲，得其心印。晚年勤修净土，以往生西方为愿，并自费补修《大藏经》。于绍兴二十三年示寂。著有语录行世。

【参考文献】

《五灯全书》卷四十四；《居士分灯录》卷下；《嘉泰普灯录》卷二十三。

开福宁禅师法嗣

大沩善果禅师

潭州大沩月庵善果禅师，信州余氏子。

上堂：“奚仲造车[1]一百辐，拈却两头除却轴。”以拄杖打一圆相曰：“且莫错认定盘星。”卓一卓，下座。

谢供头[2]，上堂：“解猛虎颔下金铃，惊群动众；取苍龙穴里明珠，光天照地。山僧今日到此，赞叹不及。汝等诸人合作么生？”竖起拂子曰：“贬上眉毛，速须荐取。”掷拂子，下座。

上堂：“心生法亦生，心灭法亦灭。心法两俱忘，乌龟唤作鳖。诸禅德道得也未？若道得，道林与你拄杖子。其或未然，归堂吃茶去。”

僧问：“达磨九年面壁时如何？”师曰：“鱼行水浊。”曰：“二祖礼三拜，为甚么却得其髓？”师曰：“地肥茄子大。”曰：“只如一华开五叶，结果自然成，明甚么边事？”师曰：“贼以赃为验。”曰：“有时乘好月，不觉过沧洲。”师曰：“阇黎无分。”

问：“有句无句，如藤倚树时如何？”师曰：“验尽当行家。”曰：“树倒藤枯，句归何处，又作么生？”师曰：“风吹日炙。”曰：“沩山呵呵大笑覃[3]？”师曰：“波斯读梵字。”曰：“道吾推倒泥里，沩山不管，此意又且如何？”师曰：“有理不在高声。”曰：“罗山道：‘道吾是撮马粪汉。’又作么生？”师曰：“多口阿师。”曰：“今日足见老师七通八达。”师曰：“仰面哭苍天。”僧礼拜。师曰：“过。”

问：“莲花未出水时如何？”师曰：“乾坤无异色。”曰：“出水后如何？”师曰：“遍界有清香。”

【注释】

［1］奚仲造车：禅宗公案。潭州大沩月庵善果禅师以奚仲造车之故事提撕学人。奚仲（乃黄帝时发明造车术之人）曾造车一百辐，然而一一分离之，却问当该如何？譬若行人只注重形式上之礼拜、苦行，而不能从心上下功夫，至临命终时，四大分离，修行之功德亦亡灭，犹如拈却两头，分离其轴，则亦无车之作用。《辞

海》：“奚仲：传说中车的创造者。任姓，黄帝之后。夏代的车正（掌管车的官），居于薛（今山东滕州市东南），后迁于邳（今山东微山西北）。春秋时代的薛即其后裔。”

［2］谢供头：指此次上堂开示是在辞去供头职务之后。“供头”参见本书“供过”注释。

［3］沩山呵呵大笑聻（nǐ）：旧校本标点有误。“沩山呵呵大笑”与“聻”不能分开，中间加逗号。聻：句末语气词，相当于“呢”“哩”。

大随静禅师法嗣

石头自回禅师

台州钓鱼台石头自回禅师，本郡人也。世为石工，虽不识字，志慕空宗。每求人口授《法华》，能诵之。

弃家投大随，供扫洒。寺中令取崖石，师手不释锤凿，而诵经不辍口。随见而语曰：“今日硿[1]磕，明日硿磕，死生到来，作甚折合？”师愕然，释其器。

设礼，愿闻究竟法，因随至方丈。随令且罢诵经，看“赵州勘婆”因缘。师念念不去心，久之，因凿石，石稍坚，尽力一锤，瞥见火光，忽然省彻。走至方丈，礼拜呈颂曰：“用尽工夫，浑无巴鼻。火光迸散，元在这里。”随忻然曰：“子彻也。”复献《赵州勘婆颂》曰：“三军不动旗闪烁，老婆正是魔王脚。赵州无柄铁扫帚，扫荡烟尘空索索。”随可之，遂授以僧服。人以其为石工，故有“回石头”之称也。

上堂：“参禅学道，大似井底叫渴相似。殊不知塞耳塞眼，回避不及。且如十二时中，行住坐卧，动转施为，是甚么人使作？眼见耳闻，何处不是路头？若识得路头，便是大解脱路，方知老汉与你证明，山河大地与你证明。所以道：‘十方薄伽梵，一路涅槃门[2]。’诸仁者！大凡有一物当途，要见一物之根源。一物无处，要见一物之根源。见得根源，源无所源。所源既非，何处不圆？诸禅德！你看老汉有甚么胜你处，诸人有甚么不如老汉处？还会么？太湖三万六千顷，月在波心说向谁？”

【注释】

［1］硿（kōng）：象声词。此处指凿击岩石的声音。

［2］十方薄伽梵，一路涅槃门：出自《楞严经》卷五："自心取自心，非幻成幻法，不取无非幻，非幻尚不生，幻法云何立？是名妙莲华，金刚王宝觉，如幻三摩提，弹指超无学。此阿毘达磨，十方薄伽梵，一路涅槃门。"

护圣居静禅师

潼川府护圣愚丘居静禅师，成都杨氏子。年十四，礼白马安慧为师。

闻南堂道望，遂往依焉。堂举"香严枯木里龙吟"话，往返酬诘，师于言下大悟。

一日，堂问曰："莫守寒岩异草青，坐却白云宗不妙。汝作么生？"师曰："且须挥剑，若不挥剑，渔父栖巢。"堂矍然曰："这小厮儿！"师珍重便行。

出住东岩，上堂："月生一，东岩乍住增愁寂。红尘世路有多端，米麫仓储无颗粒。崖为伴，泉为匹。飒飒清风来入室，山王土地暗中忙，云版[1]钟鱼[2]偷泪滴。世人莫道守空岩，亦有东篱打西壁[3]。"

尝谓众曰："参学至要，不出先南堂道：最初句及末后句，透得过者，一生事毕。傥或未然，更与你分作十门，各各印证自心，还得稳当也未？一，须信有教外别传。二，须知有教外别传。三，须会无情说法与有情说法无二。四，须见性如观掌中之物，了了分明，一一田地稳密。五，须具择法眼。六，须行鸟道玄路。七，须文武兼济。八，须摧邪显正。九，须大机大用。十，须向异类中行。凡欲绍隆法种，须尽此纲要，方坐得这曲录床子，受得天下人礼拜，敢与佛祖为师。若不到恁么田地，只一向虚头，他时异日，阎老子未放你在。"

间有学者各门颂出，呈师，师以颂示曰："十门纲要掌中施，机会来时自有为。作者不须排位次，大都首末是根基。"

【注释】

［1］云版：为禅门中报粥饭时刻等，用以击打之器具。又作云板、大版。挂于库里、斋堂之前。以其版（板）形如云，故称云版。而于早、午饭前，连打云版三

十六响，称为长版。此时众僧即可取下钵盂至规定之处集合，故又称为“下钵版”。

［2］钟鱼：皆为寺庙击打之器具。钟：梵语犍稚，译曰钟，又曰磬。为作法事时集众而打者。鱼：指木鱼，以木制成的鱼，在读诵经文时叩击之。据说鱼类昼夜常醒不眠，今以木刻成鱼形而叩击之，目的在警惕众人不可昏沉懒惰，应该昼夜精勤修行佛法，直到成功为止。

［3］东篱打西壁：参见本书“东壁打倒西壁”注释。

简州南岩胜禅师

上堂，召大众曰：“护生须是杀，杀尽始安居。会得个中意，分明在半途。且道到家一句又作么生？释迦、弥勒没量[1]大，看来犹只是他奴。”

僧问：“放行五位即不问，把定三关事若何？”师曰：“横按镆铘全正令。”曰：“把定三关蒙指示，放行五位事如何？”师曰：“太平寰宇斩痴顽。”曰：“恁么则南岩门下，土旷人稀。”师曰：“灵利衲僧，只消一点。”曰：“自古自今，同生同死时如何？”师曰：“家贼难防。”曰：“今日学人小出大遇去也。”师便打，曰：“须是老僧打你始得。”僧礼拜，师曰：“切忌诈明头[2]。”

【注释】

［1］没量：参见本书“没量”注释。

［2］明头：①明白的人。本书第八章“龙济绍修”条：“僧问：‘见色便见心。露柱是色，如何是心？’师曰：‘幸然未会，且莫诈明头。’”②明里，明亮处。《祖堂集》卷一七“普化”条：“师寻常暮宿冢间，朝游城市。把铃云：‘明头来也打，暗头来也打。’”（摘自《禅宗大词典》）

梁山师远禅师

常德府梁山廓庵师远禅师，合川鲁氏子。

上堂，举“杨岐三脚驴子”话，乃召大众曰：“扬其汤者，莫若扑其火；壅其流者，莫若杜其源。此乃智人之明鉴。佛法之至论，正在斯焉。这因缘，如今丛林中提唱者甚多，商量者不少。有般底[1]，只道宗师家无固必[2]，凡有所问，随口便答。似则也似，是即未是。若恁么，只作个乾[3]无事会，不见杨岐用处。乃至祖师千差万别方便门庭，如何消遣？又有般底，只向佛边会，却与自己没交涉。古人道：‘凡有言句，须是一一消归自己。’又作么生？又有般底，一向只作自己会，弃却古人用处，唯知道明自己事，古人方便却如何消遣？既消遣不下，却似抱桥柱澡洗，要且放手不得。此亦是一病。又有般底，却去脚多少处会。若恁么会，此病最难医也。所以，他语有巧妙处，参学人卒难摸索，才拟心则差了也。前辈谓之杨岐宗旨，须是他屋里人，到恁么田地，方堪传授。若不然者，则守死善道之谓也。这公案直须还他透顶彻底汉，方能了得。此非止[4]禅和子[5]会不得，而今天下丛林中，出世为人底，亦少有会得者。若要会去，直须向威音那畔，空劫已前，轻轻觑着，提起便行，捺着便转。却向万仞峰前进一步，可以笼罩古今，坐断天下人舌头。如今还有恁么者么？有则出来道看。如无，更听一颂：‘三脚驴子弄蹄行，直透威音万丈坑。云在岭头闲不彻，水流涧下太忙生。湖南长老谁解会？行人更在青山外。”

上堂：“‘天得一以清，地得一以宁，君王得一以治天下[6]。’这个说话是家常茶饭，须知衲僧家别有奇特处始得。且道衲僧门下有甚奇特处？天得一，斗牛女虚危室壁。地得一，万象森罗及瓦砾。君王得一，上下四维无等匹。且道衲僧得一时如何？要见客从何处来，闲持经卷倚松立。”

浴佛，上堂，举“药山浴佛”公案，拈云：“这僧问处，依稀越国，仿佛扬州。药山答来，眼似流星，机如掣电。点检将来，二俱不了。若是山僧即不然，当是时，才见他问：‘只浴得这个，且不浴得那个。’但转木杓柄与伊，待他拟议之间，拦面便泼。假饶这僧有大神通，具大智慧，也无施展处。敢问大众，这个即且置[7]，唤甚么作那个？”下座：“佛殿烧香，为你说破。”

师有《十牛图并颂》行于世。

【注释】

［1］有般底：有这样的。

［2］无固必：此指无一定之规。语出《论语·子罕》：“毋必，毋固。”本指固执坚持，不可变通。后引申为一定，必然。

［3］乾：徒然，白白地。《敦煌变文集·功德意供养塔生天缘》：“乾竭血肉，徒丧身命。”

［4］止：只，仅仅。

［5］禅和子：参见本书“禅和”注释。

［6］天得一以清，地得一以宁，君王得一以治天下：出自《老子·第三十九章》：“天得一以清，地得一以宁，神得一以灵，谷得一以盈，万物得一以生，侯王得一以为天下贞。”

［7］置：宝祐本作“致”，据清藏本、续藏本改。

嘉州能仁默堂绍悟禅师

结夏，上堂：“最初一步，十方世界现全身；末后一言，一微尘中深锁断。有时提起，如倚天长剑，光耀乾坤；有时放下，似红炉点雪，虚含万象。得到恁么田地，天魔[1]外道，拱手归降；三世诸佛，一时稽首。便可以大圆觉为我伽蓝，于一毫端现宝王刹。如是，则朝往西天，暮归东土，亦是禁足；百花丛里坐，淫坊酒肆行，亦是禁足。虽然如是，不曾动着这里一步。恁么则九旬无虚弃之功，百劫有今时之用。堪报不报之恩，以助无为之化。此即是涅槃妙心，金刚王宝剑。敢问大众，作么生得到这田地去？如人上山，各自努力。”

上堂，举“赵州访二庵主”公案，颂曰：“一重山尽一重山，坐断孤峰子细看。雾卷云收山岳静，楚天空阔一轮寒。”

【注释】

［1］天魔：旧校本作“夭魔”有误。

子言庵主

彭州土溪智陀子言庵主，绵州人也。初至大随，闻举“石头和尚示众偈”，倏然领旨。归隐土溪，悬崖绝壑间有石若蹲异兽。师凿以为室，中发异泉，无涸溢，四众讶之。居三十年，化风盛播。

室成日，作偈曰：“一击石庵全，纵横得自然。清凉无暑气，涓洁有甘泉。宽廓含沙界，寂寥绝众缘。个中无限意，风月一床眠。”

南修造禅师

剑门南修造者，淳厚之士也。自大随一语契投，服勤不怠。归谒崇化赟[1]禅师，坐次，赟以宗门三印问之，南曰："印空印泥印水，平地寒涛竞起。假饶去就十分，也是灵龟曳尾。"

【注释】

［1］赟（yūn）：美好。《玉篇·貝部》："赟，美也。"

尚书莫将居士

莫将尚书，字少虚。家世豫章分宁。因官西蜀，谒南堂静禅师咨决心要。堂使其向一切处提撕。适如厕，俄闻秽气，急以手掩鼻，遂有省，即呈以偈曰："从来姿韵爱风流，几笑时人向外求。万别千差无觅处，得来元在鼻尖头。"南堂答曰："一法才通法法周，纵横妙用更何求？青蛇出匣魔军伏，碧眼胡僧笑点头。"

【概要】

莫将（1080～1148 年），宋代名臣。字少虚，洪州（江西南昌）人。得荫于父，历任县令有功，绍兴七年（1137 年），提升为太府寺丞。绍兴八年（1138 年），赐同进士出身。官至工部尚书兼侍读。使金返，于太后返銮有功。绍兴十五年（1145 年）三月，叶梦得由福州刺史奉祠，莫将以敷文阁学士、左朝请郎知福州。八月，移知广州。绍兴十六年卒，赠端明殿学士。

【参考文献】

《续传灯录》卷三十；《续灯正统》卷四。

龙图王萧居士

龙图王萧居士，字观复。留昭觉日，闻开静板声，有省。

问南堂曰："某有个见处，才被人问，却开口不得。未审过在甚处？"堂曰："过在有个见处。"堂却问："朝旆[1]几时到任？"公曰："去年八月四日。"堂曰："自按察几时离衙？"公曰："前月二十。"堂曰："为甚

么道开口不得？”公乃契悟。

【注释】

［1］朝旆（pèi）：对朝廷官员的尊称。

五祖自禅师法嗣

蕲州龙华高禅师

上堂：“象王行，师子住，赤脚昆仑眉卓竖。寒山拾得笑呵呵，指点门前老松树。且道他指点个甚么？忽然风吹倒时，好一堆柴。”

第二节　南岳下十六世

径山杲禅师法嗣

教忠弥光禅师

泉州教忠晦庵弥光禅师，闽之李氏子。儿时寡言笑，闻梵呗则喜。十五，依幽岩文慧禅师圆顶。犹喜阅群书。一日曰：“既剃发染衣，当期悟彻，岂醉于俗典邪？”遂出岭，谒圆悟禅师于云居。次参黄檗祥高庵悟，机语皆契。以淮楚盗起，归谒佛心。

会大慧寓广，因往从之。慧谓曰：“汝在佛心处所得者，试举一二看。”师举：“佛心上堂，拈普化公案曰：‘佛心即不然，总不恁么来时如何？劈脊便打，从教遍界分身[1]。’”慧曰：“汝意如何？”师曰：“某不肯他后头下个注脚[2]。”慧曰：“此正是以病为法。”师毅然无信可意。慧曰：“汝但揣摩看。”师竟以为不然。经旬，因记海印信禅师拈曰：“雷声浩大，雨点全无。”始无滞，趋告慧，慧以举“道者见琅邪并玄沙未彻语”诘之，师对已，慧笑曰：“虽进得一步，只是不著所在。如人斫树，根下一刀，则命根断矣。汝向枝上斫，其能断命根乎？今诸方浩浩说禅者，见处总如此，何益于事？其杨岐正传，三四人而已。”师愠而去。翌日，慧问：“汝还疑否？”师曰：“无可疑者。”慧曰：“只如古人相见，未开口时已知虚实，或闻其语，便识浅深。此理如何？”师悚然汗下，莫知所诣。慧令究“有句无句”。

慧过云门庵，师侍行。一日，问曰：“某到这里，不能得彻，病在甚处？”慧曰：“汝病最癖，世医拱手[3]。何也？别人死了活不得，汝今活了未曾死。要到大安乐田地，须是死一回始得。”师疑情愈深。

后入室，慧问：“吃粥了也，洗钵盂了也？去却药忌，道将一句来。”师曰：“裂破。”慧震威喝曰：“你又说禅也。”师即大悟。慧挝鼓告众曰：“龟毛拈得笑咍咍[4]，一击万重关锁开。庆快平生在今日，孰云千里赚吾来？”师亦以颂呈之曰：“一拶当机怒雷吼，惊起须弥藏北斗。洪波浩渺浪滔天，拈得鼻孔失却口。”

住后，上堂：“有句无句，如藤倚树，放憨[5]作么？及乎树倒藤枯，句归何处？情知汝等诸人卒讨头鼻不着。为甚如此？只为分明极，翻令所得迟。”

上堂：“梦幻空花，何劳把捉？得失是非，一时放却。”掷拂子曰：“山僧今日已是放下了也，汝等诸人又作么生？”复曰：“侍者收取拂子。”

僧问：“文殊为甚么出女子定不得？”师曰：“山僧今日困。”曰：“罔明为甚么却出得[6]？”师曰：“令人疑着。”曰：“恁么则擘开华岳千峰秀，放出黄河一派清。”师曰：“一任卜度。”

【注释】

[1] 佛心即不然，总不恁么来时如何？劈脊便打，从教遍界分身：旧校本标点有误，详见项楚《〈五灯会元〉点校献疑三百例》。

[2] 某不肯他后头下个注脚：旧校本标点有误。此句中间不能有逗号，旧校本作“某不肯他，后头下个注脚”有误。

[3] 拱手：犹束手。谓无能为力。

[4] 咍（hāi）咍：欢笑貌。

［5］放憨：露出傻样子。本书第二十章“鼓山安永”条：“今日全身放憨，也要诸人知有。”

［6］罔明为甚么却出得：罔明，指罔明菩萨，他可以出女子定。参见本书第一章“释迦牟尼佛”注释。

【概要】

弥光禅师（？～1155），宋代临济宗僧。号晦庵，别号禅状元、光状元。闽州（福建）长乐人，俗姓李。十八岁受戒出家，曾谒圆悟克勤、黄檗景祥、高庵善悟诸师。适大慧宗杲入闽，怀香谒之，痛受针砭，顿悟心要，并嗣其法。“禅状元”之号即由大慧所立。初于鼓山弘法，未几，任泉州教忠寺住持，历十年，移住福州龟山，后因疾而归返云门庵。高宗绍兴二十五年示寂。著有《晦庵光状元和尚语要》传世。

【参考文献】

《嘉泰普灯录》卷十八；《联灯会要》卷十七。

东林道颜禅师

江州东林卍庵道颜禅师，潼川人，族鲜于氏。

久参圆悟，微有省发。洎悟还蜀，嘱依妙喜，仍以书致喜曰：“颜用彩绘已毕，但欠点眼耳。他日嗣其后，未可量也。”喜居云门及洋屿，师皆在焉。朝夕质疑，方大悟。

住后，上堂：“一叶落，天下秋。一尘起，大地收。鸟窠吹布毛，便有人悟去。今时学者，为甚么却不识自己？”良久曰：“莫错怪人好！”

上堂：“欲识诸佛心，但向众生心行中识取。欲识常住不凋性，但向万物迁变处会取。还识得么？欲得不招无间业，莫谤如来正法轮。”

上堂：“诸人知处，良遂[1]总知。良遂知处，诸人不知。作么生是良遂知处？”乃曰：“鸤鹚语鹤。”

上堂：“仲冬严寒，三界无安。富者快乐，贫者饥寒。不识玄旨，错认定盘。何也？牛头安尾上，北斗面南看。”

上堂：“一滴滴水，一滴滴冻。天寒人寒，风动幡动。云门扇子，踍跳上三十三天，筑着帝释鼻孔。东海鲤鱼，打一棒雨似盆倾，不出诸人十二时中寻常受用。”

上堂云：“圆通门户，八字打开。若是从门入得，不堪共语。须是入得无门之门，方可坐登堂奥。所以道，过去诸如来，斯门已成就。现在诸菩萨，今各入圆明。未来参学人，当依如是法。从上诸圣，幸有如此广大门风。不能继绍，甘自鄙弃，穿窬[2]墙壁，好不丈夫！敢问大众，无门之门作么生入？”良久云：“非唯观世音，我亦从中证。”

上堂：“元宵已过，化主出门。六群比丘，各从其类。此众无复枝叶，纯有贞实。如是增上慢人，退亦佳矣。麒麟不为瑞，鸑鷟[3]不为荣，麦秀两岐，禾登九穗，总不消得。但愿官中无事，林下栖禅，水牯牛饱卧斜阳，担板汉清贫长乐。粥足饭足，俯仰随时。笏笼[4]不乱搀匙，老鼠不咬甑箄[5]。山家活计，淡薄长情。不敬功德天，谁嫌黑暗女？有智主人，二俱不受。”良久曰：“君子爱财，取之以道。”

上堂：“去年寒食后，今年寒食前。日日是好日，不是正中偏。”

上堂：“客舍久留连，家乡夕照边。檐悬三月雨，水没两湖莲。镬漏烧灯盏，柴生满灶烟。已忘南北念，入望尽平川。”

上堂：“旃檀林，无杂树，郁密深沉师子住。所以，旃檀丛林，旃檀围绕；荆棘丛林，荆棘围绕。一人为主，两人为伴，成就万亿国土。士农工商，若夜叉，若罗刹，见行魔业，优哉游哉，聊以卒岁。”

僧问：“香严上树话，意旨如何？”师曰：“描不成，画不就。”曰：“李陵虽好手，争奈陷番何？”师曰：“甚么处去来？”

问：“如何是佛？”师曰：“汝是元固。”僧近前曰：“喏，喏。”师曰：“裩无裆，裤无口。”

问：“如何是佛？”师曰：“志公和尚。”曰：“学人问佛，何故答志公和尚？”师曰：“志公不是闲和尚。”曰：“如何是法？”师曰：“黄绢幼妇，外孙齑臼[6]。”曰：“是甚么章句？”师曰：“绝妙好辞。”曰：“如何是僧？”师曰：“钓鱼船上谢三郎。”曰：“何不直说？”师曰：“玄沙和尚。”曰：“三宝已蒙师指示，向上宗乘事若何？”师曰：“王乔[7]诈仙得仙。”僧呵呵大笑，师乃叩齿[8]。

【注释】

[1] 良遂：禅师名，参见本书第四章“寿州良遂禅师”注释。以师之大彻大

悟而究竟禅旨之因缘，禅林中遂以“良遂尽知”一语，表示禅徒已达彻悟之境界。

［2］窬（yú）：通“踰”。翻越。《论语·阳货》：“其犹穿窬之盗也与！”何晏集解引孔安国曰：“窬，窬墙。”刘宝楠正义：“云‘窬，窬墙’者，谓窬即踰之假借。”

［3］鸑（yuè）鷟（zhuó）：凤凰。

［4］筯笼：同“箸笼”，筷笼。旧校本作“筯笼”有误。

［5］甑箄（bì）：甑底的竹箄。箄，同“箅”，釜中的竹屉。

［6］畚（jī）臼（jiù）：捣姜椒等辛辣食品用的器具。

［7］王乔：参见本书“武帝求仙不得仙，王乔端坐却升天”注释（本书第十二章“寿宁齐晓禅师”条）。

［8］叩齿：参见本书“叩齿”注释。

【概要】

道颜禅师（1094～1164年），宋代临济宗大慧派僧。号卍庵。潼川（四川三台）人，俗姓鲜于，乃名儒家系。幼年从净安之谏律师试经得度，历参名宿，受圆悟克勤之启发，于径山大慧宗杲处开悟，嗣其法。后归云顶，历住荐福、报恩、白杨等寺，晚年移至江州（江西九江）东林寺。隆兴二年示寂，世寿七十一。

【参考文献】

《嘉泰普灯录》卷十八；《宗门统要续集》卷二十二。

西禅鼎需禅师

福州西禅懒庵鼎需禅师，本郡林氏子。幼举进士有声。年二十五，因读《遗教经》，忽曰：“几为儒冠误。”欲去家，母难之。以亲迎在期，师乃绝之曰：“夭桃红杏，一时分付春风。翠竹黄花，此去永为道伴。”竟依保寿乐禅师为比丘。

一锡湖湘，遍参名宿，法无异味。归里结庵，于羌峰绝顶，不下山者三年。佛心才禅师挽出，首众于大乘。

尝问学者“即心即佛”因缘。时妙喜庵于洋屿，师之友弥光与师书云：“庵主手段与诸方别，可来少款，如何？”师不答，光以计邀师饭，师往赴之。会妙喜为诸徒入室，师随喜焉。妙喜举：“僧问马祖：‘如何是佛？’祖云：‘即心是佛。’作么生？”师下语，妙喜诟之曰：“你见解如此，敢妄为人师耶？”鸣鼓普说，讦[1]其平生珍重得力处，排为邪解。师泪交颐，不敢仰视，默计曰：“我之所得，既为所排。西来不传之旨，岂止此耶？”遂归心弟子之列。

一日，喜问曰：“内不放出，外不放入，正恁么时如何？”师拟开口，喜拈竹篦，劈脊[2]连打三下，师于此大悟，厉声曰：“和尚已多了也。”喜又打一下，师礼拜。喜笑云：“今日方知吾不汝欺也。”遂印以偈云：“顶门竖亚[3]摩醯[4]眼，肘后斜悬夺命符。瞎却眼，卸却符，赵州东壁挂葫芦。”于是，声名喧动丛林。

住后，上堂曰：“句中意，意中句，须弥耸于巨川；句刬意，意刬句，烈士发乎狂矢。任待牙如剑树，口似血盆，徒逞词锋，虚张意气。所以净名杜口，早涉繁词；摩竭掩关，已扬家丑。自余瓦棺老汉、岩头大师，向羌峰顶上，拏风鼓浪，玩弄神变。脚跟下好与三十。且道过在甚么处？”良久云：“机关不是韩光作，莫把胸襟当等闲。”

至节[5]，上堂云：“二十五日已前，群阴消伏，泥龙闭户。二十五日已后，一阳来复，铁树开花。正当二十五日，尘中醉客，骑驴骑马，前街后街，递相庆贺。物外闲人，衲帔蒙头，围炉打坐。风萧萧，雨萧萧，冷湫湫。谁管你张先生、李道士、胡达磨。”

上堂：“懒翁懒中懒，最懒懒说禅。亦不重自己，亦不重先贤。又谁管你地，又谁管你天。物外翛然[6]无个事，日上三竿犹更眠。”

上堂，举：“僧问赵州：‘如何是古人言？’州云：‘谛听谛听。’”师曰：“谛听即不无，切忌唤钟作瓮[7]。”

室中问僧：“万法归一，一归何处？”曰：“新罗国里。”师曰：“我在青州作一领布衫，重七斤聻？”曰：“今日亲见赵州。”师曰：“前头见，后头见？”僧乃作斫额势，师曰：“上座甚处人？”曰：“江西。”师曰：“因甚么却来这里纳败缺？”僧拟议，师便打。

【注释】

［1］讦（jì）：直言无讳。

［2］劈脊：对准脊背。

［3］竖亚：竖着嵌入。《五家正宗赞》卷二“浮山圆鉴”条：“神仙一局棋密排盘里，机路上冲关；摩酰三只眼竖亚顶门，髑髅前失照。”（摘自《禅宗大词

典》）

［4］摩醯：参见本书“顶门上具一只眼”注释。

［5］至节：冬至或夏至。

［6］翛（xiāo）然：无拘无束貌，超脱貌。

［7］唤钟作瓮：参见本书“听事不真，唤钟作瓮”注释。

福州东禅蒙庵思岳禅师

上堂：“蛾羊蚁子说一切法，墙壁瓦砾现无边身。见处既精明，闻中必透脱。所以，雪峰和尚凡见僧来，辊出三个木球，如弄杂剧相似。玄沙便作斫牌势，卑末[1]谩道[2]将来。普贤今日谤古人，千佛出世，不通忏悔。这里有人谤普贤，定入拔舌地狱。且道谤与不谤者是谁？心不负人，面无惭色。”

上堂：“达磨来时，此土皆知梵语。及乎去后，西天悉会唐言。若论直指人心，见性成佛，大似羚羊挂角，猎犬寻踪。一意乖疏，万言无用。可谓来时他笑我，不知去后我笑他。唐言梵语亲分付，自古斋僧怕夜茶。”

上堂：“腊月初，岁云徂。黄河冻已合，深处有嘉鱼。活鱍鱍[3]，跳不脱，又不能相煦以湿[4]，相濡以沫[5]。惭愧菩萨摩诃萨，春风几时来，解此黄河冻？令鱼化作龙，直透桃花浪。会即便会，痴人面前且莫说梦。”

上堂，僧问：“如何是初日分，以恒河沙等身布施？”师曰：“从苗辨地，因语识人。”曰：“如何是中日分，复以恒河沙等身布施？”师曰：“筑著磕著。”曰：“如何是后日分，亦以恒河沙等身布施？”师曰：“向下文长，付在来日。”复曰：“一转语如天普盖，似地普擎。一转语，舌头不出口。一转语，且喜没交涉。要会么？惭愧！世尊面赤，不如语直。大小岳上座，口似磉盘[6]，今日为这问话僧讲经，不觉和注脚一时说破。”便下座。

上堂：“哑却我口，直须要道。塞却你耳，切忌蹉过。昨日有人从天台来，却道泗洲大圣在洪州打坐，十字街头卖行货。是甚么？断跟草鞋，尖檐席帽。”

【注释】

［1］卑末：宋代自称谦词。宋王大成《野老记闻》载：“子由代兄作《中书舍人启》，称‘伏念某草茅下士，蓬荜书生’。子瞻以笔圈‘伏念某’，用‘但卑末’三字。”金董解元《西厢记诸宫调》卷三：“侵晨等到合昏个，不曾汤个水米，便不饿损卑末？”（摘自虞云国主编《宋代文化史大辞典》）

［2］谩道：休说，别说。此处指别说。

［3］鱍（bō）鱍（bō）：鲜活貌。

［4］相煦以湿：应作“相呴以湿”。呴（xǔ），慢慢呼气。相呴以湿，意思是彼此以呼出的气湿润对方。后比喻在困难时以微小的力量，竭力互相帮助。出自《庄子·大宗师》：“泉涸，鱼相与处于陆，相呴以湿，相濡以沫。”成玄英疏：“呴气相湿。”

［5］相濡以沫：原指在困境中的鱼为了生存，互相用口中的水沫沾湿对方的身体。后用来指夫妻感情，也可用于朋友。比喻同在困难的处境里，用微薄的力量互相帮助。出处同上“相煦以湿”。

［6］口似褬（sǎng）盘：参见本书“口如褬盘”注释。

福州西禅此庵守净禅师

上堂：“谈玄说妙，撒屎撒尿。行棒行喝，将盐止渴。立主立宾，华擘[1]宗乘。设或总不恁么，又是鬼窟里坐。到这里，山僧已是打退堂鼓。且道诸人寻常心愤愤，口悱悱[2]，合作么生？莫将闲学解，埋没祖师心。”

上堂：“若也单明自己，不悟目前，此人有眼无足。若也只悟目前，不明自己，此人有足无眼。直得眼足相资，如车二轮，如鸟二翼，正好勘过了打。”

上堂：“九夏炎炎大热，木人汗流不辍。夜来一雨便凉，莫道山僧不说。”以拂子击禅床，下座。

上堂：“若欲正提纲，直须大地荒。欲来冲雪刃，未免露锋铓。当恁么时，释迦老子出头不得即不问，你诸人只如马镫[3]里藏身，又作么生话会？”

上堂：“道是常道，心是常心。汝等诸人闻山僧恁么道，便道我会

也。大尽三十日，小尽二十九。头上是天，脚下是地。耳里闻声，鼻里出气。忽若四大海水在汝头上，毒蛇穿你眼睛，虾蟆入你鼻孔，又作么生?”

上堂：“文殊普贤谈理事，临济德山行棒喝。东禅一觉到天明，偏爱风从凉处发。咄!”

上堂：“善斗者不顾其首，善战者必获其功。其功既获，坐致太平。太平既致，高枕无忧。罢拈三尺剑，休弄一张弓。归马于华山之阳，放牛于桃林之野。风以时而雨以时，渔父歌而樵人舞。虽然如是，尧舜之君，犹有化在。争似乾坤收不得，尧舜不知名？浑家不管兴亡事，偏爱和云占洞庭。”

上堂：“闭却口，时时说。截却舌，无间歇。无间歇，最奇绝。最奇绝，眼中屑。既是奇绝，为甚么却成眼中屑？了了了时无可了，玄玄玄处亦须呵。”

上堂：“佛祖顶𩕳上，有泼天大路。未透生死关，如何敢进步？不进步，大千没遮护。一句绝言诠，那吒擎铁柱。”

开堂，拈香罢，就座。南堂和尚白槌曰：“法筵龙象众，当观第一义。”师随声便喝曰：“此是第几义？久参先德，已辨来端。后学有疑，不妨请问。”僧问：“阿难问迦叶：‘世尊传金襕外，别传何物?’迦叶唤阿难，阿难应诺。未审此意如何?”师曰：“切忌动着。”曰：“只如迦叶道：‘倒却门前刹竿着。’又作么生?”师曰：“石牛横古路。”曰：“只如和尚于佛日处，还有这个消息也无?”师曰：“无这个消息。”曰：“争奈定光金地遥招手，智者江陵暗点头。”师曰：“莫将庭际柏，轻比路傍蒿。”僧礼拜，师乃曰：“定光金地遥招手，智者江陵暗点头。已是白云千万里，那堪于此未知休！设或于此便休去，一场狼藉不少。还有检点得出者么？如无，山僧今日失利。”

僧问：“佛佛授手，祖祖相传。未审传个甚么?”师曰：“速礼三拜。”

问：“不施寸刃，请师相见。”师曰：“逢强即弱。”曰：“何得埋兵掉斗?”师曰：“只为阇黎寸刃不施。”曰：“未审向上还有事也无?”师曰：“有。”曰：“如何是向上事?”师曰：“败将不斩。”

问：“古佛堂前，甚么人先到?”师曰：“无眼村翁。”曰：“未审如何趣向?”师曰：“榔栗横担。”

【注释】

[1] 华擘：分割，分裂。
[2] 心愤愤，口悱悱：参见本书“心愤愤，口悱悱”注释。
[3] 马镫：挂在马鞍两边的脚踏。

开善道谦禅师

建宁府开善道谦禅师，本郡人。初之京师依圆悟，无所省发。后随妙喜庵居泉南，及喜领径山，师亦侍行。

未几，令师往长沙通紫岩居士张公书。师自谓：“我参禅二十年，无入头处。更作此行，决定荒废。”意欲无行。友人宗元者叱曰：“不可！在路便参禅不得也？去，吾与汝俱往。”[1]

师不得已而行，在路泣语元曰：“我一生参禅，殊无得力处。今又途路奔波，如何得相应去?”元告之曰：“你但将诸方参得底，悟得底，圆悟妙喜为你说得底，都不要理会。途中可替底事，我尽替你。只有五件事替你不得，你须自家支当。”师曰：“五件者何事？愿闻其要。”元曰：“著衣吃饭，屙屎放尿，驼个死尸路上行。”师于言下领旨，不觉手舞足蹈。元曰：“你此回方可通书。宜前进，吾先归矣。”元即回径山，师半载方返。妙喜一见而喜曰：“建州子，你这回别也。”

住后，上堂：“竺土大仙心，东西密相付。如何是密付底心?”良久云：“八月秋，何处热。”

上堂：“壁立千仞，三世诸佛措足无门，是则是，太杀不近人情。放一线道，十方刹海放光动地，是则是，争奈和泥合水[2]！须知通一线道处壁立千仞，壁立千仞处通一线道。横拈倒用，正按傍提，电激雷奔，崖颓石裂，是则是，犹落化门[3]。到这里，壁立千仞也没交涉，通一线道也没交涉；不近人情，和泥合水，总没交涉；只这没交涉，也则没交涉；是则是，又无佛法道理。若也出得这四路头，管取乾坤独步。且独步一句作么生道？莫怪从前多意气，他家曾踏上头关。”

上堂：“去年也有个六月十五，今年也有个六月十五。去年六月十五，少却今年六月十五。今年六月十五，多却去年六月十五。多处不用

减，少处不用添。既不用添，又不用减，则多处多用，少处少用。”乃喝一喝曰：“是多是少？”良久曰：“个中消息子，能有几人知？”

上堂：“洞山麻三斤，将去无星秤子上定过，每一斤恰有一十六两，二百钱重，更不少一厘。正与赵州殿里底一般，只不合被大愚锯解秤锤，却教人理会不得。如今若要理会得，但问取云门干屎橛。”

上堂：“有句无句，如藤倚树。撞倒灯笼，打破露柱。佛殿奔忙，僧堂回顾。子细看来，是甚家具？咄！只堪打老鼠。”

上堂：“诸人从僧堂里恁么上来，少间从法堂头恁么下去，并不曾差了一步，因甚么却不会？”良久曰：“只为分明极，翻令所得迟。”

【注释】

［1］友人宗元者叱曰：“不可！在路便参禅不得也？去，吾与汝俱往。”：旧校本标点有误。冯国栋《〈五灯会元〉校点疏失类举》：“‘不可在路便参禅不得也‘语义甚不明，当点断为：‘不可，在路便参禅不得也？’意谓宗元先否定师之‘欲无行’，并告之曰：路上也可参禅。”

［2］和泥合水：参见本书“和泥合水”注释。

［3］化门：参见本书“建化门”注释。

育王德光禅师

庆元府育王佛照德光禅师，临江军彭氏子。志学之年，依本郡东山光化寺吉禅师落发。

一日，入室，吉问：“不是心，不是佛，不是物，是甚么？”师罔措。遂致疑，通夕不寐。次日，诣方丈请益[1]：“昨日蒙和尚垂问，既不是心，又不是佛，又不是物，毕竟是甚么？望和尚慈悲指示。”吉震威一喝曰：“这沙弥！更要我与你下注脚在？”拈棒劈脊打出，师于是有省。

后谒月庵杲、应庵华、百丈震，终不自肯。适大慧领育王，四海英材鳞集，师亦与焉。大慧室中问师：“唤作竹篦则触，不唤作竹篦则背，不得下语，不得无语。”师拟对，慧便棒。师豁然大悟，从前所得，瓦解冰消。

初住台之光孝，僧问：“浩浩尘中，如何辨主？”师曰：“中峰顶上塔心尖。”

上堂："临济三遭痛棒，大愚言下知归。兴化于大觉棒头明得黄檗意旨[2]。若作棒会，入地狱如箭射；若不作棒会，入地狱如箭射。众中商量，尽道赤心片片，恩大难酬。总是识情卜度，未出阴界。且如临济悟去，是得黄檗力？是得大愚力？若也见得，许你顶门眼正，肘后符灵。其或未然，鸿福更为诸人通个消息。丈夫气宇冲牛斗，一踏鸿门两扇开。"

上堂："七手八脚，三头两面。耳听不闻，眼觑不见。苦乐逆顺，打成一片。且道是甚么？路逢死蛇莫打杀，无底篮子盛将归。"

上堂："闻声悟道，落二落三。见色明心，错七错八。生机一路，犹在半途。且道透金刚圈、吞栗棘蓬底是甚么人？披蓑侧立千峰外，引水浇蔬五老前。"

师住灵隐日，孝宗皇帝尝诏问道，留宿内观堂。奏对机缘，备于本录。后示寂，塔全身于鄮峰东庵。

【注释】

［1］请益：即学人请师示诲之意。本为《礼记》《论语》中之用语。礼记："请业则起，请益则起。"于禅林中，多指学人受教后，就尚未透彻明白之处，再进一步请教之意。有关请益之法，禅林有详细规定。

［2］兴化于大觉棒头明得黄檗意旨：旧校本作"兴化于大觉棒头，明得黄檗意旨"，"于大觉棒头"是状语，任连明、孙祥愉《中华本〈五灯会元〉句读疑误类举》不宜点开，有道理。但就佛经来看，经文点开的地方比现代汉语宜多，如果主语过长，为了句义清晰，则主语、状语、谓语等均宜点开。

华藏宗演禅师

常州华藏遯[1]庵宗演禅师，福州郑氏子。

上堂，拈起拄杖曰："识得这个，一生参学事毕。古人恁么道，华藏则不然。识得这个，更须买草鞋行脚。何也？到江吴地尽，隔岸越山多。"

腊旦，上堂："一九与二九，相逢不出手。世间出世间，无剩亦无少。"遂出手曰："华藏不惜性命，为诸人出手去也。劈面三拳，拦腮一掌，灵利衲僧，自知痛痒。且转身一句作么生道？巡堂吃茶去。"

上堂，举："南泉和尚道：'我十八上便解作活计。'赵州和尚道：'我十八上便解破家散宅。'"师云："南泉、赵州也是徐六担板[2]，只见一边。华藏也无活计可作，亦无家宅可破，逢人突出老拳，要伊直下便到。且道到后如何？三十六峰观不足，却来平地倒骑驴。"

【注释】

[1] 遯（dùn）：同"遁"。

[2] 徐六担板：参见本书"徐六担板"注释。

天童净全禅师

庆元府天童无用净全禅师，越州翁氏子。

上堂："学佛止言真不立，参禅多与道相违。忘机忘境急回首，无地无锥转步归。佛不是，心亦非，觌体承当绝所依[1]。万古碧潭空界月，再三捞摝始应知。"

上堂，良久，召众曰："还知么？"复曰："败缺不少。"

上堂，举："长沙示众曰：'百尺竿头坐底人，虽然得入未为真。百尺竿头须进步，十方世界现全身。'大慧先师道：'要见长沙么？更进一步。'保宁则不然，要见长沙么？更退一步。毕竟如何？换骨洗肠重整顿，通身是眼更须参。"

师到灵隐，请上堂："灵山正派，达者犹迷。明来暗来，谁当辨的？双收双放，孰辨端倪？直饶千圣出来，也只结舌有分。何故？人归大国方为贵，水到潇湘始是清。"复曰："适来松源和尚举竹篦话，令天童纳败缺。诸人要知么？听取一颂：'黑漆竹篦握起，迅雷不及掩耳。德山临济茫然，懵底如何插嘴？'"

大慧尝举"灵云悟桃花问师"，师曰："灵云一见两眉横，引得渔翁良计生。白浪起时抛一钓，任教鱼鳖竞头争。"

师自赞曰："匙挑不上个村夫，文墨胸中一点无。曾把虚空揣出骨，恶声赢得满江湖。"后示寂，塔于本山。

【注释】

[1] 佛不是，心亦非，觌体承当绝所依：旧校本标点有误。这一段一读就知道

是韵文，但旧校本标点乱了，致使韵文不是韵文，意义无法解释。

大沩法宝禅师

大沩法宝禅师，福州人也。

上堂：“唤作竹篦则触，不唤作竹篦则背。直须师子咬人，莫学韩獹逐块[1]。阿呵呵！会不会？金刚脚下铁昆仑，捉得明州憨布袋[2]。”

上堂：“千般言，万种喻，只要教君早回去。夜来一片黑云生，莫教错却山前路。咄！”

【注释】

[1] 韩獹（lú）逐块：参见本书“韩獹逐块”注释。

[2] 布袋：五代梁时浙江奉化县布袋和尚，常露腹欢喜，手执布袋，禅机幽默，所以被称为布袋和尚，相传他是弥勒菩萨的化身。此处“布袋”是专有名词，旧校本未加线，有误。

玉泉昙懿禅师

福州玉泉昙懿禅师，久依圆悟，自谓不疑。绍兴初，出住兴化祥云，法席颇盛。大慧入闽，知其所见未谛，致书令来，师迟迟。慧小参，且痛斥，仍榜告四众。师不得已，破夏谒之。慧鞫[1]其所证，既而曰：“汝恁么见解，敢嗣圆悟老人邪？”师退院亲之。

一日，入室，慧问：“我要个不会禅底做国师。”师曰：“我做得国师去也。”慧喝出。居无何，语之曰：“香严悟处不在击竹边，俱胝得处不在指头上。”师乃顿明。

后住玉泉，为慧拈香，继省慧于小溪。慧升座，举：“云门一日拈拄杖示众曰：‘凡夫实谓之有，二乘析谓之无，缘觉谓之幻有，菩萨当体即空，衲僧见拄杖子但唤作拄杖子。行但行，坐但坐，总不得动着。’”慧曰：“我不似云门老人，将虚空剜窟窿。”蓦拈拄杖曰：“拄杖子不属有，不属无，不属幻，不属空。”卓一下曰：“凡夫、二乘、缘觉、菩萨，尽向这里，各随根性，悉得受用。唯于衲僧分上，为害为冤，要行不得行，要坐不得坐。进一步，则被拄杖子迷却路头；退一步，则被拄杖子穿却鼻孔。即今莫有不甘底么？试出来与拄杖子相见。如无，来年更有新条

在。恼乱春风卒未休，正恁么时合作么生？”下座，烦玉泉为众拈出。

师登座，叙谢毕，遂举前话，曰：“适来堂头和尚恁么批判，大似困鱼止泺，病鸟栖芦[2]。若是玉泉则不然。”拈拄杖曰：“拄杖子能有，能无，能幻，能空，凡夫、二乘、缘觉、菩萨，”卓一下曰：“向这里百杂碎。唯于衲僧分上，如龙得水，似虎靠山。要行便行，要坐便坐。进一步则乾坤震动，退一步则草偃风行。且道不进不退一句作么生道？”良久曰：“闲持经卷倚松立，笑问客从何处来。”

【注释】

［1］鞫（jū）：查究，查问。

［2］困鱼止泺（pō），病鸟栖芦：参见本书“困鱼止泺，钝鸟栖芦”注释。

荐福悟本禅师

饶州荐福悟本禅师，江州人也。自江西云门参侍妙喜，至泉南小溪，于时英俊毕集，受印可者多矣。师私谓其弃己[1]，且欲发去。妙喜知而语之曰：“汝但专意参究，如有所得，不待开口，吾已识也。”既而有闻师入室者，故谓师曰：“本侍者参禅许多年，逐日只道得个不会。”师诟之曰：“这小鬼！你未生时，我已三度霍山庙里退牙了，好教你知。”由是益锐志，以“狗子无佛性”话，举“无”字而提撕。一夕将三鼓，倚殿柱昏寐间，不觉“无”字出口吻，忽尔顿悟。后三日，妙喜归自郡城，师趋丈室，足才越阃，未及吐词，妙喜曰：“本胡子这回方是彻头也。”

住后，上堂：“高揖释迦，不拜弥勒者，与三十拄杖。何故？为他只会步步登高，不会从空放下。东家牵犁，西家拽杷者，与三十拄杖。何故？为他只会从空放下，不会步步登高。山僧恁么道，还有过也无？众中莫有点检得出者么？若点检得出，须弥南畔，把手共行。若点检不出，布袋里老鸦，虽活如死。”

上堂：“释迦掩室于摩竭，净名杜口于毗耶。须菩提唱无说而显道，释梵绝视听而雨华。大众！这一队不唧 嗕汉，无端将祖父田园私地结契，各据四至界分，方圆长短，一时花擘[2]了也。致令后代儿孙，千载之下，上无片瓦盖头，下无卓锥之地。博山当时若见，十字路头掘个无底深坑，唤来一时埋却，免见递相钝置。何谓如此？不见道，家肥生孝子，国霸有谋臣[3]。”

上堂：“乾闼婆王曾奏乐，山河大地皆作舞。争如跛脚老云门，解道腊月二十五！博山今日有条攀条，无条攀例，也要应个时节。”蓦拈拄杖，横按膝上，作抚琴势云：“还有闻弦赏音者么？”良久曰：“直饶便作凤凰鸣，毕竟有谁知指法？”卓一下，下座。

【注释】

［1］已：宝祐本作“已”，依其他版本更正作“己”。因为此处作“己”才好理解，所谓“师私谓其弃己”之意，就是禅师私下认为妙喜师父抛弃了自己。

［2］花擘：分割，分裂。亦作“华擘”。

［3］家肥生孝子，国霸有谋臣：出自五代南汉诗人黄损诗《读史》。

育王遵璞禅师

庆元府育王大圆遵璞禅师，福州人。幼同玉泉懿问道圆悟。数载后还里，佐懿于莆中祥云。

绍兴甲寅，大慧居洋屿，师往讯之。入室次，慧问“三圣兴化出不出、为人不为人”话：“你道这两个老汉，还有出身处也无？”师于慧膝上打一拳，慧曰：“只你这一拳，为三圣出气？为兴化出气？速道！速道！”师拟议，慧便打，复谓曰：“你第一不得忘了这一棒。”

后因慧室中问僧曰：“德山见僧入门便棒，临济见僧入门便喝，雪峰见僧入门便道‘是甚么’，睦州见僧便道‘现成公案，放你三十棒’。你道这四个老汉，还有为人处也无？”僧曰：“有。”慧曰：“劄。”僧拟议，慧便喝。师闻遽领微旨，大慧欣然许之。

能仁祖元禅师

温州雁山能仁枯木祖元禅师，七闽林氏子。初谒雪峰预，次依佛心才，皆已机契。及依大慧于云门庵，夜坐次，睹僧剔灯，始彻证。有偈曰：“剔起灯来是火，历劫无明照破。归堂撞见圣僧，几乎当面蹉过。不蹉过，是甚么？十五年前奇特，依前只是这个。”慧以偈赠之曰：“万仞崖头解放身，起来依旧却惺惺。饥餐渴饮浑无事，那论昔人非昔人？”

绍兴己巳[1]春，出住能仁。上堂：“有佛处不得住[2]，踏着秤锤硬似

铁。无佛处急走过，脚下草深三尺。三千里外，逢人不得错举，北斗挂须弥。恁么则不去也，棒头挑日月。摘杨花，摘杨花，眼里瞳人著绣鞋。”卓拄杖，下座。

上堂：“雁山枯木实头禅，不在尖新语句边。背手忽然摸得着，长鲸吞月浪滔天。”

【注释】

［1］绍兴己巳：宝祐本作“绍兴乙巳”，查绍兴年号没有“乙巳”，只有“己巳”，即1149年。《嘉泰普燈錄》卷十八“祖元禅师”条亦作“己巳”。

［2］有佛处不得住：从这句话开始，是祖元禅师对赵州禅师一段话的点评，参见本书第四章“赵州观音院从谂禅师”注释。

真州灵岩东庵了性禅师

上堂：“勘破了也，放过一著，是衲僧破草鞋。现修罗相，作女人拜，是野狐精魅。打个圆相，虚空里下一点，是小儿伎俩。拦腮赠掌，拂袖便行，正是业识茫茫，无本可据。直饶向黑豆未生已前，一时坐断，未有吃灵岩拄杖分。敢问大众，且道为人节文[1]在甚么处？还相委悉么？自从春色来嵩少，三十六峰青至今。”

上堂：“一苇江头杨柳春，波心不见昔时人。雪庭要识安心士，鼻孔依然搭上唇。”竖起拂子曰：“祖师来也，还见么？若也见得，即今荐取。其或未然，此去西天路，迢迢十万余。”

僧问：“人天交接，如何开示？”师曰：“金刚手里八棱棒。”曰：“忽被学人横穿凡圣，击透玄关时，又作么生？”师曰：“海门横铁柱。”

问：“如何是独露身？”师曰：“牡丹花下睡猫儿。”

【注释】

［1］节文：减省文字，省略了文字。

蒋山善直禅师

建康府蒋山一庵善直禅师，德安云梦人。初参妙喜于回雁峰下。

一日，喜问之曰：“上座甚处人？”师曰：“安州人。”喜曰：“我闻你安州人会厮扑，是否？”师便作相扑势，喜曰：“湖南人吃鱼，因甚湖北人著鲠？”师打筋斗而出，喜曰：“谁知冷灰里有粒豆爆出。”

住保宁，上堂：“诸佛不曾出世，人人鼻孔辽天。祖师不曾西来，个个壁立千仞。高揖释迦，不拜弥勒，理合如斯。坐断千圣路头，独步大千沙界，不为分外。若向诸佛出世处会得，祖师西来处承当，自救不了，一生受屈。莫有大丈夫承当大丈夫事者么？出来与保宁争交。其或未然，不如拽破好！”便下座。

一日，留守陈丞相俊卿[1]会诸山茶话次，举“有句无句，如藤倚树”公案，令诸山批判，皆以奇语取奉。师最后曰：“张打油，李打油，不打浑身只打头。”陈大喜。

【注释】

［1］陈丞相俊卿：陈俊卿（1113～1186年），字应求。莆田（今福建莆田）人。南宋名相、诗人。宋高宗绍兴八年（1138年）进士，初授泉州观察推官，累官殿中侍御史、权兵部侍郎。宋孝宗即位，迁中书舍人，充江、淮宣抚判官兼权建康府事，旋即改为参赞都督府军事，屡遭权幸排挤，历知泉州、知漳州等地。乾道三年（1167年），被召为同知枢密院事兼参知政事。次年拜尚书右仆射、同平章事兼枢密使。因与同僚虞允文不和，出知福州，兼福建路安抚使。淳熙二年（1175年），再次起知福州。力求辞官，提举临安府洞霄宫。淳熙五年（1178年），起判建康府、江南东路安抚使兼行宫留守。淳熙九年（1182年），以少保、魏国公致仕。淳熙十三年（1186年），陈俊卿去世，年七十四。获赠太保，谥号“正献”。

剑州万寿自护禅师

上堂：“古者道：‘若人识得心，大地无寸土。’万寿即不然，若人识得心，未是究竟处。且那里是究竟处？”拈拄杖，卓一下，曰：“甜瓜彻蒂甜，苦瓠连根苦。”

潭州大沩了庵景晕禅师

上堂：“云门一曲，腊月二十五。瑞雪飘空，积满江山坞。峻岭寒梅花正吐，手把须弥槌，笑打虚空鼓。惊起憍梵钵提，冷汗透身如雨。忿怒阿修罗王，握拳当胸问云：‘毕竟是何宗旨？’咄！少室峰前，亦曾

错举。”

临安府灵隐谁庵了演禅师

上堂：“面门摎破，天地悬殊。打透牢关，白云万里。饶伊两头坐断，别有转身，三生六十劫，也未梦见在。”喝一喝，下座。

泰州光孝寺致远禅师

上堂，举“女子出定[1]”话，乃曰：“从来打鼓弄琵琶，须是相逢两会家。佩玉鸣鸾歌舞罢，门前依旧夕阳斜。”

【注释】

[1] 女子出定：公案。参见本书第一章“释迦牟尼佛”注释。文殊菩萨不能使该女子出定，罔明菩萨可以出女子定。

雪峰蕴闻禅师

福州雪峰崇圣普慈蕴闻禅师，洪州沈氏子。

示众云：“旃檀丛林，旃檀围绕。师子丛林，师子围绕。虎狼丛林，虎狼围绕。荆棘丛林，荆棘围绕。大众！四种丛林，合向那一种丛林安居好？若也明得，九十日内，管取个个成佛作祖。其或未然，般若丛林岁岁凋，无明荒草年年长。”

连云道能禅师

处州连云道能禅师，汉州人。姓何氏。

僧问：“镜清六刮，意旨如何？”师曰：“穿却你鼻孔。”曰：“学人有鼻孔即穿，无鼻孔又穿个甚么？”师曰：“抱赃叫屈[1]。”曰：“如何是就毛刮尘？”师曰：“筠袁虔吉，头上插笔[2]。”曰：“如何是就皮刮毛？”师曰：“石城虔化[3]，说话厮骂。”曰：“如何是就肉刮皮？”师曰：“嘉眉果阆[4]，怀里有状。”曰：“如何是就骨刮肉？”师曰：“漳泉福建，头匾如扇。”曰：“如何是就髓刮骨？”师曰：“洋澜左蠡，无风浪起[5]。”曰：“髓又如何刮？”师曰：“十八十九，痴人夜走。”曰：“六刮已蒙师指示，一言直截意如何？”师曰：“结舌有分。”

【注释】

［1］抱赃叫屈：参见本书“抱赃叫屈”注释。

［2］筠袁虔吉，头上插笔：“筠袁虔吉”又作“筠袁赣吉”，“虔”即“赣州”。筠：筠州，今江西省高安县。袁：袁州，今江西宜春县。赣：赣州，今江西赣州市。吉：吉州，今江西吉安县。脑后插笔：比喻好打官司。旧说江西高安、宜春、赣州、吉安四县的人爱打官司。（摘自何学威主编《中国古代谚语词典》）

［3］石城虔化：南朝宋大明五年（461年），析江西宁都虔化（今东山坝镇大布村）置虔化县。属南康国。传说县西五里有石状如虎，由虎化为石。虎为凶物，改为虔，故名虔化，县以此得名。

［4］嘉眉果阆：皆是四川地名。有宋诗人无名氏的《蜀选人嘲韩昭》：“嘉眉邛蜀，侍郎骨肉。导江青城，侍郎情亲。果阆二州，侍郎自留。巴蓬集壁，侍郎不识。”

［5］洋澜左蠡（lǐ），无风浪起：江西九江两湖名。宋代李纲《彭蠡》：“世传扬澜并左蠡，无风白浪如山起。我今谪官此中行，何事恬然风浪止。”

灵隐道印禅师

临安府灵隐最庵道印禅师，汉州人。

上堂：“大雄山下虎，南山鳖鼻蛇。等闲撞着，抱赏归家。若也不惜好手，便与拔出重牙。有么有么？”

上堂：“五五二十五，击碎虚空鼓。大地不容针，十方无寸土。春生夏长复何云，甜者甜兮苦者苦。”

中秋，上堂，举“马大师与西堂百丈南泉玩月”公案，师云：“马大师垂丝千尺，意在深潭。西堂振鬣，百丈摆尾，虽则冲波激浪，未免上他钩线。南泉自谓跃过禹门，谁知依前落在巨网！即今莫有绝罗笼，出窠臼底么？也好出来露个消息，贵知华藏门下不致寂寥。其或未然，此夜一轮满，清光何处无？”

竹原宗元庵主

建宁府竹原宗元庵主，本郡连氏子。久依大慧，分座西禅。丞相张

公浚[1]帅三山，以数院迎之，不就。归旧里，结茅号“众妙园”。宿衲士夫，交请开法。

示众曰：“若究此事，如失却锁匙相似。只管寻来寻去，忽然撞着，恶[2]！在这里。开个锁了，便见自家库藏，一切受用，无不具足，不假他求。别有甚么事？”

示众曰：“诸方为人抽钉拔楔，解粘去缚。我这里为人添钉著楔，加绳加缚了，送向深潭里，待他自去理会。”

示众曰：“主法之人，气吞宇宙，为大法王。若是释迦老子、达磨大师出来，也教伊叉手，向我背后立地，直得寒毛卓竖，亦未为分外。”

一日，举：“世尊生下，一手指天，一手指地，云：‘天上天下，唯我独尊。’”师乃曰：“见怪不怪，其怪自坏。”垂语云：“这一些子，恰如撞着杀人汉相似。你若不杀了他，他便杀了你。”

【注释】

［1］张公浚：张浚（1097～1164 年），字德远，世称紫岩先生。汉州绵竹县（今四川省绵竹市）人。北宋至南宋初年名臣、学者，西汉留侯张良之后。宋徽宗政和八年（1118 年），张浚登进士第，历枢密院编修官、侍御史等职。建炎三年（1129 年）春，苗傅、刘正彦在杭州叛乱，高宗命任知枢密院事，乃约韩世忠等发兵勤王，韩世忠擒傅、正彦。张浚力主抗金，并建议经营川陕，以保东南，被任为川陕宣抚处置使。次年，因东南战事吃紧，以金师反攻永兴军路，牵制金军，与金兀术大战于富平（今属陕西），受挫。后用吴玠等坚守和尚原，屡败金兵。建炎四年（1130 年），提出经营川陕建议，出任川陕宣抚处置使。在川陕三年，虽于富平之战中大败，但他训练新兵，任用刘子羽、赵开、吴玠等人，也使江淮也赖以安宁。后除同平章事兼知枢密院，都督诸路军马。部署沿江、两淮诸军防御，并谋求北伐。淮西军变后引咎求罢。秦桧及其党羽当权时，谪居十余年。金帝完颜亮南侵时再获起用，奉命督师北伐。虽初战告捷，但因部下将领不和，于符离之战大败。旋即再相，视师淮上，积极部署抗金措施，不久又为主和派排去。隆兴二年（1164 年）八月，张浚病逝，享年六十八岁，累赠太师，谥号“忠献”。著有《紫岩易传》等。

［2］恶：象声词，禽鸟叫声。此处为叹词，“啊”的意思。

【概要】

宗元禅师（1100～1176 年），宋代临济宗大慧派僧。福建建阳人，俗姓连，号竺原。少时，人誉称为儒林秀杰。二十八岁，入西峰道耸门下出家。未久，参谒径山大慧宗杲，得宗杲印可而嗣其法。后于西禅寺任分座，应丞相张浚之请，游历诸寺弘法。晚年归返故里隐居，所居茅舍，称为“众妙园”。僧俗交请开法，乃敷席讲说。淳熙三年示寂，世寿七十七，法腊五十。著有《竹原元庵主语》一卷。

【参考文献】

《联灯会要》卷十八；《嘉泰普灯录》卷十八；《古尊宿语录》卷五。

近礼侍者

近礼侍者，三山人。久侍大慧，尝默究竹篦话，无所入。一日，入室罢，求指示。慧曰：“你是福州人，我说个喻向你。如将名品荔枝和皮壳一时剥了，以手送在你口里，只是你不解吞。”师不觉失笑曰：“和尚，吞却即祸事[1]。”慧后问师曰：“前日吞了底荔枝，只是你不知滋味。”师曰：“若知滋味，转见祸事。”

【注释】

[1] 和尚，吞却即祸事：旧校本标点有误。“和尚”是称呼语，要点开。

净居尼妙道禅师

温州净居尼妙道禅师，延平尚书黄公裳[1]之女。

开堂日，乃曰：“问话且止。直饶有倾湫之辩、倒岳之机[2]，衲僧门下一点用不着。且佛未出世时，一事全无。我祖西来，便有许多建立。列刹相望，星分派列。以至今日，累及儿孙。遂使山僧于人天大众前无风起浪，向第二义门通个消息。语默该不尽底，弥亘大方；言诠说不及处，遍周沙界。通身是眼，觌面当机。电卷星驰，如何凑泊？有时一喝，生杀全威。有时一喝，佛祖莫辨。有时一喝，八面受敌。有时一喝，自救不了。且道那一喝是生杀全威？那一喝是佛祖莫辨？那一喝是八面受敌？那一喝是自救不了？若向这里荐得，堪报不报之恩。脱或未然，山僧无梦说梦去也。”拈起拂子曰：“还见么？若见，被见刺所障。”击禅床曰：“还闻么？若闻，被声尘所惑。直饶离见绝闻，正是二乘小果。跳出一步，盖色骑声。全放全收，主宾互换。所以道：‘欲知佛性义，当观时

节因缘。’敢问诸人，即今是甚么时节？荡荡仁风扶圣化，熙熙和气助升平。”掷拂子，下座。

尼问：“如何是佛？”师曰：“非佛。”曰：“如何是佛法大意？”师曰：“骨底骨董[3]。”

问：“‘言无展事，语不投机’时如何？”师曰：“未屙已前，堕坑落堑。”

【注释】

[1] 黄公裳：黄裳（1044～1130 年），北宋大臣。字冕仲，号演山、紫玄翁，延平（今福建南平）人。宋神宗元丰五年（1082 年）举进士第一。政和时，知福州。累迁端明殿学士、礼部尚书。他喜读道家玄秘之书，自号紫玄翁。黄裳是北宋著名文学家和词人，其词语言明艳，如春水碧玉，令人心醉。著有《演山先生文集》《演山词》等，词作以《减字木兰花》最为著名，流传甚广。

[2] 倾湫（qiū）之辩、倒岳之机：参见本书“倾湫倒岳”注释。

[3] 骨董：参见本书“骨董”注释。

资寿妙总禅师

平江府资寿尼无著妙总禅师，丞相苏公颂[1]之孙女也。年三十许，厌世浮休，脱去缘饰，咨参诸老，已入正信。作夏径山，大慧升堂，举“药山初参石头，后见马祖”因缘，师闻豁然省悟。

慧下座，不动居士冯公楫[2]随至方丈，曰：“某理会得和尚适来所举公案。”慧曰：“居士如何？”曰：“恁么也不得苏嚧娑婆诃，不恁么也不得唏哩娑婆诃，恁么不恁么，总不得苏嚧唏哩娑婆诃。”

慧举似师，师曰：“曾见郭象注庄子，识者曰：‘却是庄子注郭象。’”慧见其语异，复举“岩头婆子[3]”话问之，师答偈曰：“一叶扁舟泛渺茫，呈桡舞棹别宫商。云山海月都抛却，赢得庄周蝶梦长。”慧休去。

冯公疑其所悟不根。后过无锡，招至舟中，问曰：“婆生七子，六个不遇知音。只这一个，也不消得，便弃水中。大慧老师言：‘道人理会得。’且如何会？”师曰：“已上供通[4]，并是诣实[5]。”冯公大惊。

慧挂牌次，师入室。慧问：“古人不出方丈，为甚么却去庄上吃油餈[6]？”师曰：“和尚放妙总过，妙总方敢通个消息。”慧曰：“我放你过，你试道看。”师曰：“妙总亦放和尚过。”慧曰：“争奈油瓮何！”师喝一喝而出。于是，声闻四方。

隆兴改元，舍人张公孝祥[7]来守是郡，以资寿挽开法。

入院，上堂：“宗乘一唱，三藏绝诠。祖令当行，十方坐断。二乘闻之怖走，十地到此犹疑。若是俊流，未言而谕。设使用移星换斗底手段，施搀旗夺鼓底机关，犹是空拳，岂有实义？向上一路，千圣不传。学者劳形，如猿捉影。灵山付嘱，俯徇时机。演唱三乘，各随根器。始于鹿野苑转四谛法轮，度百千万众。山僧今日与此界他方、乃佛乃祖、山河大地、草木丛林、现前四众，各转大法轮。交光相罗，如宝丝网。若一草一木，不转法轮，则不得名为转大法轮。所以道：‘于一毫端现宝王刹，坐微尘里转大法轮。’乘时于其中间，作无量无边广大佛事，周遍法界。一为无量，无量为一。小中现大，大中现小。不动步游弥勒楼阁，不返闻入观音普门。情与无情，性相平等。不是神通妙用，亦非法尔如然。于此倜傥分明，皇恩佛恩，一时报足。且道如何是报恩一句？天高群象正，海阔百川朝。”

上堂，举：“云门示众云：‘十五日已前则不问，十五日已后道将一句来。’自代云：‘日日是好日。’”师曰：“日日是好日，佛法世法尽周毕。不须特地觅幽玄，只管钵盂两度湿。”

上堂：“黄面老人，横说竖说，权说实说，法说喻说，建法幢，立宗旨，与后人作榜样。为甚么却道始从鹿野苑，终至跋提河[8]？于是，二中间，未尝说一字。点检将来，大似抱赃叫屈。山僧今日人事忙冗，且放过一著。”便下座。

尼问：“如何是夺人不夺境？”师曰：“野花开满路，遍地是清香。”曰：“如何是夺境不夺人？”师曰：“茫茫宇宙人无数，几个男儿是丈夫？”曰：“如何是人境俱不夺？”师曰：“处处绿杨堪系马，家家门首透长安。”曰：“如何是人境两俱夺？”师曰：“雪覆芦花，舟横断岸。”曰：“人境已蒙师指示，向上宗乘事若何？”师便打。

【注释】

[1] 苏公颂：苏颂（1020～1101 年）：北宋丞相。字子容，原籍福建泉州府同安县（今属厦门市同安区），后徙居润州丹阳。于宋仁宗庆历二年（1042 年）登进

士第，长年在馆阁任职，遍历地方长官，并两次出使辽国。累官至刑部尚书、吏部尚书。宋哲宗时拜相。他执政时，务使百官守法遵职，量能授任。宋徽宗即位后进拜太子太保，封赵郡公。建中靖国元年（1101 年）逝世，获赠司空。后追封魏国公。宋理宗时追谥“正简”。

［2］冯公楫：参见本章“给事冯楫居士”注释。

［3］岩头婆子：旧校本标点有误。“岩头”即“岩头全奯禅师”（本书第七章），婆子指本书有关婆子的话头，不是人名，下面专有名词线应删除。

［4］供通：罗竹风主编《汉语大词典》：“供通：呈报，上报。”袁宾、康健主编《禅宗大词典》：“供通：供述，陈述。《五灯会元》卷二十‘天童昙华’：“顷刻之间，追汝诸人作证见也。且各请依实供通，切忌回避。傥若不实，丧汝性命!”同卷‘资寿尼妙总’：‘已上供通，并是诣实。’”

［5］诣实：指核查是否符合实际。

［6］鹚（cí）：参见本书“鹚”注释。

［7］张公孝祥：张孝祥（1132 ~1170 年），南宋大臣，著名词人。字安国，别号于湖居士，历阳乌江（今安徽和县乌江镇）人，卜居明州鄞县（今浙江宁波）。唐代诗人张籍的七世孙。绍兴二十四年（1154 年），状元及第，授承事郎，签书镇东军节度判官。由于上书为岳飞辩冤，为权相秦桧所忌，诬陷其父张祁有反谋，并将其父下狱。次年，秦桧死，授秘书省正字。历任秘书郎、著作郎、集英殿修撰、中书舍人等职。宋孝宗时，任中书舍人直学士院。隆兴元年（1163 年），张浚出兵北伐，被任为建康留守。又为荆南、湖北路安抚使，此外还出任过抚州、平江府、静江府、潭州等地的长官，颇有政绩。乾道五年（1169 年），以显谟阁直学士致仕。次年在芜湖病逝，年仅三十八岁。张孝祥善诗文，尤工于词，其风格宏伟豪放，为“豪放派”代表作家之一。有《于湖居士文集》《于湖词》等传世。

［8］跋提河：河名。旧作阿利罗跋提，新称阿恃多伐底。又称希连河、伐提河、噂底河。意译作无胜。佛于此河西岸入灭，因而著名。

【概要】

妙总禅师（？ ~1163 年），宋临济宗大慧派尼师。丹徒（江苏镇江）人，俗姓苏，为丞相苏颂之孙女。婚适毗陵许寿源，寿源仕于嘉兴时，逢当代临济宗高僧大慧宗杲说法，妙总参与盛会，会中宗杲大骂诸方，众人皆惊，惟妙总独喜。说法毕，妙总叩请道号，宗杲予“无著”之号，并示偈云：“尽道山僧爱骂人，只有无著骂不动。”一日，正危坐间，忽大悟，宗杲为之印可，于是名闻四方。绍兴年间（1131 ~1162 年）出家。隆兴元年（1163 年），应舍人张孝祥之请，至平江府（江苏省）资寿寺开堂说法，道誉甚著。又，与《罗湖野录》作者晓莹为同学，交谊至契。莹在梅州，得大慧所用竹篦，妙总曾为之铭，亲写赠莹。此外，妙总尝概叹当时国势之不振，有“茫茫宇宙人无数，几个男儿是丈夫”之句。隆兴元年示寂，世寿不详。

【参考文献】

《嘉泰普灯录》卷十八；陈垣《中国佛教史籍概论》卷六。

侍郎张九成居士

侍郎无垢居士张九成，未第时，因客谈杨文公、吕微仲诸名儒，所造精妙，皆由禅学而至也，于是心慕之。

闻宝印楚明禅师道传大通，居净慈，即之，请问入道之要。明曰：“此事唯念念不舍，久久纯熟，时节到来，自然证入。”复举“赵州柏树子”话，令时时提撕。

公久之无省，辞谒善权清禅师。公问：“此事人人有分，个个圆成，是否？”清曰：“然。”公曰：“为甚么某无个入处？”清于袖中出数珠，示之曰：“此是谁底？”公俯仰无对。清复袖之曰：“是汝底，则拈取去。才涉思惟，即不是汝底。”公悚然。

未几，留苏氏馆，一夕如厕，以柏树子话究之。闻蛙鸣，释然契入。有偈曰：“春天月夜一声蛙，撞破乾坤共一家。正恁么时谁会得？岭头脚痛有玄沙。”届明，谒法印一禅师，机语颇契。

适私忌，就明静庵供云水主僧惟尚禅师，才见乃展手，公便喝。尚批公颊，公趋前。尚曰：“张学录[1]何得谤大般若？”公曰：“某见处只如此，和尚又作么生？”尚举“马祖升堂，百丈卷席”话诘之，叙语未终，公推倒卓子[2]。尚大呼：“张学录杀人！”公跃起，问傍僧曰：“汝又作么生？”僧罔措，公殴之，顾尚曰：“祖祢[3]不了，殃及儿孙。”尚大笑。公献偈曰：“卷席因缘也大奇，诸方闻举尽攒眉。台盘趯倒人星散，直汉从来不受欺。”尚答曰：“从来高价不饶伊，百战场中奋两眉。夺角冲关君会也，丛林谁敢更相欺？”

绍兴癸丑，魁多士，复谒尚于东庵。尚曰：“浮山圆鉴云：‘饶你入得汾阳室，始到浮山门，亦未见老僧在。’公作么生？”公叱侍僧曰：“何

不祗对？”僧罔措，公打僧一掌曰：“虾蟆窟里，果没蛟龙。”

丁巳秋，大慧禅师董径山，学者仰如星斗。公阅其语要，叹曰：“是知宗门有人。”持以语尚，恨未一见。及为礼部侍郎，偶参政刘公请慧说法于天竺，公三往不值。暨慧报谒，公见但寒暄而已，慧亦默识之。

寻奉祠[4]还里，至径山，与冯给事诸公议格物。慧曰：“公只知有格物，而不知有物格。”公茫然，慧大笑。公曰：“师能开谕乎？”慧曰：“不见小说载，唐人有与安禄山谋叛者，其人先为阆守，有画像在焉。明皇幸蜀，见之怒，令侍臣以剑击其像首。时阆守居陕西，首忽堕地。”公闻顿领深旨。题“不动轩”壁曰：“子韶格物，妙喜物格。欲识一贯，两个五百。”慧始许可。

后守邵阳。丁父难，过径山饭僧。秉钧者[5]意慧议及朝政，遂窜[6]慧于衡阳，令公居家守服。服除，安置南安。丙子春，蒙恩北还。道次新淦而慧适至，与联舟剧谈宗要，未尝语往事。

于氏《心传录》曰：“宪自岭下侍舅氏归新淦，因会大慧，舅氏令拜之。宪曰：‘素不拜僧。’舅氏曰：‘汝姑扣之。’宪知其尝执卷，遂举子思《中庸》‘天命之谓性，率性之谓道，修道之谓教’三句以问。慧曰：‘凡人既不知本命元辰下落处，又要牵好人入火坑，如何圣贤于打头一著不凿破？’宪曰：‘吾师能为圣贤凿破否？’慧曰：‘天命之谓性，便是清净法身。率性之谓道，便是圆满报身。修道之谓教，便是千百亿化身。’宪得以告，舅氏曰：‘子拜何辞？’”

继镇永嘉。丁丑秋丐祠[7]，枉道[8]访慧于育王。越明年，慧得旨复领径山，谒公于庆善院。曰：“某每于梦中必诵《语》《孟》，何如？”慧举《圆觉》曰：“由寂静故，十方世界诸如来心，于中显现，如镜中像。”公曰：“非老师莫闻此论也。”

其颂黄龙三关曰：“我手何似佛手？天下衲僧无口。纵饶撩起便行，也是鬼窟里走（讳不得）。我脚何似驴脚？又被黐胶粘着。翻身直上兜率天，已是遭他老鼠药（吐不出）。人人有个生缘处，铁围山下几千年。三灾直到四禅天，这驴犹自在旁边（煞得工夫）。”

公设心六度[9]，不为子孙计。因取华严善知识[10]，日供其二回食以饭缁流[11]。又尝供十六大天[12]，而诸位茶杯悉变为乳。书偈曰：“稽首十方佛法僧，稽首一切护法天。我今供养三宝天，如海一滴牛一毛。有何妙术能感格？试借意识为汝说。我心与佛天无异，一尘才起大地隔。傥或尘销觉圆净，是故佛天来降临。我欲供佛佛即现，我欲供天天亦现。佛子若或生狐疑，试问此乳何处来？狐疑即尘尘即疑，终与佛天不相似。我今为汝扫狐疑，如汤沃雪火销冰。汝今微有疑与惑，鹞子便到新罗国。"

【注释】

［1］学录：国子监所属学官。宋、元、明、清皆置，掌执行学规、协助博士教学。宋代洪迈《夷坚支志乙·张元干梦》："张楠，字元干，福州名士也，入太学为学录。"

［2］卓子：桌子。

［3］祖祢（nǐ）：先祖和先父。亦泛指祖先。

［4］奉祠：宋代设宫观使、判官、都监、提举、提点、主管等职，以安置五品以上不能任事或年老退休的官员等。他们只领官俸而无职事。因宫观使等职原主祭祀，故亦称奉祠。

［5］秉钧者：比喻执掌国政的人。秉：执持；钧：指秤锤，用以称重量。

［6］窜：流放。

［7］丐祠：参见本书"丐祠"注释。

［8］枉道：绕道。

［9］六度：度，旧称波罗蜜，译为度。新称波罗蜜多，译为到彼岸。度为度生死海之义，到彼岸为到涅槃岸之义。六度有：一布施，二持戒，三忍辱，四精进，五禅定，六智慧。"公设心六度，不为子孙计"，指张九成居士大修布施，不为子孙留钱财。

［10］华严善知识：旧译《华严经》卷三十六"离世间品"说有十种善知识，即：能令安住菩提心善知识、能令修习善根善知识、能令究竟诸波罗蜜善知识、能令分别解说一切法善知识、能令安住成熟一切众生善知识、能令具足辩才随问能答善知识、能令不著一切生死善知识、能令于一切劫行菩萨行心无厌倦善知识、能令安住普贤行善知识、能令深入一切佛智善知识。善知识："恶知识"之对称。指教示佛法之正道，令得胜益之师友。又作知识、善友、亲友、善亲友、胜友。

［11］缁流：僧人。僧著缁衣，故谓之缁流或缁徒。

［12］十六大天：又作十六天。八字文殊仪轨所称之十六大天外护。即以东、

南、西、北、东南、西南、西北、东北等天部中之主者，一一各有二位，合为十六天。东方为帝释天及帝释后；南方为焰摩天、焰摩后；西方为水天、水天后；北方为毗沙门天、毗沙门后；东南为火天、火天后；西南为罗刹天、罗刹后；西北为风天、风天后；东北为伊舍那、伊舍那后等。（摘自《佛光大辞典》）

【概要】

张九成居士（1092～1159 年），宋代居士，字子韶，号横浦居士，又号无垢居士，其先祖系开封人，后徙居钱塘（今浙江杭州）人。绍兴二年（1132 年）进士。官至礼部、刑部侍郎。因反对议和，为秦桧所恶。被诬与宗杲禅师交游，谤讪朝政，谪居南安军十四年。秦桧死，起知温州。因直言上疏，不纳，辞官归故里，不久病卒。后追赠太师，封崇国公，谥“文忠”。

曾师事杨时，又与宗杲禅师相契，受其影响，其学术思想大端仍属程门理学，然多有援佛入儒之意，如“仁即是觉，觉即是仁，因心生觉，因觉有仁。”（《横浦心传》卷上）被朱熹攻击为“阳儒阴释”“洪水猛兽”。张九成致力经学，杂以佛学。著有《横浦集》等多种，对经学有独创见解，后形成“横浦学派”。著有《横浦文集》《横浦心传》《横浦日新》。

【参考文献】

《宋史》卷三七四。

参政李邴居士

参政李邴居士，字汉老。醉心祖道有年。闻大慧排默照为邪禅，疑怒相半。及见慧示众，举“赵州庭柏”，垂语曰：“庭前柏树子，今日重新举。打破赵州关，特地寻言语。敢问大众：既是打破赵州关，为甚么却特地寻言语？”良久曰：“当初只道茅长短，烧了方知地不平。”公领悟，谓慧曰：“无老师后语，几蹉过。”

后以书咨决曰：“某近扣筹室[1]，承击发蒙滞，忽有省入。顾惟根识暗钝，平生学解，尽落情见。一取一舍，如衣坏絮行草棘中，适自缠绕。今一笑顿释所疑，欣幸可量！非大宗匠委曲垂慈，何以致此？自到城中，著衣吃饭，抱子弄孙，色色仍旧。既无拘执之情，亦不作奇特之想。其余夙习旧障，亦稍轻微。临行叮咛之语，不敢忘也。重念始得入门，而大法未明。应机接物，触事未能无碍。更望有以提诲，使卒有所至，庶无玷于法席矣。”

又书曰：“某比蒙诲答，备悉深旨。某自验者三：一、事无逆顺，随缘即应，不留胸中。二、宿习浓厚，不加排遣，自尔轻微。三、古人公案，旧所茫然，时复瞥地，此非自昧者。前书‘大法未明’之语，盖恐得少为足，当广而充之，岂别求胜解耶？净胜现流，理则不无，敢不铭佩[2]！”

【注释】

[1] 筹室：佛家指说法证果之室。《佛光大辞典》：“筹，即以竹、木、铜、铁等物作成之细棒；佛教教团于灭诤或布萨时用以计算僧数。有关筹室，据《景德传灯录》卷一载，西天祖师第四祖优波鞠多尊者度人无数，皆悉证果，每度一弟子即取一筹投于石室为记，至筹充满纵十八肘、横十二肘之室，乃付法入灭。由之，筹室亦引申指住持之居室、方丈。”

[2] 铭佩：谓感念钦佩，牢记不忘。宋代李纲《海康与许崧老书》：“蒙诲谕之厚，铭佩无已。”

【概要】

李邴（1085～1146 年），字汉老，号龙龛居士。祖籍宋山东济州任城，后迁居泉州。徽宗崇宁五年（1106 年）进士，累官翰林学士。高宗即位，为兵部侍郎兼直学士院。苗傅、刘正彦事起，曾面谕以逆顺祸福之理，拜尚书右丞，改参知政事，后除资政殿大学士。宋绍兴五年，条上战阵、守备、措画、绥怀各五事，不报。提举洞霄宫。寓居泉州十七年，后遂家焉。与黄冠、张读等友善。好游佳山水，以诗自娱，南安胜迹，题咏尤多。著有《草堂集》一百卷。卒于泉州，累赠太师，谥“文敏”，改谥“文肃”。

【参考文献】

《续传灯录》卷三十二；《嘉泰普灯录》卷二十三；《居士分灯录》卷下。

宝学刘彦修居士

宝学刘彦修居士，字子羽。出知永嘉，问道于大慧禅师。慧曰：“僧问赵州：‘狗子还有佛性也无？’赵州道：‘无。’但恁么看。”公后乃于柏树子上发明，有颂曰：“赵州柏树太无端，境上追寻也大难。处处绿杨

堪系马，家家门底透长安。”

【概要】

刘拯，字彦修，宣州南陵（今属安徽）人。神宗熙宁三年（1070 年）进士。元丰二年（1079 年），知常熟县。元丰六年，为监察御史，历江东、淮西转运判官，提点广西刑狱。哲宗绍圣初，进右正言。元符二年（1099 年）权礼部侍郎，迁给事中。徽宗立，黜知濠州，改广州。召为吏部侍郎，以失蔡京意，罢知蕲州、润州。大观四年（1110 年）复以吏部尚书召，旋出知同州，削职提举鸿庆宫，卒。著《濠上摭遗》一卷。

【参考文献】

《宋史》卷三五六。

提刑吴伟明居士

提刑吴伟明居士，字元昭。久参真歇了禅师，得自受用三昧，为极致。后访大慧于洋屿庵，随众入室。慧举“狗子无佛性”话问之，公拟答，慧以竹篦便打。公无对，遂留咨参。一日慧谓曰：“不须呈伎俩，直须啐地折，嚗地断，方敌得生死。若只呈伎俩，有甚了期?”即辞去。

道次延平，倏然契悟。连书数颂寄慧，皆室中所问者。有曰：“不是心，不是佛，不是物，通身一具金锁骨。赵州亲见老南泉，解道镇州出萝卜。”慧即说偈证之曰：“通身一具金锁骨，堪与人天为轨则。要识临济小厮儿，便是当年白拈贼。”

门司黄彦节居士

门司黄彦节居士，字节夫，号妙德。于大慧一喝下，疑情顿脱。慧以衣付之。尝举“首山竹篦”话，至“叶县近前夺得拗折，掷向阶下曰：‘是甚么?’山曰：‘瞎。’”公曰：“妙德到这里，百色无能，但记得曾作《蜡梅》绝句曰：‘拟嚼枝头蜡，惊香却肖兰。前村深雪里，莫作岭梅看。’”

秦国夫人计氏

秦国夫人计氏法真，自寡处，屏去纷华，常蔬食，习有为法。因大慧遣谦禅者致问其子魏公，公留，谦以祖道诱之。

真一日问谦曰："径山和尚寻常如何为人？"谦曰："和尚只教人看狗子无佛性及竹篦子话，只是不得下语，不得思量，不得向举起处会，不得向开口处承当。狗子还有佛性也无？无。只恁么教人看。"真遂谛信。

于是夜坐，力究前话，忽尔洞然无滞。谦辞归，真亲书入道概略，作数偈呈慧。其后曰："逐日看经文，如逢旧识人。莫言频有碍，一举一回新。"

虎丘隆禅师法嗣

天童昙华禅师

明州天童应庵昙华禅师，蕲州江氏子。生而奇杰。年十七，于东禅去发，首依水南遂禅师，染指法味。因遍历江湖，与诸老激扬，无不契者。至云居礼圆悟禅师，悟一见痛与提策。及入蜀，指见彰教。教移虎丘，师侍行。未半载，顿明大事。

去谒此庵，分座连云，开法妙严。后迁诸巨刹。

住归宗日，大慧在梅阳，有僧传师垂示语句，慧见之，极口称叹。后以偈寄曰："坐断金轮第一峰，千妖百怪尽潜踪。年来又得真消息，报道杨岐正脉通。"其归重如此。

上堂："九年面壁，坏却东土儿孙。只履西归，钝置黄面老子。"以拄杖画一画曰："石牛拦古路，一马生三寅[1]。"

上堂："德章老瞎秃，从来没滋味。拈得口，失却鼻。三更二点唱巴歌，无端惊起梵王睡。"喝一喝，曰："我行荒草里，汝又入深村。"

上堂："临济在黄檗处三度吃棒底意旨，你诸人还觑得透也未？直饶一咬便断，也未是大丈夫汉。三世诸佛口挂壁上，天下老和尚将甚么吃饭？"

上堂："十五日已前，水长船高。十五日已后，泥多佛大。正当十五日，东海鲤鱼，打一棒雨似盆倾。直得三千大千世界，一切众生，悉皆欢喜。谓言打这一棒，不妨应时应节报恩，不觉通身踊跃。遂作诗一首，

举似大众：‘蜻蜓许是好蜻蜓，飞来飞去不曾停。被我捉来摘却两边翼，恰似一枚大铁钉。’”

上堂：“若作一句商量，吃粥饭阿谁不会？不作一句商量，屎坑里虫子笑杀阇黎。”拈拄杖曰：“拄杖子罪犯弥天，贬向二铁围山，且道荐福还有过也无？”卓拄杖曰：“迟一刻。”

上堂：“明不见暗，暗不见明。明暗双忘，无异流俗阿师。野干鸣，师子吼。师子吼，野干鸣。三家村里臭胡狲，价增十倍。骊龙颔下明月珠，分文不直。若作衲僧巴鼻，甚处得来？三十年后，换手搥胸，未是苦在。”

上堂：“饭箩边，漆桶里，相唾饶你泼水，相骂饶你接嘴。黄河三千年一度清，蟠桃五百年一次开花。鹤勒那[2]咬定牙关，朱顶王呵呵大笑。归宗五十年前有一则公案，今日举似诸人，且道是甚么公案？王节级[3]，失却帖[4]。”

上堂：“三十二相，八十种好，从朝至暮，啾啾唧唧，说黄道黑，不知那里是二时。”

上堂：“吃粥吃饭，不觉嚼破舌头，血溅梵天，四天之下，霈然有余。玉皇大帝恶发，追东海龙王，向金轮峰顶鞫勘[5]。顷刻之间，追汝诸人作证见也。且各请依实供通[6]，切忌回避。傥若不实，丧汝性命。”

上堂：“赵州吃茶，我也怕他。若非债主，便是冤家。倚墙靠壁成群队，不知谁解辨龙蛇？”

上堂：“五百力士揭石义，万仞崖头撒手行。十方世界一团铁，虚空背上白毛生。直饶拈却臓脂[7]帽子，脱却鹘臭布衫，向报恩门下，正好吃棒。何故？半夜起来屈膝坐，毛头星现衲僧前。”

上堂：“三世诸佛，眼里无筋。六代祖师，皮下无血。明果咬定牙关踍跳，也出他圈䙆[8]不得。何故？南泉斩猫儿。”

上堂云：“参禅人切忌错用心。悟明见性是错用心，成佛作祖是错用心，看经讲教是错用心，行住坐卧是错用心，吃粥吃饭是错用心，屙屎送尿是错用心。一动一静，一往一来，是错用心。更有一处错用心，归宗不敢与诸人说破。何故？一字入公门，九牛车不出[9]。”

上堂云：“良工未出，玉石不分。巧冶无人，金沙混杂。纵使无师自悟，向天童门下，正好朝打三千，暮打八百。”蓦拈拄杖云：“唤作拄杖，玉石不分。不唤作拄杖，金沙混杂。其间一个半个，善别端由，管取平步丹霄。苟或未然，”卓拄杖云：“急著眼看。”

僧问：“婆子问岩头：‘呈桡舞棹则不问，且道婆手中儿子甚处得来？’岩头扣船舷三下。意旨如何？”师曰：“燋砖打着连底冻。”曰：“当时若问和尚，如何对他？”师曰：“一棒打杀。”曰：“这老和尚大似买帽相头。”师曰：“你向甚处见岩头？”曰：“劄。”师曰：“杜撰禅和[10]。”曰：“婆生七子，六个不遇知音，只这一个也不消得，掷向水中。又且如何？”师曰：“少卖弄。”曰：“岩头当时不觉吐舌，意作么生？”师曰：“乐则同欢。”曰：“僧问云门：‘如何是清净法身？’云门曰：‘花药栏。’此意如何？”师曰：“深沙[11]努眼睛。”

问：“只这是埋没自己，只这不是孤负先圣。去此二途，和泥合水处，请师道。”师曰：“玉箸撑虎口。”曰：“一言金石谈来重，万事鸿毛脱去轻。”师曰：“莫谩老僧好！”

问：“‘人皆畏炎热，我爱夏日长。熏风自南来，殿阁生微凉’时如何？”师曰：“倒戈卸甲。”

虎丘忌日，拈香曰：“平生没兴撞着这无意智老和尚，做尽伎俩，凑泊[12]不得。从此卸却干戈，随分著衣吃饭。二十年来坐曲录木，悬羊头卖狗肉，知他有甚凭据？虽然，一年一度烧香日，千古令人恨转深。”

师于室中能锻炼耆艾[13]，故世称大慧与师居处为“二甘露门”。尝诫徒曰：“衲僧家著草鞋住院，何啻如蚖虵[14]恋窟乎？”

隆兴改元六月十三日，奄然而化。塔全身于本山。

【注释】

［1］三寅：八字中三寅，指出生于寅年寅月寅日的人。寅，十二生肖中的“虎”。

［2］鹤勒那：西天祖师第二十三祖之名。勒那者，梵语；鹤者，汉言。尊者出世后感群鹤之随逐，故名。月支国人，年二十二出家，遇摩拏罗尊者，而得法眼，至中印度行化。得师子尊者付法而寂。参见本书第一章“二十三祖鹤勒那尊者”注释。

［3］节级：官名。唐、宋时低级武职官员。

［4］帖：名帖，相当于名片，见人时介绍自己的通行证。

［5］鞫勘：审问查验。

［6］供通：参见本书“供通”注释。

［7］膱（zhí）脂：油肉腐败。引申为黏糊糊的。

［8］圈襀（kuì）：圈套。襀，拴，套。

［9］一字入公门，九牛车不出：参见本书“一字入公门，九牛曳不出”注释。

［10］杜撰禅和：指尚未真正悟道却又好施言句作略的禅僧。《碧岩录》卷七“第六三则”：“一队漆桶堪作什么！杜撰禅和，如麻似粟。”又，乱通禅和（参见本书第十七章“黄龙悟新禅师”条），意义相似。“统”指禅宗一脉相承的系统，他却以继承人自居，在那里胡说八道。这种人也就是尚未真正悟道却又好施言句作略的禅僧。此外，伎死禅和（参见本书第三章“浮杯和尚”条），意义也大体差不多，都只知道生搬照抄祖师言语，而不能活学活用，却又喜欢以继承人自居，在那里胡说八道。

［11］深沙：参见本书“深沙神”注释。

［12］凑泊：参见本书“凑泊”注释。

［13］耆（qí）艾：指尊长、师长。亦泛指老年人。

［14］蚖（wán）虵（shé）：毒蛇。蚖，蝮蛇之属，也称虺（huǐ）。宋代欧阳修《憎蚊》：“蝇虼蚤虱虮，蜂蝎蚖蛇蝮。”虵：同“蛇”。

【概要】

昙华禅师（1103～1163年），宋代临济宗僧。蕲州（湖北蕲州县）人，一说黄梅（湖北黄梅县）人。俗姓江，字应庵。十七岁于东禅寺剃发，十八岁受具足戒。初从水南青遂受学禅要，其后遍参善知识，礼谒圆悟克勤，严受策励。复受克勤之命，入彰教寺，侍虎丘绍隆，得嗣其法。此后历住诸刹，而于明州天童山大振法化。禅师住于归宗寺时，大慧宗杲在梅阳，曾寄偈称叹。与大慧宗杲并称临济法系之“二甘露门”。孝宗隆兴元年示寂，世寿六十一。嗣法弟子为密庵咸杰。有《应庵和尚语录》二十卷传世。

【参考文献】

《联灯会要》卷十八；《嘉泰普灯录》卷十九；《佛祖历代通载》卷二十；《释氏稽古略》卷四；《续传灯录》卷三十一；《大明高僧传》卷六。

育王裕禅师法嗣

福州清凉坦禅师

有僧举“大慧竹篦”话请益，师示以偈曰：“径山有个竹篦，直下别无道理。佛殿厨库三门，穿过衲僧眼耳。”其僧言下有省。

净慈师一禅师

临安府净慈水庵师一禅师，婺州马氏子。十六被削，首参雪峰慧照禅师。照举“藏身无迹”话问之，师数日方明，呈偈曰：“藏身无迹更无藏，脱体无依便厮当。古镜不劳还自照，淡烟和露[1]湿秋光。”照质之曰：“毕竟那里是藏身无迹处?”师曰：“嗄。”照曰：“无踪迹处因甚么莫藏身?”师曰：“石虎吞却木羊儿。”照深肯之。

住后，上堂，举：“圆悟师翁道：‘参禅参到无参处，参到无参始彻头。’水庵则不然，参禅参到无参处，参到无参未彻头。若也欲穷千里目，直须更上一层楼。”

上堂：“冻云欲雪未雪，普贤象驾峥嵘。岭梅半合半开，少室风光漏泄。便恁么去犹是半提，作么生是全提底事？无智人前莫说，打你头破额裂。”

上堂，举：“法眼示众曰：‘尽十方世界明皎皎地，若有一丝头，即是一丝头。’”师竖起拂子曰：“还见么？穿过髑髅犹未觉。”法灯云：“尽十方世界自然明皎皎地，若有一丝头，不是一丝头。”师曰：“夜来月色十分好，今日秋山无限清。”

上堂：“寂然不动，感而遂通。古人恁么说话[2]，大似预搔待痒。若教渠踏着衲僧关捩，管取别有生涯。”喝一喝，卓拄杖下座。

【注释】

[1] 淡烟和露：其他版本亦作“淡烟和雾”，本书依宝祐本。

[2] 寂然不动，感而遂通。古人恁么说话：旧校本标点为“感而遂通古人”，改变了原意，有误。

道场法全禅师

安吉州道场无庵法全禅师，姑苏陈氏子。东斋川和尚为落发。师久依佛智，每入室，智以“狗子无佛性”话问之，师罔对。一日，闻僧举五祖颂云“赵州露刃剑”，忽大悟，有偈曰：“鼓吹轰轰袒半肩，龙楼香喷益州船。有时赤脚弄明月，踏破五湖波底天。”

住后，上堂：“欲得现前，莫存顺逆。”卓拄杖云：“三祖大师变作马面夜叉，向东弗于逮、西瞿耶尼、南赡部洲、北郁单越，却来山僧手里，首身元来只是一条黑漆拄杖。还见么？直饶见得，入地狱如箭射。”卓拄杖，下座。

上堂，拈拄杖曰：“汝等诸人个个顶天立地，肩横榔栗，到处行脚，勘验诸方，更来这里觅个甚么？才轻轻拶着，便言天台普请，南岳游山。我且问你，还曾收得大食国里宝刀么？”卓拄杖曰：“切忌口衔羊角。”

僧问：“牛头未见四祖时如何？”师曰：“天下无贫人。”曰：“见后如何？”师曰：“四海无富汉。”

乾道己丑七月二十五日，将入寂，众求偈，师瞪目下视。众请益坚，遂书“无无”二字，弃笔而逝。火后，设利五色，塔于金斗峰。

延福慧升禅师

泉州延福寒岩慧升禅师，建宁人也。

上堂，喝一喝曰：“尽十方世界，会十世古今，都卢[1]在里许，畐畐塞塞[2]了也。若乃放开一针锋许，则大海西流，巨岳倒卓。鼋鼍[3]鱼龙、鰕蟹蚯蚓，尽向平地上涌出波澜，游泳鼓舞。然虽如是，更须向百尺竿头自进一步，则步步踏转无尽藏轮。方知道鼻孔搭在上唇，眉毛不在眼下。还相委悉么？”复喝一喝曰：“切忌转喉触讳[4]。”

【注释】

［1］都卢：都，全部。参见本书“都卢”注释。

［2］畐（bì）畐塞塞：充满。即“逼塞”。

［3］鼋（yuán）鼍（tuó）：大鳖和猪婆龙。《国语·晋语九》：“鼋鼍鱼鳖，莫不能化。”

[4] 转喉触讳：一说话或一写文章就触犯忌讳。转喉：指说话或写文章。

大沩泰禅师法嗣

慧通清旦禅师

潭州慧通清旦禅师，蓬州严氏子。

初出关至德山，值泰上堂，举："赵州曰：'台山婆子已为汝勘破了也。'且道意在甚么处？"良久曰："就地撮将黄叶去，入山推出白云来。"师闻释然。

翌日入室，山问："前百丈不落因果，因甚么堕野狐？后百丈不昧因果，因甚么脱野狐？"师曰："好与一坑埋却。"

住后，上堂："说佛说祖，正如好肉剜疮。举古举今，犹若残羹馊饭。一闻便悟，已落第二头。一举便行，早是不著便。须知个事，如天普盖，似地普擎。师子游行，不求伴侣。壮士展臂，不借他力。佛祖拈掇不起，衲僧愿见无门。迷悟双忘，圣凡路绝。且道从上诸圣以何法示人？"喝一喝曰："莫妄想。"

佛性和尚忌日，上堂："三脚驴子弄蹄行，步步相随不相到。树头惊起双双鱼，拈来一老一不老。为怜松竹引清风，其奈出门便是草。因唤檀郎[1]识得渠，大机大用都推倒。烧香勘证见根源，粪埽堆头拾得宝。丛林浩浩谩商量，劝君莫谤先师好！"

【注释】

[1] 檀郎：晋朝潘安，小字檀奴，姿仪秀美。后来以檀郎为美男子的代称。多是妇女对丈夫、恋人或情人的美称。

灵岩仲安禅师

澧州灵岩仲安禅师，幼为比丘，壮游讲肆。后谒圆悟于蒋山。时佛性为座元，师扣之，即领旨。逮性住德山，遣师至钟阜通嗣书。圆悟问曰："千里驰来，不辱宗风。公案现成，如何通信？"师曰："觌面相呈，更无回互。"曰："此是德山底，那个是上座底？"师曰："岂有第二人？"

曰："背后底聻?"师投书，悟笑曰："作家禅客，天然有在。"师曰："付与蒋山。"

次至僧堂前，师捧书问讯首座。座曰："玄沙白纸，此自何来?"师曰："久默斯要，不务速说。今日拜呈，幸希一览。"座便喝。师曰："作家首座!"座又喝，师以书便打。座拟议，师曰："未明三八九，不免自沉吟。"师以书复打一下曰："接。"时圆悟与佛眼见，悟曰："打我首座死了也。"[1]佛眼曰："官马厮踢，有甚凭据?"师曰："说甚官马厮踢，正是龙象蹴踏[2]。"

悟唤师至，曰："我五百人首座，你为甚么打他?"曰："和尚也须吃一顿始得。"悟顾佛眼吐舌。眼曰："未在。"却顾师，问曰："空手把锄头，步行骑水牛。人从桥上过，桥流水不流。意作么生?"师鞠躬曰："所供并是诣实[3]。"眼笑曰："元来是屋里人。"

又往见五祖自和尚，通法眷书。祖曰："书里说个甚么?"师曰："文彩已彰。"曰："毕竟说个甚么?"师曰："当阳挥宝剑。"曰："近前来，这里不识几个字。"师曰："莫诈败。"祖顾侍者曰："是那里僧?"曰："此上座向曾在和尚会下去。"祖曰："怪得恁么滑头。"师曰："被和尚钝置来。"祖乃将书于香炉上熏，曰："南无三曼多没陀南[4]。"师近前，弹指而已，祖便开书。

回德山日，佛果、佛眼皆有偈送之。未几，灵岩虚席，衲子投牒[5]，乞师住持，遂开法焉。

上堂："参禅不究渊源，触途尽为留碍。所以，守其静默，澄寂虚闲，堕在毒海。以弱胜强，自是非他，立人我量，见处偏枯，遂致优劣不分，照不构用，用不离窠。此乃学处不玄，尽为流俗。到这里，须知有杀中透脱，活处藏机。佛不可知，祖莫能测。所以，古人道：'有时先照后用[6]'，且要共你商量；'有时先用后照'，你须是个汉始得；'有时照用同时'，你又作么生抵当?'有时照用不同时'，你又向甚么处凑泊?还知么?穿杨箭与惊人句，不是临时学得来。"

【注释】

[1] 师以书复打一下曰："接。"时圆悟与佛眼见，悟曰："打我首座死了也。"：旧校本标点有误，参见项楚《五灯会元点校献疑续补一百例》。

［2］蹴（cù）踏：踩，踏。

［3］诣实：指核查是否符合实际。

［4］南无三曼多没陀南：顶礼遍十方一切诸佛。南无，顶礼。三曼多，等、普、遍。没陀南，佛。

［5］投牒：书面请示。

［6］有时先照后用：从这句开始评点“临济义玄禅师”所说：“我有时先照后用，有时先用后照，有时照用同时，有时照用不同时。”参见本书第十一章“临济义玄禅师”注释。

成都府正法灏禅师

上堂，举“永嘉到曹溪”因缘，乃曰：“要识永嘉么？掀翻海岳求知己。要识祖师么？拨动乾坤建太平。二老不知何处去，”卓拄杖曰：“宗风千古播嘉声。”

成都府昭觉辩禅师

上堂：“‘毫厘有差，天地悬隔[1]。’隔江人唱鹧鸪词，错认胡笳十八拍。要会么？‘欲得现前，莫存顺逆[2]。’五湖烟浪有谁争？自是不归归便得。”

【注释】

［1］毫厘有差，天地悬隔：出自《信心铭》。参见本书第一章“三祖僧璨鉴智禅师”注释。

［2］欲得现前，莫存顺逆：出自《信心铭》。参见本书第一章“三祖僧璨鉴智禅师”注释。

护国元禅师法嗣

国清行机禅师

台州国清简堂行机禅师，本郡人。姓杨氏。风姿挺异，才压儒林。年二十五，弃妻孥，学出世法。晚见此庵，密有契证。出应莞山，刀耕

火种，单丁者一十七年。尝有偈云：“地炉无火客囊空，雪似杨花落岁穷。拾得断麻穿坏衲，不知身在寂寥中。”每谓人曰：“某犹未稳在，岂以住山乐吾事邪?”一日偶看斫树倒地，忽然大悟，平昔碍膺之物，泮然冰释。

未几，有江州圆通之命，乃曰：“吾道将行。”即欣然曳杖而去。登座说法云：“圆通不开生药铺，单单只卖死猫头。不知那个无思算[1]，吃着通身冷汗流。”

上堂：“单明自己，乐是苦因。趣向宗乘，地狱劫住。五日一参，三八普说，自扬家丑。更若问理问事，问心问性，克由叵耐[2]。若是英灵汉，窥藩不入[3]，据鼎不尝[4]，便于未有生佛已前转得身，却于今时大官路上捷行阔步，终不向老鼠窟、草窠里头出头没。若也根性陋劣，要去有滋味处咬嚼，遇着义学阿师，递相锢鏴[5]，直饶说得云兴雨现，也是虾蟆化龙，下梢[6]依旧，吃泥吃土，堪作甚么?”

上堂：“仲秋八月旦，庭户入新凉。不露风骨句，愁人知夜长。”

上堂：“无隔宿恩，可参临济禅。有肯诺意，难续杨岐派。穷厮煎，饿厮炒，大海只将折箸搅。你死我活，猛火然铛煮佛喋[7]。恁么作用，方可撑门拄户。更说声和响顺，形直影端，驴年也未梦见。”

僧问：“三圣问雪峰：‘透网金鳞，未审以何为食?’峰云：‘待汝出网来，即向汝道。’意旨如何?”师曰：“同途不同辙。”曰：“三圣道：‘一千五百人善知识，话头也不识。’峰云：‘老僧住持事繁。’又作么生?”师曰：“前箭犹轻后箭深。”曰：“只如雪窦道：‘可惜放过，好与三十棒。这棒一棒也较不得，直是罕遇作家。’意又作么生?”师曰：“阵败说兵书。”曰：“这棒是三圣合吃?雪峰合吃?”师以拂子击禅床曰：“这里荐取。”

示众云：“衲僧拄杖子，不用则已，用则如鸩鸟落水，鱼鳖皆死。正按傍提[8]，风飒飒地，独步大方，杀活在我。所以道，千人排门，不如一人拔关。若一人拔关，千人万人得到安乐田地。还知么?鸳鸯绣出从君看，不把金针度与人[9]。”

示众云：“观色即空成大智，故不住生死。观空即色成大悲，故不证涅槃。生死不住，涅槃不证，汉地不收，秦地不管，且道在甚么处安身立命？莫是昭昭于心目之间，而相不可睹；晃晃于色尘之内，而理不可分么？莫是‘起坐镇相随，语默同居止[10]’么？若恁么，总是髑髅前敲磕。须知过量人自有过量用，且作么生是过量用？北斗藏身虽有语，出群消息少人知。”

【注释】

［1］思算：思量筹划。

［2］克由叵耐：实难忍受，真是讨厌。

［3］窥藩不入：看到樊篱就不进入。

［4］据鼎不尝：据有高官重权却不愿意尝试。鼎：三足，喻三公。这个含义根据“负衡据鼎”推测而来。负衡据鼎，是指身居高位，肩负重任。出自南朝梁·刘勰《文心雕龙·程器》：“孔光负衡据鼎，而仄媚董贤；况班马之贱职，潘岳之下位哉！”周振甫注：“负衡据鼎，指处丞相位。衡，秤，表持平；鼎，三足，喻三公。”

［5］锢辂：辂，指金饰之车。锢辂，使金饰之车更加坚固漂亮。这里比喻互相吹捧。

［6］下梢：结果，结局。《朱子语类》卷九：“今既要理会，也须理会取透，莫要半青半黄，下梢都不济事。”

［7］喋：多言。

［8］正按傍提：禅林用语。正傍：即分别指正面、侧面；按提：乃按剑、提刀之意。故正按，意指正面举剑相向；傍提：谓侧面提刀突进。以此转喻师家接化学人之机法变化自在；时而正面攻击，直下提示第一义谛，时而采侧面奇袭之方式，令人于进退间自然趋入正道。《碧岩录》第六十五则：“当机觌面，提陷虎之机；正按傍提，布擒贼之略。”（摘自《佛光大辞典》）

［9］鸳鸯绣出从君看，不把金针度与人：出自元好问《论诗》：“鸳鸯绣了从教看，莫把金针度与人。”原义指的是“绣出的鸳鸯可以给别人观赏，而绣鸳鸯的金针（方法）不能传授给别人”。金针：唐代冯翊《桂苑丛谈·史遗》：相传古时郑侃的女儿郑采娘，农历七月七日祭织女乞巧，织女赠她一根长寸余的金针。从此，郑采娘刺绣的技术更加精巧。后以金针喻传授秘要、诀窍。比喻诗文、艺术佳作，可以叫人欣赏品味其佳处，会意其妙，却难言传方法、秘诀。禅宗用来比喻顿悟的境界只可意会，不可言传。成佛是人人都想要追求的，但成佛的方法却不可以用言语说出，因为一说就是错，离成佛已经千里万里。

［10］起坐镇相随，语默同居止：傅大士语。参见《居士分灯录》卷上“傅大士”注释。

焦山师体禅师

镇江府焦山或庵师体禅师，台州罗氏子。

上堂，举“临济和尚四喝”公案，乃召众曰：“这个公案，天下老宿拈掇甚多，第恐皆未尽善。焦山不免四棱著地[1]，与诸人分明注解一遍。如何是踞地师子？咄！如何是金刚王宝剑？咄！如何是探竿影草？咄！如何是一喝不作一喝用？咄！若也未会，拄杖子与焦山吐露看。”卓一下曰：“笑里有刀。”又卓一下曰：“毒蛇无眼。”又卓一下曰：“忍俊不禁。”又卓一下曰：“出门是路。更有一机，举话长老也理会不得。”

上堂：“年年浴佛在今朝，目击迦维[2]路不遥。果是当时曾示现，宜乎恶水蓦头浇。”

上堂：“热月须摇扇，寒来旋著衣。若言空过日，大似不知时。”

上堂：“道生一，无角铁牛眠少室。一生二，祖父开田说大义。二生三，梁间紫燕语呢喃。三生万物，男儿活计离窠窟。多处添，少处减，大虫怕吃生人胆。有若无，实若虚，争掩骊龙明月珠。是则是，只如焦山坐断诸方舌头一句，作么生道？肚无偏僻病，不怕冷油齑。”拍禅床，下座。

僧问：“如何是即心即佛？”师曰：“鼎州出狞争神[3]。”曰：“如何是非心非佛？”师曰：“闽蜀同风。”曰：“如何是不是心、不是佛、不是物？”师曰：“穷坑难满。”

问：“起灭不停时如何？”师：“谢供养。”

问：“我有七弦琴，久居在旷野。不是不会弹，未遇知音者。知音既遇，未审如何品弄？”师曰：“钟作钟鸣，鼓作鼓响。”曰：“云门放洞山三顿棒，意旨如何？”师曰：“和身倒，和身擂。”曰：“饭袋子！江西湖南便恁么去。又作么生？”师曰：“泪出痛肠。”曰：“真金须是红炉锻，白玉还他妙手磨。”师曰：“添一点也难为。”

室中常举苕帚柄，问学者曰：“依稀苕帚柄，仿佛赤斑蛇。”众皆下语不契。有僧请益，师示以颂曰：“依稀苕帚柄，仿佛赤斑蛇。棒下无生忍，临机不识爷。”

淳熙己亥八月朔，示微疾，染翰[4]别郡守曾公，逮夜半，书偈辞众曰："铁树开花，雄鸡生卵。七十二年，摇篮绳断。"掷笔示寂。

【注释】

［1］四棱著地：参见本书"四棱著地"注释。

［2］迦维：佛祖诞生地"迦维罗卫"的省称。故址或以为在今尼泊尔境内，或以为在今印度北方邦巴斯底县的比普拉瓦。

［3］鼎州出狞争神：旧校本标点为"鼎州出，狞争神"，有误，不能中间点开。狞争：狰狞。

［4］染翰：以笔蘸墨。翰：笔。此处指写信。

华藏智深禅师

常州华藏湛堂智深禅师，武林人也。

佛涅槃日，上堂："兜率降生，双林示灭。掘地讨天，虚空钉橛。四十九年，播土扬尘。三百余会，纳尽败缺。尽力布网张罗，未免唤龟作鳖。末后拘尸城畔，椁示双趺。旁人冷眼，看来大似弄巧成拙。"卓拄杖曰："若无这个道理，千古之下，谁把口说？且道是甚么道理？痴人面前切忌漏泄。"

参政钱端礼居士

参政钱端礼居士，字处和，号松窗。从此庵发明己事，后于宗门旨趣一一极之。淳熙丙申冬，简堂归住平田，遂与往来。丁酉秋微恙，修书召堂及国清瑞岩主僧，有诀别之语。堂与二禅诣榻次，公起趺坐，言笑移时，即书曰："浮世虚幻，本无去来。四大五蕴，必归终尽。虽佛祖具大威德力，亦不能免。这一著子，天下老和尚、一切善知识还有跳得过者无？盖为地水火风，因缘和合，暂时凑泊，不可错认为己有。大丈夫磊磊落落，当用处把定，立处皆真。顺风使帆，上下水皆可。因斋庆赞，去留自在。此是上来诸圣，开大解脱，一路涅槃门，本来清净空寂境界，无为之大道也。今吾如是，岂不快哉！尘劳外缘，一时扫尽。荷诸山垂顾，咸愿证明，伏惟珍重！"置笔顾简堂曰："某坐去好，卧去好？"堂曰："相公去便了，理会甚坐与卧耶？"公笑曰："法兄当为祖道

自爱！”遂敛目而逝。

【概要】

钱端礼（1109～1177 年），字处和，号松窗道人，杭州临安（今属浙江）人，徙居台州临海。吴越王钱俶六世孙，荣国公钱忱之子，后以荫入仕，绍兴三年（1133 年），添差通判台州，累迁知临安府。绍兴三十一年（1161 年）权户部侍郎兼枢密都承旨。隆兴二年（1164 年）赐同进士出身，除签书枢密院事兼权参知政事，进参知政事兼权知枢密院事。乾道四年（1168 年），起知宁国府。女为皇长子邓王夫人，邓王立为太子，乾道元年（1165 年）引嫌除资政殿大学士，提举洞霄宫，卒葬天台县护国寺北山之麓。

【参考文献】

《续传灯录》卷三十一；《嘉泰普灯录》卷二十三；《居士分灯录》卷下。

灵隐远禅师法嗣

东山齐己禅师

庆元府东山全庵齐己禅师，邛州谢氏子。

上堂，举：“修山主偈曰：‘是柱不见柱，非柱不见柱。是非已去了，是非里荐取。’”召大众曰：“荐得是，移华兼蝶至。荐得非，担泉带月归。是也好，郑州梨胜青州枣。非也好，象山路入蓬莱岛。是亦没交涉，踏着秤锤硬似铁。非亦没交涉，金刚宝剑当头截。阿呵呵！会也么？知事少时烦恼少，识人多处是非多。”

莲社会道友，请上堂：“渐渐鸡皮鹤发，父少而子老；看看行步龍踵，疑杀木上座。直饶金玉满堂，照顾白拈贼。岂免衰残老病，正好著精彩。任汝千般快乐，渠侬合自由。无常终是到来，归堂吃茶去。唯有径路修行，依旧打之绕[1]。但念阿弥陀佛，念得不济事。”复曰：“恶！这条活路，已被善导和尚直截指出了也[2]。是你诸人朝夕在径路中往来，因甚么当面蹉过阿弥陀佛？这里荐得，便可除迷倒障，拔犹豫箭；截疑惑网，断痴爱河；伐心稠[3]林，浣心垢浊；正心谄曲，绝心生死。然后转入那边。抬起脚，向佛祖履践不到处进一步；开却口，向佛祖言诠不到处说一句。唤回善导和尚，别求径路修行。其或准前，舍父逃走，流落他乡，撞东磕西，苦哉！阿弥陀佛。”

【注释】

［1］打之绕：参见本书“打之绕”注释。

［2］已被善导和尚直截指出了也：旧校本将“也”属下句，有误。

［3］稠（chóu）：密。

疏山如本禅师

抚州疏山归云如本禅师，台城人也。

上堂：“久雨不晴，戊在丙丁。通身泥水，露出眼睛。且道是甚么眼睛？”卓拄杖曰：“林间泥滑滑，时叫两三声。”

觉阿上人

觉阿上人，日本国滕氏子也。十四得度受具，习大小乘有声。二十九，属商者自中都回，言禅宗之盛，阿奋然拉法弟金庆航海而来，袖香拜灵隐佛海禅师。

海问其来，阿辄书而对。复书曰：“我国无禅宗，唯讲五宗经论。国主无姓氏，号金轮王。以嘉应改元，舍位出家，名‘行真’。年四十四，王子七岁，令受位，今已五载。度僧无进纳，而讲义高者赐之。某等仰服圣朝远公禅师之名，特诣丈室礼拜，愿传心印，以度迷津。且如心佛及众生，是三无差别，离相离言，假言显之。禅师如何开示？”海曰：“众生虚妄见，见佛见世界。”阿书曰：“无明因何而有？”海便打，阿即命海升座决疑。

明年秋，辞游金陵，抵长芦江岸，闻鼓声忽大悟，始知佛海垂手旨趣。旋灵隐，述五偈叙所见，辞海东归。

偈曰：“（其一）航海来探教外传，要离知见脱蹄筌。诸方参遍草鞋破，水在澄潭月在天。（其二）扫尽葛藤与知见，信手拈来全体现。脑后圆光彻太虚，千机万机一时转。（其三）妙处如何说向人？倒地便起自分明。蓦然踏着故田地，倒裹幞头孤路行。（其四）求真灭妄元非妙，即妄

明真都是错。堪笑灵山老古锥，当阳抛下破木杓。（其五）竖拳下喝少卖弄，说是说非入泥水。截断千差休指注，一声归笛啰啰哩。”

海称善，书偈赠行。归本国，住叡山寺。洎通嗣法书，海已入寂矣。

内翰曾开居士

内翰曾开居士，字天游。久参圆悟，暨往来大慧之门有日矣。绍兴辛未，佛海补三衢光孝，公与超然居士赵公访之。问曰：“如何是善知识？”海曰：“灯笼露柱，猫儿狗子。”公曰：“为甚么赞即欢喜，毁即烦恼？”海曰：“侍郎曾见善知识否？”公曰：“某三十年参问，何言不见？”海曰：“向欢喜处见，烦恼处见？”公拟议，海震声便喝。公拟对，海曰：“开口底不是。”公罔然，海召曰：“侍郎向甚么处去也！”公猛省，遂点头，说偈曰：“咄哉瞎驴，丛林妖孽。震地一声，天机漏泄。有人更问意如何，拈起拂子劈口截。”海曰：“也只得一橛。”

【概要】

曾开，南宋学者。字天游。其先赣州人，徙居河南府（今洛阳）。崇宁进士。历国子司业，太常少卿，中书舍人及知和、恩州等。高宗即位，以中书舍人召，为刑部侍郎，迁礼部侍郎兼直学士院。力斥和议，触怒秦桧，出知徽州。以病免官，闲居十余年。被劾，褫职后复秘阁修撰，卒。

【参考文献】

《续传灯录》卷三十一；《嘉泰普灯录》卷二十三；《居士分灯录》卷下。

知府葛郯居士

知府葛郯居士，字谦问，号信斋。少擢上第，玩意禅悦。

首谒无庵全禅师，求指南。庵令究“即心即佛”，久无所契。请曰：“师有何方便，使某得入？”庵曰：“居士太无厌生！”已而佛海来居剑池，公因从游，乃举无庵所示之语，请为众普说。海发挥之曰：“即心即佛眉拖地，非心非佛双眼横。蝴蝶梦中家万里，子规枝上月三更。”留旬日而后返。

一日，举“不是心，不是佛，不是物，”豁然顿明，颂曰：“非心非佛亦非物，五凤楼前山突兀。艳阳影里倒翻身，野狐跳入金毛窟。”无庵肯之。即遣书颂呈佛海，海报曰：“此事非纸笔可既，居士能过我[1]，当有所闻矣。”遂复至虎丘，海迎之曰：“居士见处，止可入佛境界。入魔境界，犹未得在。”公加礼不已，海正容曰：“何不道金毛跳入野狐窟？”公乃痛领。

尝问诸禅曰：“夫妇二人相打，通儿子作证，且道证父即是，证母即是？”或庵体禅师著语曰：“小出大遇。”

淳熙六年，守临川，八年感疾，一夕，忽索笔书偈曰：“大洋海里打鼓，须弥山上闻钟。业镜忽然扑破，翻身透出虚空。”召僚属示之曰：“生之与死，如昼与夜，无足怪者。若以道论，安得生死？若作生死会，则去道远矣。”语毕，端坐而化。

【注释】

［1］此事非纸笔可既，居士能过我：旧校本标点有误。既，穷尽，指这件事不能用纸笔可以写尽的。旧校本将“既”放入后句开头，变成“既居士能过我”，无解。

【概要】

葛郯，宋代词人。字谦问。原籍丹阳（今属江苏），寓居归安（浙江湖州）。葛胜仲之孙，葛立方之子。绍兴二十四年（1154 年）进士。为人厚重，曾在江东漕幕，乾道七年（1171 年）为常州通判。守临川时，一日微疾，索笔作偈，端坐而逝。著《信斋词》一卷。

【参考文献】

《续传灯录》卷三十一；《嘉泰普灯录》卷二十三；《居士分灯录》卷下。

华藏民禅师法嗣

径山宝印禅师

临安府径山别峰宝印禅师，嘉州李氏子。自幼通六经而厌俗务，乃

从德山清素得度具戒。

后听《华严》《起信》，既尽其说，弃依密印于中峰。一日，印举："僧问岩头：'起灭不停时如何？'岩叱曰：'是谁起灭？'"师启悟，即首肯。

会圆悟归昭觉，印遣师往省，因随众入室。悟问："从上诸圣，以何接人？"师竖拳。悟曰："此是老僧用底，作么生是从上诸圣用底？"师以拳挥之，悟亦举拳相交，大笑而止。

后至径山谒大慧。慧问："甚处来？"师曰："西川。"慧曰："未出剑门关，与汝三十棒了也。"师曰："不合起动和尚。"慧忻然，扫室延之。

慧南迁，师乃西还，连主数刹。后再出峡，住保宁、金山、雪窦、径山。

开堂，升座，曰："世尊初成正觉于鹿野苑中，转四谛法轮，憍陈如比丘最初悟道。后来真净禅师初住洞山，拈云：'今日新丰洞里，只转个拄杖子。'遂拈拄杖著左边，云：'还有最初悟道者么？若无，丈夫自有冲天志，莫向如来行处行。'遂喝一喝，下座。若是印上座则不然，今日向凤凰山里，初无工夫转四谛法轮，亦无气力转拄杖子。只教诸人行须缓步，语要低声。何故？欲得不招无间业，莫谤如来正法轮。"

上堂："三世诸佛，以一句演百千万亿句，收百千万亿句只在一句。祖师门下，半句也无。只恁么，合吃多少痛棒！诸仁者！且诸佛是？祖师是？若道佛是祖不是，祖是佛不是，取舍未忘。若道佛祖一时是，佛祖一时不是，颟顸不少。且截断葛藤一句作么生道？大虫裹纸帽，好笑又惊人。"复举："僧问岩头：'浩浩尘中，如何辨主？'头云：'铜沙锣里满盛油。'"师曰："大小岩头打失鼻孔，忽有人问保宁：'浩浩尘中如何辨主？'祇对他道：'天寒不及卸帽。'"

上堂："六月初一，烧空赤日。十字街头，雪深一尺。扫除不暇，回避不及。冻得东村廖胡子，半夜著靴水上立。"

上堂："将心除妄妄难除，即妄明心道转迂。桶底趯穿无忌讳，等闲一步一芙蕖。"

师至径山，弥浃[1]，孝宗皇帝召对选德殿称旨。入对日，赐肩舆于东华门内。

十年二月，上注《圆觉经》，遣使驰赐，命作序。

师年迈，益厌住持。十五年冬，奏乞庵居，得请。

绍熙元年十一月，往见交承智策禅师，与之言别。策问行日，师曰："水到渠成。"归，索纸书"十二月初七夜鸡鸣时"九字，如期而化。奉蜕质[2]返寺之法堂，留七日，须色明润，发长顶温。越七日，葬于庵之西冈。谥"慈辩禅师"，塔曰"智光"。

【注释】

[1] 弥浃：指停留的时间，到浃日，是过了十天。

[2] 蜕质：遗体，遗骨。

昭觉元禅师法嗣

凤栖慧观禅师

上堂："前村落叶尽，深院桂花残。此夜初冬节，从兹特地寒。所以道，欲识佛性义，当观时节因缘。时节若至，其理自彰。"喝一喝："恁么说话，成人者少，败人者多。"

文殊道禅师法嗣

楚安慧方禅师

潭州楚安慧方禅师，本郡许氏子。参道禅师于大别，未几改寺为神霄宫。附商舟过湘南，舟中闻岸人操乡音，厉声云："叫那！"由是有省，即说偈曰："沔水江心唤一声，此时方得契平生。多年相别重相见，千圣同归一路行。"

住后，上堂："临老方称住持，全无些子玄机。开口十字九乖[1]，问东便乃答西。如斯出世，讨甚玄微？有时拈三放两，有时就令而施。虽然如是，同道方知。且道知底事作么生？直须打翻鼻孔始得。"

上堂：“达磨祖师在脚底，踏不着兮提不起。子细当头放下看，病在当时谁手里？张公会看脉，李公会使药，两个竞头医，一时用不着。药不相投，错错！吃茶去。”

【注释】

［1］乖：相违背，背离。乖误，指谬误、错误。

常德府文殊思业禅师

常德府文殊思业禅师，世为屠宰，一日戮猪次，忽洞彻心源，即弃业为比丘。述偈曰：“昨日夜叉心，今朝菩萨面。菩萨与夜叉，不隔一条线。”往见文殊，殊曰：“你正杀猪时见个甚么，便乃剃头行脚？”师遂作鼓刀势。殊喝曰：“这屠儿参堂去！”师便下参堂。

住文殊日，上堂，举“赵州勘婆”话，乃曰：“勘破婆子，面青眼黑。赵州老汉，瞒我不得。”

何山珣禅师法嗣

婺州义乌稠岩了赟禅师

上堂，举赵州“狗子无佛性”话，乃曰：“赵州狗子无佛性，万叠青山藏古镜。赤脚波斯入大唐，八臂那吒行正令。咄！”

待制潘良贵居士

待制潘良贵居士，字义荣。年四十，回心祖闱[1]，所至挂钵，随众参扣。后依佛灯，久之不契，因诉曰：“某只欲死去时如何？”灯曰：“好个封皮，且留着使用，而今不了不当，后去忽被他换却封皮，卒无整理处。”公又以“南泉斩猫儿”话问曰：“某看此甚久，终未透彻，告和尚慈悲。”灯曰：“你只管理会别人家猫儿，不知走却自家狗子？”公于言下如醉醒。灯复曰：“不易，公进此一步，更须知有向上事始得。如今士大夫说禅说道，只依着义理便快活。大率似将钱买油餈，吃了便不饥，其余便道是瞒他，亦可笑也。”公唯唯。

【注释】

［1］回心祖闱：指归心参究祖师之宗门境界。

【概要】

潘良贵（约1086～1142年），宋代诗文家。字义荣，一字子贱，号默成居士。金华（今属浙江）人。政和五年（1115年）以上舍释褐为辟雍博士，迁秘书郎。蔡京欲引致，被他谢绝。累官左司谏、工部员外郎、提点荆湖南路刑狱、知严州、中书舍人等。南宋高宗绍兴九年（1139年）知明州，一年后离职奉祠。二十年，坐与李光通书，贬三官，卒，年五十七。有《默成居士集》十五卷，已佚。清康熙初由其裔孙辑成《默成文集》八卷。

【参考文献】

《宋史》卷三七六；《宋元学案》卷二十五。

汾潭明禅师法嗣

无为守缘禅师

汉州无为随庵守缘禅师，本郡人。姓史氏。年十三病目，去依栖禅慧目能禅师圆具。出峡至宝峰，值峰上堂，举：“永嘉曰：‘一月普现一切水，一切水月一月摄。’”师闻释然领悟。

住后，上堂曰：“以一统万，一月普现一切水；会万归一，一切水月一月摄。展则弥纶法界，收来毫发不存。虽然收展殊途，此事本无异致。但能于根本著得一只眼去，方见三世诸佛、历代祖师，尽从此中示现。三藏十二部、一切修多罗，尽从此中流出。天地日月、万象森罗，尽从此中建立。三界九地、七趣四生，尽从此中出没。百千法门、无量妙义，乃至世间工巧诸技艺，尽现行此事。所以，世尊拈华，迦叶便乃微笑；达磨面壁，二祖于是安心。桃华盛开，灵云疑情尽净；击竹作响，香严顿忘所知。以至盘山于肉案头悟道，弥勒向鱼市里接人。诚谓造次颠沛

必于是，经行坐卧在其中。既有如是奇特，更有如是光辉。既有如是广大，又有如是周遍。你辈诸人，因甚么却有迷有悟？要知么，幸无偏照处，刚有不明时。”

龙翔圭禅师法嗣

云居德升禅师

南康军云居顽庵德升禅师，汉州何氏子。二十得度，习讲久之。弃谒文殊道禅师，问佛法省要。殊示偈曰：“契丹打破波斯寨，夺得宝珠村里卖。十字街头穷乞儿，腰间挂个风流袋。”师拟对，殊曰：“莫错。”师退参三年，方得旨趣。往见佛性，机不投。入闽至鼓山，礼觐，便问：“国师不跨石门句，意旨如何？”竹庵应声喝曰：“闲言语。”师即领悟。

住后，僧问：“应真不借三界高超即不问，如何是无位真人？”师曰：“闻时富贵，见后贫穷。”曰：“抬头须掩耳，侧掌便翻身。”师曰：“无位真人在甚么处？”曰：“老大宗师，话头也不识。”师曰：“放你三十棒。”

狼山慧温禅师

通州狼山萝庵慧温禅师，福州人。姓郑氏。遍参诸老，晚依竹庵于东林。未几，庵谢事，复谒高庵悟、南华昺、草堂清，皆蒙赏识。会竹庵徙闽之乾元，师归省次，庵问：“情生智隔，想变体殊。不用停囚长智，道将一句来。”师乃释然，述偈曰：“拶出通身是口，何妨骂雨诃风？昨夜前村猛虎，咬杀南山大虫。”庵首肯。

住后，上堂：“释迦老子，四十九年，坐筹帷幄。弥勒大士，九十一劫，带水拖泥。凡情圣量不能划除，理照觉知犹存露布，佛意祖意如将鱼目作明珠，大乘小乘似认橘皮为猛火。诸人须是豁开胸襟宝藏，运出自己家珍，向十字街头普施贫乏。众中忽有个灵利汉出来道：‘美食不中饱人吃。’山僧只向他道：‘幽州犹自可，最苦是新罗。’”

云居悟禅师法嗣

双林德用禅师

婺州双林德用禅师，本郡戴氏子。

上堂：“拈槌竖拂，祖师门下，将黄叶以止啼；说妙谈玄，衲僧面前，望默林而止渴。际山今日去却之乎者也，更不指东画西，向三世诸佛命脉中、六代祖师骨髓里，尽情倾倒，为诸人说破。”良久曰：“啼得血流无用处，不如缄口过残春。”

万年道闲禅师

台州万年无著道闲禅师，本郡洪氏子。

上堂：“全机敌胜，犹在半途。啐啄同时，白云万里。才生朕兆，已落二三。不露锋铓，成何道理？且道从上来事合作么生？诬人之罪，以罪加之。”

上堂，举：“乾峰示众云：‘举一不得举二，放过一著，落在第二。’云门出众云：‘昨日有人从天台来，却往径山去。’峰曰：‘典座来日不得普请。’”师曰：“相见不须瞋，君穷我亦贫。谓言侵早起，更有夜行人。”

中际善能禅师

福州中际善能禅师，严陵人。往来龙门云居有年，未有所证。一日，普请择菜次，高庵忽以猫儿掷师怀中，师拟议，庵拦胸踏倒，于是大事洞明。

上堂：“万古长空，一朝风月。不可以一朝风月昧却万古长空，不可以万古长空不明一朝风月。且如何是一朝风月？人皆畏炎热，我爱夏日长。熏风自南来，殿阁生微凉。会与不会，切忌承当。”

云居自圆禅师

南康军云居普云自圆禅师，绵州雍氏子。年十九，试经得度，留教

苑五祀。出关南下，历扣诸大尊宿，始诣龙门。一日，于廊庑间睹绘胡人，有省。夜白高庵，庵举法眼偈曰："头戴貂鼠帽，腰悬羊角锥。语不令人会，须得人译之。"复筴火示之曰："我为汝译了也。"于是大法明了，呈偈曰："外国言音不可穷，起云亭下一时通。口门广大无边际，吞尽杨岐栗棘蓬。"庵遣师依佛眼，眼谓曰："吾道东矣。"

上堂，举："僧问云门：'如何是透法身句?'门曰：'北斗里藏身。'"师曰："南北东西万万千，乾坤上下两无边。相逢相见呵呵笑，屈指抬头月半天。"

乌巨行禅师法嗣

饶州荐福退庵休禅师

上堂："风动邪？幡动邪？风鸣邪？铃鸣邪？非风铃鸣，非风幡动。此土与西天，一队黑漆桶。诳惑世间人，看看灭胡种。山僧不奈何，趁后也打哄。瓠子曲弯弯，冬瓜直儱侗。"

上堂："结夏时左眼半斤，解夏时右眼八两。谩云九十日安居，赢得一肚皮妄想。直饶七穴八穿，未免山僧拄杖。虽然如是，千钧之弩，不为鼷鼠而发机。"

上堂："先师寻常用脑后一锤，卸却学者胸中许多屈曲。当年克宾维那[1]，曾中兴化此毒。往往天下丛林唤作'超宗异目'。非唯孤负兴化，亦乃克宾受辱。若是临济儿孙，终不依草附木。资福喜见同参，今日倾肠倒腹。"遂卓拄杖，喝一喝曰："还知先师落处么？伎死禅和，如麻似粟。"

上堂："言发非声，是个甚么？色前不物，莫乱针锥。透过禹门，风波更险。咄!"

【注释】

[1] 克宾维那：参见本书第十一章"兴化存奖禅师"注释。

龟峰慧光禅师

信州龟峰晦庵慧光禅师，建宁人。

上堂："数日暑气如焚，一个浑身无处安着，思量得也是烦恼人。这个未是烦恼，更有己躬下事不明，便是烦恼。所以达磨大师烦恼，要为诸人吞却，又被咽喉小；要为诸人吐却，又被牙齿碍。取不得，舍不得，烦恼九年。若不得二祖不惜性命，往往转身无路，烦恼教死。所谓祖祢不了，殃及儿孙。后来莲华峰庵主到这里，烦恼不肯住。南岳思大到这里，烦恼不肯下山。更有临济德山，用尽自己查梨[1]，烦恼钵盂无柄。龟峰今日为他闲事长无明，为你诸人从头点破。"卓拄杖一下，曰："一人脑后露腮，一人当门无齿，更有数人鼻孔没半边，不劳再勘。你诸人休向这里立地瞌睡，殊不知家中饭箩锅子一时失却了也。你若不信，但归家检点看！"

【注释】

[1] 查梨：即楂梨。山楂。

长芦守仁禅师

真州长芦且庵守仁禅师，越之上虞人。依雪堂于乌巨，闻普说曰："今之兄弟做工夫，正如习射。先安其足，后习其法。后虽无心，以久习故，箭发皆中。"喝一喝云："只今箭发也，看！看！"师不觉倒身作避箭势，忽大悟。

上堂："百千三昧，无量妙门，今日且庵不惜穷性命，只做一句子说与诸人。"乃卓拄杖，下座。

尝颂台山婆话云："开个灯心皂角铺，日求升合度朝昏。只因风雨连绵久，本利一空愁倚门。"

白杨顺禅师法嗣

吉州青原如禅师

僧问：“达磨未来时如何?”师曰：“生铁铸昆仑。”曰：“来后如何?”师曰：“五彩画门神。”

云居如禅师法嗣

隐静彦岑禅师

太平州隐静圆极彦岑禅师，台城人也。

上堂：“韩信打关，未免伤锋犯手。张良烧栈，大似曳尾灵龟。既然席卷三秦，要且未能囊弓裹革。烟尘自静，我国晏然。四海九州，尽归皇化。自然牛闲马放，风以时，雨以时，五谷熟，万民安。大家齐唱村田乐，月落参横夜向阑。”

上堂：“今朝八月初五，好事分明为举。岭头漠漠秋云，树底鸣鸠唤雨。昨夜东海鲤鱼，吞却南山猛虎。虽然有照有用，毕竟无宾无主。唯有文殊普贤，住，住！我识得你。”

上堂，举：“正堂辩和尚室中问学者：‘蚯蚓为甚么化为百合?’”师曰：“客舍并州已十霜，归心日夜忆咸阳。无端更度桑干水，却望并州是故乡。”

鄂州报恩成禅师

上堂：“秋雨乍寒，汝等诸人青州布衫[1]成就也未?”良久，喝曰：“云溪今日冷处著一把火。”便下座。

【注释】

[1] 青州布衫：参见本书第四章“赵州观音院从谂禅师”注释。

道场辩禅师法嗣

平江府觉报清禅师

上堂，举："僧问云门：'如何是诸佛出身处？'门曰：'东山水上行。'"师曰："诸佛出身处，东山水上行。石压笋斜出，岸悬花倒生。"

何山然禅师

安吉州何山然首座，姑苏人。侍正堂之久，入室次，堂问："猫儿为甚么偏爱捉老鼠？"曰："物见主，眼卓竖。"堂欣然，因命分座。

黄龙忠禅师法嗣

成都府信相戒修禅师

上堂，举"马祖不安"公案，乃曰："两轮举处烟尘起，电急星驰拟何止？目前不碍往来机，正令全施无表里。丈夫意气自冲天，我是我兮你是你。"

西禅琏禅师法嗣

遂宁府西禅第二代希秀禅师

上堂曰："秋光将半，暑气渐消。鸿雁横空，点破碧天似水。猿猱挂树，撼翻玉露如珠。直饶对此明机，未免认龟作鳖。且道应时应节一句作么生道？野色并来三岛月，溪光分破五湖秋。"

净居尼温禅师法嗣

温州净居尼无相法灯禅师

上堂，拈拄杖卓曰：“观音出，普贤入，文殊水上穿靴立。抬头鹞子过新罗，石火电光追不及。咄！”

大沩果禅师法嗣

玉泉宗琏禅师

荆门军玉泉穷谷宗琏禅师，合州董氏子。

开堂日，问答已，乃曰：“衲僧向人天众前一问一答，一擒一纵，一卷一舒，一挨一拶，须是具金刚眼睛始得。若是念话之流，君向西秦，我之东鲁，于宗门中殊无所益。这一段事，不在有言，不在无言，不碍有言，不碍无言。古人垂一言半句，正如国家兵器，不得已而用之。横说竖说，只要控人入处，其实不在言句上。今时人不能一径彻证根源，只以语言文字而为至道。一句来，一句去，唤作禅道，唤作向上向下，谓之菩提涅槃，谓之祖师巴鼻。正似郑州出曹门。从上宗师会中，往往真个以行脚为事底，才有疑处，便对众决择。只一句下见谛明白，造佛祖直指不传之宗，与诸有情尽未来际，同得同证，犹未是泊头处。岂是空开唇皮，胡言汉语来？所以，南院示众云：‘诸方只具啐啄[1]同时眼，不具啐啄同时用。’时有僧问：‘如何是啐啄同时用？’院曰：‘作家不啐啄，啐啄同时失。’僧曰：‘犹是学人问处。’院曰：‘如何是你问处？’僧曰：‘失。’院便打。其僧不契，后至云门会中，因二僧举此话，一僧曰：‘当时南院[2]棒折那！’其僧忽悟，即回南院，院已迁化，时风穴作维那，问曰：‘你是问先师啐啄同时话底僧那？’僧曰：‘是。’穴曰：‘你当时如何？’曰：‘我当时如在灯影里行。’穴曰：‘你会也。’”师乃召大众曰：“暗穿玉线，密度金针。如水入水，似金博金。敢问大众，啐啄同时是亲切处，因甚却失？若也会得，堪报不报之恩，共助无为之化。便可横身宇宙，独步大方。若跳不出，依前只在架子下[3]。”

上堂，拈拄杖曰：“破无明暗，截生死流，度三有[4]城，泛无为海。须是识这个始得。”乃召大众曰：“唤作拄杖则触，不唤作拄杖则背。若也识得，荆棘林中撒手，是非海里横身。脱或未然，普贤乘白象，土宿跨泥牛。参！”

上堂：“‘一切数句非数句，与吾灵觉何交涉[5]？’”师曰：“永嘉恁么道，大似含元殿上更觅长安。殊不知有水皆含月，无山不带云。虽然如是，三十年后赵婆酤[6]醋。”

上堂：“宗乘一唱殊途绝，万别千差俱泯灭。通身是口难分雪，金刚脑后三斤铁。好大哥。”

僧问：“保寿开堂，三圣推出一僧，保寿便打。意旨如何？”师曰：“利动君子。”曰：“为复棒头有眼，为复见机而作？”师曰：“猕猴系露柱。”曰：“只如三圣道：‘你恁么为人，瞎却镇州一城人眼。’又作么生？”师曰：“锦上铺华又一重。”

问：“行脚逢人时如何？”师曰：“一不成，二不是。”曰：“行脚不逢人时如何？”师曰：“虎咬大虫。”曰：“只如慈明道：‘钓丝绞水。’意作么生？”师曰：“水浸钢石卵。”

问：“三圣道：‘我逢人即出，出则不为人。’意旨如何？”师曰：“兵行诡道。”曰：“兴化道：‘我逢人则不出，出则便为人。’又作么生？”师曰：“绵裹秤锤。”

问：“不落因果，为甚么堕野狐身？”师曰：“庐山五老峰。”曰：“不昧因果，为甚么脱野狐身？”师曰：“南岳三生藏。”曰：“只如不落不昧，未审是同是别？”师曰：“倚天长剑逼人寒。”

问：“初生孩子还具六识也无？赵州道：‘急水上打球子。’意旨如何？”[7]师曰：“两手扶犁水过膝。”曰：“只如僧又问投子：‘急水上打球子，意旨如何？’曰：‘念念不停流。’又作么生？”师曰：“水晶瓮里浸波斯。”

问：“杨岐道：‘三脚驴子弄蹄行。’意旨如何？”师曰：“过蓬州了，便到巴州。”

【注释】

［1］啐（cuì）啄（zhuó）：参见本书“啐啄”注释。

［2］南院：指南院慧颙禅师，旧校本未用专有名词线。

［3］若跳不出，依前只在架子下：旧校本标点有误。“依前”是“仍旧”的意思，旧校本作“若跳不出依前，只在架子下”，令人费解。

［4］三有：指欲有、色有、无色有，义同三界，即欲界、色界、无色界。

［5］一切数句非数句，与吾灵觉何交涉：出自《永嘉证道歌》。

［6］酤（gū）：泛指卖。

［7］“初生孩子还具六识也无？赵州道：‘急水上打球子。’意旨如何？”：此为僧人问的一个公案，详情见本书第四章“赵州从谂禅师”注释。旧校本未弄清原公案，标点有误。

潭州大沩行禅师

上堂，横拄杖曰：“你等诸人！若向这里会去，如纪信[1]登九龙之辇；不向这里会去，似项羽失千里乌骓。饶你总不恁么，落在无事甲里。若向这里拨得一路，转得身，吐得气，山僧与你拄杖子。”遂靠拄杖，下座。

上堂：“不是心，不是佛，不是物。且道是个甚么？不在内，不在外，不在中间，毕竟在甚么处？苦！苦！有口说不得，无家何处归？”

【注释】

［1］纪信（？—前204年）：汉朝将军，赵人。曾参与鸿门宴，随刘邦起兵抗秦。由于身形及样貌恰似刘邦，在荥阳城危时假装刘邦的样貌，向西楚诈降，被俘。项羽见纪忠心，有意招降，但纪信拒绝。最终被项羽用火刑处决，多年后被秦州人民奉为城隍。此处比喻真的假不了，假的真不了。

潭州道林渊禅师

僧问：“‘钟未鸣，鼓未响，拓钵向甚么处去？’德山便低头归方丈。意旨如何？”师曰：“奔电迸火。”曰：“岩头道：‘这老汉未会末后句在。’又作么生？”师曰：“相随来也。”曰：“岩头‘密启其意’，未审那里是他‘密启’处?”师曰：“万年松在祝融峰。”曰：“虽然如是，只得三年。三年后果迁化，还端的也无?”师曰：“嚩呢哒喇吽曒咤。”

临示寂，上堂拈拄杖示众曰：“离却色声言语，道将一句来。”众无对，师曰：“动静声色外，时人不肯对。世间出世间，毕竟使谁会?”言讫，倚杖而逝。

大洪祖证禅师

随州大洪老衲祖证禅师，潭州潘氏子。

上堂：“万象之中独露身，如何说个独露底道理?”竖起拂子曰：“到江吴地尽，隔岸越山多。”

僧问：“云门问僧：‘光明寂照遍河沙，岂不是张拙秀才[1]语?’僧云‘是。’门云：‘话堕也。’未审那里是这僧话堕处?”师曰：“鲇鱼上竹竿。”

问：“离却言句，请师直指。”师竖拂子。僧曰：“还有向上事也无。”师曰：“有。”曰：“如何是向上事?”师曰：“速礼三拜。”

【注释】

［1］张拙秀才：参见本书第六章“张拙秀才”注释。

隆兴府泐潭山堂德淳禅师

上堂：“俱胝一指头，一毛拔九牛。华岳连天碧，黄河彻底流。截却指，急回眸。青箬笠前无限事，绿蓑衣底一时休。”

保安可封禅师

常州宜兴保安复庵可封禅师，福州林氏子。

上堂：“天宽地大，风清月白。此是海宇清平底时节。衲僧家等闲问着，十个有五双知有。只如夜半华严池吞却杨子江，开明桥撞倒平山塔，是汝诸人还知么？若也知去，试向非非想天道将一句来。其或未知，”掷下拂子曰：“须是山僧拂子始得。”

隆兴府石亭野庵祖璇禅师

上堂曰[1]：“吃粥了也未，赵州无忌讳。更令洗钵盂，太煞[2]没巴鼻。悟去由来不丈夫，这僧那免受糊涂？有指示，无指示，韶石四楞浑塌地。入地狱，如箭射，云岫清风生大厦。相逢携手上高山，作者应须辨真假。真假分，若为论，午夜寒蟾出海门[3]。”

【注释】

[1] 上堂曰：这次上堂开示是一段韵文，知道是韵文，就知道怎么标点，旧校本标点有误，参见项楚《〈五灯会元〉点校献疑三百例》。

[2] 太煞：同“太杀”。指太过分、太厉害。又指太、实在，作程度副词。此处意义指后者。

[3] 真假分，若为论，午夜寒蟾出海门：这也是一段韵文，知道是韵文，就知道怎么标点，旧校本标点有误，参见项楚《〈五灯会元〉点校献疑三百例》。

潭州石霜宗鉴禅师

上堂曰：“送旧年，迎新岁，动用不离光影内。澄辉湛湛夜堂寒，借问诸人会不会？若也会，增瑕纇[1]；若不会，依前昧。与君指个截流机，白云更在青山外。”

【注释】

[1] 瑕纇（lèi）：瑕：玉上的斑点；纇：丝上的疙瘩。比喻事物的缺点、毛病。

石头回禅师法嗣

云居德会禅师

南康军云居蓬庵德会禅师，重庆府何氏子。

上堂，举：“教中道：‘若见诸相非相，即见如来。’作么生是非相底道理？佯走诈羞偷眼觑，竹门斜掩半枝花。”

第三节　南岳下十七世

教忠光禅师法嗣

法石慧空禅师

泉州法石中庵慧空禅师，赣州蔡氏子。

春日上堂，拈拄杖，卓一下曰："先打春牛头。"又卓一下曰："后打春牛尾，惊起虚空入藕丝里。释迦无路潜踪，弥勒急走千里。文殊却知落处，拊掌大笑欢喜。且道欢喜个甚么？春风昨夜入门来，便见千花生碓嘴[1]。"

上堂："千家楼阁，一霎秋风。只知襟袖凉生，不觉园林落叶。于斯荐得，触处全真。其或未然，且作寒温相见。"

上堂，举："《金刚经》云：'佛告须菩提，尔所国土中，所有众生若干种心，如来悉知。何以故？如来说，诸心皆为非心，是名为心。'要会么？春风得意马蹄疾，一日看尽长安花。"

僧问："先佛垂范，禁足安居。未审是何宗旨？"曰："琉璃钵内拓须弥。"僧便喝，师便打。

【注释】

［1］碓嘴：指鸟雀。元代马致远《黄粱梦》第二折："湛湛青天不可欺，两个碓嘴拔天飞。"

净慈昙密禅师

临安府净慈混源昙密禅师，天台卢氏子。依资福道荣出家，十六圆具。习台教，弃参大慧于径山。谒雪巢一、此庵元。入闽，留东、西禅，无省发。之泉南，教忠俾悦众[1]，解职归前资。偶举"香严击竹"因缘，

豁然契悟。述偈呈忠，忠举“玄沙未彻语”诘之，无滞。忠曰：“子方可见妙喜。”即辞往梅阳，服勤四载。

住后，上堂：“诸佛出世，打劫杀人。祖师西来，吹风放火。古今善知识，佛口蛇心。天下衲僧，自投笼槛。莫有天然气概、特达丈夫，为宗门出一只手，主张佛法者么？”良久曰：“设有，也须斩为三段。”

上堂：“德山小参[2]不答话，千古丛林成话霸[3]。‘问话者三十棒’，惯能说诃说夯。‘时有僧出的能破的，德山便打’，[4]风流儒雅。‘某甲话也未问’，头上著枷，脚下著匣。‘你是那里人’，一回相见一伤神。‘新罗人’，把手笑欣欣。‘未跨船舷，好与三十棒’，依前相厮诳。混源今日恁么批判，责情好与三十棒[5]。且道是赏是罚？具参学眼者试辨看。”

上堂，举“云门问僧光明寂照遍河沙”因缘，师曰：“平地攎鱼虾，辽天射飞鹗。跛脚老云门，千错与万错。”

后示寂，塔于本山。

【注释】

[1] 悦众：别名知事。僧中之职名。司僧中之事务者。知其事、悦其众之意。参见本书“知事”注释。

[2] 德山小参：参见本书第七章“德山宣鉴禅师”条：小参示众曰：“今夜不答话，问话者三十棒。”时有僧出礼拜，师便打。僧曰：“某甲话也未问，和尚因甚么打某甲？”师曰：“汝是甚么处人？”曰：“新罗人。”师曰：“未跨船舷，好与三十棒。”

[3] 话霸：话柄，多指禅家公案。《密庵语录》：“二尊宿前不至村，后不迭店，直至于今，翻成话霸。何故？字经三写，乌焉成马。”《续传灯录》卷二十一“无竭净昙”条：“书偈曰：这汉从来没缝罅，五十六年成话霸。今朝死去见阎王，剑树刀山得人怕。”又卷三十四“混源昙密”：“德山小参不答话，千古丛林成话霸。”亦作“话靶”“话把”。（摘自《禅宗大词典》）

[4] 时有僧出的能破的，德山便打：旧校本标点为“时有僧出，的能破的，德山便打”，不知道如何理解？从“德山小参”开始，整个这一大段，都是对本书第七章“德山宣鉴禅师”开示的评点，旧校本等均标点有误。

[5] 混源今日恁么批判，责情好与三十棒：旧校本标点有误，“责情”不属上。“责情”就是据实情处理。

【概要】

昙密禅师（1120～1188 年），宋代临济宗僧。浙江天台人，俗姓卢，号混源。十二岁出家，师事资福道荣。十六岁受具足戒，习天台宗教法。历参径山大慧宗杲、雪巢法一、此庵景元诸师。后参谒泉南之晦庵弥光，并嗣其法。乾道七年（1171 年）驻锡于苕溪上方寺，其后历住紫择、鸿福、万年等寺。淳熙十一年（1184 年），敕住净慈寺。十五年示寂，世寿六十九，法腊五十四。著有《混源密和尚语要》一卷。

【参考文献】

《嘉泰普灯录》卷二十一。

东林颜禅师法嗣

公安祖珠禅师

荆南府公安遯[1]庵祖珠禅师，南平人。

上堂："不是心，不是佛，不是物。沥尽野狐涎，趯翻山鬼窟。平田浅草里，露出焦尾大虫；太虚寥廓中，放出辽天俊鹘。阿呵呵！露风骨。等闲拈出众人前，毕竟分明是何物？咄咄！"

上堂："玉露垂青草，金风动白苹。一声寒雁叫，唤起未惺[2]人。"

【注释】

［1］遯（dùn）：同"遁"。潜逃。

［2］惺：清醒。

报恩法演禅师

汀州报恩法演禅师，果州人。

上堂，举"俱胝竖指"因缘，师曰："佳人睡起懒梳头，把得金钗插便休。大抵还他肌骨好，不涂红粉也风流。"

净慈彦充禅师

临安府净慈肯堂彦充禅师，於潜[1]盛氏子。幼依明空院义堪为师。首参大愚宏智、正堂大圆。

后闻东林谓众曰：“我此间别无玄妙，只有木札羹，铁钉饭，任汝咬嚼。”师窃喜之，直造谒，陈所见解。林曰：“据汝见处，正坐在鉴觉中。”师疑不已，将从前所得底一时飏[2]下。

一日，闻僧举：“南泉道：‘时人见此一株花，如梦相似。’”默有所觉，曰：“打草只要蛇惊。”

次日入室，林问：“那里是岩头‘密启其意’处？”师曰：“今日捉败这老贼！”林曰：“达磨大师性命在汝手里。”师拟开口，蓦被拦胸一拳，忽大悟，直得汗流浃背，点首自谓曰：“临济道：‘黄檗佛法无多子。’岂虚语邪？”遂呈颂曰：“为人须为彻，杀人须见血。德山与岩头，万里一条铁。”林然之。

往后，上堂：“世尊不说说，迦叶不闻闻。”卓拄杖曰：“水流黄叶来何处？牛带寒鸦过远村。”

上堂，举：“雪峰示众云：‘尽大地是个解脱门，因甚把手拽不入？’”师曰：“大小雪峰话作两橛，既尽大地是个解脱门，用拽作么？”

上堂：“一向与么去，法堂前草深一丈。一向与么来，脚下泥深三尺。且道如何即是？三年逢一闰，鸡向五更啼。”

上堂，举：“卍庵先师道：‘坐佛床，斫佛脚。不敬东家孔夫子，却向他乡习礼乐。”师曰：“入泥入水即不无，先师争奈寒蝉抱枯木，泣尽不回头。”卓拄杖曰：“灼然！有不回头底，净慈向升子里礼汝三拜。”

上堂：“三世诸佛，无中说有，菵葍拾花针[3]。六代祖师，有里寻无，猿猴探水月。去此二途，如何话会？侬家不管兴亡事，尽日和云占洞庭。”

元庵受智者请，引座曰：“南山有个老魔王，炯炯双眸放电光，口似血盆呵佛祖，牙如剑树骂诸方。几度业风吹不动。吹得动，云黄山畔与嵩头陀、傅大士，一火破落户，依旧孟八郎[4]。赚他无限痴男女，开眼堂堂入镬汤。忽有个衲僧出来道：‘既是善知识，为甚赚人入镬汤？’只向他道：‘非公境界。’”

后示寂，塔于寺之南庵。

【注释】

［1］於潜：古县名。又称於替县（《汉书·地理志》）。西汉置，今属浙江省临安市西於潜镇，属丹阳郡。三国吴宝鼎后属吴兴郡。南朝陈属钱唐郡。隋属余杭郡。唐、北宋属杭州。南宋属临安府。元属杭州路。明、清属杭州府。1958 年并入昌化县。

［2］飏（yáng）：抛，丢，放下。

［3］莨（làng）菪（dàng）拾花针：《金刚般若波罗蜜经集注》（《大藏经补编》第二十一册）：“《本草》（指《本草纲目》）作莨菪子，亦名浪荡。生食令人发狂，眼生花针，即以手拾之，其实无花针。”《汉语大字典》“莨”条解释：“一年生或二年生有毒草木，种子供药用。”

［4］孟八郎：参见本书“孟八郎”注释。

智者真慈禅师

婺州智者元庵真慈禅师，潼川人，姓李氏。

初依成都正法出家。具戒后游讲肆，听讲《圆觉》，至“四大各离，今者妄身当在何处？毕竟无体，实同幻化”，因而有省，作颂曰：“一颗明珠，在我这里。拨着动着，放光动地。”以呈诸讲师，无能晓之者。归以呈其师，遂举“狗子无佛性”话诘之，师曰：“虽百千万亿公案，不出此颂也。”其师以为不逊，乃叱出。

师因南游，至庐山圆通挂搭。时卍庵为西堂，为众入室，举：“僧问云门：‘拨尘见佛时如何？’门云：‘佛亦是尘。’”师随声便喝，以手指胸曰：“佛亦是尘。”师复颂曰：“拨尘见佛，佛亦是尘。问了答了，直下翻身。劝君更尽一杯酒，西出阳关无故人。”

又颂尘尘三昧曰：“钵里饭，桶里水，别宝昆仑坐潭底。一尘尘上走须弥，明眼波斯笑弹指。笑弹指，珊瑚枝上清风起。”卍庵深肯之。

西禅需禅师法嗣

鼓山安永禅师

福州鼓山木庵安永禅师，闽县吴氏子。弱冠为僧。未几，谒懒庵于云门。

一日入室，庵曰：“不问有言，不问无言。世尊良久。不得向世尊良久处会。”随后便喝，倏然契悟，作礼曰：“不因今日问，争丧目前机。”庵许之。

住后，上堂：“要明个事，须是具击石火、闪电光底手段，方能险峻岩头全身放舍，白云深处得大安居。如其觑地觅金针，直下脑门须迸裂。到这里假饶见机而变，不犯锋铓，全身独脱，犹涉泥水。只如本分全提一句，又作么生道？”击拂子曰：“淬出七星光灿烂，解拈天下任横行。”

上堂，举：“睦州示众云：‘诸人未得个入处，须得个入处。既得个入处，不得忘却老僧。’”师曰：“恁么说话，面皮厚多少？木庵则不然，诸人未得个入处，须得个入处。既得个入处，直须飏下入处始得。”

上堂，拈拄杖曰：“临济小厮儿，未曾当头道着。今日全身放憨[1]，也要诸人知有。”掷拄杖，下座。

僧问：“须弥顶上翻身倒卓时如何？”师曰：“未曾见毛头星现？”曰：“恁么则倾湫倒岳[2]去也。”师曰：“莫乱做。”僧便喝，师曰：“雷声浩大，雨点全无。”

【注释】

［1］放憨：露出傻样子。

［2］倾湫（qiū）倒岳：参见本书“倾湫倒岳”注释。

温州龙翔柏堂南雅禅师

上堂曰：“瑞峰顶上，栖凤亭边，一杯淡粥相依，百衲蒙头打坐。二祖礼三拜，依位而立，已是周遮[1]。达磨老臊胡[2]，分尽髓皮，一场狼籍[3]。其余之辈，何足道哉！柏堂恁么道，还免诸方检责也无？”拍绳床云："洎合停囚长智[4]。"

上堂曰："大机贵直截，大用贵顿发。纵有啮镞[5]机，一锤须打杀。何故？我王库内无如是刀。"

上堂曰："紫蕨伸拳笋破梢，杨花飞尽绿阴交。分明西祖单传句，黄鹂留鸣燕语巢。这里见得谛，信得及，若约诸方决定，明窗下安排，龙翔门下直是一槌槌杀。何故？不是与人难共住，大都缁素要分明。"

【注释】

[1] 周遮：参见本书"周遮"注释。

[2] 老臊胡：《禅宗大词典》："老臊胡：对老年胡人之詈称，多指禅宗初祖菩提达磨。有时带戏谑语气。"《汉语大词典》："老臊胡：本指多须髯的胡人，后泛称络腮胡须。清代梁同书《直语补证》：'老臊胡，俗以多髯连鬓者为落腮胡，其实非也……胡人颔下多髯，故俗有此称。'"丁福保《佛学大辞典》："老臊之夷人也，斥达磨。"

[3] 狼籍：亦作"狼藉"。纵横散乱貌。指忙乱、乱糟糟、胡乱。

[4] 停囚长智：参见本书"停囚长智"注释。

[5] 啮（niè）镞（zú）：参见本书"啮镞"注释。

福州天王志清禅师

上堂，竖起拂子云："只这个天不能盖，地不能载，遍界遍空，成团成块。到这里三世诸佛向甚么处摸索？六代祖师向甚么处提持？天下衲僧向甚么处名邈？除非自得自证，便乃敲唱双行。虽然如是，未是衲僧行履处。作么生是衲僧行履处？是非海里横身入，豺虎丛中纵步行。"

剑门安分庵主

南剑州剑门安分庵主，少与木庵同肄业安国。后依懒庵，未有深证。辞谒径山大慧，行次江干[1]，仰瞻宫阙，闻街司[2]喝"侍郎来"，释然大悟，作偈曰："几年个事挂胸怀，问尽诸方眼不开。肝胆此时俱裂破，一声江上侍郎来。"遂径回西禅，懒庵迎之，付以伽梨，自尔不规所寓。后庵居剑门，化被岭表，学者从之。所作偈颂，走手而成，凡千余首，盛行于世。

示众：“这一片田地，汝等诸人且道天地未分已前在甚么处？直下彻去，已是钝置分上座不少了也。更若拟议思量，何啻白云万里？”蓦拈拄杖，打散大众。

示众：“上至诸佛，下及众生，性命总在山僧手里。检点将来，有没量罪过。还有检点得出者么？”卓拄杖一下曰：“冤有头，债有主。”遂左右顾视曰：“自出洞来无敌手，得饶人处且饶人。”

示众：“十五日已前，天上有星皆拱北。十五日已后，人间无水不朝东。已前已后总拈却，到处乡谈各不同。”乃屈指曰：“一二三四五，六七八九十，十一十二十三十四。诸兄弟！今日是几？”良久曰：“本店买卖，分文不赊。”

【注释】

［1］江干：江边，江岸。

［2］街司：宋代左、右金吾街司略称，也可视为“左、右街司”省称。掌巡逻、清道、排仪仗等事。

东禅岳禅师法嗣

福州鼓山宗逮禅师

上堂：“世尊道，应如是知，如是见，如是信解，不生法相。”遂喝曰：“玉本无瑕却有瑕。”

西禅净禅师法嗣

福州乾元宗颖禅师

上堂，卓拄杖曰：“性燥汉只在一槌。”靠拄杖曰：“灵利人不劳再举。而今莫有灵利底么？”良久曰：“比拟张麟，免亦不遇。”

开善谦禅师法嗣

吴十三道人

建宁府仙州山吴十三道人，每以己事[1]扣诸禅，及开善归，结茅于其左，遂往给侍。绍兴庚申三月八日夜，适然启悟，占偈呈善曰："元来无缝罅，触着便光辉。既是千金宝，何须弹雀儿？"善答曰："啐地折时真庆快，死生凡圣尽平沉。仙州山下呵呵笑，不负相期宿昔心。"

【注释】

［1］己事：宝祐本作"已事"，参考其他版本更正。己事：指禅者的本分大事，即明心悟性，超越生死。参见本书"己事"注释。

天童华禅师法嗣

天童咸杰禅师

庆元府天童密庵咸杰禅师，福州郑氏子。母梦庐山老僧入舍而生。自幼颖悟，出家为僧。不惮游行，遍参知识。

后谒应庵于衢之明果。庵孤硬难入，屡遭呵。一日，庵问："如何是正法眼？"师遽答曰："破沙盆。"庵颔之。未几，辞回省亲，庵送以偈曰："大彻投机句，当阳廓顶门。相从今四载，征诘洞无痕。虽未付钵袋，气宇吞乾坤。却把正法眼，唤作破沙盆。此行将省觐，切忌便踩跟[1]。吾有末后句，待归要汝遵。"

出世衢之乌巨，次迁祥符、蒋山、华藏。未几，诏住径山、灵隐，晚居太白。

僧问："虚空销殒时如何？"师曰："罪不重科。"

上堂："牛头横说竖说，不知有向上关捩子。有般漆桶辈，东西不辨，南北不分，便问如何是向上关捩子，何异开眼尿床？华藏有一转语，

不在向上向下，千手大悲摸索不著，雨寒无处晒晾[2]。今日普请，布施大众。”良久曰：“达磨大师，无当门齿。”

上堂：“世尊不说说，拗曲作直。迦叶不闻闻，望空启告。马祖即心即佛，悬羊头卖狗肉。赵州勘庵主，贵买贱卖，分文不直。只如文殊是七佛之师，因甚出女子定不得？河天月晕鱼分子，槲叶风微鹿养茸。”

上堂，卓拄杖曰：“迷时只迷这个。”复卓一下曰：“悟时只悟这个。迷悟双忘，粪埽堆头重添搕𢶍[3]。莫有向东涌西没、全机独脱处，道得一句底么？若道不得，华藏自道去也。”掷拄杖曰：“三十年后。”

上堂，举：“金峰和尚示众云：‘老僧二十年前有老婆心，二十年后无老婆心。’时有僧问：‘如何是和尚二十年前有老婆心？’峰云：‘问凡答凡，问圣答圣。’曰：‘如何是二十年后无老婆心？’峰云：‘问凡不答凡，问圣不答圣。’”师曰：“乌巨当时若见，但冷笑两声。这老汉忽若瞥地，自然不堕圣凡窠臼。”

上堂，举“婆子烧庵”话，师曰：“这个公案，丛林中少有拈提者。杰上座裂破面皮，不免纳败一上[4]，也要诸方检点。”乃召大众曰：“这婆子洞房深稳，水泄不通，偏向枯木上糁花，寒岩中发焰。个僧孤身迥迥，惯入洪波，等闲坐断泼天潮，到底身无涓滴水。子细检点将来，敲枷打锁，则不无二人；若是佛法，未梦见在。乌巨与么提持，毕竟意归何处？”良久曰：“一把柳丝收不得，和烟搭在玉栏干。”

上堂：“动弦别曲，叶落知秋。举一明三，目机铢两。如王秉剑，杀活临时，犹是无风匝匝之波。向上一路，千圣把手共行，合入泥犁地狱。正当与么时，合作么生？江南两浙，春寒秋热。”

上堂：“尽乾坤大地，唤作一句子，担枷带锁；不唤作一句子，业识茫茫。两头俱透脱，净裸裸，赤洒洒，没可把。达磨一宗，扫土而尽。所以，云门大师道：‘尽乾坤大地，无纤毫过患，犹是转句。不见一法，始是半提，更须知有全提底时节。’大小云门，剑去久矣，方乃刻舟。”

后示寂，塔于寺之中峰。

【注释】

［1］跺跟：同“跺根”。参见本书“跺根”注释。

［2］晾（liàng）：晒。

［3］搕（kē）𢶍（zá）：参见本书“搕𢶍”注释。

［4］一上：一场，一番，一次。

【概要】

咸杰禅师（1118～1186年），宋代临济宗杨岐派分支虎丘派僧。福建福清人，俗姓郑。号密庵（密庵）。母梦庐山老僧入舍而生，自幼颖悟。博通内外，能文善书。出家为僧，遍参知识。至衢州（浙江）明果庵，参谒应庵昙华，得大悟，受印可，出住乌巨庵。历主祥符蒋山华藏、径山、灵隐、天童诸名刹。禅僧萃集，常逾千数，门庭肃严，海内第一。晚年住育王寺。淳熙十三年示寂，享寿六十九，法腊五十二。著有《密庵和尚语录》一卷。

【参考文献】

《释氏稽古略》卷四；《明高僧传》卷八。

南书记

南书记者，福州人。久依应庵，于“赵州狗子无佛性”话，豁然契悟。有偈曰：“狗子无佛性，罗睺星入命。不是打杀人，被人打杀定。”庵见，喜其脱略。

绍兴末终于归宗。

侍郎李浩居士

侍郎李浩居士，字德远，号正信。幼阅《首楞严经》，如游旧国，志而不忘。持橐[1]后，造明果，投诚入室。应庵煽其胸曰：“侍郎死后，向甚么处去？”公骇然汗下，庵喝出。

公退参，不旬日竟跻堂奥。以偈寄同参严康朝曰：“门有孙膑铺，家存甘贽[2]妻。夜眠还早起，谁悟复谁迷？”庵见称善。

有鬻胭脂者，亦久参应庵，颇自负。公赠之偈曰：“不涂红粉自风流，往往禅徒到此休。透过古今圈䙡[3]后，却来这里吃拳头。”

【注释】

［1］持橐（tuó）：橐，盛物的袋子。手持橐袋。比喻皇帝的近臣。

［2］甘贽：参见本书第四章“池州甘贽行者”注释。

［3］圈襀（kuì）：圈套。襀，拴，套。

【概要】

李浩，南宋抚州临川（今属江西）人，字德远。绍兴十二进士。孝宗时，以太常丞召，累官员外郎兼皇子恭王府直讲、司农少卿、大理卿，以直宝文阁知静江府兼广西安抚，曾建议两淮营田，并疏通灵渠。自广西召还，不载南海一物。乾道九年（1173 年），提举太平兴国宫。明年夏，夔路阙帅，命浩以秘阁修撰宠其行。逾年，以疾请祠，提举玉隆万寿宫，命未至，以淳熙三年九月卒，年六十一。诸司奏浩尽瘁其职以死，诏特赠集英殿修撰。

【参考文献】

《续传灯录》卷三十四；《嘉泰普灯录》卷二十三；《居士分灯录》卷下。

道场全禅师法嗣

华藏有权禅师

常州华藏伊庵有权禅师，临安昌化祁氏子。年十四得度。十八岁，礼佛智裕禅师于灵隐。时无庵为第一座，室中以“从无住本，建一切法”问之，师久而有省，答曰：“暗里穿针，耳中出气。”庵可之，遂密付心印。

尝夜坐达旦，行粥者至，忘展钵，邻僧以手触之，师感悟，为偈曰：“黑漆昆仑把钓竿，古帆高挂下惊湍。芦花影里弄明月，引得盲龟上钓船。”

佛智尝问：“心包太虚，量廓沙界时如何？”师曰：“大海不宿死尸。”智抚其座曰：“此子他日当据此座，呵佛骂祖去在！”师自是埋藏头角，益自韬晦。

游历湖湘江浙几十年，依应庵于归宗，参大慧于径山。无庵住道场，招师分座说法，于是声名隐然。

住后，上堂：“今朝结却布袋口，明眼衲僧莫乱走。心行灭处解翻身，喷嚏也成师子吼。旃檀林，任驰骤。剔起眉毛顶上生，剜肉成疮露家丑。”

上堂：“禅禅！无党无偏。迷时千里隔，悟在口皮边。所以，僧问石霜：‘如何是禅？’霜云：‘瓴砖[1]。’又僧问睦州：‘如何是禅？’州云：‘猛火著油煎。’又僧问首山：‘如何是禅？’山云：‘猢狲上树尾连颠。’大众！道无横径，立处孤危[2]。此三大老，行声前活路，用劫外灵机。若以衲僧正眼检点将来，不无优劣。一人如张良入阵，一人如项羽用兵，一人如孔明料敌。若人辨白得，可与佛祖齐肩。虽然如是，忽有个衲僧出来道：‘长老话作两橛也。适来道：道无横径，无党无偏。而今又却分许多优劣？’且作么生[3]祇对？还委悉么？把手上山齐著力，咽喉出气自家知。”

淳熙庚子秋，示微疾，留偈，趺坐而逝。荼毗，齿舌不坏，获五色舍利无数。瘗于横山之塔，分骨归葬万年山寺。

【注释】

［1］瓴（lù）砖：砖。王念孙疏证：“狭长者谓之瓴砖。”

［2］大众！道无横径，立处孤危：“大众”是称呼语，要点开。旧校本作“大众道，无横径立处孤危”，有误。

［3］作么生：简称“作么”。《佛光大辞典》：“禅林用语。又作怎么生、似么生、作么、作生。作么，即‘何’；生，为接尾词。相当于‘如何了’‘怎么样’、什么意思。本为宋代俗语，禅宗多用于公案之感叹或疑问之词。”又，合作么生，应当怎么，“合”即应当的意思。

【概要】

有权禅师（？～1180 年），宋代临济宗杨岐派僧。临安府昌化（今属浙江）人，俗姓祁。号伊庵，世称“伊庵有权”。十四岁出家，入灵隐寺佛智端裕门下受业。其后，嗣道场寺无庵法全之法。或请出世，不应，来往应庵、妙喜之庭，谈论辨难以为乐。后住常州华藏寺（今属江苏），迁万年寺，门徒常聚千人之多。日与众均其劳逸，其门徒俱以气节自化。淳熙七年示寂。

【参考文献】

《嘉泰普灯录》卷二十一；《大明高僧传》卷七。

双林用禅师法嗣

婺州三峰印禅师

上堂，举野狐话曰：“不落不昧，诬人之罪。不昧不落，无绳自缚。可怜柳絮随春风，有时自西还自东。”

大沩行禅师法嗣

德山子涓禅师

常德府德山子涓禅师，潼川人也。

上堂：“见见之时，见非是见。见犹离见，见不能及。”遂喝曰：“鲸吞海水尽，露出珊瑚枝。众中忽有个衲僧出来道：‘长老休寐语！’却许伊具一只眼。”[1]

上堂，横按拄杖曰：“一二三四五六七，七六五四三二一。循还逆顺数将来，数到未来无尽日。因七见一，因一亡七。踏破太虚空，铁牛也汗出。绝气息，无踪迹。”掷拄杖曰：“更须放下这个，始是参学事毕。”

上堂，拈拄杖曰：“有时夺人不夺境，拄杖子七纵八横。有时夺境不夺人，山僧七颠八倒。有时人境两俱夺，拄杖子与山僧削迹吞声。有时人境俱不夺，”卓拄杖曰：“伴我行千里，携君过万山，忽然撞着临济大师时如何？”喝曰：“未明心地印，难透祖师关。”

【注释】

[1] 遂喝曰：“鲸吞海水尽，露出珊瑚枝。众中忽有个衲僧出来道：‘长老休寐语！’却许伊具一只眼。”：整个一段话都是禅师一个人在说，旧校本误标为两人之语。参见项楚《五灯会元点校献疑续补一百例》。

中国禅宗论略

曾琦云

公元前6世纪至公元前5世纪，佛教诞生于古印度，传入中国后，分为三大语系，即汉语系、藏语系和巴利语系，在汉语系佛教中形成了天台宗、三论宗、法相宗、律宗、净土宗、禅宗、华严宗、密宗等宗派。其中，中国禅宗是在中国佛教中影响最大的宗派，并且是在佛教中国化中本土特色最强的一个宗派。本文就中国禅宗的整体发展与研究，提出自己的一些看法。

一、关于中国禅宗的传播过程

禅宗在中国的传播，好像写了一部伟大的文学作品，这部作品惊心动魄，震荡着人的心灵。它有萌芽、创建、高潮、发展和演变几个阶段，虽然走向没落，但没有结局。杜继文先生写《中国禅宗通史》，说禅宗到清朝雍正皇帝走完了它最后的旅程，我感觉这种观点不妥。

公元5世纪时，禅宗思想在僧肇、道生等大师的哲学思想中已经萌芽。公元6世纪梁武帝时代，菩提达磨来到中国开始创建中国禅宗。7世纪唐朝慧能从五祖弘忍继承衣钵，创立顿悟法门，《坛经》是中国禅宗成熟的标志，也是佛教中国化的重要标志。慧能以后一直到晚唐五代两宋元明清都是发展演变阶段。自神会引发南北之争以后，南宗被判为顿教法门，神秀被判为渐教法门。南宗一天天兴旺起来，形成了五家七宗的局面，开创了中国禅宗的新时代。遗憾的是到了明清以后，特别是到了清朝，中国禅宗的固有特色不复存在，中国禅宗渐渐走向衰落，但是它仍然不绝如缕。直到近代还有太虚和虚云这些禅宗大师的出现，甚至到了当代还出现了禅宗复苏的现象。

1. 萌芽阶段

禅宗还没有创立前，中国早就有了禅宗思想的萌芽，可以从鸠摩罗什的大弟子僧肇和道生的思想中看出来。

僧肇（384～414年）写了《肇论》，他把体用、动静、有无等问题辩证联系起来分析，阐述了诸法实相，被鸠摩罗什誉为解空第一的中国人。清朝雍正皇帝《御选语录》把他排在第一位，赞叹说："以此讲经，正是不立文字！"

僧肇《般若无知论》说："真般若者，清净如虚空，无知无见，无作无缘，斯则知自无知矣。"又说："岂唯无知名无知，知自无知矣。是以圣人以无知之般若，照彼无相之真谛。""知"在这里指般若智慧，般若智慧就是圣人的智慧，或者说最高的智慧，这种智慧本身是无知的，所以说"知自无知"。无知之知是一切之知，无所知而无所不知，无为而无所不为。无知的知，即是无分别，无执着，不取相，与世俗认识完全不同，是真谛，是圣人于究竟处所体会到事物的真实情况。真谛是不受时空限制的宇宙本体，不能成为"知"的认识对象，即真谛是无知的。这种超越于文字之上的智慧，已经不同于世俗的知识，所以僧肇的《般若无知论》为禅宗不立文字，见性成佛提供了理论依据。此外，他所说的"行净则从生净，众生净则佛土净"，也为禅宗"惟心净土"提供了理论依据。

道生（355～434年）在中国佛教初期是最有先见之明的一位高僧，他提出了顿悟成佛，认为"悟"就是与真理融合，理不可分，"悟"自然不可有阶段，也没有等级，一悟就成正觉。此说与后来禅宗主张顿悟成佛有直接的关系。当时谢灵运作《辨宗论》，与法勖等僧人往来问答，声援顿悟。和道生对立唱渐悟义的有慧观，作《渐悟论》；还有昙无成（罗什的弟子），作《明渐论》。顿渐之争在这个时候就开始了。道生还提出一阐提可以成佛、法身无色、佛无净土、善不受报等主张。

道生有"生公说法，顽石点头"的典故。当时《涅槃经》只部分译出，传入南方，其中说除一阐提（断绝善根的人）外皆有佛性。道生则坚持认为"一阐提人皆得成佛"，就被守旧者目为邪说，摈出僧团。道生因入今苏州虎丘山，传说他曾聚石为徒，讲《涅槃经》，说到一阐提有佛性，群石皆为点头（见《佛祖统纪》卷二十六、卷三十六）。以后全部《涅槃经》传到南京，其中果然说"一阐提人有佛性"，大众这才佩服他的卓越见识。于是"顽石点头"的传说便不胫而走。实际上，道公不仅认为一切众生有佛性，还认为无情草木也有佛性。《祖庭事苑》卷五："青青翠竹尽是真如，郁郁黄花无非般若。世少信者，谓无佛语所证。法师乃端坐十年，待经而证。后三藏带《涅槃后分经》至，果有斯说。"这都是从法身来说的，这些理论主张后来被牛头禅加以发扬光大。

实际上，认为达磨以前，中国早就有禅学流行，这也并非我的发明，学术、佛教界都认为在达磨以前已经有禅学流行，我仅仅是把它总结为中国禅宗的萌芽阶段。太虚大师早就主张此期禅学为"依教修心禅"，也就是我们通常说的如来禅。太虚大师将早期禅学分为安般、五门、念佛、实相禅四类。我认为，不仅是在萌芽阶段，在中国禅宗创建以后，如来禅也始终贯彻整个中国禅宗的发展过程中。因为按照佛法来说，离开了佛陀的教导，怎么还能够有佛教禅宗的存在呢？后来的祖师禅仅仅是同一宗派的别名而已，它的发展和演变仅仅是方式方法的演变，而实质性的东西是不变的。怎么可以说如来禅就是“藉教悟宗”，难道祖师禅竟然就是“背教离宗”的外道了吗？中国台湾印顺法师在《中国禅宗史》中说：“印度传来的达磨禅，从达磨到慧能，方便虽不断演化，而实质为一贯的如来（藏）禅。”此话甚是中肯，正如印顺法师所说，禅宗的本质一直没有发生变化，否则就不是佛教了。

有学者问我，你说禅宗有萌芽阶段，那么在释迦牟尼时代就应该萌芽了。我在这里是划分中国禅宗的传播过程问题，禅宗本来就是佛陀的思想，不存在萌芽的问题。不过学者在提这个问题的时候，他是把禅宗视为中国的禅宗，认为禅宗中国化了，也就认为中国禅宗只有从达磨到慧能这么一个发展阶段。这是另外一个问题。禅宗虽然中国化，但它并非改变了它本有的体系而被中国文化同化，下文将论述。

2. 创建阶段

达磨来到中国遇梁武帝，话不投机，于是隐居于嵩山少林寺等待要传法的人，后来出现了慧可断臂求法的故事，成为中国禅宗第二祖，慧可传僧璨，僧璨传道信，道信传弘忍，这是中国禅宗五祖。在弘忍前，禅宗基本处于隐藏状态。慧可得法后隐居山林，后传法于僧璨。僧璨受法后又隐居。道信跟从九年，得其衣钵。道信得法后住湖北黄梅双峰山（又叫破头山）三十多年，主张“坐禅守一”，并传法于弘忍。他的另一弟子法融在南京牛头山创立了牛头禅。从达磨到弘忍前这个阶段，禅宗并没有大张旗鼓地宣扬，无论从形式到内容都是属于中国禅宗的创建阶段。有关禅宗的创始人到底为谁，学术界和佛教界也是众说纷纭，有佛陀扇多说、达磨说、道信弘忍说、六祖惠能说、马祖道一说等。我认为，中国禅宗创始人正统的说法还是应该说是菩提达磨。

关于禅宗的创始人菩提达磨是否确有其人，是学术界争论的问题。胡适是一个很重视历史考证的学者，他的《菩提达磨考》认定菩提达磨是“从海道到中国广州，大约在刘宋晚年，（约 470 ~ 475 年），但必在宋亡（479 年）之前”，也就是他认为菩提达磨是有其人的。当然他考证的时间不一定对，因为他所依据的资料主要是《续高僧传》，我认为应该依据比《续高僧传》更早的《洛阳伽蓝记》。

《洛阳伽蓝记》是最早记载达磨史料的文献，这本书是写北魏时洛阳佛教寺院兴衰的，其中两处提到达磨。卷一“永宁寺”条记载，达磨在洛阳看见永宁寺宝塔建筑精美，自言自己已经一百五十岁了，历游各国都从来没有看见过，于是“口唱南无，合掌连日”。永宁寺为北魏 516 年所建，这就可以肯定菩提达磨看到永宁寺的时间不会早于 516 年，必定在 516 年之后。又此书署名为“魏抚军府司马杨炫之撰”，据历史记载杨衒之任抚军府司马在武定五年（548 年）八月前，那么可以肯定达磨看到永宁寺的时间必定在 516 年至 548 年之间。

《洛阳伽蓝记》还有达磨参观修梵寺的记载，修梵寺有金刚，飞鸟不入内做窝，达磨赞叹说："得其真相也!"

《洛阳伽蓝记》作者杨衒之反对佛法，东魏时曾上书批评佛教虚无荒诞，耗资巨大，僧侣聚敛无度。他批判佛教和写书的时间应该与达磨来华同时，并且当时还没有禅宗的传说。这样一个排斥佛教的人，记叙达磨的事迹，应当比较客观，也说明达磨确有其人。

此外，比较完整记载的就是唐朝道宣写的《续高僧传》了，说他生于南印度，婆罗门族，出家后倾心大乘佛法，自印度航海来到广州，从这里北行至魏，到处以禅法教人。

怀疑论者认为僧祐、慧皎、宝唱是梁代著名的佛教人物史传作者，他们的文献中为什么竟然没有菩提达磨的记载。然而，如慧皎的《梁高僧传》只记载了从汉明帝十年，至梁天监十八年（502 年）"凡四百五十三载"的高僧。根据上面《洛阳伽蓝记》记载推断，达磨来华应当是在 516 年至 548 年之间，那么《景德传灯录》等文献说达磨于梁普通年中（520～526 年）才从印度来到广州，是可信的，这个时间的高僧自然不在《梁高僧传》记载之列。再说达磨与梁武帝话不投机，他的说法受到当时的排挤，也没有被认定为高僧。他隐居于嵩山，也不会是当时的名人。

唐朝释道宣在《续高僧传》序中，曾指出《梁高僧传》的缺点说："缉裒吴越，叙略魏燕，良以博观未周，故得随闻成彩。"因为作者是梁朝人，当时南北分裂，对北朝资料的掌握，自然要受到地域的限制，作者是无能为力的。这本传，梁僧记录的并不多，此传断限到天监十八年止，而且生存者不录。所以，作为在北朝活动的达磨不在记载之列就可想而知了。

3. 成熟阶段

弘忍得法后在双峰山另外建道场名叫东山寺，当时叫他的禅学为"东山法门"。他的高足神秀和慧能出现后，弘忍以作偈考试的方式将衣钵传授慧能。从此，慧能一宗成为南宗，神秀一宗成为北宗，弘忍的禅法传播大江南北。中国禅宗开始进入成熟的黄金时代。我认为《坛经》的出现是中国禅宗成熟的标志。至此，慧能的南宗开始出现五家七宗的兴旺局面。

因为慧能和《坛经》在中国禅宗史上的地位已经不能与达磨开创时期同日而语了，所以有学者或法师认为慧能才是中国禅宗真正创始人。印顺、东初法师和日本禅师铃木大拙等均持此说。印顺法师说"浑朴忠诚""简陋贫乏"，"确能树一代之风者，岭南卢慧能也"。东初法师说："有六祖惠能大师，始有中国之禅宗也。"日本禅师铃木大拙说："慧能是禅学史中的一位先驱，从某些方面来说，我们不妨将他视作中国禅的初祖。"

我认为，慧能诚然是中国禅宗史上一块里程碑，可他若是创立者，则中国禅宗的渊源在哪里？慧能的禅宗仍然是佛教如来藏中流出来的。此外，任何事物都有一个发展过程，马克思主义哲学认为新生事物并非马上就能被大众所接受，而不能被大众接受我们不能否定他取代旧事物的必然性。达磨来到中国时，他的禅法不被大众认同，被排挤。可孔子周游列国，积极宣传自己的主张，花了一生的精力他的主张也没有被大众认同，我们不能因此说孔子不是儒家创始人，反而说是“罢黜百家、独尊儒术”的董仲舒吧？因此，菩提达磨的开创祖师地位是不能被否认的，慧能予以发扬光大，其贡献无人代替，是他让中国禅宗走上了成熟的道路，这是“人能弘道，非道弘人”所产生的结果。

4. 发展和演变阶段

慧能以后，由神会挑起了一场南北之争，在统治者的支持下神会成为第七祖，但神会的七祖地位并没有在中国禅宗史上发生什么影响，南宗的发展是青原系和南岳系的祖师在南方开创根据地，农禅并举，自食其力，精进苦修，才让中国禅宗走上发展的道路，以后才出现了五家七宗的兴旺局面。

五家就是沩仰宗，临济宗，曹洞宗，云门宗，法眼宗。临济宗又分出黄龙与杨岐，于是变成七宗。沩仰和临济属于南岳系，曹洞、云门、法眼属于青原系。五家中最早创立的是沩仰宗，影响最大是临济宗。在五家祖师中，马祖道一和石头希迁是关键人物，从他们开始创立一代宗风，到后来他们的子孙继承和发展，各宗以不同的禅风接引学人。

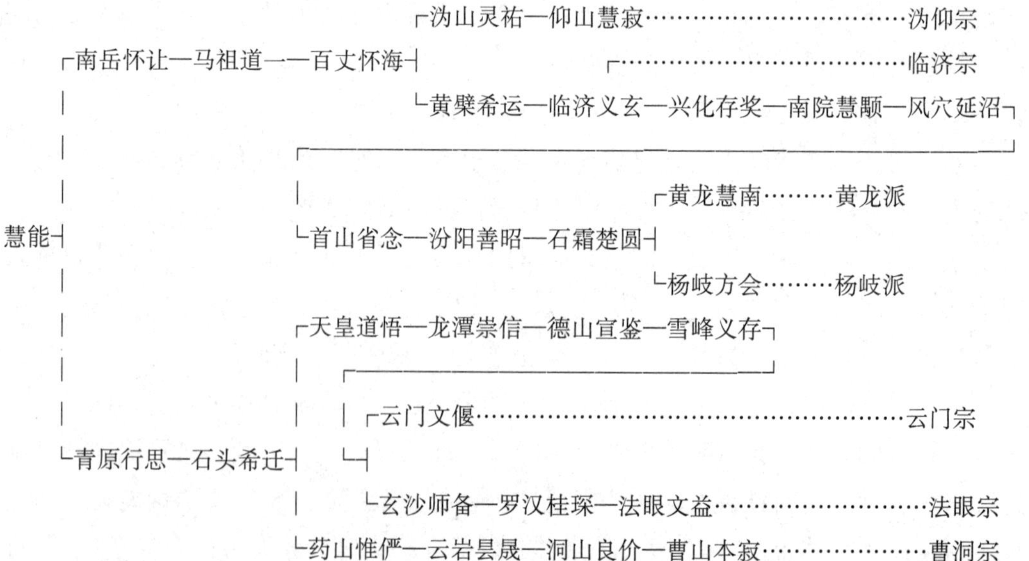

在整个发展过程中，中国禅宗始终贯穿了不立文字、教外别传、直指人心、见性成佛的宗风，无论是棒喝应机，还是呵佛骂祖，都是为了直达本地风光。然而，随着人的根基越来越愚钝，这种直指人心的禅风在发展过程中也发生了演变，由于

口头禅、野狐禅影响了禅宗的发展，历代祖师不得不变更宗风，越到后来，禅宗的本地风光就越难体现，这不是禅宗本身的过错，而是人心不古所引起的。祖师为了度人，只能让禅宗不断演变以适应新形势的需要，禅宗自身本有的特色也渐渐丧失，但是它并没有消亡。杜继文先生认为雍正干涉禅宗让它灭亡，我认为雍正也做了好事，他的做法是正本清源。我的观点，禅宗不是哪一个统治者能够决定它的命运的，直到近代还有太虚和虚云这些大师的出现，甚至到了当代还出现了禅宗复苏的现象。

在中国禅宗的发展过程中，从道信旁出一支与弘忍并行的是牛头宗，我们不可忽视它的研究。印顺法师说："印度禅蜕变为中国禅宗——中华禅，胡适以为是神会。其实，不但不是神会，也不是慧能。中华禅的根源，中华禅的建立者，是牛头。"据宗密《禅门师资承袭图》说，牛头宗是从道信下傍出的一派。初祖法融禅师（594～657 年）曾多年精研般若空宗，后遇道信印证所解。道信告诉法融说，此法从上以来只委一人，他已将法付与弘忍，因而嘱咐法融说，可以自立一支。法融后来于牛头山创宗，辗转传了六代。这一宗和南北二宗都没有关系。印顺法师说它是中华禅，是因为祖师法融"遍读内外典籍，是一位精研般若而又传涉'道书'的学者"。所以，他就认为它的禅宗中国化了，"多读道书，也就不觉的深受其影响了"。

从法融创建牛头宗开始，几乎有着和六祖同样的影响，从牛头宗法融之下有智岩、慧方、法持、智威、慧忠，合称牛头六祖，也可以说开创了中国禅宗的新时代。但牛头宗在中国禅宗的发展过程中，他是不是区别于禅宗正统的另外一个体系？我认为，印顺法师说牛头禅是真正的中华禅，自然有其道理，但是牛头禅实际仍旧不离如来藏，与其说法融受到玄学的影响，把道家思想加入禅学之中，不如说法融用道家的词汇解释禅学的思想。法融引玄学的"道"于佛法中，以道为佛法根本，契悟觉证的内容。但法融所阐释的"道"仍旧没有离开佛法第一义谛。他说"有情、无情，皆是佛子"，这是从佛的法身来说的，此说不是法融的发明。"青青翠竹，尽是法身；郁郁黄花，无非般若"，这个牛头禅喜欢引用的成语是源出三论宗的，僧肇说过（《祖堂集》卷十五归宗章），道生说过（《祖庭事苑》卷五）。法身遍一切时，遍一切处，难道无情可以在法身之外吗？所以，无情有佛性是正确的。牛头禅的这个说法被曹溪门下的神会、怀海、慧海所反对，不能就说它与佛法相违。神会不仅反对牛头，也反对神秀，他所反对的东西很多，他如此打到一切，只能说明他不能融通佛法。可神会的理论并不代表曹溪后来发展的主流，慧能弟子南阳慧忠（约 676～775 年）主张"无情有佛性""无情说法"，可参见《五灯会元》"南阳慧忠国师"条，亦可参见《景德传灯录》卷二十八。后来还有拈起"无情说法”公案而悟入的洞山良价。按照宗密的分析，到了曹溪下的（青原）石头一系，与牛头的关系最深，当初是被看作同一（泯绝无寄）宗风的。所以，印顺法师说：“曹溪禅在江南（会昌以后，江南几乎全属石头法系），融摄了牛头，牛头禅不见了。”

二、关于禅宗与中国文化的关系问题

中国禅宗与中国文化到底是一个什么样的关系？许多学者都认为，禅宗是佛教中国化的佛学。北大教授汤一介说：“禅宗影响中国社会与中国文化最大，这是为什么？我想，这主要是因它是最中国化的佛教宗派之故。”武汉大学教授萧萐父说：“在《大乘起信论》思想的影响下，北禅、南义进一步汇合，促使达磨以来以《般若》融通《楞伽》，来对旧禅学加以改造，并使之与儒、道修养论互相涵化，导致‘东山法门’的创建及一批早期禅宗文献的产生，可以视作佛教禅学中国化的标志。”不仅学者们是这么认为，革命领袖毛泽东说：“慧能主张佛性人人皆有，创顿悟成佛说，一方面使烦琐的佛教简易化，一方面使印度传入的佛教中国化。”

我推究，大家有这么一种意思，所谓中国化，其基本含义就是说禅宗已经是被中国文化同化了的佛教宗派。冯友兰在《中国哲学简史》把佛教分为“中国的佛学”与“在中国的佛学”，其中“中国的佛学”就是我说的这个意思，他说：“禅宗虽是佛教，同时又是中国的。”

这些说法是否正确？我认为关于禅宗与佛教中国化的问题，还要做深一步的研究。

1. 禅宗与中国儒家文化

禅宗中国化，是不是禅宗本身没有力量在中国生存，需要中国文化的增补才能形成自己的体系？还是禅宗本身与中国固有的文化和哲学思想有相融相通的关系，所以它一传入中国就与中国本土文化一拍即合？

对于第一个问题，有的学者认为禅宗增加了中国本土的东西，附和了中国儒家和道家的思想，所以它才能传入中国。我认为这种看法是片面的。禅宗没有传入中国之前，中国的儒家和道家已经渗透着禅宗的思想，所以禅宗传入中国能够与中国本土文化一拍即合。禅宗传入中国后，它并没有改变它原有的佛学体系，而是它的传入使中国人更多地明白了本土固有的儒道还有更多丰富的内涵，如果不是禅宗的传入，儒道思想形而上学的宝库就难以打开。

子贡曾经感叹说：“夫子之文章，可得而闻也；夫子之言性与天道，不可得而闻也。”庄子说：“六合之外，圣人存而不论。”我认为，不是圣人不讲不论，而是我们没有去仔细体会。

孔子说“学而时习之，不亦说乎？有朋自远方来，不亦乐乎？人不知而不愠，

不亦君子乎?”这是孔子强调学以致用，其出发点是入世修道，但入世的终极是出世，所以孔子又说“朝闻道夕死可矣”。如果不是觉悟了大道，怎么能轻易地死去呢?因为人一旦觉悟了，肉体的生命也就多余了，所以“夕死可矣”，否则就是轻视生命了。

再如《五灯会元》宝祐本《王序》引用孔子给曾子说“一贯之道”，很与释迦牟尼当年拈花示众相似。曾子平时说话迟钝，看起来很笨，可他却是独得孔子心传的人，所以当大家正在等孔子再说明什么是“一以贯之”时，曾子就说明白了。明白了什么，大家也莫名其妙。但老师在，大家又不好问。等孔子出去后，大家就忍不住都来问。可曾子也知道大家不懂老师“教外别传”之旨，既然不懂，就只好概括一下孔子之“道”就是忠恕而已，一般人能够做到忠恕就已经很有境界了。实际上真正的“道”是不可言说的，孔子说“朝闻道，夕死可矣”就说的这个“道”。这是“形而上”之道，无法用世间文字说明。这种境界正好就是禅宗所说：“不立文字，教外别传，直指人心，见性成佛”。

《中庸》说：“天命之谓性，率性之谓道，修道之谓教。道也者，不可须臾离也，可离非道也。是故君子戒慎乎其所不睹，恐惧乎其所不闻。莫见乎隐，莫显乎微，故君子慎其独也。喜怒哀乐之未发，谓之中；发而皆中节，谓之和。中也者，天下之大本也；和也者，天下之达道也。致中和，天地位焉，万物育焉。”这段话既说了“性”和“天道”，又说明了慎独观心的重要。天命就是自然，自然就是本性，恢复本性就是修道，修道就要立教。要时时观照自己的本性，不可片刻离开，离开就会出现偏差。要警惕在别人看不见的地方随心所欲，在别人听不见的地方胡作非为。独处的时候一定要时时反省自己。人位于本位的时候，喜怒哀乐还没有出现，这就叫作中。这个“中”实际也是人还没有产生情感的时候，即《心经》所说的“无眼耳鼻舌身意”，自然也就不会有喜怒哀乐了。一旦离开了“中”，实际就是触境动心了，那怎么办呢?那就要纠正出现的偏差，就叫作“和”，“和”就是因为不“中”，所以要调和。只有进入了“中和”的境界，才能恢复本性，万物各安其位，和谐一体。这段话实际上就是禅宗的渐修。其中“慎独”和曾子提出的“吾日三省吾身”都是渐修的方法。

孔子说：“仁远乎哉！我欲仁，斯仁至矣。”又说：“为仁由己，而由人哉?”就是说“仁”离我们并不遥远，它就在我们当下所觉察的那一念是什么，关键是只要发挥自己的主观能动性，就能很快开发它。禅宗也反复强调，佛就在我们心中，心外无佛可得。否认人的命运由外力（神）来主宰，人是他自己命运的主人。因此，无论是孔子还是禅宗都强调发挥主观能动性，开发心中本有的潜能（仁或佛性），走向大自在大解脱境界。

再如孔子说："天何言哉？四时行焉，百物生焉，天何言哉？"天说了什么吗？天从来没有说什么，可是四季一样流逝，万物一样生长，天要说什么呢？可是人却喜欢代天说话，而说上帝创造一切，这一点孔子是否定的。禅宗也是打倒偶像崇拜，反对心外觅佛，而主张即心即佛。此外，孔子这里提出"无言之教"，与禅宗不立文字，教外别传颇为相似。

《大学》说："大学之道，在明明德，在亲民，在止于至善。"这实际即体现大乘佛教的菩萨道，又相当于禅宗的念佛禅。念佛就是善念，当念念不断，也就进入至善境界，进入了至善，也就是念而不念，不念而念。如果我们"止于至善"了，实际就是连"善"也不执着了，一切都无相，一切都空了，这就到了大快乐大解脱的涅槃境界。

在中国传统文化中，儒家思想从西汉以后就是统治阶级的意识形态，而在孔孟学说前期，各家的精力忙于训诂，对于儒家思想中"心性"问题与形而上学没有做深入的研究，主要精力用在以孔孟思想构建封建伦理观。实际上，孔子说的"心性"是具有出世意义的，可世儒对于孔子说的"性相近也，习相远也"，只在伦理层面进行发挥。孟子提出"尽其心者，知其性也"也是如此。对于这样的话，一般人只会发挥说，作为人之本性的仁义礼智四端都包含于人心之中。人们道德修养的提高，成圣成贤的路径就在于能把其内在的本性充分发挥出来。这仅仅是从善的本性来解释孔孟思想。而禅宗却不是这样的，不执着于善，也不可能有恶的念头，善恶均无执着，才能看见本来面目。《五灯会元》"袁州蒙山道明禅师"条："不思善，不思恶，正恁么时，阿那个是明上座本来面目？"

因此，自从佛教传入中国后，孔孟哲学中的出世含义才得以发挥出来。

法藏禅师说："在祖师谓之话头，在儒家谓之格物。格物者，两端叩竭，一切善恶、凡圣等见，并不许些子露现。从此翻身，直到末后句，齐治均平，著著与此相应，则禅与圣道一以贯之矣。"

明代曹洞宗僧元贤（1578～1657年），他把释迦、孔子作为同等的圣人，认为一个是由入世而出世的圣人，一个是由出世而入世的圣人。这也正是说出元贤自己由儒入释的本色。宋儒排佛，以朱熹为最激烈。明初空谷景隆作《尚直编》，自序说："宋儒深入禅学，以禅学性理，著书立言，欲归功于自己，所以反行排佛，设此暗机，令人不识也。如是以佛法明挤暗用者，无甚于晦庵也。"（见《空谷集》）空谷的意思说，像朱熹（晦庵）这样的人，表面上排斥佛教，实际是为了盗取佛教思想变为自己的学说，让人认同自己的祖师地位。

我的观点，因为儒佛的相通，让朱熹在自觉和不自觉地接受了禅宗的影响，从而形成了他的理学。在朱熹那么一个崇尚三教的时代，不受到禅宗的影响是不可能

的。元贤对于空谷的“宋儒之学皆出于释”的论点表示不同意。他说：“若谓诸儒之所得，即释氏之道；则非独不知儒，且自不知释矣。（中略）至于力诋晦庵，事无实据。不过私揣其意，而曲指其瑕，语激而诬，非平心之论也。”元贤为朱熹说了公道话，朱熹也不是那种为名为利之徒，否则就不能创造出理学的境界，我觉得也有道理。当然，朱熹批评佛教，元贤也予以反驳。他对于“朱晦庵谓释氏初来，但卑卑论缘业，后人张大其说，遂极其玄妙”的说法，及宋儒硬说佛徒是以老庄文饰佛教的歪曲说法，则给予严正的指摘。他说：

“宋儒曰：佛氏将老庄文饰其教，此宋儒之妄也。（中略）佛说诸经，俱在老庄之先，岂佛先取老庄文饰之欤？自汉以来，诸经迭至，文虽由译，义实出梵，岂译师自取老庄文饰之欤？（中略）一经梵本，或更数译。有前师之略，后师得据梵本而详之；前师之误，后师得据梵本而正之，岂容一时妄取老庄文饰之欤？但译梵成华，必用此方言句；而此方谈道之书，老庄为最，故多取其文，而意义甚殊，不可不察。”（《永觉和尚广录》卷二十九）

元贤的观点是有道理的，佛教在老庄之前就诞生了，不存在借老庄来“文饰其教”。佛教传到中国后，与老庄思想相通即是事实，但相通并非就是从老庄思想中取来的，它的思想都是从佛经中来的。所以，宋儒排斥佛教，认为佛教并没有什么思想，是没有道理的。

历史上很多高僧对儒释融通的问题都做了深入的研究，例如北宋禅师契嵩作《原教》《孝论》十余篇，明儒释之道一贯。唐末、五代间之法眼宗僧永明延寿禅师作《万善同归》，提出一切善法均百川归海。明末清初曹洞宗道盛禅师说：“真儒必不辟佛，真佛必不辟儒。”

中国净土宗第一祖慧远在中国佛教史上的主要贡献，在于将佛教同儒家的政治伦理和道家的出世哲学协调起来。慧远的这些在俗弟子，不只向他学佛，也向他学儒学道。可知慧远对于儒佛道都有极深的造诣。这使慧远有能力将外来的佛教思想，同中国的传统文化更紧密地结合起来。

2. 禅宗与中国道家文化

早期道家人物老子与庄子所创立的学说，特别强调了禅定的作用。《道德经》说：“虚其心，实其腹。”虚心和实腹正是禅定中的调身和调心。又说“绵绵若存，用之不勤”，即是修定时用呼吸的气联络身和心，使精气神合而为一。绵绵若存，就是深呼吸，用之不勤，就是要放松。这些方法都是一些入定的方便法门。

庄子对入定有过详细描写，《庄子·大宗师》：“古之真人，其寝不梦，其觉无忧，其食不甘，其息深深。真人之息以踵，众人之息以喉。”入定到达一种境界，就能使人出神入化，所以《庄子·逍遥游》说：“藐姑射山，有神人居焉。肌肤若冰雪，绰约若处子，不食五谷，吸风饮露。乘云气，御飞龙，而游乎四海之外。其神凝，使物不疵疠而年谷熟。”关于如何入定的问题，《庄子·人间世》说：“若一志，无听之以耳，而听之以心，无听之以心，而听之以气。耳止于听，心止于符。气也者，虚而待物者也。惟道集虚。虚者，心斋也。”《庄子·大宗师》又引证了孔子和颜回修定的方法：“堕肢体，默聪明，离形去知，同于大通，此谓坐忘。”

再说老子的“道可道，非常道；名可名，非常名”也是超越现实进入绝对宇宙本体的哲学理论，可以与禅宗的不可言说的第一义谛相比。他说“为学日益，为道日损”，可以与禅宗的修而不修，不修而修相比，进入涅槃实相，必须超越文字，不是做学问能够做出来的。也如六祖《坛经》所说：“心迷法华转，心悟转法华。”他说“不敢为天下先”也可与禅宗返观内省相比，保持中道，不走极端，才能回归自然。

道家无为而无不为，相似于禅宗所提倡《金刚经》中的无相境界。无为就是不要有为，有为，无论我们努力做了多少好事，也仅仅只是有限的福报，它不是究竟法，终究还在轮回之中。如果我们做了好事，不求报答，不执着于此，就是无为了，也就渐渐进入无相境界。一旦进入了无相，也就是佛了。佛的境界，虽然度无量众生而不作有度之相。正因如此，佛就获得五眼六通，如观音菩萨有千手千眼，无所不能。这就是道家所说的“无为而无不为”，也如孔子所说的“从心所欲不逾矩”。

石头希迁禅师因读到僧肇《涅槃无名论》中“览万像以成己者，其唯圣人乎?”乃叹曰：“圣人无己，靡所不己；法身无量，谁云自他？圆镜虚鉴于其间，万家体玄而自现。境智真一，孰为去来？至哉斯语也！”这正是无相境界。圣人没有自己了，无我了，他反而就遍一切时遍一切处，到处都是自己了。

早期佛经翻译，很多名词都用道家的概念来表示。中国最早的翻译家支谶是在汉恒帝末年（167 年）来到中国的，他在翻译中，把“真如”译作“本无”“自然”“璞”等，用《老子》的概念来解释佛法。《道行般若经》在陈述“缘起性空”时，强调相对主义的方法，既把“性空”视作终极真理，又把“缘起”当作“性空”的表现，从而导向折中主义的双重真理观，这与《庄子》的某些思想相通。魏晋玄学盛行时，般若学在佛教中得到突出的发展，此经起了不小的作用。支谶的译经，首次将“一切皆空”的思想传入中国，此为当时印度大乘佛教兴起的龙树学系的思想。此种思想一经传入，与中国固有的老、庄思想相辉映，其后不久，在佛教界掀起研究般若学的高潮。魏晋时期的义学兴起和六家七宗的形成，无不与此有关。

何晏、王弼开创“正始之音”，发挥《老子》的宇宙观，突出《周易》《论语》的地位，并作全新的解释。由于他们立意玄远，甚少务实，亦称玄学，或曰清谈。“玄”这一概念，最早见于《老子》：“玄之又玄，众妙之门。”王弼《老子指略》说：“玄，谓之深者也”。玄学即是研究幽深玄远问题的学说。魏晋人注重《老子》《庄子》和《易经》，称之为“三玄”。魏晋玄学的产生有其深刻的社会背景和思想文化背景。简言之，它是在汉代儒学衰落的基础上，为弥补儒学之不足而产生的，是由汉代道家思想、黄老之学演变发展而来的，是汉末魏初的清谈直接演化的产物。

当佛教传入中国后，玄学与佛教相互之间也产生了影响。在禅师语录中常常有参玄的词语，如青原行思弟子石头希迁的《参同契》说：“谨白参玄人，光阴莫虚度。”禅宗在南方发展到沩仰一系，有一个显著的变化，表现在以“玄学”自居，用“参玄”代替“参禅”，这种向魏晋玄学归复，在部分士大夫中可能受到欢迎。

用老庄思想来解释禅法，五祖弘忍就是如此。《楞伽师资记》：“学道何故不向城邑聚落，要在山居？答曰：大厦之材，本出幽谷，不向人间有也。以远离人故，不被刀斧损斫，一一长成大物后，乃堪为栋梁之用。故知栖神幽谷，远避嚣尘，养性山中，长辞俗事。目前无物，心自安宁。从此道树花开，禅林果出也。”这话当本自《庄子》，与大乘佛教的救世济众之旨颇不相容，弘忍加以引申发挥，作为禅众山居的理论根据，也是当时禅师多以《庄子》《易经》解释佛理的一种反映。

唐代北宗僧《唐中岳沙门释法如行状》：“观乎至人之意广矣，大矣，深矣，远矣。子勤行之，道在其中矣。”（见《金石续编》卷六）这里用“至人之意”表达佛家思想，将求“道”作为佛家目标。前文形容法如“守本余朴，弃世荣华”，都说明他受庄老思想的影响很深。

老庄的道家思想后来发展到道教，不再是老庄的原来面貌。道教虽然是中国土生土长的宗教，但它的理论体系是不完善的。为此，它经常窃取佛经标榜为道经，所以现在的《道藏》是什么都有的杂货铺。道教早期经典《太平经》的原本《太平清领书》，襄楷引用佛教的教义，论证“兴国广嗣”的正确之道。它特别提到当时的传说：“或言老子入夷狄为浮屠。”把产生于古印度的佛教说成是中国老子教化夷狄的产物。如此说来，佛经就是《老子》在国外的变种了。这都是道教想要提高自己身份的说法。

3. 禅宗与中国官方意识形态

佛教是和平的宗教。世界有三大宗教，即佛教、基督教和伊斯兰教。这些教现在中国都有传播，但是传播的方法有所不同，佛教是请进来的，不像基督教是打进来的。从中华取经第一人朱士行，到唐僧玄奘西天取经，中国涌现了多少舍身求法的人！自从佛教传入中国以后，总体来看，中国三教的发展历史，是没有产生过像西方那样的宗教战争的。虽然其中也常有斗争，但总体发展趋势是和平共处并且相互补充的。三教之中谁挑起斗争，一般都是儒生或道士，佛教对于孔孟和老子是没有非难的。佛教总是从儒道的源头去分析它的哲学内涵，劝导人们不要误解了圣人的原意，所以它的批判一般是对儒道思想发展过程中出现的偏差而进行批判的。

在佛教刚刚传入中国时，人们还不认识佛教的本来面貌，《牟子理惑论》是最早融通儒道的书籍。从书的自序看，牟子原是儒生，博览经传，执意不仕，而致志于佛教，兼研《老子》。“世俗之徒多非之者，以为背五经而向异道”，乃作《理惑论》答辩，针对佛教传入中国后所引起种种议论和疑难，分别给予辩解。主要记述释迦牟尼出家、成道、传教的事迹；佛经的卷数及戒律的规定；佛教关于生死问题的观点；佛教在中国初传的情况等。据称因看到“佛经之要有三十七品，老氏《道经》亦三十七篇”，故效法而为三十七条问答。文中广引《老子》和儒家经书，以论证佛教与儒、道观点的一致。例如人们不能理解佛教辞亲出家的做法，认为佛教无父无君，是不孝，牟子进行了反驳，以后儒者非难佛教，也基本上不超出牟子中所提到的观点。韩愈就是一个突出的例子。他写了一篇《原道》的文章，攻击佛教说：“臣焉而不君其君，子焉而不父其父。”在他认为，和尚出了家，就是无父无君，大逆不道的罪人，恨不得要“人其人，火其书，庐其居。”

中国佛教在中国的发展历程中，虽然受到儒道的非难，可始终受到绝大部分统治者的欢迎。例如唐朝有二十二个皇帝，仅仅一个排佛，而且时间很短，佛教又得到复兴。由于统治者的提倡，佛教的地位是可以越来越高的，可它从来不想高高在上，成为国教，中国是一个没有国教的国家。中国的高僧大德，也没有去政府任职，参与中国的政治集团。佛教高僧虽然不去参与政治，可是由于士大夫逃禅（学佛）成为风尚，让禅师们与士大夫交往越来越多，禅师们帮助他们从形而上学去更新儒家思想的观念，使儒家思想到了宋以后，出现了宋明理学和陆王心学，最后宋明理学成为中国官方的意识形态，开科取士以朱熹注解的孔孟经书为考试教材。中国禅宗五家七宗出现以后，禅学开始出现“心”和“理”的概念。江西洪洲禅，由“道”或“性”取代“佛”的地位，再由“无心”会“道”“道即是心”，到“道”超心、佛、智，是一个级差很大的飞跃。在理论上，它在完成佛性论向心性论转变的基础上，同时开拓了由心学向道（理）学发展的新领域。密云禅师说“大悟十八遍，小悟不计数，本是宋儒言”，说明了理学家已经自觉或者不自觉吸取了禅宗的思想。

朱熹的理学是在他自觉和不自觉受到禅宗的启发而创建起来的，可人们一般只知道他有排佛的一面，却不知道他也有融佛和尊佛的一面。朱熹论心，说“心性永不埋没，具备一切理，应接一切事”，这个意思本来出自《华严经》《楞严经》的

注解。孔孟以后，周程以前，儒家从来没这样的话。朱熹发掘出来，不能说无功于发展儒家思想。可他的功劳也是受到了禅宗的帮助和启发才有的。朱熹十八岁时，跟从刘屏山游学。屏山认为他一定是个热心科举的人，但打开他的书箱，里面只有《大慧禅师语录》一套。朱熹常同吕东莱、张南轩拜见各方禅者，与道谦禅师关系最好，常有警醒启发语言发表。谦师去世后，朱熹有祭文，载《宏教集》。因此，《学庸集注》中，所论心性，大致近似于禅意。晚年朱熹住小竹轩中，常诵佛经，有《斋居诵经诗》。说朱熹全不知道佛典，那就错了。

元代是蒙古人统治中国，他们是崇信藏传佛教喇嘛教的，虽然允许各种宗教发展，可佛教的地位肯定是占据主要地位。在这种情况下，临济宗杨岐派高僧印简（1202～1257年）却劝导元统治者以儒家思想治国，尝谓实践体验孔孟之道，为万世帝王之法。不偏佛教一隅，乃辅国之要。当时元代正值草创，他所言对元朝之汉族政策多有启发，堪称元代初期佛教界的中心人物。

印简禅师努力劝说蒙古贵族接受汉文化，其中影响最大的，是劝他们以儒术治国。1236年，孔子第五十一代孙孔元措托印简，向上陈情，准于沿袭衍圣公的称号，并免差役。印简禅师劝告忽都护，接受了这一请求。在印简禅师的努力下，颜、孟等儒家圣贤的后裔也被免除差役。1242年忽必烈请印简禅师到漠北讲法时，曾问："佛法中有安天下之法否?"印简禅师劝他"宜求天下大贤硕儒，问以古今治乱兴亡之事，当有所闻也"。意思是说"安天下"事应请教儒家，不应垂问佛家。在告别时，印简禅师又说："恒念百姓，不安善抚；绥明赏罚，执政无私，任贤纳谏。"所有这一切，"皆佛法也'。这段话说明儒术与佛教的相通之处，但是治国靠知识分子，出家人是修行的，不宜从政。

印简禅师宣扬孔子之教，从三纲五常到治国平天下，其用心的程度，远比弘扬佛教教义为深。在他领袖下的北方临济宗，虽然也很兴旺，但是他反而支持和促进儒术成为官方的意识形态，表现了一个禅师无我无相的境界，也说明禅宗和佛教从来没有与儒学为敌的。即使在佛教地位最高的时候，也有印简这样的禅师支持和促进儒学成为官方的意识形态。

三、关于禅宗修行方法问题

这里讲四个方面：如来禅、达磨到弘忍的禅法、祖师禅、官禅和民禅

1. 如来禅

宗密于《禅源诸诠集都序》卷上，将禅由浅至深，分为五等，即外道禅、凡夫禅、小乘禅、大乘禅、最上乘禅五种。其最上乘禅又称如来禅，达磨所传之禅即为此一最上乘禅。如来禅大体上都是依佛教经典而修之禅法，所以又叫作"依教修心禅"。达磨以前的如来禅有：

①安般禅：依据安清（安士高）译《安般守意经》《阴持入经》等经典，数息修禅，称安般禅。为汉、魏、晋初修习之禅法。

②五门禅：依佛陀蜜多（觉亲）撰、宋罽宾三藏昙摩蜜多（法秀）译《五门禅经要用法》而修五停心观之禅法，叫五门禅。五停心，即对治多贪的不净观、多嗔的慈悲观、多痴的因缘观、散乱的数息观、多慢的五阴、十二入、十八界分析无我观。其中第五门，当时已改为大乘念佛观。

马鸣《大乘起信论》另又为修大乘法心怯弱者显示净土法门，令专念佛往生净土。

③念佛禅：指为修习禅定而念佛的法门。后汉末，与安世高同时，支谶译《首楞严三昧经》，亦是弘扬念佛三昧法门的。道安以前，有僧显禅师在禅定亲见弥陀，住生净土。道安法师修安般禅，后又称弥勒名，誓生兜率，所以念佛禅在慧远前已有萌芽。

庐山慧远专主念佛禅，对于般若的流通亦甚致力，效师道安弘宣般若，又与鸠摩罗什及佛陀跋陀罗唱和。对禅法颇有影响。慧远卜居庐山三十年，未尝下山，送客亦足不过虎溪，东晋义熙十二年（416 年）八十三岁入灭。其参禅念佛，不是口唱念佛，而是一心专念，止寂他想，则鉴照之智自发，而得观见佛之境界。他弘通念佛禅而开禅净一致之端，为后世念佛禅之祖。慧远以后，历代禅师皆提倡念佛，所以形成了净土宗，出现了净土十三祖。

慧远在他的净土道场，亦着力弘扬禅修。410 年，佛驮跋陀罗及其弟子慧观等人南下至庐山，应慧远之请，译出《修行方便禅经》。此经按不净观、慈悲观、因缘观、数息观、界分别观五部组织，分别对治贪、瞋、痴、寻思等烦恼，其中数息观和不净观被称为“二甘露门”，得到特别重视。

据净觉说，求那跋陀罗主张念佛来净念安心：“念佛极着力，念念连注不断，寂然无念，证本空净寂也。

④实相禅：即依《般若》《法华》修空观（实相观）之禅法。名出罗什《禅法要解》。在鸠摩罗什的翻译中，“实相”亦包含空之意义，龙树以来强调为佛教真谛之内容。禅宗以为诸法实相乃佛祖之现成或本来面目。

2. 达磨到弘忍的禅法

达磨“二入四行”的禅法，是以“壁观”法门为中心。唐宗密《禅源诸诠集都序》卷上之二载：“达磨以壁观教人安心，云外止诸缘，内心无喘，心如墙壁，可以入道，岂不正是坐禅之法?”

什么叫作“壁观”，杜继文先生在他的《中国禅宗通史》中说：

“应是‘面壁而观’的略语。北方禅师行禅。或石窟洞穴，或黄土墙垣；为

‘外止诸缘’，当然以面壁而坐最佳。所观，即‘专注一境’，当是墙壁或者石壁的颜色，其效用与‘白骨观’‘十一切处’等禅法，引发青、白、赤、黄色幻相是一样的，属于达磨多罗禅法的变形，同样可以令心宁静。”

杜先生说的《达磨多罗禅经》有二卷，属于早期禅经，达磨多罗被后人误会为菩提达磨。此经为东晋佛陀（驮）跋陀罗（觉贤）译，系5世纪初，西域僧达磨多罗与佛大先两人共著，共分十七品，内容阐说修习数息、不净等禅观之法。据近人研究，本经欠缺达磨多罗所说之大乘禅，而以佛大先所提倡之小乘禅为主。这个佛陀跋陀罗与鸠摩罗什约为同时代人，因受庐山慧远之请而将本经译出。鸠摩罗什译之《坐禅三昧经》称“关中禅经”，本经则称“庐山禅经”；此二禅经总合大小二乘禅观。本经对禅观实修之心理尤有详论，故为实修者实际上之指导书。本经冠“达磨多罗”之名，因之后世误认为系禅宗祖师达磨大师所说，而对之珍视并加以研究。实则不是达磨本人所说。

杜先生认为壁观就是面壁，看墙壁的颜色，此种说法我认为不对。达磨确实曾经隐居于嵩山面壁，但壁观不是面壁，而是一种观想入定法门，入定的达磨不可能睁大眼睛看着墙壁的，而且墙壁也没有什么可观的。进入禅定调身、调息时，初学者都知道眼睛是微闭的，怎么可能去看墙壁呢？宗密说“心如墙壁，可以入道”是正确的。心如墙壁，就是，眼、耳、鼻、舌、身、意六根已经不为六尘所干扰，堵塞了诸缘，自然能够进入道的境界。

所谓二入是“理入”和“行入”，理入是属于教的理论思考，行入属于实践，即禅法的理论和实践相结合的教义。

“理入”和“行入”的名称，见于北凉所译《金刚三昧经入实际品》第五。但《金刚三昧经》说的理入是“觉观”，而“壁观”是达磨传出的独特禅法。道宣在《续高僧传》卷二十《习禅篇》末对达磨禅法的评价说：“大乘壁观，功业最高，在世学流，归仰如市。”

壁观禅法的特点在于“藉教悟宗”，即启发信仰时不离圣教的标准，构成信仰以后教人“不随于文教”，即不再凭借言教的意思。二入之中以理入为主，行入为助。

四种修行原则，亦即行入的内容，即报冤行、随缘行、无所求行及称法行等。理入者，指根据经典，把握其根本精神，深信一切众生同一真性，乃至与道理合而为一，归于寂然无为。行入的报冤行，指现世生活的怨憎苦恼，皆是过去自业所感的果报，故无须起冤屈之心，唯有精进不懈于人间修道，才是正途。随缘行，指纵使遭遇苦乐顺逆之缘，也能起“一切皆由业缘起，缘尽则一切皆不存在”的观想，就顺逆之缘而契入于道。无所求行，指不向外攀求，止息爱执贪着之念，亦即通彻无求之谓。称法行者，坚信一切众生本来清净之理法，依此理法而修自利利他之行，并且不为修、行所系缚，即彻悟无所得。

后世佛教徒以“教外别传、不立文字”为达磨禅法的标志，因它直以究明佛心为参禅的最后目的，所以又称禅宗为“佛心宗”。又有人因达磨专以《楞伽经》四卷授人以为参禅印证，因而称它为“楞伽宗”。

《楞伽经》十卷本与四卷本最根本的区别，就是人的阿赖耶识（潜意识）是否存在如来清净本性。四卷本在卷四依《胜鬘经》说佛性一段：“此如来藏识藏，一切声闻缘觉，心想所见，虽自性清净，客尘所覆故，犹见不净，非诸如来。……是故，汝及余菩萨摩诃萨于如来藏识藏，当勤修学，莫但闻觉，作知足想。”这一段明确把“如来藏”（佛性）、“识藏”（人心）结合成为“如来藏识藏”，也就是说阿赖耶识中既有无明妄心，也有自性清净佛性。十卷本则把二者截然分开，并明确说：“如来藏识不在阿赖耶识（即识藏）中。”由此出发，四卷本只说有一心，即自性清净心；十卷本则说成有净染二心，从而其他理论也随之起变化。慧可所继承的达磨禅是以四卷本为依归的。从道信到弘忍的东山法门，则以“一行三昧”为中心，以守自心为方法，这是遵从《大乘起信论》，把“一行三昧”提到止观的很高地位的反映。得弘忍再传衣钵的净觉，在《楞伽师资记》自序中即提出以《起信论·心真如门》的一番解说作为禅法的最高原则。神秀五方便门也依《起信论》建立，其第一是总彰佛体的离念法门。《起信论》完全用染净二心之说组织其理论体系，其根据实际上是《楞伽经》的十卷本，非四卷本。可见，此时“东山法门”，依据的《楞伽经》已经是四卷本与十卷本合流了。

印顺法师把道信禅法归纳为三点：

①戒禅合一。道信《菩萨戒法》虽未传下来，但其门风有戒有禅，弘忍门下禅与菩萨戒相合，正是秉承道信门风。

②《楞伽》与《般若》合一。道信游学南方，深受南方般若学的影响，双峰开法时，更将《楞伽》“诸佛心第一”与《文殊说般若经》“一行三昧”融合起来，作《方便法门》。

③念佛与成佛合一。一行三昧即是念佛三昧之一，息一切妄念而专于念佛，心心相续，念佛心就是佛。把属于念佛法门的“一行三昧”引入“楞伽禅”，就成为双峰法门“入道安心要方便门”的显著特色。

3. 祖师禅

主张教外别传，不立文字，不依言语，直接由师父传给弟子，祖祖相传，以心印心，见性成佛，故称“祖师禅”。六祖后之禅徒不以宗密所说之“如来禅”为最上禅，反视之为五味交杂之禅，而谓祖师所传之真实禅方为一味清净之禅，特称为

“祖师禅”。此一称号或始自仰山慧寂。《五灯会元》“香严智闲禅师”条：“仰曰：‘如来禅许师弟会，祖师禅未梦见在。’”《景德传灯录》卷十一：“师曰：‘汝只得如来禅，未得祖师禅。’”“祖师禅”，五家七宗各有自己修行的特点，形成不同的家风。

沩仰宗。沩山灵祐及其弟子仰山慧寂创立。其修行理论继承和发扬马祖道一、百丈怀海“理事如如”的精神，认为万物有情皆有佛性，人若明心见性，即可成佛。

临济宗。义玄创立。因义玄住镇州（今河北正定）临济院而得名。提出“三玄”（三种原则）、“三要”（三种要点）、“四料简”（四种简别）、“四照用”（四种方法）等接引学人。因其机锋峭峻，别成一家。

曹洞宗。洞山良价及其弟子曹山本寂创立。其教法有“五位君臣”说，从理事、体用关系上说明事理不二、体用无碍的道理。

云门宗。文偃创立。因文偃住韶州云门山（在今广东乳源县北）光泰禅院而得名。其禅风被称为云门三句：函盖乾坤、截断众流、随波逐浪。

法眼宗。文益创立。南唐中主李璟赐谥其为“大法眼禅师”而得名。提出“理事不二，贵在圆融”和“不著他求，尽由心造”的主张。以“对病施药，相身裁缝，随其器量，扫除情解”，概括其宗风。

黄龙派。慧南创立。因其住黄龙山（今江西南昌市）而得名。法门为“道不假修，但莫污染；禅不假学，贵在息心”。

杨岐派。创始人方会。因住杨岐山（今江西萍乡县北）而得名。时人称其兼百丈怀海、黄檗希运之长，得马祖道一大机、大用，浑无圭角，宗风如龙。

宗密起初传承荷泽宗的禅法，精研《圆觉经》，后来又从澄观学《华严》，从而融会教禅，盛倡教禅一致。他早年曾治儒学，所以也主张佛、儒一源。他尝见禅门之徒互相诋毁，乃著《禅源诸诠集》一百卷（现仅存序），集录诸宗禅语，并提倡“教禅一致”，奠定唐末至宋代间之佛教基础。另著《原人论》一卷，以佛教立场简扼论述儒、道之著作，此书流传极广。他把禅法分为三种：

①息妄修心宗：说众生虽然本来有佛性，但是无始无明把它覆蔽，不知不见，所以必须依师言教，背境观心，息灭妄念，念尽即觉悟，无所不知。如南诜（智诜）、北秀（神秀）、保唐（益州保唐寺无住）、宣什（南山的念佛禅门）等的门下，都属这一类。

②泯绝无寄宗：说一切凡圣等法，如同梦幻一般，都无所有，本来空寂，非今始无，无法可执，无佛可作，凡有所作，皆是虚妄。如此了达本来无事，心无所寄，才免于颠倒，称为解脱。从石头（希迁）、牛头（法融）到径山（道钦）都提

示此理。

③直显心性宗：说一切诸法都只是真性，无相无为，其体非凡圣、因果、善恶等法，而即体之用，能造作凡圣、色相等法。这是指洪州、荷泽等宗。

4. 官禅与民禅

有的学者从文化层面来分析中国禅宗的特点，把禅文化分为上层文化与下层文化两种不同的模式。上层文化的禅是属于官方的，注重经典文化的发挥、著述与阅读，这些人属于社会地位显赫人物（以石头希迁为代表）；下层文化的禅则接近中国社会占大多数的文化程度低下民众，理论上注重简洁明了、通俗易晓，实践色彩浓厚，可操作性很强，属于民间信仰（以马祖道一为代表）。我认为这种分法是不符合中国禅宗历史现实的。中国的禅宗从来就是与民众打成一片的，佛教普渡众生的宗旨，不可能划分为“官禅”和“民禅”。六祖自己虽然是文盲，毛主席说《六祖坛经》是劳动人民的经典，但并不妨碍他有很多大官弟子，连武则天和皇帝也要请他讲法，怎么能说六祖的禅只面向广大的下层民众呢？假设这种分法成立，说“民禅”可操作性强也是错误的。没有文化的六祖，他的境界不低，如果像他那样随心所欲打倒一切，承当一切，那么世界所有的人不都成佛了吗？大彻大悟是一瞬间完成的，是不可操作的。真正可操作的是石头这种禅法，可学者们却归纳为官禅。石头禅除了直指人心外，它还有按部就班的修行次第。再从社会地位来看，并非说“官禅”的祖师就一定是显赫的，“民禅”的祖师就一定是小人物，没有影响。六祖是“民禅”的代表人物，他的影响最大，他的地位也最高，他甚至成为了神话式的人物，其位置不比神秀低，否则怎么会连皇帝也请不动呢？

之所以马祖式禅法影响越来越大，是因为很多的人不想修行吃苦，避重就轻，特别是很多大知识分子，自以为根基很好，想不假修行一天成佛，就喜欢马祖。所以，并非马祖式的禅法就受到广大下层人民的欢迎。历史上那么多禅宗公案，下层人民又有多少呢？文人喜欢公案，喜欢参究，使本来不立文字、教外别传的禅宗文字越来越多，变成了文字禅和口头禅，这恐怕不是祖师的初衷。再说，书里的那些公案，没有文化的人怎么能够参透，即使有文化的人，也是牵强附会，胡乱猜测。祖师为这种现象的出现深为遗憾，所以《碧岩录》这本禅宗公案是宋代圆悟克勤写的，大慧宗杲却一把火把它烧掉。

与马祖的相反，石头的禅法，是可以操作的，不仅上层文化人可以接受，下层没有文化的人也可以接受。石头的禅法是大众禅，石头的禅学理论不是束之高阁放在花瓶里面摆看的。说他是学者，是因为他创作了一篇《参同契》。可一个祖师，一生仅仅一篇小文章也可以称作学者吗？为何看不到他从小苦行，到处参学的劳动人民身份呢？他一个人坐在荒山野岭的石头上参禅，也是学者的风度吗？

因此，有学者认为在曹溪南宗之中，“马祖模式”属于下层文化中的基层，思想的可操作性空前特出，故极合于中国宗教信仰文化的口味，在当世即火爆到“踏杀天下人”，开辟“选佛场”；而“石头模式”则属于下层文化中的上层，理论上融会兼通，明显地拙于实践，可操作性较差，流传有限，险些弄个“二世而亡”。这种看法只看到问题的一个方面，而没有全面分析石头禅的实证性和可操作性。一些学者认为，“马祖模式”一直成为禅宗主流之中的主流，备受青睐，而“石头模式”虽然一直在发生作用，但相对黯然失色，是主流中的非主流。这仅仅在某一阶段而言，在整个南宗禅系中，石头的作用是不可低估的。像法眼文益再传永明延寿(904～975年)，著有《宗镜录》一百卷，导天台、唯识、贤首以归于宗门，集禅理之大成。延寿又以禅来融摄净土法门，开后世禅净一致之风，尤为中国佛教从教、禅竞弘转入诸宗融合的一个重要转折点。其理论和实践都是石头禅法的延续和发展。

四、关于禅宗南北之争的问题

禅宗南北之争是中国禅宗史上发生的一项重要历史事件，其焦点在于谁是正统？谁是六代祖师的继承者？正统就是顿悟，旁门就是渐修。这场争论是慧能的弟子神会发起来的，他发起南北论证，被胡适视为中国佛教贡献最大的人。我们到底应该如何看待这场论证，神会到底有什么功过？下面作一论述。

1. 渐修和顿悟

“东山法门”对禅宗的贡献，在于发扬达磨以《楞伽经》“诸佛心第一”的传统，把“东山法门”的顿渐相融通，以顿悟为高，以顿悟名宗，其主旨是继承《楞伽》之渐悟又突出顿悟，这是他们对当时佛教界顿悟思潮的继承，又是在创立禅宗“顿教”法门中的创造。

弘忍则在《最上乘论》中说：“但于行住坐卧中，常瞭然守本真心，令是妄念不生，我所心灭，一切万法不出自心。”把“四仪”与“守心”相融通出来。因此，道信、弘忍把当时渐修、顿悟的思维成果加以继承、光大，完全是顺应了历史的必然的。

道信《入道安心要方便法门》，把学者分为四种：有行有解有证，上上人；无行有解有证，中上人；有行有解无证，中下人；有行无解无证，下下人。又引《维摩诘所说经》说：“豁然得本心。”信其言也。可见，道信与弘忍“每以顿渐之旨日省月试之”，已在探讨如何以渐修、顿悟来接引不同根机的学禅人。

东山为比较固定的道场，以坐禅与劳作相结合，渐修与顿悟相结合，世间与出世间相融通，广开法门，不择根机，在以长江北为中心的广大地区产生了广泛的影响，为中国禅宗的创立作出了卓越的贡献。后来，六祖慧能把南宗顿教法门的理论更加系统化，在历史上首次把中国僧人的著作《法宝坛经》列入“经”的至尊地位，从而为禅宗的真正建立作出了杰出的贡献。至于神秀使禅宗由民间走上朝廷，以及道信门下旁出的牛头法融以般若智慧指导修持，都为禅宗的建立与弘扬有独特的建树，这是不容忽视的。

禅宗在修行上有“南顿北渐”之说，与慧能南宗不假修习的顿悟法门相对的是北宗神秀的渐修学说。神秀的禅法，以“住心观静”“拂尘看净”为标识，其具体做法是“凝心入定，住心看净，起心外照，摄心内证”，这无疑是渐修法门。但神秀亦非全然不讲顿悟，在《观心论》中说：“超凡证圣，目击非遥，悟在须臾，何须皓首？”在《大乘无生方便门》中也说：“一念净心，顿悟佛地。”神秀的顿悟与南宗单刀直入、直了见性不同，它的悟只是通过种种方便以后的恍然大悟。从总体上说，神秀禅法是以“时时勤拂拭”为特点的渐修法门。如宗密说的“犹如伐木，片片渐破，一日顿倒”，而慧能南宗也并非全然摒弃渐修，一部《坛经》多处指出，尽管佛性世人本有，但缘心迷，不能自悟，须得到“善知识”的示道见性，方可“遇悟即成智”。这在一定程度上是承认引导、启发等教育作用和意义的。即使后期禅宗，也还要施以“机锋”“棒喝”等手段。另外，慧能也是承认渐悟的，他说：“法无顿渐，人有利钝。迷即渐劝，悟人顿修。”对于个人的修持来说，这样来区分和说明修持方法，应该说是实在的、积极的，又是有针对性的。自我修养对于每个人来说都是需要的，但对于不同的人又有不同的要求。顿渐的区分，既指出了修养境界的结构层次和修养过程的阶段性，也指出了修养主体各自具有的内在素质的程度性。

即使是顿法也不离渐修，而且大彻大悟的禅师都有一个韬光养晦的苦修过程。《楞伽师资记》说弘忍“四仪皆是道场，三业咸为佛事。盖静乱之无二，乃语默之恒一。”

力倡顿悟的神会在曹溪慧能处修学四年，在寺中辛勤执事，效慧能当年“腰石碓米”的精神，“苦行供养，密添众瓶，研冰济众，负薪担水，神转巨石等”。又“策身礼称，然灯殿光，诵经神卫，律穷五部，神感紫云”。深受慧能器重。其间，他曾一度外出游历，遍寻名迹，广其见闻，并至西京受戒。景龙年中，又重回曹溪。慧能“大师知其纯熟，遂默授密语”。

宗密在《禅源诸诠集都序》中说：“原夫佛说顿教渐教，禅开顿门渐门，二教二门，各相符契。”顿渐之门犹如车之两轮，鸟之双翼，缺一不可，如古德云：理虽顿悟，事须渐除，若隔绝二门，则会造成顿渐的对立，无所凭乘，绝却初学入道的坦途。

2. 谁是六祖

据净觉《楞伽师资记》所载，弘忍在临终前曾说“传吾道者，只可十耳”，这些弟子“并堪为人师，化一方人物”。其中并未特别举某弟子为第六代传法人

智俨撰《大唐中岳东闲居寺故大德珪和尚纪德幢》中说：“（法如）大师，即黄梅忍大师之上足也。故知迷为幻海，悟即妙门。”将法如称为弘忍大师之上足弟子。开元十六年裴璀撰《皇唐嵩岳少林寺碑》亦说：“皇唐贞观之后，……复有大师讳法如，为定门之首，传灯妙理。”可见时人已称法如为“定门上首”。最早对法如作出法统定位的，要数立于法如逝世当年的《唐中岳沙门释法如禅师行状碑》。关于禅宗法统继承，碑中说：“南天竺三藏法师菩提达磨，绍隆此宗，武步东邻之国，传曰神化幽迹。入魏传可，可传璨，璨传信，信传忍，忍传如，当传之不可言者，非曰其人，孰能传哉！”这是关于禅宗法系最早的一个传承表，这里尽管没有明言法如即是“六祖”，但其中所透出的信息却是明了的。此碑立于永昌元年（689 年），上距五祖弘忍之死只有十五年。当时，神秀、道安、玄赜、慧能等均在世。神秀还在湖北的玉泉寺，尚未入京，而慧能远在岭南，初为曹溪信众说法。此时，客观上并未形成法统之争。

佛光大辞典：“法如（638 ~ 689 年）唐代北宗僧。上党（山西长治）人，俗姓王。幼年师事青布明（惠明）于阳澧（湖南澧县）。十九岁出家，于蕲州黄梅县双峰山随侍五祖弘忍达十六年，并嗣其法。咸亨五年（674 年）弘忍示寂后，北游嵩山少林寺，居止三年，以其谦冲卑恭，而不为人知。垂拱二年（686 年），于少林寺开法讲说。永昌元年示寂，世寿五十二。后人撰有唐中岳沙门法如禅师行状，其中引用达磨多罗禅经，并主张菩提达磨、慧可、僧粲、道信、弘忍、法如等六代传承之说，为一珍贵之北宗系传灯说之资料。”

杜继文先生据《行状》认为，法如跟随弘忍十六年，别无二人，所以弘忍传法如之说，更符合事实。

玄赜（zé）系将弘忍弟子玄赜与神秀并列为传东山之法的第七代楞枷师。弘忍临终嘱玄赜记：“吾涅槃后，汝与神秀，当以佛日再晖，心灯重照。”老安系记弘忍嘱咐说：“学人多矣，惟秀与安。”“今法当付，付此两子。”这样，弘忍弟子老安与神秀又成为弘忍的嫡传。

3. 祖不争祖

法如没有争法的意图。《法如碑》中说他：“守本全朴，弃世浮荣。廉让之德，贤士之灵也。外藏名器，内洽玄功。庶几之道，高遁之风也。”可见，他是一个操作严谨、不尚浮华的禅师，他所注重的只是自心的证悟，所谓“子勤行之，道在其中矣”，日后他的开堂演法，完全是屡辞不获的结果。《法如碑》记载，法如公开承认自己不是合法的法嗣，说：“当传之不可言者，非曰其人，孰能传哉？”所以，

法如临终前曾留下遗训，要他的弟子“而今已后，当往荆州玉泉寺秀禅师下咨禀”。但这也确实反映了一个历史事实，即在弘忍逝世后，而神秀未出山前，法如确曾是这一时期北方禅法的主要代表人物。

神秀也未有贪“六祖”圣位之心。弘忍一日让门人各呈一偈，若有悟佛法大意者，即可付衣法，禀为六代。众门人因神秀上座乃教授师，故尽息心，不曾作偈。《坛经》记曰：“上座神秀思惟诸人不呈心偈，缘我为教授师，我若不呈心偈，五祖如何得见我心中见解深浅？我将心偈上五祖呈意，求法即善；觅祖不善，却同凡心夺其圣位。若不呈心偈，终不得法。良久思惟，甚难甚难。”从中可看出，神秀顾虑重重，踌躇良久的困惑，恰恰在于怕别人误解自己是为了祖位，而非为禅法。及至弘忍卒后，神秀“涕辞而去，退藏于密”。《传法宝记》更具体地说神秀：“后随迁适，潜为白衣，或在荆州天居寺，十余年，时人不能测。”直至仪凤中（676～678年），“荆楚大德数十人，共举度住当阳玉泉寺”，始取得“名在僧录”的合法地位。这时他已是古稀之年了。实际上，他本人也并未住于玉泉寺内，而是在寺东七里的“地坦山雄”处，他曾说：“此正楞伽孤峰，度门兰若，荫松藉草，吾净老焉。”有终老于此之意。《传法宝记》说：“然十余年间，尚未传法。”直至法如去世，学徒纷纷来归，所谓“自如禅师灭后，学徒不远万里，归我法坛”，总不得已而开法，“遂开善诱，随机弘济”。可见，神秀亦无争法统的意图。及至后来影响日重，“天下志学，莫不望会”，“学来如市”，为武则天、中宗所崇敬，被推为“两京法主，三帝国师”，但此并非出于神秀本意。《大通神秀和尚塔文》云：“师常晦迹栖真，久乎松壑。诏自江国，只命上京。而云林之情，肯忘山水。”他“屡乞还山”，诏不许。（见杨曾文校写《敦煌新本六祖坛经》附篇《传法宝记》）

4. 神会的功过

神秀的大弟子普寂和义福都去世后，神会抓住这一有利时机，积极鼓吹曹溪宗旨，不久又“于洛阳荷泽寺，崇树能之真堂，兵部侍郎宋鼎为碑焉。会序宗脉，从如来下西域诸祖外，震旦凡六祖，尽图绘其影，太尉房琯作《六叶图序》”。神会在荷泽寺为慧能建堂立碑，又依照南宗宗统画了《六叶图》。神会借助宋鼎、房琯的政治势力而声名大振。《宋高僧传》说：神会“于洛阳大行禅法，声彩发挥。先是，两京之间皆宗神秀，若不淰之鱼鲔附沼龙也。从见会明心六祖之风，荡其渐修之道矣。南北二宗时始判焉。”由此可见，神会确是分判南北禅宗之别、造成南北禅宗对抗的关键人物。

范阳安禄山举兵，唐政府受到神会香水钱的供养，从此唐朝支持神会，立他为禅宗七祖。有了政治上的保障，从而慧能作为禅宗的六祖也就有了依据。如《宋高僧传》所云：“会之敷演，显发能祖之宗风，使秀之门寂寞矣。”尽管日后禅宗的发展几乎湮没了这位“七祖”，但慧能“六祖”的地位却从此无法动摇。

神会争位应该如何评价？我认为，北宗禅师神秀本来就是德高望重的高僧，他受到王朝的敬重是随缘的，但是由于他的威望，使他的弟子很多都处于养尊处优的地位，再也不去苦修，只能附帝室生存，也就没有什么新的悟解，被淘汰是理所当然的，过错不在神秀，而在他的弟子。至于南宗六祖，即使没有神会的论争，他的弟子也会兴旺发达。因为南宗的子孙创新立异，不依王权，独处山林苦修，农禅并举，自食其力，这样的结果必然是艰苦的修行实践中顿开慧解，大彻大悟。他们的成功实际也是在渐修中的顿悟，顿悟后仍旧还在修，此时则是修而无修了。所以南宗的顿悟新论，并没有降低神秀的地位，他们的成功是他们自己主宰了自己的命运。所以，我得出结论，神秀争位在禅宗史上是没有意义的。

胡适先生评价神会是：“南宗的急先锋，北宗的毁灭者，新禅学的建立者。”“在中国佛教史上，没有第二人有这样伟大的功勋，永久的影响。”直至晚年，他仍坚持此观点，认为神会是“中国南宗佛教的开山宗师”，说禅宗南宗是神会一个人单刀匹马打出来的。我认为，胡适研究禅宗注重的是历史考证，而历史是死的，禅宗则是活的，若从此宗本意来自以心印心，外人无人能知，又怎么去考证呢？所以，胡适评价神会如此高的地位是不太适宜的。正如铃木大拙说，胡适不懂禅宗，我认为说的有道理。印顺法师也毫不客气地批判了胡适的观点。

神会花了那么大的力气争位，可“会昌法难”后，他也同样无法避免衰败的命运。虽然以寺院为主要依靠的北宗禅完全衰败，而最终走上了依附帝室道路的神会系也一蹶不振。历史没有选择神秀一系，同样也没有选择神会一系，唐末五代兴盛起来的恰恰是保持了山林佛教特色的江西马祖与湖南石头门下的南宗禅，其成功还是他们依靠自己打天下，不依靠王室去攀缘。

至于后来的神秀，尽管神会北上之后，使“曹溪了义大播于洛阳，荷泽顿门派流于天下”，而神秀门下寂寞，但神秀北宗一系并未从此销声匿迹。其法脉传系几乎延续至唐末，在传承上甚至比神会系更为久远。这也说明神秀一系，虽然受到过一时的打击，但他们还是能够醒悟，同样是靠自己真修实证而延长了自己的法运。

五、关于南宗与佛教诸宗的融合

中国南宗禅系应验了达磨西来所说的预言：“吾本来兹土，传法救迷情；一花开五叶，结果自然成。”可在发展和演变过程中，他们与佛教其他诸宗越来越多地融合起来，即使他们五宗的本身也渐渐分不清彼此。杜继文写道：“中唐新兴的四大宗派，菏泽、牛头、江西、湖南，发展到后来，思想界限越来越模糊，以致为他们作史传的人，也往往张冠李戴。”禅宗与诸宗融合的过程，我总结一下，呈现出如下特点：

1. 顿悟越来越离不开渐修

第一义谛的知识是不知之知，所以修行的方法也是不修之修。据说马祖在成为怀让（744 年卒）弟子之前，住在衡山（在今湖南省）上。“独处一庵，惟习坐禅，凡有来访者都不顾”。怀让“一日将砖于庵前磨，马祖亦不顾。时既久，乃问曰：‘作什么?’师云：‘磨作镜。’马祖云：‘磨砖岂能成镜?’师云：‘磨砖既不成镜，坐禅岂能成佛?’”（《古尊宿语录》卷一，亦可参见《五灯会元》“南岳怀让禅师”）马祖闻言大悟，于是拜怀让为师。

因此，照禅宗所说，为了成佛，最好的修行方法，是不作任何修行，就是不修之修。有修之修，是有心的作为，就是有为。有为当然也能产生某种良好效果，但是不能长久。黄檗（希运）禅师（847 年卒）说：“设使恒沙劫数，行六度万行，得佛菩提，亦非究竟。何以故？为属因缘造作故。因缘若尽，还归无常。”（《古尊宿语录》卷三）

以上是从禅宗第一义谛来说的，从真谛来看，修等于不修，因为修了并非得到了什么，所以等于不修，可是要想达到这种修而不修的境界，仍旧是要修。

唐代成都府保唐寺之无住（714～774 年）首开本宗，上承五祖弘忍、资州智诜、处寂、无相等诸师，以无相之三句、荷泽神会之三学为基础，另树一帜。此宗特点，乃在不拘教行，毁弃礼忏、转读、画佛、写经等佛事。又主张起心即妄，有分别为怨家，无分别为妙道；故将其师无相之无忆、无念、莫忘三句中之“莫忘”改为“莫妄”。但是在实际的修行中，无住一生不计较衣食，不逢迎达官贵人，倡导自由自在之头陀行。

唐代永嘉玄觉禅师（665～713 年），早年学天台，其后参访南宗禅六祖慧能，于某夜开悟得证，遂改宗入禅门，史称“一宿觉”。可在具体的修行过程中，他以天台止观遮照之旨解释禅宗之禅，揭示禅定之用意及修行之历程。其中有第一慕道志仪、第二戒憍奢意、第三净修三业、第四奢摩他颂、第五毗婆舍那颂、第六优毕叉颂、第七三乘渐次等。其《永嘉证道歌》生动写出了淡薄名利，时时观心的静修过程：

“游江海，涉山川，寻师访道为参禅。自从认得曹溪路，了知生死不相关。行亦禅，坐亦禅，语默动静体安然。纵遇锋刀常坦坦，假饶毒药也闲闲。我师得见然灯佛，多劫曾为忍辱仙。几回生，几回死，生死悠悠无定止。自从顿悟了无生，于诸荣辱何忧喜。入深山，住兰若，岑崟幽邃长松下。优游静坐野僧家，阒寂安居实潇洒。”

伪仰宗创始人灵祐的禅风，更能体现佛教大乘的处世之道，与其他禅门相比，保留传统佛教的内容也多。他教人不要止于“顿悟’，不要排斥“渐修”。他说：

“初心虽从缘得，一念顿悟自理，犹有无始旷劫习气未能顿净，须教渠净除现业流识，即是修也。”（见《潭州沩山灵佑禅师语录》）“顿悟”与“顿修”不同，“悟”，指对“理”的认识，可以在“一念”间完成，“修”是灭除现行“业识’，不是一朝一夕之功。但这“修”是在“悟”的基础上进行的。是“悟”的延续，所以叫作“顿修”。

大安禅师（793～883 年），福州人，在黄檗山出家，师事百丈。曾问：“如何是佛?”百丈答：“大似骑牛觅牛。”又问：“识得后如何?”曰：“如人骑牛至家。”问：“未审始终如何保任?”曰：“譬如牧牛之人执鞭视之，不令犯人苗稼。”大安从此得悟，表明他特别重视顿悟后渐修的宗旨。在百丈时，“夜则山野头陀，昼则倍加执役”。后来随灵祐同创沩山，十数年间，“头头耕耨，处处劳形，日夜忘疲，未尝辄暇’，直至僧徒聚至五百，应是沩山的重要创业者。咸通六年（865 年）离开沩山，回归故土，《祖堂集》等记载他“垂化闽城二十载”。

宋代曹洞宗僧正觉（1091～1157 年）倡导“默照禅”，出于慧能以下第十四世，著有《默照铭》及《坐禅箴》等，扇扬默照的禅风。所谓默照禅，用正觉自己的话来解说，就是端坐清心潜神，默游内观，彻见诸法的本源，无纤毫芥蒂作障碍，廓然忘像，皎然莹明。其教团与大慧宗杲所倡之看话禅教团，并为宋代宗门之两大派别。正觉出家以后一直苦行，坐必跏趺，食不过午。一切所得供养，全部拿给寺庙，或者救济困苦之人。他住的地方空空如也，一件像样的东西也没有。临终前作遗书给批判他的宗杲禅师，宗杲得遗书，夜至天童，凡送终之礼，悉主之。宗杲赞叹说：“起曹洞于已坠之际，钟膏肓于必死之地。个是天童老古锥，妙喜知音更有谁。”识者方知二尊宿，各传一宗，而以道相与。

法眼文益《十规论》反映了晚唐五代十国禅宗的若干原貌，批判了不重实修而带来的严重后果。他指出，当今“天下丛林至盛，禅社极多”，宗派纵横。“但直指人心，见性成佛”，并无门风可尚。“相继子孙，护宗党祖，不原真际，竟出多岐，矛盾相攻，缁白不辨”。关于这一现象，文益认为，各立门风不符禅宗原旨，而今发展为宗派主义，“是非蜂起，人我山高，实在可悲”。因此，他在南宗、北宗，江西、石头之间，无所偏袒，表现了他对禅宗内部采取调和的立场。

2.“宗”越来越离不开“教”

宗门指教外别传之禅门，以禅乃离言教，采以心传心之方式传宗；教门指依大小乘之经论等言教而立之教宗，如天台宗、三论宗、法相宗、华严宗等均属之，相对于禅家而言，称之为教家。从西天禅宗第一祖迦叶开始，禅宗就叫作“不立文字，教外别传”的一种佛法。因此，在历史上，禅宗的祖师可以是一字不识或者是文化程度很低的。杜继文的通史写道：“弘忍的文化水平可能不高，他之所以成为禅众公认的领袖，主要由于他在解决禅众生活方面的出色才能。像弘忍这样的禅师，隋唐之际不在少数。”于是又举出天台宗二祖慧思。弘忍的情况《楞伽师资记》：“缄口于是非之场，融心于色空之境。役力以申供养，法侣资其足焉。”“生不瞩文，而义符玄旨。”说明他没有文化。

六祖也是不识字的，一个祖师不识字让人难以相信。王承文发表《六祖惠能早年与唐初岭南文化考论》（1998 年《中山大学学报（社会科学版）》第 3 期），作者通过对惠能早年事迹的考察，认为惠能早年成长明显有其家庭的特殊影响。禅宗典籍中其“目不识丁”的形象可能是有意突出南宗禅“不立文字”的特征和普通劳动者的典型性。他认为慧能早年受到了良好的佛教文化的影响，才能创造出新的学派。还有学者干脆就否定慧能不识字，并且去考证慧能的出生背景。我认为，这是不明白禅宗的宗旨，因为要到了无念境界，文字是一种障碍。慧能以身说法，就是为了排除我们这种障碍。不过这仅仅是针对大根基的人来说，正如孔子说上智是不用读书的。可到了后来，人的欲望越来越多，想要达到禅宗的境界，如果不通过文字就难以开悟的。这就是后来的禅师为什么越来越重视文字和经教的作用了。

临济宗是一个属于自觉性、而非他力救济的宗教。因此，它着重于日常生活方面，较缺乏宗教性的仪礼。以日常的生活态度来阐示禅宗教义的方式，称为“以身说法”。一般而言，临济宗除了在本山寺院供奉释迦牟尼佛以外，并无特定的礼拜对象。但是他们提出“一扫除、二看经”。除了扫除外，仍旧要看经，虽然没有固定读诵的经典，但是《大般若波罗蜜多经》《金刚般若经》《般若心经》，及禅宗语录则常被读诵。祖师说：“大善知识始敢毁佛毁祖，是非天下，排斥三藏教，辱骂诸小儿，向逆顺中觅人。”这里并非说所有的人都可以呵佛骂祖，要有大根器的大善知识才行，所以看经是必不可少的。

法眼文益由否定常人之知，特别是否定“向意根下卜度”，取而代之的“眼目”，却只是“古圣”的言论，这使一贯轻蔑经教的禅风传承，一变而成为看重经教，对禅宗以后的发展，有很大的影响。禅行不只是向自己内心的开发，还必须求教于经书。他说，如果行者“不会”，“不如且依古语好’。又因僧看经而作颂曰：“今人看古教，不免心中闹，欲免心中闹，但知看古教。”在这里，文益是公开号召禅众读经教的。

从《宗门十规论》看，当时读经说教之风，在南方禅师中已相当普遍，文益把这种风气推向了自觉，并力图将其摄入他的法眼轨则。《十规论》第八，即是批评“不通教典，乱有引证”的。他说：“凡欲举扬宗乘，援引教法，须是先明佛意，次契祖心，然后可举而行，较量疏密。倘或不识义理，只当专守门风。如辄妄有引证，自取讥诮。”

简言之，“援引教法’，是“举扬宗乘”的手段，而不是目的，这等于回归到北宗倡导的“藉教悟宗”。

3. 参禅越来越离不开念佛

五代宋初僧永明延寿禅师撰《四料简》，叙述禅净双修之要义：

“有禅无净土，十人九蹉路，阴境若现前，瞥尔随他去。无禅有净土，万修万人去，但得见弥陀，何愁不开悟。有禅有净土，犹如戴角虎，现世为人师，来生作佛祖。无禅无净土，铁床并铜柱，万劫与千生，没个人依怙。”

中国净土宗十三祖印光大师评价这段话说，“有禅有净土，犹如戴角虎，现世为人师，来生作佛祖”，这种人已经彻底悟透了禅宗，明心见性，还能深入经藏，完全知道了如来权实法门，而在许多法门中，他仅仅以信愿念佛一法，作为自利利他的通途正行。有关禅与净土的关系问题，印光大师评价很多。可参见曾琦云译注《印光大师说净土》（宗教文化出版社，2006 年版）。

宋代大慧宗杲主张看话禅，以之为心性开发之法门。而在当时，也盛行禅净共修方式。真歇清了等人即主张，以“阿弥陀佛”四字作为话头，加以参究，谓可顿悟见性与往生。此即为看话念佛。

梵琦（1296 ~ 1370 年），字楚石，元代临济宗大慧派僧。谓梦堂曰：“师兄，我将去矣！”梦堂曰：“子去何之?”师曰：“西方尔。”梦堂曰：“西方有佛，东方无佛耶?”师厉声一喝，泊然而化。明末名僧祩宏说：“本朝第一流宗师，无尚于楚石。”（《皇明名僧辑略》）智旭说：“禅宗自楚石琦大师后，未闻其人也。”（《灵峰宗论儒释宗传窃议》）许多高僧都给予他极高的评价。

明代曹洞宗僧元来，一生提倡禅净不二之旨，以一心不乱、专持名号为净土之要谛。

明代鼓山元贤撰《净慈要语》，此书依之而立净、慈二门，前者阐明念佛三昧之解行，后者则戒杀生，劝放生。元贤参谒广印，受云栖祩宏之戒本，禀其禅、净、戒一致之说，倡导以念佛三昧总摄万行，以杀生一戒为众善之首。他所作的完全祖述了云栖莲池的思想。《要语》中说：“求其修持最易，入道最稳，收功最速者，则莫如净土一门也。”又说：“当专持彼佛名号，即得往生。何以故？以是彼佛大愿力故。”他极力调和禅净两宗的优劣说：“若实论之（禅与净土）绝无优劣。参禅要悟自心，念佛亦是要悟自心。入门虽异，到家是同。（中略）盖禅净二门，应机不同，而功用无别。宜净土者，则净土胜于参禅；宜参禅者，则参禅胜于净土。反此，非唯不及，必无成矣。”

祩宏也是主张禅净兼修的，不过是以净业为主罢了。祩宏（1535 ~ 1615 年），明末僧人，自号莲池。学华严，参禅要，历游诸方，遍参知识。三十七岁回杭州，见云栖山水幽寂，即结茅安居，日久渐成丛林。同门因尊称他为云栖大师。他住持云栖寺四十余年，施衣药，救贫病；终身布素，修持禅、净；披阅三藏，注释经典；严持毗尼，制定规约；弘宗演教，修订焰口、水陆和课诵等仪。主张佛教各宗并进，戒为基础，弥陀净土为归宿。他提倡净土最力，门人尊他为莲宗第八祖。

禅宗到了清朝，顿根上智者基本上没有了，禅宗渐渐走向衰落，在这个时候如果再呵佛骂祖已经是不可能了。所以清朝雍正皇帝禁止呵佛骂祖。为了禁止呵佛骂祖，雍正在编选语录中，指出一些著名的禅师不能入选。他说："如傅大士、如大珠海、如丹霞天然、如灵云勤、如德山鉴、如兴化奖、如长庆棱、如风穴沼、如汾阳昭、如端师子、如大慧杲、如弘觉范、如高峰妙，皆宗门中历代推为提持后学之宗匠，奈其机缘示语，无一可入选者。"并对这些人分别作了批判，其中抨击丹霞天然和德山宣鉴最为激烈。对于天然，他说：

"如丹霞烧木佛，观其语录见地，只止无心，实为狂参妄作。据丹霞之见，木佛之外，别有佛耶？若此，则子孙焚烧祖先牌，臣工毁弃帝王位，可乎？"

他对德山宣鉴的呵佛骂祖，更是痛斥不绝，连曾收录宣鉴言论的性音也不放过："如德山鉴，平生语句，都无可取，一味狂见恣肆。乃性音选《宗统一线》采其二条内，一条截去前后语言，专录其辱骂佛祖不堪之词，如市井无赖小人诟谇，实令人不解是何心行。"又说："释子既以佛祖为祖父，岂得信口讥诃？譬如家之逆子、国之逆臣，岂有不人天共嫉，天地不容者？"

杜先生在通史中评价：

"从这里可以看出，雍正对于'禅'实在是隔膜得很，他把禅宗追求精神的超脱，如'无心'之类，视作'狂参妄作'，把禅宗要求摆脱的种种道德伦理观念，视为天经地义、不可逆背的圣教，所以他要把天然、宣鉴等斥之为'逆子''逆臣'了。"

我认为，禅宗到了这种时候，徒有形式而没有内容了，因此，雍正的批判是对的，但是过去的祖师的也是对的，任何评价都不能离开具体的时间和空间。

六、禅与神通

禅师是否有神通？要不要显神通？在学术界和佛教界都有不同的看法。杜继文先生写的《中国禅宗通史》，认为不提及神通，是禅宗的进步。宋景德元年（1004年）东吴道原撰《景德传灯录》，宋真宗交给翰林学士杨亿裁定，杨亿删除了禅僧史传和神异，让它变成一部普通的语录。学界如此，佛教界也有看不起神通的，认为禅宗修心是明心见性，不是得神通，更不要显神通，甚至视神通为妖妄，而予以排斥。佛陀在许多地方也提出警戒显神通。

神通在前些年气功兴旺时被现代人叫作特异功能，一些气功修炼者，想要得到

神通而去修炼，走火入魔者不少。佛教徒也有人是专门想得神通才修行的。

神通是什么？有没有神通？应该如何看待禅与神通的关系，这是一个值得研究的问题。

《大智度论》说五种不可思议，其中第三种说：“坐禅人力不可思议，谓依定力现出神通等。”就是说修行禅定，可以引发神通，例如出现神足通，就可以飞行自在，巡游诸佛净土；如入菩萨定，能起一种不可思议之神通，而达一念十方世界。《释禅波罗蜜次第法门》卷一说：“复次因禅具足力波罗蜜者，一切自在变现，诸神通力皆藉禅发。”《诸法无诤三昧法门》卷上亦云：“如来一切智慧及大光明、大神通力，皆在禅定中得。”

这就说明禅修是可以激发神通的。既然禅修可以激发神通，为什么有了神通又不能显现呢？佛的经典里面大概有这么一些意思，因为有了神通的人，肯定会得到大众的崇拜，他就有名闻利养，他就会贡高我慢，这样使人再也不能趋向菩提，渐渐只能成为魔鬼的眷属。因为神通也仅仅是现实世界的一种幻觉，它本身也是虚妄不实的，不但不是涅槃的捷径，而且还是涅槃的障碍，甚至走火入魔。

《楞严经》是修禅人的一部重要经典，它列举了五十种阴魔境界，进入这些境界的人真是神通自在，无所不能的人。正因为如此，他们大言不惭，以少为多，宣布自己证果，蛊惑人心。所以，佛视为盲修瞎炼，视为邪知邪见的人，视为滥用神通的人，视为邪师魔侣。并告诉人们，这种人在末法时代很多，“邪师说法，如恒河沙”。

真正有神通的大菩萨来到世间度人，他是不会暴露自己身份的，因为他不需要名闻利养，他的使命就是慈悲救人，普度众生。如果他说我是某菩萨来救你，从而引起大众的注意，得到个人的名利，这种人就不是菩萨，佛教斥之为邪魔外道。《楞严经》说：

“我灭度后敕诸菩萨及阿罗汉，应身生彼末法之中，作种种形度诸轮转。或作沙门白衣居士，人王宰官童男童女，如是乃至淫女寡妇奸偷屠贩。与其同事称叹佛乘，令其身心入三摩地。终不自言我真菩萨真阿罗汉，泄佛密因，轻言未学。唯除命终阴有遗付。云何是人，惑乱众生，成大妄语？汝教世人修三摩地，后复断除诸大妄语，是名如来先佛世尊，第四决定清净明诲。”

此外，佛陀认为神通与解脱是没有关系的。即使如释迦牟尼已经成佛，神通广大，也还要受木枪马麦之报，即使如称为神通第一的佛弟子目犍连也不能解救地狱中母亲的吃饭问题，他所供养的饭食一到母亲嘴边就变成了火炭。这就告诉我们，万法皆空，因果不空。虽然从本体上一切都是空的，罪的本性是不存在的，可从现象来看，造业受报，却是丝毫不爽的。所以，佛教才有因果报应、六道轮回的理论。《五灯会元》“洪州百丈山怀海禅师”条有一则“野狐禅”的公案，祖师说：

“大修行人不昧因果。”

虽然神通与解脱无关，佛戒显神通，但也并非不能显，而是不要乱显神通。纵观中国历代禅师显现神通的众多，只是他们显现神通是有条件的。我总结出三种情况可以显神通。

1. 离开人世前显神通

《楞严经》有“唯除命终阴有遗付”这八个字，值得我们注意。就是说一个开悟了的禅师，或者来到世间的菩萨，他要离开这个世界了，在临终前可以显示一些神异。比较多的就是提前暗示自己离世的日子，安排自己的后事，死后留下舍利。这些现象，纵观古代高僧和禅师是数不胜数的。特别是留下舍利，更是与众不同。有的是全身舍利，即金刚不坏身的肉身菩萨，如六祖慧能是保存至今最久的肉身菩萨，还有就是碎身舍利，即颗粒状的小舍利。我家乡隐莲法师，原来叫作三昧法师，是帮助我最早接触佛法的法师。他原来是禅师，所以名叫“三昧”。后来改修净土宗，所以名叫“隐莲”。他死后，提前立遗嘱安排后事，告诉弟子置于露天的棺材内，三年后可以开棺。现在开棺果然是金刚不坏的肉身菩萨。可见不但参禅可以成为肉身菩萨，而且念佛也可以成肉身菩萨。

2. 要救人万不得已显神通

在这种情况下，只要显现一次，他就会离开这个世界。如邓隐峰。

唐代元和年间（806～820年），隐峰禅师欲登五台山，途中遇官军与贼兵交战，师为除彼等之苦患，乃掷锡空中，飞身而过，两军将士仰观，均符日前之梦兆，斗心顿息。此则事迹亦可显示隐峰之神通力与慈悲心。可他显了神通后，考虑不能惑众，就在五台山圆寂了。

隐峰死也死得与众不同，他是倒立着走的，真是游戏人间的禅师。据《五灯会元》“五台山隐峰禅师”条记载：

先问众曰：“诸方迁化，坐去卧去，吾尝见之，还有立化也无？”曰：“有。”

师曰：“还有倒立者否？”曰：“未尝见有。”

师乃倒立而化，亭亭然其衣顺体。时众议舁就荼毗，屹然不动。远近瞻睹，惊叹无已。师有妹为尼，时亦在彼，乃拊而咄曰：“老兄！畴昔不循法律，死更荧惑于人。”于是以手推之，偾然而踣。遂就阇维（荼毗），收舍利建塔。

3. 佯装疯疯癫癫，掩盖自己的本来面貌

济公和尚表现最突出。

济公，宋代临济宗杨岐派僧，浙江临海人，名道济，李氏子。就灵隐剃度，狂嗜酒肉，人称济颠。居净慈寺，火发寺毁。济行化严陵，以袈裟笼罩诸山，山木尽拔，浮江而出。报寺众曰：木在香积井中，六丈夫勾之而出，盖六甲神也。临终，

作偈曰："六十年来狼藉，东壁打倒西壁。于今收拾归来，依旧水连天碧。"入灭后，有僧遇于六和塔下，复附书归："忆昔面前当一箭，至今犹自骨毛寒。只因面目无人识，又往天台走一番。"后世相传，济颠本是天台山五百罗汉之一，示现颠狂，只不过是度化众生的一种手段而已。

六十年来狼藉，东壁打倒西壁。于今收拾归来，依旧水连天碧。以此与诸位读者共勉！

【本文参考文献】

［1］杜继文，魏道儒．中国禅宗通史［M］．南昌：江苏古籍出版社，1995.

［2］印顺．中国禅宗史［M］．南昌：江西人民出版社，2002.

［3］［梁］慧皎等．高僧传合集［M］．上海：上海古籍出版社，1991.

［4］［东晋］僧肇．肇论［M］．大正新修大藏经第45册．

［5］［唐］净觉．愣伽师资记［M］．大正新修大藏经第85卷．

［6］［宋］道原．景德传灯录［M］．大正新修大藏经第51卷．

［7］［宋］志磐．佛祖统纪［M］．大正新修大藏经第49卷．

［8］［唐］法海集．南宗顿教最上大乘摩诃般若波罗蜜经六祖惠能大师于韶州大梵寺施法坛经［M］．大正新修大藏经第48卷．

［9］［唐］宗宝编．六祖大师法宝坛经［M］．大正新修大藏经第49卷．

［10］李富华．慧能与坛经［M］．珠海：珠海出版社，1999.

［11］王承文．六祖惠能早年与唐初岭南文化考论［J］．中山大学学报，1998，3.

［12］石峻，楼宇烈，方立天，许抗生，乐寿明等．中国佛教思想资料选编［M］．北京：中华书局，2014.

［13］［明］延寿．宗镜录［M］．西安：三秦出版社，1998.

［14］［明］延寿．万善同归集［M］．大正新修大藏经第48卷．

［15］申国美整理．祖堂集［M］．全国图书馆文献缩微复制中心，1993.

［16］［宋］朱熹．四书集注［M］．长沙：岳麓书社，1993.

［17］太虚大师．太虚大师全集［M］．北京：宗教文化出版社，2005.

［18］张震点校．老子・庄子・列子［M］．长沙：岳麓书社，1991.

［19］［东魏］杨炫之．洛阳伽蓝记［M］．四库全书史部地理类．

［20］杨曾文校写．敦煌新本六祖坛经・传法宝记［M］．上海：上海古籍出版社，1993.

［21］［清］雍正胤禛编．御选语录［M］．卍新纂大日本续藏经第68册．

本书常用词语表

（根据拼音字母顺序排列，括号内为本条词语出处）

A

阿那个（牛头山法融禅师）
阿耨达池（宾头卢尊者）
嗄（招庆省僜禅师）
蔼著（信相宗显禅师）
叆叇（鼎州梁山缘观禅师）
犴狢（陕府龙峻山禅师）
案山（云居道膺禅师）

B

八捧十三（福州闽山令含禅师）
巴鼻（天宁禧誧禅师）
巴歌（洋州龙穴山和尚）
把茆盖头（法昌倚遇禅师）
白牛车（净慈慧晖禅师）
跁（广慧元琏禅师）
白夏（胜因咸静禅师）
白衣（三祖僧璨鉴智禅师）
白椎（清凉泰钦禅师）
百草头（福应文禅师）
百非兼四句（福州水陆院洪俨禅师）
百杂碎（沩山灵祐禅师）
败缺（临济义玄禅师）
般（云峰文悦禅师）
般土（签判刘经臣居士）
棒头（乌臼和尚）
傍家行脚（云居道膺禅师）
傍瞥（泉州凤凰山从琛洪忍禅师）
薄伽梵（道吾悟真禅师）
宝坊（龙翔士邦禅师）
保任（鼎州李翱刺史）
抱璞投师（曹山智炬禅师）
抱赃叫屈（东京智海普融道平禅师）
北斗藏身（芭蕉慧清禅师）
北邙山（襄州万铜山广德延禅师）
北郁单越（益州崇真禅师）
奔流度刃（雪窦重显禅师）
鼻孔（真州长芦妙觉慧悟禅师）
鼻孔辽天（天衣义怀禅师）
毕钵岩（怀安军云顶海鹏禅师）
毕竟事（赵州观音院从谂禅师）
苾蒭（归宗志芝庵主）
碧眼胡僧（杭州资国圆进山主）
贬剥（鼎州德山缘密圆明禅师）
窆（黄龙祖心禅师）
标的（台州幽栖道幽禅师）
镔铁（云居晓舜禅师）
禀具（保福清豁禅师）
拨草瞻风（洞山良价禅师）
拨剌（灵隐道枢禅师）
波罗奈（迦叶佛）

波斯吃胡椒（福溪和尚）
波旬（安吉州景清院居素禅师）
波吒（丞熙应悦禅师）
伯牙（同安院威禅师）
擘（广德义禅师）
簸箕星（法昌倚遇禅师）
卜（寿州道树禅师）
卜度（福州报国院照禅师）
补陀（云峰文悦禅师）
不安（洞山良价禅师）
不处（潭州宝盖山和尚）
不到乌江未肯休（黄龙悟新禅师）
不妨（福州普光禅师）
不唧嚁（道场明辩禅师）
不借三寸（翠岩令参禅师）
不空罥索（韶州龙光諲禅师）
不快漆桶（投子大同禅师）
不昧（罗汉守仁禅师）
不奈船何，打破戽斗（仰山慧寂禅师）
不审（蒲州麻谷山宝彻禅师）
不说说（首山省念禅师）
不闻闻（首山省念禅师）
不怿（黄龙慧南禅师）
不与万法为侣者（法閦上座）
布袋里老鸦（沩潭应乾禅师）
部署（三交智嵩禅师）

C

苍天（天台寒山大士）
沧溟（福州龟山正元禅师）
藏主（建宁府万寿慧素禅师）
曹溪（云门文偃禅师）
草草匆匆（邓州香严智月海印禅师）
草里汉（长庆慧棱禅师）
厕坑子（庐山归宗澹权禅师）
岑（善权法智禅师）
刹竿（洛浦元安禅师）
差互（涿州纸衣和尚）
差殊（长芦琳禅师）
瘥病（福州报慈院光云慧觉禅师）
禅和（法昌倚遇禅师）
禅会（五台山巨方禅师）
刬（卢山归宗寺智常禅师）
忏摩（天童普交禅师）
常住（天宁禧誧禅师）
朝打三千，暮打八百（雪窦重显禅师）
朝宗（上封本才禅师）
彻（华严祖觉禅师）
彻底（婺州齐云宝胜禅师）
坼（福州极乐元俨禅师）
掣风掣颠（洞山梵言禅师）
尘尘三昧（云门文偃禅师）
宸章（育王怀琏禅师）
趁（潮州灵山大颠宝通禅师）
成褫（镜清道怤禅师）
褫剥（沩潭洪英禅师）
赤水（净因自觉禅师）
抽钉拔楔（洞山守初禅师）
搊（潭州长髭旷禅师）
雠（黄龙慧南禅师）
出队（凤翔府招福禅师）
出世（云峰文悦禅师）
出头（洞山良价禅师）
处士（五祖弘忍大满禅师）
触处（玄沙师备禅师）
触目菩提（泉州睡龙山和尚）
触衣（光孝慧兰禅师）

船子（秀州华亭船子德诚禅师）
噇酒糟汉（雪峰义存禅师）
吹毛剑（婺州报恩院宝资晓悟禅师）
垂手（雪窦重显禅师）
祠禄（侍郎李弥逊居士）
餈（金陵俞道婆）
次（释迦牟尼佛）
刺脑入胶盆（云峰文悦禅师）
刺头（圆通德止禅师）
丛席（大梅法英禅师）
凑泊（朗州古堤和尚）
崔嵬（福州龟山义初禅师）
毳（岩头全奯禅师）
寸丝不挂（池州南泉普愿禅师）
措大（嘉州承天义懃禅师）

D

炟赫（净德智筠禅师）
打成一片（随州双泉山师宽明教禅师）
打叠（宝峰克文禅师）
打野榸（洪州东山慧禅师）
打之绕（天童了朴禅师）
大阐提（信州鹅湖大义禅师）
大人（吉州青原山静居寺行思禅师）
大人相（益州崇真禅师）
大僧（大阳警玄禅师）
大事（洞山良价禅师）
大通智胜佛（广德义禅师）
大通智胜佛，十劫坐道场（郢州兴阳山清让禅师）
大用现前，不存轨则（泉州承天传宗禅师）
大庾岭头提不起（龙牙居遁禅师）
代语（鼓山神晏国师）
担雪填井（净因继成禅师）
单刀直入（沩山灵祐禅师）
啖（邓州广济方禅师）
惮（泐潭文准禅师）
当阳（洪州泐潭道谦禅师）
忉忉（大洪报恩禅师）
忉利天（释迦牟尼佛）
道泰不传天子令，时人尽唱太平歌（洪州大宁院庆㑳禅师）
得得（正法希明禅师）
德士（天宁明禅师）
的的（崇寿契稠禅师）
的的意（洪州水潦和尚）
觌面（丞熙应悦禅师）
抵拟（亡名古宿）
抵捂（黄龙悟新禅师）
底（益州净众寺归信禅师）
帝释（释迦牟尼佛）
第二头（保福从展禅师）
第二月（泉州福清行钦广法禅师）
谛当（郢州兴阳山清让禅师）
谛信（台州紫凝普闻寺智勤禅师）
典座（广严咸泽禅师）
点（风穴延沼禅师）
点额（四祖法演禅师）
电影（五祖法演禅师）
铫（卢山归宗寺智常禅师）
顶门上具眼（越州东山国庆顺宗禅师）
顶相（龙牙居遁禅师）
钉嘴铁舌（长芦应夫禅师）
定当（长芦应夫禅师）
定盘星（福州东禅玄亮禅师）
东壁打倒西壁（灵泉归仁禅师）

东弗于逮（随州双泉山师宽明教禅师）
东家点灯，西家暗坐（明州天童怀清禅师）
东山法道（云居善悟禅师）
都卢（鼎州德山缘密圆明禅师）
斗额（兜率慧照禅师）
阇黎（婺州五泄山灵默禅师）
阇维（五台山隐峰禅师）
独脱（黄山月轮禅师）
髑髅里眼睛（白云智作禅师）
杜撰禅和（天童昙华禅师）
度（毗婆尸佛）
度与（沩山灵祐禅师）
端的（风穴延沼禅师）
端绪（天皇道悟禅师）
堆堆（石霜楚圆禅师）
饳（道吾悟真禅师）
钝汉（汾州无业禅师）
钝置（福州长庆常慧禅师）
顿渐（洞山良价禅师）
多口阿师（澧州药山惟俨禅师）
多虚少实在（潭州长髭旷禅师）
多子塔（兴化存奖禅师）
垛根（法昌倚遇禅师）
堕坑落堑（宝华普鉴禅师）

E

二机（同安志禅师）
二种语（保福从展禅师）

F

发明（清凉文益禅师）
发明大事（天童正觉禅师）
番人（郴州万寿念禅师）
饭头（澧州药山惟俨禅师）
方寸（襄州兴化院兴顺禅师）
方木逗圆孔（云居道膺禅师）
方外（蕲州广济禅师）
方隅（净慈慧晖禅师）
放憨（教忠弥光禅师）
分明记取（池州南泉普愿禅师）
分座（归宗可宣禅师）
锁子（洞山晓聪禅师）
缝罅（邓州丹霞普月禅师）
伏惟（禾山楚材禅师）
伏惟尚飨（潭州鹿苑和尚）
扶桑（风穴延沼禅师）
畐塞（黄檗慧禅师）
浮沤（司空山本净禅师）
浮图（六祖弥遮迦尊者）
甫（净慈慧晖禅师）
拊掌（岳州君山显升禅师）
富楼那（净因继成禅师）
覆藏（开福崇哲禅师）

G

伽蓝（二十四祖师子尊者）
该（洞山良价禅师）
该天括地（鼎州德山德海禅师）
改旦（洞山梵言禅师）
改元（石头怀志庵主）
丐祠（给事冯楫居士）
盖缠（云峰文悦禅师）
盖覆却（报恩玄则禅师）
竿木随身，逢场作戏（江西道一禅师）
干将（随州护国院守澄净果禅师）
干屎橛（云门文偃禅师）
杲（潭州报慈进英禅师）
告香（无为宗泰禅师）

黄叶止啼（河中府公畿和尚）
灰头土面（神鼎洪諲禅师）
回光返照（仰山慧寂禅师）
浑家（同安院威禅师）
混沌（大光居诲禅师）
活计（芙蓉道楷禅师）
火抄（沩山灵祐禅师）
火里蝍蟟飞上天（荆门上泉和尚）
火箸（池州南泉普愿禅师）
囦（德山宣鉴禅师）
祸出私门（翠岩令参禅师）
镬汤、炉炭（抚州曹山慧霞了悟禅师）

J

机关（石门献蕴禅师）
鸡足峰（天钵重元禅师）
吉獠舌头（枢密吴居厚居士）
极则事（吉州耽源山应真禅师）
榔栗（石霜楚圆禅师）
蒺藜（洞山梵言禅师）
己事（澧州药山惟俨禅师）
计都（泐潭文准禅师）
洎合（泗州普照晓钦明悟禅师）
罽宾（三祖商那和修尊者）
家具（报恩怀岳禅师）
筴（神鼎洪諲禅师）
嘉州大象（彭州承天院辞确禅师）
蛱蝶（文殊心道禅师）
坚牢地神（荐福择崇禅师）
犍槌（永安善静禅师）
检点（圆通德止禅师）
见兔放鹰（雪峰思慧禅师）
见闻觉知（天台德韶国师）
见在（东山吉禅师）
建化门（苏州南峰惟广禅师）
荐（龙华灵照禅师）
黮（衡岳南台守安禅师）
江干（光孝深禅师）
江湖（龙牙居遁禅师）
将此深心奉尘刹，是则名为报佛恩（白云守端禅师）
将来（蕲州北禅悟通寂禅师）
将谓（襄州普宁院法显禅师）
讲师（尊胜有朋讲师）
讲肆（法华志言大士）
浇漓（云门文偃禅师）
憍陈如（释迦牟尼佛）
憍梵钵提（径山宗杲禅师）
憍尸迦（文殊心道禅师）
燋（瑞岩师彦禅师）
皎皎（清凉文益禅师）
较些子（虔州西堂智藏禅师）
阶级（吉州青原山静居寺行思禅师）
阶下汉（池州南泉普愿禅师）
接物（黄龙慧南禅师）
节度使（益州保唐寺无住禅师）
节文（真州灵岩东庵了性禅师）
劫前（明州天童宗珏禅师）
诘旦（慧林怀深禅师）
结束（福州芙蓉山灵训禅师）
桀犬吠尧（风穴延沼禅师）
捷书露布（护国钦禅师）
解会（云门文偃禅师）
解夏（潭州石霜山庆诸禅师）
芥子（龙济绍修禅师）
金翅鸟（抚州曹山光慧玄悟禅师）
金刚（潭州南台道遵法云禅师）

旷劫（伏龙山和尚）
昆仑奴（天台德韶国师）
裩（光孝慧兰禅师）
阃外（潭州云盖山证觉景禅师）
困鱼止泺，钝鸟栖芦（夹山善会禅师）
廓落（三交智嵩禅师）
廓然无圣（昭觉道元禅师）

L

腊月三十日（洪州建山澄禅师）
腊月扇子（云居道膺禅师）
蜡人（洛京柏谷和尚）
赖遇（汾州石楼禅师）
籁（随州大洪慧照庆预禅师）
兰若（终南山圭峰宗密禅师）
狼籍（雪峰义存禅师）
狼忙（夹山自龄禅师）
老老大大（龙华晓愚禅师）
老婆（汾州太子院道一禅师）
老婆心切（沩山灵祐禅师）
老臊胡（温州龙翔柏堂南雅禅师）
老宿（池州南泉普愿禅师）
冷湫湫（广德义禅师）
离披（丹霞普月禅师）
理长即就（洞山晓聪禅师）
莅众（育王端裕禅师）
栗蒲（杨岐方会禅师）
詈（罗山道闲禅师）
廉纤（育王怀琏禅师）
两重公案（襄州延庆院归晓慧广禅师）
聊闻（南华知昺禅师）
寥寥（天童正觉禅师）
撩（灵隐慧远禅师）
料掉没交涉（大沩法泰禅师）
灵鹫分灯（琅邪慧觉禅师）
灵鹫峰（处州报恩院师智禅师）
灵利（真州长芦妙觉慧悟禅师）
灵泉正主（福州怡山长庆藏用禅师）
泠泠（临江军慧力悟禅师）
跉跰（法昌倚遇禅师）
羚羊挂角（潭州谷山和尚）
六国（随州护国院守澄净果禅师）
六门（天童正觉禅师）
六时（永明延寿禅师）
龙女（佛日智才禅师）
龙泉（大宁隐微禅师）
龙头蛇尾（鄂州灵竹守珍禅师）
儱侗（云居晓舜禅师）
漏卮（育王端裕禅师）
庐陵米价，镇州萝卜（道吾悟真禅师）
炉鞴（法昌倚遇禅师）
鲁祖面壁（吉州资福如宝禅师）
渌水（庐山开先清耀禅师）
碌砖（法昌倚遇禅师）
路逢剑客须呈剑，不是诗人莫说诗（睦州陈尊宿）
攎（雪峰思慧禅师）
鹭鸶立雪（华严祖觉禅师）
露布（丞熙应悦禅师）
露柱（杭州灵凤山万寿法诠禅师）
掠虚（潭州慈云彦隆禅师）
掠虚汉（睦州陈尊宿）
啰哩啰（茶陵郁山主）
罗浮山（三祖僧璨鉴智禅师）
罗笼（大沩法泰禅师）
驴唇马嘴（云门文偃禅师）
驴年（潭州道吾山宗智禅师）

泥里洗土块（天衣义怀禅师）
狻座（潭州南岳承天院自贤禅师）
拟心即差（衢州子湖岩利踪禅师）
拟议（宋徽宗皇帝）
拈槌竖拂（翠岩令参禅师）
拈却（黄龙悟新禅师）
尿床鬼子（临济义玄禅师）
捏怪（杨岐方会禅师）
涅槃（释迦牟尼佛）
啮镞（雪窦嗣宗禅师）
恁么（白云子祥禅师）
凝眸（投子义青禅师）
颀（育王介谌禅师）
侬家（开福崇哲禅师）
弄泥团汉（天童正觉禅师）
搦（净住居说禅师）
女人拜（池州南泉普愿禅师）
女子出定（瑞岩如胜禅师）

P

磐陀（仰山慧寂禅师）
帔（净慈慧晖禅师）
鬔松（开元子琦禅师）
批判（护国景元禅师）
披毛戴角（云峰文悦禅师）
披榛（岳山祖庵主）
劈脊（西禅鼎需禅师）
皮袋（洪州黄檗希运禅师）
毗卢（婺州国泰院瑫禅师）
篇聚（黄檗慧禅师）
嚬呻（开先善暹禅师）
平沉（象田梵卿禅师）
平地起骨堆（百丈以栖禅师）
婆罗（毗舍浮佛）
叵耐（守廓侍者）
菩萨戒（黄檗慧禅师）
普请（金山昙颖禅师）

Q

七穿八穴（密州耆山宁禅师）
七颠八倒（招庆道匡禅师）
七十二候（台州护国守昌禅师）
七纵八横（黄龙祖心禅师）
漆桶（潞府延庆院传殷禅师）
祇待（芭蕉谷泉禅师）
耆婆（灵泉归仁禅师）
骑驴觅驴（白龙道希禅师）
钳锤（东京华严真懿慧兰禅师）
倩女离魂（慧林怀深禅师）
敲骨打髓（云居道膺禅师）
敲砖打瓦（广慧元琏禅师）
且喜没交涉（潭州云岩昙晟禅师）
亲切（舒州海会院如新禅师）
秦时轆轹钻（云门文偃禅师）
倾湫倒岳（汝州南院慧颙禅师）
清修（空室智通道人）
情量（杭州庆善院普能禅师）
请益（育王德光禅师）
丘冢（天皇道悟禅师）
鸷子（大洪守遂禅师）
区区（龙牙居遁禅师）
渠（大阳警玄禅师）
曲录禅床（兴化仁岳禅师）
取（玄沙师备禅师）
取次（云居道膺禅师）
圈襀（修撰曾会居士）
全机（福州报国院照禅师）
全提（南岳福严保宗禅师）

舍利（释迦牟尼佛）
涉离微（保宁圆玑禅师）
深沙（法昌倚遇禅师）
神霄宫（慧林怀深禅师）
渗漏（洞山良价禅师）
声闻戒（黄檗慧禅师）
绳墨（大沩法泰禅师）
圣节（资圣南禅师）
盛化（洞山良价禅师）
失钱遭罪（保福从展禅师）
师僧（潭州长髭旷禅师）
师资（吉州青原山静居寺行思禅师）
师子（报恩契从禅师）
施设（衡州育王山弘通禅师）
施为（双峰竟钦禅师）
十地（云门文偃禅师）
十二时（杭州径山道钦禅师）
石火（临济义玄禅师）
石牛（舒州天柱山崇慧禅师）
时中（邓州香严下堂义端禅师）
识情（雪窦重显禅师）
实际理地（襄州鹿门志行谭禅师）
事不获已（湖南长沙景岑招贤禅师）
试经得度（投子义青禅师）
释迦老子（越州称心省倧禅师）
释迦掩室于摩竭，净名杜口于毗耶（瑞岩义海禅师）
手脚（云门文偃禅师）
首座（青原齐禅师）
书记（黄龙慧南禅师）
书云（龙门清远禅师）
菽麦不分（龙牙智才禅师）
属（永明延寿禅师）
竖亚（上封本才禅师）
水牯牛（池州南泉普愿禅师）
顺寂（福州古灵神赞禅师）
顺世（澧州高沙弥）
舜日（天宁禧誧禅师）
烁迦罗目（庐山护国和尚）
死水不藏龙（白云守端禅师）
四恩三有（保宁圆玑禅师）
四棱塌地（长寿朋彦禅师）
四山相逼（投子大同禅师）
四生十类（司空山本净禅师）
四相（京兆府紫阁山端己禅师）
四祖山（四祖清皎禅师）
泗州大圣（蒋山法泉禅师）
苏噜（龙牙智才禅师）
窣堵波（洪州百丈智映宝月禅师）
随众（双峰古禅师）
娑竭罗龙王（云峰文悦禅师）
所知障（径山宗杲禅师）
锁断要津（洛浦元安禅师）

T

踏著秤锤硬似铁（谷隐蕴聪禅师）
太阿（雪窦重显禅师）
太平本是将军致，不使将军见太平（保福清豁禅师）
太杀（云门文偃禅师）
太煞（隆兴府石亭野庵祖璇禅师）
檀度（天童正觉禅师）
檀郎（昭觉克勤禅师）
檀特（云门朗上座）
檀信（霍山景通禅师）
探竿影草（临济义玄禅师）
特地（镜清道怤禅师）

西瞿耶尼（云峰文悦禅师）
惜取眉毛（三交智嵩禅师）
虾跳不出斗（随州双泉山师宽明教禅师）
下发（瑞岩法恭禅师）
仙陀（天龙明真禅师）
先达（招庆省僜禅师）
闲言语（归宗策真禅师）
显谟（泐潭文准禅师）
相逢尽道休官去，林下何曾见一人（澧州药山圆光禅师）
香饭（青林师虔禅师）
香积（云峰文悦禅师）
向火（福州东禅院可隆了空禅师）
向上一路（湖南长沙景岑招贤禅师）
像季（云门文偃禅师）
翛然（西禅鼎需禅师）
小师（禾山无殷禅师）
笑具（安国弘瑫禅师）
些子（福州寿山师解禅师）
谢三郎（玄沙师备禅师）
谢事（昭觉克勤禅师）
廨院（太原孚上座）
心愦愦，口悱悱（漳州三平义忠禅师）
心行（枢密徐俯居士）
心空及第归（大沩慕喆禅师）
新妇骑驴阿家牵（首山省念禅师）
新戒（兴化存奖禅师）
惺惺（兴阳清剖禅师）
幸自（吉州耽源山应真禅师）
修多罗（洪州泐潭晓月禅师）
修罗（青林师虔禅师）
虚头汉（白云子祥禅师）
徐六担板（鼎州德山缘密圆明禅师）
许由不洗耳（镜清道怤禅师）
玄关（投子义青禅师）
旋里（净慈慧晖禅师）
璇玑（幽州盘山宝积禅师）
学人（益州保唐寺无住禅师）
学语之流（叶县归省禅师）
谑（罗山道闲禅师）

Y

压良为贱（滁州琅邪方锐禅师）
言诠（洪州凤栖山同安丕禅师）
言语道断（三祖僧璨鉴智禅师）
研槌（灵隐慧远禅师）
奄然（二十祖阇夜多尊者）
眼里无筋一世贫（随州智门光祚禅师）
扬眉瞬目（澧州药山惟俨禅师）
杨广失橐驼（白藻清俨禅师）
要津（育王端裕禅师）
鹞子过新罗（金陵奉先深禅师）
野干（南阳慧忠国师）
夜叉（石门绍远禅师）
谒（十五祖迦那提婆尊者）
一纪（清凉泰钦禅师）
一箭过新罗（长芦应夫禅师）
一橛柴（南岳石头希迁禅师）
一沤（黄龙祖心禅师）
一人传虚，万人传实（龙华灵照禅师）
一上（天童咸杰禅师）
一线道（招庆道匡禅师）
一宿觉（温州双峰普寂宗达佛海禅师）
一著（道场慧琳禅师）
一字入公门，九牛曳不出（黄龙慧南禅师）
衣祴（十祖胁尊者）

说明

本索引按拼音字母自动排列，个别生僻多音字不一定按照本书读音排列。例如："聻"在本书作为助词读"nǐ"，不读"jiàn"，但排在"j"开头的词语中。"阇"有两个读音"dū"与"shé"，本表收有"阇（dū）维"与"阇（shé）黎"二词条，都排在"d"开头的词语中。"囮"在本书读"duō"，不读"huò"，但排在"h"开头的词语中。"伽"，读"qié""jiā""gā"，在本书中"伽蓝"读"qié"，但排在"g"开头的词语中。"行履"应排在"x"开头词语中，却排在"h"开头词语中。

本书部分参考文献

［1］苏渊雷点校．五灯会元［M］．北京：中华书局，1984.

［2］朱俊红点校．五灯会元［M］．海口：海南出版社，2016.

［3］项楚．《五灯会元》点校献疑三百例［J］．古籍整理出版情况简报，中华书局，1990.

［4］项楚．《五灯会元》点校献疑续补一百例［M］．季羡林教授八十华诞纪念论文集．南昌：江西人民出版社，1991.

［5］蒋宗福，李海霞主译．五灯会元白话全译［M］．重庆：西南师范大学出版社，1997.

［6］道原著，顾宏义译注．景德传灯录译注［M］．上海：上海书店，2009.

［7］石峻，楼宇烈，方立天，许抗生，乐寿明等．中国佛教思想资料选编［M］．北京：中华书局，2014.

［8］陈垣．中国佛教史籍概论［M］．上海：上海书店，2005.

［9］乔立智．《五灯会元》点校疑误举例［J］．宗教学研究，2012，1.

［10］冯国栋．《五灯会元》校点疏失类举［M］．戒幢佛学第三辑．长沙：岳麓书社，2005.

［11］任连明，孙祥愉．中华本《五灯会元》句读疑误类举［J］．柳州师专学报，2016，1.

［12］星云大师监修，慈怡法师主编．佛光大辞典［M］．台湾：佛光文化事业有限公司，1988.

［13］丁福保．佛学大辞典［M］．北京：中国书店，2011.

［14］蓝吉富主编．中华佛教百科全书［M］．台湾：中华佛教百科文献基金会，1994.

［15］袁宾，康健主编．禅宗大词典［M］．武汉：崇文书局，2010.

［16］任继愈主编．佛教大辞典［M］．南昌：江苏古籍出版社，2002.

［17］罗竹风主编．汉语大词典［M］．上海：汉语大词典出版社，1993.

［18］任继愈，郑建业，赵复三，黄心川主编．宗教大辞典［M］．上海：上海辞书出版社，1998.

［19］张维张主编．佛源语词词典［M］．北京：语文出版社，2007.

［20］李剑平主编．中国神话人物辞典［M］．西安：陕西人民出版社，1998.

［21］许宝华，［日］宫田一郎主编．汉语方言大词典［M］．北京：中华书局，2020.

［22］华夫，丁忠元，李德壎，李一行等．中国古代名物大典［M］．济南：济南出版社，1993.

［23］张鲁原编著．中华古谚语大辞典［M］．上海：上海大学出版社，2011.

［24］王美涵主编．税收大辞典［M］．沈阳：辽宁人民出版社，1991.

［25］虞云国主编．宋代文化史大辞典［M］．上海：汉语大词典出版社，2006.

［26］何学威主编．中国古代谚语词典［M］．长沙：湖南出版社，1991.

［27］中国大百科全书编辑部，中国大百科全书（简明版）［M］．北京：中国大百科全书出版社，2004.

［28］温端政，马启红，李淑珍主编．现代汉语惯用语词典［M］．上海：上海辞书出版社，2009.

［29］张拱贵，王聚元，陈建文，崔如萍主编．汉语叠音词词典［M］．南京：南京大学出版社，1997.

［30］刘玉刚．中华字海［M］．上海：上海古籍出版社，2008.

［31］栗劲，李放，马新福，龙斯荣，高格主编．中华实用法学大辞典［M］．长春：吉林大学出版社，2002.

［32］高鸿缙编著．中国字例［M］．台北：三民书局，2008.

［33］冯学成．明月藏鹭：千首禅诗品析［M］．广州：南方日报出版社，2013.

［34］王长林．禅语“君子可八”释义商兑［J］．语言研究，2015，1.

［35］王长林．禅籍“勃窣”拾诂［J］．励耘语言学刊，总第24辑．

［36］柳波．释“料掉”“了鸟”［J］．励耘学刊（语言卷），2007，1.

［37］徐燕斌，袁丽华．历代露布考［J］．甘肃政法学院学报，2015，2.

［38］张秀清．“碗鸣”释诂［J］．齐齐哈尔大学学报，2012，2.

［39］杨富学．吐鲁番出土文书所见言“過”当为“潙”字考，兼与王启涛先生商榷［J］．敦煌研究，2015，4.

［40］鞠彩萍．禅录俗语词“央庠”　“丁一卓二”考［J］．天中学刊，2015，4.

［41］真观．挟菜置口的说法人——神鼎洪諲禅师的生平［J］．河北省佛教协

会《禅》，2008，3.

［42］周佩东．百尺竿头须进步，十方世界是全身——长沙景岑禅学命题评析［J］．池州师专学报，2006，2.

［43］曾琦云．心经心得［M］．北京：线装书局，2008.

感谢中华电子佛典协会提供《CBETA 电子佛典集成 2018》光盘！